仲裁法案例教程

王继福　编著

燕山大学出版社

2017・秦皇岛

图书在版编目（CIP）数据

仲裁法案例教程 / 王继福编著. —秦皇岛：燕山大学出版社，2017.12
ISBN 978-7-81142-504-8

Ⅰ. ①仲… Ⅱ. ①王… Ⅲ. ①仲裁法－案例－中国－教材 Ⅳ.①D925.705

中国版本图书馆 CIP 数据核字（2017）第 310319 号

仲裁法案例教程

王继福　编著

出 版 人：陈　玉
责任编辑：孙志强
封面设计：朱玉慧
出版发行：燕山大学出版社 YANSHAN UNIVERSITY PRESS
地　　址：河北省秦皇岛市河北大街西段 438 号
邮政编码：066004
电　　话：0335-8387555
印　　刷：秦皇岛墨缘彩印有限公司
经　　销：全国新华书店

开　　本：787mm×1092mm　1/16　　印　　张：21　　字　　数：370 千字
版　　次：2017 年 12 月第 1 版　　印　　次：2017 年 12 月第 1 次印刷
书　　号：ISBN 978-7-81142-504-8
定　　价：70.00 元

目 录

第一章　仲裁与仲裁法学

第一节　仲裁概述

【基本案情】

北京某高校教职工住房面积狭小，学校为了改善教职工的生活环境以便大家安居乐业，与当地某房地产开发公司协调，组织急需购房的教职工购买由该房地产开发公司开发的经济适用房三幢。学校后勤部门指派专人负责该批经济适用房的购买事宜，因此购房的教职工本人事先都没有对《商品房购买合同》的条款进行审查。在学校集中安排办理购房相关手续的现场，购房的教职工排队按照房地产公司工作人员的要求在合同的指定位置签名盖章。张老师因家中住房面积过小，也从中购买了一套房屋。合同签订后不久，张老师拿到自己购房的合同，发现其中有这样一条：本合同在履行过程中发生的争议，由双方当事人协商解决；协商不成的，按下述第一种方式解决：1. 提交北京仲裁委员会仲裁。2. 依法向人民法院起诉。由于签合同时没有阅读过合同内容，张老师一直很担心此次房屋购买会出现问题，现在见合同中规定一旦发生纠纷只能提交北京仲裁委员会仲裁，不能向人民法院起诉不觉紧张起来。张老师以前只是听说过有什么纠纷应当到法院起诉，从来没有听说过仲裁这种方法，于是打电话向某律师事务所咨询，询问仲裁到底是怎么一回事，发生纠纷只能仲裁而不能提起民事诉讼会不会对自己不利。

【法律问题】

如何理解仲裁作为一种解决纠纷的方式？购房纠纷能否适用这种方式？

【参考答案】

仲裁是国家法律确认的一种用来解决民商事纠纷的方法。当事人在签订合同时可以约定如果发生纠纷可以选择某一仲裁委员会作为纠纷的解决机构，也可以选择民事诉讼，仲裁和民事诉讼一样，都是解决纠纷的途径。因此，张老师的担心是多余的，如果就此次购房发生纠纷，张老师可以通过向北京仲裁委员会申请仲裁来保护自己的权利。

【法理分析】

一、仲裁的定义

仲裁是一种历史悠久（比诉讼产生的时间早）且行之有效的民商事纠纷解决方式，它是随着商品经济的产生而产生并随之发展起来的。公元前5世纪的古罗马时代，欧洲地中海沿岸一带海上交通发达，各城邦、港口之间的商业交往频繁，由此产生了较多的商事纠纷、海事纠纷。为了保持商业关系的顺利发展，及时解决日益增多的商事、海事纠纷，商人们发现在双方当事人自愿协商的前提下，共同委托彼此都信任的、德高望重的、能公道办事的第三人对纠纷进行居中裁判是一种较为简便易行的方法，于是他们就自发地聘请中间人来裁决他们的纠纷。这样就逐步形成了一旦发生纠纷便由纠纷当事人双方共同约请第三人居中裁决纠纷的习惯做法，由此便产生了仲裁。20世纪初中国当时的北洋政府引进了现代意义上的仲裁制度。

在汉语里，“仲”就是居中的意思，“裁”就是裁判的意思。根据《现代汉语词典》的解释，“仲裁”就是“争执双方同意的第三者对争执事项作出决定”。在英语里，与之相对应的词是arbitration，基本含义也是居中裁决。一般认为，仲裁就是指纠纷当事人在自愿的基础上达成协议，将纠纷提交非司法机构的第三者审理，第三者就纠纷居中评判是非，并作出对争议各方均有拘束力的裁决的一种解决纠纷的制度、方法或方式。

基于上述定义，仲裁具有如下要素：（1）各方当事人自愿采用仲裁方式解决相互间的争议；（2）当事人选择解决争议的第三者是非司法机构；（3）第三者为解决争议所作出的裁决，对各方当事人都具有法律上的拘束力。

二、仲裁的分类

（一）国内仲裁和国际仲裁

以仲裁案件是否具有涉外因素为标准，仲裁分为国内仲裁和国际仲裁。

从一个国家的角度看，所谓国内仲裁，就是指解决本国当事人之间没有涉外因素的国内民商事纠纷的仲裁。

而国际仲裁，亦可称为涉外仲裁、国际商事仲裁，泛指处理具有涉外因素的民商事争议或国际性民商事争议的仲裁。但严格说来，各国涉外仲裁只构成国际商事仲裁的一部分，国际商事仲裁还包括一些国际组织的仲裁制度和区域性的仲裁制度，如解决投资争端国际中心（ICSID）、国际商会（ICC）仲裁院、美洲国家间商业仲裁委员会等机构的制度，但人们一般并不特别地区别使用这一对范畴。

（二）临时仲裁和机构仲裁

根据仲裁组织产生和存续的状态，仲裁可分为临时仲裁和机构仲裁。

临时仲裁亦称为特别仲裁、临时性仲裁，它是一种在事先并不存在仲裁管理组织的情况下，当事人根据仲裁协议，将争议交给他们临时组成的仲裁庭进行审理并作出裁决的仲裁。仲裁结束，仲裁庭即自行解散。我国不存在临时仲裁，但对加入1958年《承认及执行外国仲裁裁决公约》的国家的临时仲裁是承认并予以执行的。

机构仲裁也称为制度性仲裁、常设仲裁，是当事人根据仲裁协议，将他们之间的纠纷提交给某一常设仲裁机构所进行的仲裁。

（三）依法仲裁和友好仲裁

以仲裁裁决的依据为标准，仲裁可分为依法仲裁和友好仲裁。

依法仲裁是指仲裁庭必须依据一定的法律对纠纷进行裁决。现在的仲裁大多为依法仲裁。

友好仲裁，或称为友谊仲裁、依原则仲裁，则是指仲裁庭依当事人的授权，不根据严格的法律规定，而按照它所认为的公允及善良原则和商业惯例对纠纷进行裁决。友好仲裁适用的主要条件在于当事人的同意，即授权。众多的仲裁国际立法也印证了这一点，如《联合国国际贸易法委员会国际商事仲裁示范法》第二十八条（适用于争议实体的规则）第三款规定："仲裁庭只有在当事各方明确授权的情况下，才应按照公平合理的原则或作为友好调解人作出决定。"又如，设立在巴黎的国际商会（ICC）仲裁院仲裁规则的第十七条（适用的法律规则）第三款规定："仲裁庭有权作为友好公断人或按照公平合理的原则解决争议，但须当事人已经同意授予仲裁庭此项权利。"

三、仲裁的优势和局限性

（一）仲裁的优势

（1）仲裁裁决较容易得到外国法律的承认与执行。由于1958年《承认及执行外国仲裁裁决公约》及区域性国际商事仲裁条约、大量包含仲裁合作的双边司法协助协定的存在以及仲裁的民间性，仲裁裁决较容易得到外国法律的承认与执行。特别是《纽约公约》，有一百多个参加国，涵盖了所有在仲裁和国际经济交往上的重要国家。仲裁裁决的这种在执行上的国际性优势，法院判决难以企及。

（2）独立性。仲裁机构独立于行政机构和其他机构，仲裁机构之间也无隶属关系。在仲裁过程中，仲裁庭独立进行仲裁，不受任何行政机关、社会团体和个人的干涉，亦不受仲裁机构的干涉，显示出极大的独立性。

（3）自愿性。当事人的自愿性是仲裁最突出的特点。仲裁以双方当事人的自愿为前提，即双方当事人之间的纠纷是否提交仲裁，交与谁仲裁，仲裁庭如何组成，由谁组成，以及仲裁的审理方式、开庭形式等，都是在当事人自愿的基础上，由双方当事人协商确定的。因此，仲裁是最能够充分体现当事人意思自治原则的一种争议解决方式。

（4）专业性。民商事纠纷往往涉及特殊的知识领域，仲裁中会遇到许多复杂的法律、经济贸易和有关的技术性问题，故专家裁判更能体现专业的权威性。因此，由具有一定专业水平和能力的专家担任仲裁员，对当事人之间的纠纷进行裁决，是仲裁公正性的重要保障。根据我国《仲裁法》的规定，各仲裁机构都备有分专业的、由专家组成的仲裁员名册供当事人进行选择，专家仲裁由此成为民商事仲裁的重要特点之一。

（5）保密性。仲裁以不公开审理为原则。有关的仲裁法律和仲裁规则也同时规定了仲裁员及仲裁秘书人员的保密义务。因此当事人的商业秘密和贸易活动不会因仲裁活动而泄露。仲裁由此表现出极强的保密性。

（6）管辖权的确定性。一个国际性的案件，经常出现管辖权冲突问题，当事人在订立跨国合同时很难预料如出现争议哪个国家法院有管辖权，但又对对方国家的法院缺乏信任，即使协议管辖也会发生判决的执行等问题。在合同中加入仲裁条款或订立仲裁协议，则可较好地解决这一问题，排除法院管辖权而确立仲裁管辖权，确保一旦发生争议时不会面对管辖权的冲突。

（7）费用低、速度快。但这具有相对性，即和哪一种或哪一个国家的诉讼制度比较。如费用问题，发展中国家的当事人到斯德哥尔摩、伦敦、巴黎等地去仲裁，会发现成本比在其本国诉讼昂贵得多；而在中国，同一纠纷，当事人到法院提起诉讼包括上诉，费用可能不会高于仲裁。不过在英、美等国，一般的案件如到法院起诉，费用高于申请仲裁。仲裁中没有法律援助制度，难以支付仲裁费用的当事人可能较难求助仲裁以寻求救济。再如速度，仲裁是一裁终局，诉讼是两审或三审终审制，后者自然时间长，但这也要看是在哪个国家。一般情况下，马拉松式案件在仲裁中较少出现。不过，由于仲裁制度不适当的诉讼化或受司法程序的过分干预，或者因其他缘故，结案速度也可能不像当事人想象的那么快。

（二）仲裁的局限性

（1）仲裁的自主性特点是一柄双刃剑，有时当事人尤其被诉方出于种种原因如拖延履行债务、逃避责任等，不善意利用程序权利，从而形成程序侵权，而仲裁机构乃至仲裁庭对此却难以采取强有力的对策。这种情况从仲裁程序一开始就可能出现，如在指定仲裁阶段，故意指定仲裁机构很难联系的、高龄或其他情况特殊的仲裁员，甚至不得不让其几次指定仲裁员，这样仅组建仲裁庭的时间就可能耗去数个月；被诉方利用程序规则的缺陷，不按时提交答辩，直到开庭前才提交各种材料，让仲裁庭和申请人措手不及，降低庭审效率；无论有无合法理由，直到可提出管辖权异议的期限的最后一天才提出异议以中断仲裁程序；仲裁程序中的任何一个期限，无论有无理由，均拖到最后一天，并找出种种理由要求延期，等等。

（2）仲裁程序的顺利进行客观上要求仲裁参与人熟悉甚至精通仲裁制度。

（3）仲裁协议不能约束第三人。

（4）不是所有类型的民商事争议都最适宜于仲裁，如国际借贷争议。

（5）欠缺法的安定性和预测性。

（6）仲裁员容易产生代理人心理。

（7）无上诉制度。仲裁中的救济方法只能是申请撤销仲裁裁决或申请不予执行仲裁裁决。

（8）和法官相比，仲裁员的权力有限。法官拥有财产保全、行为保全、证据保全的权利，仲裁员则没有。仲裁员的调查取证权也没有法官大。[1]

四、仲裁的性质

关于仲裁的性质主要有四种观点：

（一）司法权论

司法权论认为，虽然仲裁源于当事人之间的协议，但在仲裁协议的效力、仲

---

[1] 黄进、宋连斌、徐前权：《仲裁法学》。北京：中国政法大学出版社，2008 年 3 月版，第 4-7 页。

裁员的权力、仲裁员的审理行为以及仲裁裁决的执行方面，其权威性都取决于有关国家的法律。

另外，裁决权是一种国家主权，如果没有仲裁地国的授权，仲裁员就不能行使通常只能由法官才能行使的权力。如果法律允许当事人提交仲裁，则仲裁员就像法官一样，从本国法律中取得裁判权。因此，仲裁员类似于法官，而仲裁裁决则与法院判决相同。

奉行此说的国家主要有德国、奥地利、意大利和埃及等。

（二）契约论

契约论认为，仲裁员不是从法律或司法当局获得仲裁权，而是从当事人那里获得此项权力。整个仲裁都是基于当事人的意志而创立的，它具有完全自愿的特征，当事人不仅有权自主选择仲裁机构和地点，也有权选择仲裁规则和准据法，而且有权选择仲裁员。

奉行此说的国家有法国、荷兰和斯堪的纳维亚半岛的各个国家等。

（三）混合论

混合论试图兼采司法权论和契约论的长处，在现代仲裁理论上较有影响。

混合论认为，仲裁需要并依赖于司法因素和契约因素，这两种因素至少在仲裁中是相互协调且不可分割的。

一方面，仲裁源于私人契约；另一方面，仲裁又不能超越于法律制度之上，仲裁协议的有效性和仲裁裁决的可执行性最终取决于有关法院的裁定。

因此，仲裁兼有司法性和契约性。

（四）自治论

自治论认为，仲裁的性质既非契约性、司法性，也非混合性，而是自治性的。

仲裁法应以满足当事人的愿望为目标，其功能是发展商人法。尽管还应保留最低限度的公共政策作为限制，但完全的当事人意思自治是仲裁充分发展所必需的。

把商事仲裁的发展归结于商人注重实效的实践结果，认为是商人们首先在法律之外发展了仲裁，而后才得到法律的承认；仲裁协议和裁决之所以有拘束力，既不是因为它们是契约，也不是因为执行仲裁协议和裁决是国家的特许，而是因为这是各国商人顺利处理国际商事关系所必须遵守的惯例。

司法权论把仲裁和国家权力联系起来，却夸大了这种联系，并将其绝对化；契约论虽然提出了仲裁权来源于当事人的意愿，但未能作出科学的认证；混合说从折中的角度出发，将仲裁性质一分为二，这种理论貌似公允，实则模糊，并未从整体上说明仲裁的性质；自治说企图跳出上述学说的框架，通过考察仲裁的目的和作用来明确其性质，但它要求仲裁非仲裁地化，使仲裁具有超国家的特性，脱离了社会或者把社会理想化了。

第二节 仲裁与民事诉讼的关系

【基本案情】

李某和张某是高中同学，多年来两人关系一直很好。2001 年两人分别从单位下岗在家。为了一家人的生计，李某决定在家附近开一个小餐馆，但开餐馆的资金和人手都不够，于是李某想到找张某合作。张某下岗后，其妻也下岗在家，一家人正在为今后的生活发愁，李某找上门要求合作开餐馆的事立即得到张某夫妻的赞同。于是，李、张两家各出资 1 万元，在李家附近租一个小店开快餐店。小店租下后，李妻的哥哥提醒李某说，亲兄弟还明算账，何况是同学，最好在做生意前分清责任，订立合同。李某想想也有道理，于是和张某商量订一个合同。两人文化程度不高，从来也没做过生意，根本不知道合同怎么写，于是找到一家律师事务所要求某律师替他们起草一份合资经营合同。某律师当即替他们草拟了一份合同，在写到关于发生纠纷的解决方式时，律师征求李某、张某的意见，问他们如果发生纠纷不能协商解决，他们是愿意仲裁还是民事诉讼。面对这个问题，李某和张某不知所措，因为他们根本不知道仲裁和民事诉讼分别是怎么回事、有什么关系。最后律师只得详细地向他们解释什么是仲裁、什么是民事诉讼、两者的关系如何、各有什么利弊。经过比较，李某和张某决定如果发生纠纷首先协商解决，如果实在不能协商，就向某市仲裁委员会申请仲裁，一是可以尽快解决纠纷，二是可以不伤多年的感情。

【法律问题】

作为两种不同的解决纠纷的方式，仲裁和民事诉讼的关系如何？

【参考答案】

仲裁和民事诉讼都是国家法律确认的解决平等主体之间民商事纠纷的方式，两者有不小的区别，但也不乏相同或相似之处。当事人在纠纷发生前或纠纷发生后可以在合同中协商选择解决纠纷的方式，既可以选择仲裁，也可以选择诉讼。

当事人如果选择仲裁作为解决纠纷的方式，就应该在合同中签订仲裁条款或单独签一份仲裁协议，选定某一仲裁委员会作为解决纠纷的机构；如果愿意选择诉讼作为解决纠纷的方式，就不能在合同中订立仲裁条款，因为按照法律规定，在仲裁和诉讼这两种纠纷解决的方式中，当事人只能选择其中一种。上述案例中，李某和张某通过律师的介绍了解了仲裁和民事诉讼到底是怎么一回事，经过比较两者的特点，最后作出选择，如果发生纠纷双方当事人可以协商，万一协商不能解决他们之间的争议就向选定的仲裁委员会申请仲裁，既可以尽快解决他们之间的争议，又可以不伤害多年的朋友感情。

[法理分析]

仲裁和民事诉讼作为两种不同的解决民商事纠纷的方式都是被国家法律所确认的，两者之间存在一定的相同或相似之处及不同点。

一、仲裁与民事诉讼的相同或相似之处

仲裁与民事诉讼作为解决国内民商事争议、国际民商事争议的两种法律制度，存在一定的相同或相似之处，主要表现在：

（1）两者都是由当事人将纠纷交给第三者解决，是在第三者的主持下解决争议的活动。仲裁庭和仲裁员是处理仲裁事项的第三方，法院和法官是处理民事诉讼案件的第三方，虽然两者的性质不同，但都是以公正的权威者的身份出现，其权利和职责都是针对当事人之间的民商事纠纷从事实上加以认定，从法律上作出评判以解决当事人之间的争议。

（2）两者解决争议都是以相关的法律、法规为依据。从对程序法的适用看，仲裁庭主要适用《仲裁法》的规定，在《仲裁法》没有规定时也可以适用《民事诉讼法》的相关规定；民事诉讼活动则要遵循《民事诉讼法》的规定。从对实体法的适用看，由于仲裁与民事诉讼解决的都是民商事纠纷，因此都适用《民法》《合同法》等实体法的规定。

（3）两者解决争议遵循的某些规则是相同的。首先，两者确定当事人的标准是一致的。其次，举证责任的分配原则及证据的种类也相同。再次，两者都有一些临时的保全措施等。

（4）两者处理案件作出的法律文书对当事人均有约束力。仲裁裁决是仲裁庭和仲裁员对案件作出的权威性判定，与民事诉讼中的判决一样具有定案的法律效

力，义务方当事人应当如实履行。否则，胜诉方当事人有权按照一定的法律程序申请强制执行。

二、仲裁与民事诉讼的不同点

（一）受案范围

在民商事关系范围内，人民法院的受案范围要比仲裁范围广泛得多。

（二）提起条件和管辖

当事人采用仲裁方式解决纠纷，应当双方自愿并达成仲裁协议；当事人提起诉讼不必与对方当事人协商一致。

仲裁不实行级别管辖和地域管辖；民事诉讼实行严格的级别管辖和地域管辖。即使是协议管辖，当事人也不能脱离案件与受诉法院之间的联系而自由选择受案法院。

申请仲裁必须是书面的；提起民事诉讼可以是书面的，也可以是口头的。

如果当事人之间订有仲裁协议，法院不能受理一方当事人就协议范围内的事项提起的诉讼，即使该事项属法院专属管辖的范围。

（三）财产保全和证据保全

仲裁机构没有实施保全措施的权力。

民事诉讼中，法院在必要时可以主动采取保全措施；而仲裁中，仲裁机构无权主动向法院请求采取保全措施。

（四）组成仲裁庭和审判组织

仲裁中，当事人可以确定仲裁庭的组成方式并指定仲裁员；民事诉讼中，当事人则无此权利。

（五）审理方式

仲裁案件以开庭审理为原则，若当事人协议不开庭的，仲裁庭可以进行书面审理。在民事诉讼中，一审人民法院适用普通程序审理案件时，必须开庭审理，除非法律另有规定；第二审人民法院对上诉案件，应当组成合议庭，开庭审理。只有经过阅卷、调查和询问当事人，对没有提出新的事实、证据或者理由，合议庭认为不需要开庭审理的，才可以不开庭审理。

（六）审理原则

仲裁以不公开审理为原则，以公开审理为例外。仲裁不公开宣告裁决。而诉讼以公开审理为原则，以不公开审理为例外。无论何种情况，法院宣告判决一律公开进行。

（七）审理程序的阶段性和顺序性

仲裁中的开庭程序没有严格的阶段性，调查和辩论未作严格区分。而民事诉讼的庭审过程明确地分为几个阶段，各阶段的工作都有法定顺序。

（八）审级制度

仲裁实行一裁终局的制度；诉讼实行两审终审制。

（九）和解

《仲裁法》规定的和解发生在仲裁审理过程中，而《民事诉讼法》规定的和解包括诉讼和解和执行和解。

仲裁中和解的结果是因申请人撤回仲裁申请或仲裁庭根据和解协议制作仲裁裁决书而结案；而民事诉讼中的和解不需要制作法院认可的法律文书，一般以当事人撤诉而结案，当事人如在执行中和解则意味着执行程序终结。

仲裁中当事人达成和解协议，撤回申请后反悔的，可以根据仲裁协议重新申请仲裁；诉讼中双方当事人达成和解协议后一方不履行的，当事人可再行起诉；达成执行和解协议后一方反悔的，法院可以根据对方当事人的申请恢复对原生效法律文书的执行。

（十）对撤回仲裁申请和撤回起诉的处理

仲裁过程中，如当事人撤回仲裁申请，仲裁机构可以决定是否准许撤回，但其权力是形式上的；而民事诉讼中，如原告撤诉，法院一般会裁定准许，但不能绝对排除法院的干预权。

（十一）调解

仲裁中的调解是一种具体结案方法，在《仲裁法》中并不是一项原则；而在民事诉讼中，着重调解是一项原则，它贯穿于整个审理过程的始终。

仲裁中的调解一般应不公开进行，外人不得介入，有关情况也不向外界披露；而诉讼中的调解可以邀请有关单位和个人协助。

在仲裁中，调解达成协议的，仲裁庭应当制作调解书或根据协议的结果制作裁决书；在诉讼中，调解达成协议的，一般应制作调解书，但在《民事诉讼法》第九十八条规定的四种情况下可以不制作调解书：（一）调解和好的离婚案件；（二）调解维持收养关系的案件；（三）能够即时履行的案件；（四）其他不需要制作调解书的案件。

仲裁调解书一经生效不能撤销；而民事调解书在一定条件下可以提请再审。

（十二）仲裁裁决和法院判决、裁定的作出

仲裁裁决应当按照多数仲裁员的意见作出，仲裁庭不能形成多数意见时，裁决应当按照首席仲裁员的意见作出，而无须报仲裁委员会决定；在诉讼中，合议庭评议案件时，实行少数服从多数的原则。如果不能形成多数意见，应报审判委员会决定，合议庭必须服从审判委员会的决定。

在仲裁中，对裁决持不同意见的仲裁员，可以在裁决书上签名，也可以不签名；在诉讼中，有不同意见的审判员必须在判决书、裁定书上署名。

仲裁裁决书无须仲裁委员会主任签发，而法院有些判决书、裁定书必须经人民法院院长签发。

第三节　仲裁法概述

【基本案情】

小明是某大学法学院三年级学生，在三年级下半学期选课时选修了李老师主讲的仲裁法学。小明平时学习态度懒散，经常睡懒觉不按时上课，即便去上课也很少从头到尾专心听老师讲课。但多次考试小明都能顺利过关，其原因就是他采用取巧的方法，即每次临考前几天下狠劲背诵该门法律、法规的规定。选修仲裁法学后小明故伎重演，平时上课时要么请假，要么就在课堂上用手机玩游戏。期末考试前，小明花了两天时间将《仲裁法》的80个法条背得滚瓜烂熟，谁知李老师将出题的重点放在仲裁与民事诉讼的关系上，几个案例分析题都涉及《民事诉讼法》中有关仲裁的相关法律规定。小明由于根本没有复习《民事诉讼法》的有关法律规定，考试的结果当然是不及格。小明没有从自身找原因，而是到教务处反映李老师出题太偏，明明考试的科目是仲裁法学，而考题的内容却涉及民事诉讼法学。教务处负责人找到李老师了解情况后才知道李老师出题没有问题，小明考试不及格是由于他平时不上课。李老师在课堂上专门就民事诉讼与仲裁的关系作过重点论述，并对《民事诉讼法》中涉及仲裁的法律条款作了讲解。

【法律问题】

什么是仲裁法？我国仲裁法有什么特点？包括哪些基本内容？

【参考答案】

详见下面法理分析。

【法理分析】

一、仲裁法的定义

所谓仲裁法，即调整仲裁关系的法律。它是规定仲裁的范围和基本原则、仲裁机构的地位及设立、仲裁员、仲裁庭的组成和仲裁程序的进行、仲裁参与人和仲裁机构或仲裁员在仲裁程序中的权利与义务、仲裁裁决的效力等内容以及调整由此而引起的其他仲裁关系的法律规范的总称。

仲裁法有广义与狭义之分。狭义的仲裁法，仅指以仲裁法为名称的单行法或者仲裁法典，如《中华人民共和国仲裁法》（以下简称《仲裁法》）；广义的仲裁法除指单行法或仲裁法典外，还包括所有涉及仲裁制度的法律规范，比如《民事诉讼法》和《合同法》中关于仲裁的规定以及行政法规、规章中的有关内容。

二、《仲裁法》制定的背景、宗旨及意义

（一）《仲裁法》制定的背景

全国人大法制工作委员会于 1991 年 5 月着手制定仲裁法。在考虑国情、总结经验特别是在中国国际经济贸易仲裁委员会和中国海事仲裁委员会仲裁实践经验的基础上，参照国际惯例和国外立法成果，经过大量调查研究，于 1994 年 3 月拟定了《仲裁法》的草案。我国现行《仲裁法》1994 年 8 月 31 日通过，1995 年 9 月 1 日实施。

（二）《仲裁法》的宗旨

建立一个适应中国改革开放和社会主义市场经济体制需要的、与国际惯例接轨的仲裁法律体系。

规范中国国内仲裁，同时促进中国涉外仲裁走上国际化、现代化的道路。

（三）制定《仲裁法》的意义

首先，结束了中国没有仲裁法典的历史。在《仲裁法》颁布之前，中国没有一部统一的仲裁法典。仲裁法律制度建设的成果只表现为若干个仲裁条例和有关

法律、法规、规章中的个别条款。这些有关仲裁的规定，立法形式不统一，内容较为杂乱甚至有相互抵触的地方，容易造成相同或相似案件的裁决结果不同或不完全相同的混乱。《仲裁法》的颁布实施，使得中国终于有了一部统一的仲裁法典。上述杂乱和混乱的现象将得以避免或消除，法规的统一必将使仲裁实践趋于统一。另一方面，《仲裁法》确立了仲裁法律制度在中国法律体制中应有的地位，充实了中国程序法的内容，完善了中国程序法的体系。

其次，恢复了仲裁制度的本来面目。仲裁制度从它产生的时候起，即具有民间性，它在尊重当事人意思自治的基础上，由仲裁员独立公正地仲裁纠纷，并且其所作裁决是终局的。但是，由于受到多种因素的影响，中国以往的仲裁实践不同程度地偏离了仲裁的本来面目，出现了忽视当事人的自主权利、广泛推行强制仲裁的现象。并且仲裁也不能独立进行，往往受到行政部门直接或间接的干涉，仲裁裁决大都不具终局性，失去了仲裁应有的优势。《仲裁法》规定了尊重当事人意愿、独立公正仲裁和一裁终局等原则，它的颁布实施恢复了仲裁制度的本来面目。

再次，促进了中国的仲裁事业在正常轨道上迅速、健康地发展。任何一项法律制度都是对社会物质生活条件的反映，是以社会实践为基础的，并通过国家的立法活动以法律的形式表现出来。因此，任何一项法律制度的建立，既是社会发展对法制建设的客观要求，也是国家立法活动适应社会发展的必然结果。《仲裁法》的颁布，一方面是仲裁实践对仲裁立法的客观要求，另一方面也是中国仲裁制度发展的必然趋势和结果。《仲裁法》的实施，对中国的仲裁活动起到严格规范和积极指导的作用，并在此基础上促进仲裁事业迅速、健康的发展。换句话说，《仲裁法》的颁布实施，既表明了仲裁制度在现实生活中已得到了人们的普遍欢迎和肯定，同时也为人们在过仲裁手段解决有关合同纠纷和其他财产权益纠纷提供了更为明确、可靠的法律依据。可以肯定，随着《仲裁法》的实施，人们对仲裁法有了更全面、更深刻和更准确的理解，更愿意把自己的有关纠纷提交仲裁，中国的仲裁事业得到新的发展。

最后，为中国仲裁法学研究的深入提供了一个良好的契机。立法实践和法学研究具有密切的联系，二者往往相互促进、共同发展。具体来说，国家通过立法对某一制度加以确认，必将对相关法学学科的研究起到积极的促进作用，而法学研究活动的开展及其深入，又有利于国家对相关法律的修改或完善。《仲裁法》的颁行促使中国法学界深入探讨仲裁法律制度，仲裁法研究因此出现一个崭新的局面，仲裁法的一些基本问题通过广泛的讨论而得到比较科学、完整的论证，这有利于改进现行的《仲裁法》。而且，随着仲裁法研究的深化和提高，仲裁法学将发展为一门独立的法学学科，成为大学法律院系及相关专业学生的一门必修课程。

三、我国仲裁法的特点

《仲裁法》由 8 章 80 个条款组成，规定了总则、仲裁委员会和仲裁协会、仲裁协议、仲裁程序、申请撤销裁决、执行、涉外仲裁的特别规定和附则等内容。作为国家制定和认可的规范仲裁法律关系主体的行为和调整仲裁法律关系的法律规范，我国仲裁法体现了以下特点：

（一）机构仲裁

根据我国《仲裁法》和《仲裁法解释》的规定，当事人订立仲裁协议时，应当选定具体的仲裁委员会，对仲裁委员会没有约定或者约定不明确的，可以补充协议，如果达不成补充协议又无法推定出具体的仲裁机构的，仲裁协议无效。这表明，在我国只能采取机构仲裁的方式，而不能进行临时仲裁。

尽管在我国当事人只能选择机构仲裁的方式，但对于涉外案件，当事人事先在合同中约定或争议发生后约定，由国外的临时仲裁机构或非常设仲裁机构仲裁的，我国原则上应当承认该仲裁条款的效力，法院不得再受理当事人的起诉。

（二）对涉外仲裁进行特别规定

基于涉外仲裁自身的特点，《仲裁法》以专章对涉外仲裁的特定事项作出了有别于国内仲裁的特别规定。包括涉外仲裁机构的设立、仲裁员资格、采取保全措施的法院、涉外仲裁裁决的撤销、不予执行等。

（三）仲裁和调解相结合

我国《仲裁法》明确规定，仲裁庭在作出裁决前，可以先行调解。当事人自愿调解的，仲裁庭应当调解。调解不成的，仲裁庭应当及时作出裁决。调解达成协议的，仲裁庭应当制作调解书或者根据协议的结果制作裁决书。调解书与裁决书具有同等的法律效力，这表明仲裁程序和调解程序的有机结合是我国仲裁的显著特点。

四、我国仲裁法的主要内容

（一）仲裁协议

仲裁协议是双方当事人自愿将他们之间发生的争议提交仲裁解决的一种书面意思表示，也是仲裁机构受理仲裁的依据。它表现为合同中的仲裁条款或单独的仲裁协议书。仲裁的自愿性主要通过当事人可以达成仲裁协议来体现。仲裁法规定了仲裁协议的形式和内容、仲裁协议的有效要件、仲裁协议的法律效力等。

（二）仲裁机构

仲裁机构具有民间性和独立性，它独立行使仲裁权，不隶属于任何行政机关。仲裁机构在我国就是仲裁委员会。仲裁委员会不承担具体仲裁任务，对于仲裁申请，由独任仲裁员和仲裁庭承担具体仲裁任务。《仲裁法》对仲裁员的资格、仲裁员的指定和选任、仲裁庭的组成、仲裁员和仲裁庭的权利义务等几项内容作出了具体规定。

（三）仲裁程序

仲裁程序包括申请仲裁和答辩、庭审方式、回避事项、调查取证、司法协助等事项，《仲裁法》都一一作出规定，使仲裁程序具有较大透明度和自主性。

（四）仲裁裁决

独任仲裁员和仲裁庭对案件的最终解决处理要通过仲裁裁决的方式。《仲裁法》规定裁决的期限、表决、形式和内容、对裁决的异议、裁决的效力、裁决的执行以及法院对裁决的司法审查监督等。

（五）特别规定

《仲裁法》是我国各类民商事仲裁统一适用的法律，但对涉外仲裁作出了特别规定，涉外仲裁机构由中国国际商会组织设立，某些程序也有特殊规定。劳动争议和农业集体经济组织内部的农业承包合同纠纷的仲裁则另行规定。[1]

五、仲裁法的立法体例

不同国家在选择仲裁立法体例时，由于立法背景的差异和出发点的不同，往往形成不同的立法体例。一般来说，仲裁法的立法体例有两种选择：一是国内仲裁制度和涉外仲裁制度是否适用同一仲裁法律制度；二是仲裁制度是否由一部单独的仲裁法典来规范。

（一）“一元体例”和“二元体例”

早期的仲裁法除了外国仲裁裁决的承认与执行外，一般不区分国内仲裁制度和涉外仲裁制度，只主要规范国内仲裁制度。随着国际商事仲裁的发展，国内仲

[1] 杨荣新：《仲裁法学案例教程》。北京：知识产权出版社，2004 年 1 月版，第 10-11 页。

裁制度与国际商事仲裁制度的发展相脱离，部分国家选择修订原有的国内仲裁制度，与国际仲裁趋势相适应，以同一部仲裁法来规范国内仲裁制度和涉外仲裁制度，对国际商事仲裁与国内仲裁同等对待；也有部分国家选择制定新的仲裁制度来规范涉外仲裁，与原有的国内仲裁制度相分离，对国际商事仲裁与国内仲裁区别对待。前者被称为“一元体例”，后者被称为“二元体例”。采取“一元体例”的国家有德国、墨西哥、加拿大等国；采取“二元体例”的国家有中国、新加坡、俄罗斯等国。两种立法体例各有优势。“一元体例”采用在国内仲裁和涉外仲裁上适用同一仲裁法律制度的模式，在适用上较为方便，并直接促进了国内仲裁制度的发展，提高了国内仲裁制度灵活和自由的程度，符合国际仲裁的发展趋势。对仲裁当事人而言，“一元体例”也更加公平。因此，从仲裁制度的长远发展和对仲裁当事人公平的角度来说，“一元体例”是仲裁立法的发展趋势。“二元体例”则是一种更为谨慎的立法技术，在维持国内仲裁旧体制的同时，吸收国际仲裁法制的经验，在经验成熟时可采取单一的立法体例。

（二）我国仲裁法的立法体例

我国自1994年《仲裁法》颁布以来，一直采用二元立法体例。《仲裁法》第七章对涉外仲裁作了专门规定，《民事诉讼法》第二十七章也有相关规定，与国内仲裁制度有显著不同。我国采取二元体例的立法模式是有历史原因的。我国涉外仲裁法律制度由仲裁机构的仲裁实践所确立，与国际仲裁制度相近；而国内仲裁制度长期凭借经济合同仲裁确立，欠缺民间性、灵活性等现代仲裁制度的特性，很难与国际仲裁制度接轨，所以现行背景下我国仍然采取二元立法体例。

与此同时，我国在仲裁立法模式上也逐渐形成了自身独有的特点，即以《仲裁法》为主，以《民事诉讼法》中的相关仲裁规定和最高人民法院有关仲裁的司法解释为辅，并使一些特殊的仲裁规定体现在相关实体法中。

一方面，我国这种独特的立法体例具有一定优势，表现在：（1）《仲裁法》作为全面、系统规定仲裁制度与仲裁程序的法律，适宜从整体上进行把握，能够更好地领会、遵守和执行。（2）基于仲裁与民事诉讼的联系性以及特定实体法律关系的特殊性，在《民事诉讼法》及实体法中对仲裁进行规定，有利于诉讼与仲裁的衔接、实体法律问题与程序法律问题的衔接。

但另一方面，在《仲裁法》与《民事诉讼法》等法律中同时对仲裁进行规范，较为烦琐，而且容易产生冲突。如根据《民事诉讼法》第二百五十八条第一款的规定，对中华人民共和国涉外仲裁机构作出的裁决，被申请人提出证据证明仲裁裁决有特定情形之一的，经人民法院组成合议庭审查核实，裁定不予执行。同时第二款明确规定人民法院认定执行该裁决违背社会公共利益的，裁定不予执行。而《仲裁法》第七十一条则规定，被申请人提出证据证明涉外仲裁裁决有《民事诉讼法》第二百五十八条第一款规定的情形之一的，经人民法院组成合议庭审查核实，裁定不予执行。该规定并未承认《民事诉讼法》赋予法院的审查仲裁裁决是否符合公共利益的权力。[1]

第四节　中国仲裁法的仲裁范围

【基本案情】

小王31岁了还没有女朋友，父母十分着急，不断托人介绍相亲。2011年，经人介绍认识了年轻漂亮的小夏，两人迅速坠入爱河，并于2012年元旦办理了结婚手续，举行了隆重的婚礼，成为众人眼中十分甜蜜的新婚夫妇。然而婚后的小王和小夏发现彼此性格不合，常常因为一些鸡毛蒜皮的小事吵得不可开交，有时候甚至大打出手。小王和小夏在分居一段时间后，想到了离婚，但是对于财产分割等问题始终无法达成一致意见。离两人家不远处就是该市仲裁委员会，双方也听朋友说仲裁可以快速解决纠纷且费用较低。小王和小夏就一同来到该市仲裁委员会要求仲裁，但仲裁委的工作人员告诉他们不能仲裁，不予受理。两人感到十分不解。

【法律问题】

哪些纠纷可以向仲裁委员会申请仲裁，哪些不可以？

【参考答案】

详见下面法理分析。

[1] 江伟：《仲裁法》。北京：中国人民大学出版社，2012年8月版，第67-69页。

【法理分析】

一、仲裁范围的概念

所谓仲裁范围，是指可仲裁的事项或争议的范围，即争议事项的可仲裁性。就某一仲裁机构或临时仲裁情形下的仲裁员而言，它是指临时仲裁员或依法设立的各仲裁机构可以受理何种当事人之间的何种纠纷的问题。

仲裁范围是仲裁法律制度中的一个基本问题。各国仲裁法关于仲裁范围的规定不完全相同，英、美等国甚至没有规定仲裁范围的成文法。但当事人有无和解的权利几乎是公认的判断可仲裁性的试金石。

二、中国仲裁范围的有关规定

（一）正面规定

平等主体的公民、法人和其他组织之间发生的合同纠纷和其他财产权益纠纷，可以仲裁。

理解：

（1）“合同纠纷”应作广义理解，即“合同”不仅指中国合同法中规定的合同，还应包括相关民事、经济立法中规定的合同；“纠纷”指当事人因合同是否成立、合同成立的时间 、合同内容的解释、合同的履行、违约责任及合同的变更、中止、转让、解除、终止等发生的争议。

（2）“其他财产权益纠纷”应理解为合同关系之外具有财产内容的任何其他纠纷，普遍认为主要是指因财产侵权而引起的各类纠纷。比如海事侵权纠纷、侵害消费者权益纠纷、证券纠纷、知识产权纠纷和其他诸如《侵权责任法》规定的涉及财产权益方面的侵权纠纷。

但不包括因身份关系和人身关系引起的财产权益纠纷。

中国《仲裁法》关于仲裁范围的规定，类似于国外有关当事人对争议有和解或处分权的民商事纠纷才可以提交仲裁的规定。

（二）反面规定

下列纠纷不能仲裁：

（1）婚姻、收养、监护、扶养、继承纠纷。

（2）依法应当由行政机关处理的行政争议。

另外，《仲裁法》第七十七条规定，劳动争议和农业集体经济组织内部的农业承包合同纠纷的仲裁，另行规定。

2007 年 12 月 29 日通过的《劳动争议调解仲裁法》专门对劳动争议仲裁程序作出了规定，2009 年 6 月 27 日通过的《农村土地承包经营纠纷调解仲裁法》专门对农村土地承包经营纠纷仲裁程序作出了规定。由此可见，《仲裁法》规定的仲裁范围只针对商事纠纷，劳动争议、农业承包合同的仲裁由特别法调整。

三、中国仲裁范围的特点

（一）争议主体的平等性

争议主体的平等性，即发生纠纷的双方应当是平等主体的当事人，如果当事人之间是管理与被管理的关系，则其纠纷不能仲裁。即使纠纷发生的主体之间客观上有上下级的行政隶属关系，但只要他们之间发生纠纷的法律关系属于民商事法律调整的范畴，那么他们之间发生的争议也是平等主体之间发生的争议。

争议双方当事人是平等主体，确定了争议事项属于横向法律关系的范畴，纵向法律关系的事项不能仲裁。例如商标、专利的有效性争议，涉及行政权的内容，因其属于纵向法律关系，应该排除在可仲裁之外。行政合同的双方当事人不是平等的主体，针对行政合同所产生的争议也不具有可仲裁性。

（二）争议事项的可处分性

争议事项的可处分性，即可提交仲裁的事项应当是当事人有权处分的，当事人之间因其无处分权的某些身份关系及其他关系发生的纠纷，不能仲裁。

可自由处分是双方当事人对于争议的实体权利可以在法律规定的范围内自由处置，可以根据自己的意愿决定行使权利、主张权利、放弃权利。只有当事人可以自由处分的事项，才能有权选择解决争议的方式；对于当事人无权自由处分的事项，则不能选择解决争议的方式。

可自由处分的实质在于当事人对争议事项可以自由和解。一般来说，与当事人个人利益相关，且不被法律禁止或不违反法律、公共秩序及善良风俗的权益均可和解。据此标准，有关民事地位、自然人能力、遗嘱有效性等问题以及刑法和税法、外汇管理等行政法规范的事项不具有可仲裁性。

（三）争议内容的财产性

争议内容的财产性，即当事人提交仲裁的事项应该是合同纠纷，或非合同的财产性纠纷。

争议内容的财产性即双方当事人之间发生的争议涉及财产权益。这一标准界定了只要签订仲裁协议的双方当事人对仲裁的适用具有财产利益，就可以进行仲裁，但因身份关系和人身关系引起的财产争议除外。

最高人民法院于 1987 年发布的《关于执行我国加入的〈承认及执行外国仲裁裁决公约〉》的通知规定，根据我国加入该公约时所作的商事保留声明，我国仅对按照我国法律属于契约性和非契约性商事法律关系所引起的争议适用该公约。所谓“契约性和非契约性商事法律关系”，具体的是指由于合同、侵权或者根据有关法律规定而产生的经济上的权利义务关系，例如货物买卖、财产租赁、工程承包、加工承揽、技术转让、合资经营、合作经营、勘探开发自然资源、保险、信贷、劳务、代理、咨询服务和海上、民用航空、铁路、公路的客货运输以及产品责任、环境污染、海上事故和所有权争议等，但不包括外国投资者与东道国政府之间的争端。

四、我国特殊纠纷的可仲裁性

（一）知识产权纠纷

1. 在我国，专利和商标侵权纠纷不能通过仲裁方式解决

因专利权和商标权的有效性产生的争议，也属于行政机关或法院的专属管辖。

这与我国加入的《纽约公约》不符。我国是《纽约公约》的成员国，从该公约第二条第一款的规定以及我国加入该公约时所作的保留声明来看，专利和商标侵权纠纷属于非契约性纠纷，应当可以提交仲裁裁决。

2. 著作权纠纷可以仲裁

《著作权法》（2010 年）第五十五条：著作权纠纷可以调解，也可以根据当事人达成的书面仲裁协议或者著作权合同中的仲裁条款，向仲裁机构申请仲裁。当事人没有书面仲裁协议，也没有在著作权合同中订立仲裁条款的，可以直接向人民法院起诉。

（二）产品质量责任、消费纠纷可以仲裁

《产品质量法》（2009 年）第四十七条：因产品质量发生民事纠纷时，当事人可以通过协商或者调解解决。当事人不愿通过协商、调解解决或者协商、调解不成的，可以根据当事人各方的协议向仲裁机构申请仲裁；当事人各方没有达成仲裁协议或者仲裁协议无效的，可以直接向人民法院起诉。

《消费者权益保护法》（2013 年）第三十九条：消费者和经营者发生消费者权

益争议的，可以通过下列途径解决：……（四）根据与经营者达成的仲裁协议提请仲裁机构仲裁；（五）向人民法院提起诉讼。

（三）证券纠纷的可仲裁性模糊

虽然根据《股票发行与交易暂行条例》（1994 年）的规定，与股票发行或者交易有关的争议，当事人可以依协议向仲裁机构申请仲裁，且 1994 年 8 月 26 日，国务院证券委员会正式发布《关于指定中国国际经济贸易仲裁委员会为证券争议仲裁机构的通知》（证委发〔1994〕20 号），指定中国国际贸易仲裁委员会为证券争议的仲裁机构，受理股票发行或股票交易所产生的争议，但是我国现行《证券法》以及《信托法》均没有就证券争议的可仲裁性作出规定。

（四）环境纠纷不可仲裁

我国现行《环境保护法》（2014 年）没有就环境纠纷的可仲裁性作出规定。

第二章　仲裁法的基本原则与基本制度

第一节　仲裁法的基本原则

仲裁法的基本原则，是贯穿全部仲裁过程、对仲裁活动起着指导作用或在仲裁活动进行的各阶段起着主导作用的行为准则。

仲裁法的基本原则具有以下特征：首先，仲裁法的基本原则应当能够体现仲裁制度的本质特点，把握仲裁制度的立法精髓；其次，仲裁法的基本原则应当贯穿仲裁制度始终，全面指导仲裁机构、双方当事人和其他诉讼参与人的仲裁活动；再次，仲裁法的基本原则应当具有概括性，是制定具体仲裁制度和仲裁规定的基础。

一、自愿原则

【基本案情】

张某早年离异后一直没有再婚。因考虑到日后的养老问题，张某决定收养子女。1985 年张某通过法定程序收养了孤儿院的李某，李某当时年仅 9 岁。张某对李某十分疼爱，尽其所能地照顾和抚养李某。谁想李某长大成人后，对张某不仅不孝顺，而且经常和张某发生口角。张某对此感到非常伤心，认为再继续维持收养关系已经没有任何意义。二人经协商决定解除收养关系，签订了书面的仲裁协议，并于 1998 年 8 月向其住所地的某市仲裁委员会提出了解除收养关系的仲裁请求。

【法律问题】

该仲裁委员会能否受理张某和李某的仲裁申请？

【参考答案】

张某和李某之间的争议是属于收养关系的争议，由于收养属于人身权的范畴而被排除于仲裁事项之外，所以即使两人出于自愿协商并签订了书面仲裁协议而申请仲裁，仲裁委员会也不能受理此案。

【法理分析】

仲裁最本质的特征即尊重当事人的意愿，遵循意思自治原则。自愿原则既是这一本质的反映，也是仲裁这一纠纷解决方式的特点。自愿原则贯穿仲裁程序的始终，是仲裁制度的根本原则，是仲裁制度存在和发展的基础。仲裁法的自愿原则主要体现在：

（一）当事人协商决定是否将他们之间的争议提交仲裁

我国《仲裁法》第四条规定："当事人采用仲裁方式解决纠纷，应当双方自愿，达成仲裁协议。没有仲裁协议，一方申请仲裁的，仲裁委员会不予受理。"双方当事人自愿以仲裁方式解决纠纷是启动仲裁程序的必要前提。这是自愿原则最重要的体现。仲裁和诉讼是两种不同的纠纷解决方式。通过诉讼方式解决纠纷，无须双方当事人的合意，只要当事人一方向有管辖权的法院依法提交诉状即可。而通过仲裁方式解决纠纷，则必须基于双方当事人的合意。法院对争议事项的管辖权来自法律赋予的审判权与管辖权，而仲裁机构对争议事项的管辖权来源于当事人双方的授权。可以说，自愿原则使仲裁成为与诉讼截然不同的纠纷解决制度。

（二）当事人双方协商选定提交仲裁的仲裁委员会

我国《仲裁法》第六条规定："仲裁委员会应当由当事人协议选定。仲裁不实行级别管辖和地域管辖。"根据这条规定，当事人可以任选共同信任并且对于纠纷处理比较方便的仲裁委员会进行仲裁，而不受地域、争议金额大小或案件难易程度、影响大小等因素影响。

（三）当事人自主决定仲裁庭的组成形式和仲裁员的选任

我国《仲裁法》第三十、三十一条规定："仲裁庭可以由三名仲裁员或者一名仲裁员组成。由三名仲裁员组成的，设首席仲裁员。""当事人约定由三名仲裁员组成仲裁庭的，应当各自选定或者各自委托仲裁委员会主任指定一名仲裁员，第三名仲裁员由当事人共同选定或者共同委托仲裁委员会主任指定。第三名仲裁员是首席仲裁员。当事人约定由一名仲裁员成立仲裁庭的，应当由当事人共同选定或者共同委托仲裁委员会主任指定仲裁员。"在仲裁中，当事人有权约定仲裁庭的组成形式，有权选定自己信赖的仲裁员。这是仲裁裁决易于被当事人接受的原因，也是仲裁制度的优势之一。

（四）当事人双方约定提交仲裁的争议事项

我国《仲裁法》第十六、十八条等规定，当事人对提交仲裁的争议事项应当在仲裁协议中明确约定，仲裁协议没有约定或约定不明确的，当事人可予以补充约定，即当事人双方可以协商确定仲裁事项的范围。仲裁机构必须在当事人的争议事项范围内作出裁决，超出范围的仲裁裁决，当事人可以申请法院撤销裁决或不予执行裁决。

（五）当事人双方可以约定有关审理方式、开庭形式等程序性事项

根据我国《仲裁法》第三十九、四十、四十四、五十四条等的规定，当事人双方可以自主约定有关审理方式、开庭形式等程序性事项。如当事人可以自愿决定是否开庭审理，当事人协议不开庭的，仲裁庭即可以根据书面材料对案件进行书面审理，作出裁决。当事人可以自愿确定案件是否公开进行审理，当事人协议公开的，可以公开进行，但涉及国家秘密的除外。另外，当事人可以约定鉴定部门鉴定，可以自愿选择仲裁裁决书是否写明争议事实和裁决理由。仲裁在程序性事项上所具有的灵活性，体现了仲裁制度对当事人意愿的尊重，也表明了仲裁制度在经济、效率等价值上的追求。

自愿原则体现了仲裁制度的本质，贯穿了从是否提交仲裁、由谁来仲裁到怎样仲裁的仲裁活动的始终。我国仲裁法的自愿原则与国际上通行的“意思自治原则”相一致。不但尊重了当事人的真实意愿，而且有利于纠纷的迅速解决，体现了仲裁制度灵活性的特点。仲裁法上的许多具体制度如协议仲裁制度、仲裁员的选任制度等都是以自愿原则为基础制定的。

二、独立仲裁原则

【基本案情】

高宝公司是某市一家中外合资的经贸公司，主要经销大型机械和器材。胜利机械厂是该市的一家大型国有企业，主要制造农用机械。高宝公司和胜利机械厂经过磋商，签订了购买农用收割机的合同，并且约定若在合同履行过程中出现争议，则提交该市仲裁委员会仲裁。后来，因胜利机械厂未能如期交货导致双方发生争议。发生争议后，双方根据约定申请该市仲裁委员会仲裁。在仲裁过程中，该地的有关行政机关多次出面干涉，要求仲裁机构给予胜利机械厂“方便”。

【法律问题】

仲裁庭对此应采取什么态度？

【参考答案】

仲裁庭应独立仲裁，抵制行政权的不当干涉。

【法理分析】

独立仲裁原则是仲裁法的重要原则，是保障仲裁公正性的前提。独立有两层含义：一是仲裁机构在设置上独立；二是仲裁庭在审理案件时独立。我国《仲裁法》第八条规定："仲裁依法独立进行，不受行政机关、社会团体和个人的干涉。"第十四条进一步规定："仲裁委员会独立于行政机关，与行政机关没有隶属关系。仲裁委员会之间也没有隶属关系。"独立仲裁原则的内容体现在以下几方面：

（一）仲裁与行政脱钩

仲裁与行政脱钩是独立仲裁原则的核心内容。确立仲裁独立于行政，对于消除我国长期以来仲裁所具有的浓厚的行政色彩，恢复仲裁民间性的本来面目，具有积极作用。

在我国，仲裁的行政色彩主要体现为仲裁与行政存在着极其密切的联系。仲裁机构隶属于行政机构，仲裁员由行政人员担任，仲裁员被赋予一种行政管理权，仲裁手段、职能也带有鲜明的行政特点，使得仲裁实际上是一种行政裁断。我国《仲裁法》依据仲裁的本质属性，参考国际惯例，确立了独立仲裁原则，明确规定仲裁独立进行，不受行政机关的干涉，使仲裁与行政脱钩，仲裁机构与行政机构不再具有隶属关系，仲裁员不再是承担管理职能的行政人员，这为独立、公正地进行仲裁提供了法律依据。

（二）仲裁委员会之间没有隶属关系

行政关系的特点之一是行政机关之间具有上下级关系，下级行政机关必须服从上级行政机关的领导和监督。仲裁机构要摆脱行政干预和行政的属性，真正做到独立仲裁，就必须保证仲裁机构之间没有与行政属性相同或相类似的上下级关系，使每一个仲裁机构具有独立性，即仲裁委员会之间相互独立，没有高低之分，没有上下级之别，各自依据法律独立仲裁案件。

（三）仲裁庭独立裁决案件

仲裁庭是行使仲裁权的主体，对仲裁案件具有独立的审理权和裁决权，仲裁庭的独立性是案件公正裁决的基础。因此，仲裁委员会以及其他行政机关、社会团体和个人不得以任何理由和借口对仲裁庭行使仲裁权的行为进行干预。

三、根据事实，依照法律，公平合理的仲裁原则

【基本案情】

1996年11月，A将自己创办的C有限公司有偿转让给B，并与之签订了延期付款并计息的协议一份，且约定签约日前发生的债权和债务，由A托B代为承受；之后则归属B。B付部分转让费、余款按约计息后，取得了C公司。A则被B聘为顾问。同年12月，为履行职责，A以C公司的名义向河南某厂赊购材料；后在发货方两次催讨下，B委托A代为付清货款；随后，于1998年11月，B在与A结清转让款时，其以虽收货但已将料款转给A，由他代付为凭，主张将上述料款从欠付的转让费中扣回。A遂以未曾收到料款，B尚欠与之等额的转让费若干为由，提请所在地仲裁委员会仲裁，并要求对方承担本案仲裁费。

【法律问题】

此案给我们什么启示？

【参考答案】

仲裁裁决所依据的事实应建立在证据基础之上。该案系履行转让有限公司协议过程中发生争议并提请仲裁的案件，争议的焦点是B是否不履行合同义务或履行不符约定条件，即B是否尚欠A转让费若干。其具体的争议点是：材料被验收入库后，B是否付款给A，由他转付发货方？并由此引发B在结清转让费时，应否将该笔货款从欠款中等额扣回的问题。

显然，查清该案事实必然涉及举证责任问题。所谓举证责任，是指当事人对已主张的案件事实必须举证证明其确实存在，否则要承担对己不利的后果，其实质是一种风险负担。为此，《仲裁法》第四十三条规定：当事人应对自己的主张提供证据，即承担完全的举证责任，也即“谁主张谁举证”。举证不能或举证不利，

就要承担败诉后果。观察全案，双方所签订的转让协议是合法、有效的。B逾期交付转让款并按约计息，此有结账记录为据。但B应对收料遂即付货款给A的事实举证证明。B却不能举出充分证据，仲裁庭也无法查明其辩解是否属实，依据《民事诉讼法》（1991）第六十四条第一款的规定，对B的上述主张不予支持。另依据《民法通则》第一百零六条规定：公民违反合同或不履行其他义务，应承担民事责任。该法第一百一十一条还明文规定：一方不履行合同或履行不符约定条件，另一方有权要求履行或采取补救措施，并给予赔偿。鉴于此，仲裁庭应当完全支持A的仲裁请求。

由上分析可以看出，仲裁中的以事实为根据原则中的“事实”，实际上是指建立在证据基础之上的事实，是一种法律上的真实。法律真实一般与客观真实是一致的。如果该事实与客观事实并不完全相符，仲裁庭也要据此作出最终裁决。这是因为案件发生在过去，不可能重现；而且仲裁庭是在有限的时空下进行仲裁，其所认定的事实有时不可能完全与客观真实情况一致。所以只能将这种建立在证据基础上的事实作为裁决的基础。

此案告诫公民、法人和其他组织等市场经济主体，在进行民商事活动中要注意保存证据；一旦发生民商事纠纷，应注意收集涉案的有关证据，以避免因举证不能而导致败诉的后果。

【法理分析】

我国《仲裁法》第七条规定：“仲裁应当根据事实，符合法律规定，公平合理地解决纠纷。”仲裁制度分为依法仲裁和依原则仲裁两种类型。依原则仲裁又称为友好仲裁制度，是指仲裁庭经过双方当事人授权，在认为严格适用法律规范会导致不公平结果的情况下，不依据严格的法律规范，而是依据它所认为的公平标准作出对双方有约束力的裁决的方式。我国《仲裁法》第七条的规定确立了我国以依法仲裁为主，兼吸收依原则仲裁长处的仲裁法原则。

（一）以事实为依据，以法律为准绳是我国的司法原则

仲裁作为国家法律认可的具有司法因素的纠纷解决方式，自然也遵循这一原则。仲裁应当以事实为依据是指仲裁庭应以客观事实为依据，在当事人举证、质证的基础上，通过对证据的审查判断查清事实，并作出仲裁裁决。仲裁以法律为准绳，是指仲裁庭在查清事实的基础上，应当依照现行法律的规定确定双方当事人的权利义务关系。符合法律规定，首先是要符合民事实体法的规定，包括立法

机关依法制定的法律法规、最高人民法院作出的相关司法解释以及对双方当事人具有约束力的国际公约等的规定。其次，必须符合仲裁程序法的规定，依法进行仲裁活动，维护当事人的程序性权利，保障仲裁程序的顺利进行。根据事实、符合法律是公正解决纠纷的基础和核心，是我国实行依法仲裁的依据。

（二）仲裁庭应当依照公平合理的原则解决纠纷

公平合理是解决纠纷的一般性原则，对仲裁而言尤其重要。在友好仲裁中，公平合理原则甚至是仲裁庭作出仲裁裁决的唯一依据。将公平合理解决纠纷作为仲裁法原则不仅符合仲裁法的本质，而且与国际商事仲裁的发展趋势相一致。首先，公平合理原则强调仲裁庭应当平等地对待双方当事人，给予他们平等的陈述和辩论机会；其次，公平合理原则意味着仲裁庭应当遵循法律的精神和理念，并依据双方当事人的合同约定，参照国际惯例审理和裁决案件。特别是在法律没有强制性规定或规定不完备的情况下，更应当本着公平合理的原则进行仲裁。

第二节　仲裁法的基本制度

仲裁法基本制度，是指在仲裁活动中，约束仲裁组织、双方当事人及其他仲裁参与人的基本行为规范。

与仲裁法基本原则比较而言，仲裁法基本制度具有具体性、阶段性、直接适用性的特点。因为基本制度是直接约束仲裁组织和仲裁参与人进行仲裁活动的具体行为规范，故比较明确、具体；同时，基本制度仅针对仲裁活动中的某一阶段或某些环节，因此具有实用性和针对性。仲裁基本制度不同于仲裁基本原则，仲裁基本原则具有高度抽象性和宏观指导性，贯穿于仲裁活动的始终，体现在仲裁活动的各个方面。

确定仲裁基本制度，应当结合仲裁法的规定和仲裁法制度的特点加以考虑。仲裁法基本制度应当包括：协议仲裁制度、或裁或审制度和一裁终局制度。

一、协议仲裁制度

【基本案情】

1996年4月25日，台湾福源公司与厦门维格公司在厦门签订了一份编号为

96–04–25 的柏木板的购销合同。合同约定由维格公司向福源公司出售 600 立方米的福建柏木，单价每立方米 160 美元，价格条件为 FOB 厦门（离岸价格），并对柏木的质量要求以及验货方式进行了约定。合同同时还约定了解决合同纠纷的方式，即“双方进行友好协商解决或以国际商会仲裁为准”。

合同签订后，福源公司依据合同规定开出了总金额为 96000 美元的信用证，履行了买方的全部合同义务。但是，福源公司依据合同约定派员到厦门维格公司要求验货时，发现维格公司未按双方约定履行合同，双方遂发生纠纷。福源公司于 1996 年 8 月 15 日向区人民法院起诉，请求维格公司返还货款 31180 美元并赔偿损失 27520 美元；判令维格公司支付验货费用 98000 港元和公证费 3000 港元。

维格公司在提交答辩状期间对管辖权提出异议，认为双方在所签订的合同第 7 条中明确约定了解决合同纠纷的方式，即“双方进行友好协商解决或以国际商会仲裁为准”，请求法院依法驳回原告起诉。福源公司对维格公司提出的管辖权异议没有提交答辩状。

区人民法院对维格公司的管辖权异议经审查认为：原被告在购销合同中，虽就解决合同纠纷的方式作了约定，但未就具体的仲裁委员会或仲裁机构作出明确约定，嗣后，双方亦未就解决合同纠纷协商一致，故被告维格公司提出的管辖权异议的申请不能成立。依照《中华人民共和国民事诉讼法》（1991）第三十八条的规定，于 1996 年 10 月 27 日裁定：驳回维格公司对管辖权提出的异议。

一审裁定后，维格公司不服，向市中级人民法院提起上诉，认为双方签订的合同对纠纷解决方式已约定“双方进行友好协商解决或以国际商会仲裁为准”，原审裁定认为合同未就具体的仲裁机构或仲裁委员会作出明确的约定，显然是错误的。请求依法裁定将此案提交国际商会仲裁。

市中级人民法院经审查认为：上诉人维格公司与被上诉人福源公司在其合同中约定“解决合同纠纷的方式为双方进行友好协商解决或以国际商会仲裁为准”。《国际商会仲裁规则》第 8 条规定：“双方当事人约定提交国际商会仲裁时，则应视为事实上接受本规则。”国际商会仲裁院是执行国际商会仲裁规则的唯一仲裁机构，故双方当事人合同中的仲裁条款实际上约定了由国际商会仲裁院依据国际商会仲裁规则对本案当事人之合同纠纷进行仲裁，该仲裁条款有效，区人民法院对本案没有管辖权。上诉人提出的管辖权异议符合有关法律规定，理由成立，原审裁定驳回维格公司提出的管辖权异议不当。依照《中华人民共和国民事诉讼法》（1991）第一百五十三条的规定，于 1997 年 5 月 5 日裁定：一、撤销区人民法院民事裁定。二、驳回原告福源公司的起诉。

【法律问题】

本案双方当事人之间是否达成了仲裁协议？他们之间达成的仲裁条款是否有效？能否排除法院对该案的管辖权？

【参考答案】

本案中双方当事人对在合同中约定的解决合同纠纷的方式，即“双方进行友好协商解决或以国际商会仲裁为准”，都没有异议，这意味着该仲裁条款是双方在自愿的基础上达成的，是双方真实的意思表示，而且双方约定的“以国际商会仲裁为准”，实际上就是约定了由国际商会仲裁院依其仲裁规则对合同纠纷进行仲裁。因此，该仲裁条款是有效的，排除了法院对该案的管辖权，当事人应向国际商会仲裁院申请仲裁，法院无权受理合同一方当事人的起诉；二审裁定正确。

【法理分析】

协议仲裁制度是我国仲裁法规定的仲裁自愿原则的具体体现。该制度的主旨是通过仲裁协议体现当事人的仲裁意愿，如当事人是否通过仲裁解决纠纷、提交仲裁解决的争议事项的范围、提交哪个仲裁机构进行仲裁等都是通过仲裁协议加以确定的。没有仲裁协议对当事人意愿的展示，仲裁就失去了依据，仲裁机构就无法受理案件，仲裁程序也无法启动。所以，仲裁协议是仲裁制度的灵魂，协议仲裁制度是仲裁的根本制度。

协议仲裁制度的确立是由仲裁的本质属性决定的，是各国仲裁制度所奉行的基本制度，也是我国已经由行政仲裁走向民间仲裁的标志。该制度为遵循仲裁的内在规律，独立、公正地解决各类民商事纠纷奠定了基础。

二、或裁或审制度

【基本案情】

1996年9月19日，某对外贸易加工厂（以下简称买方）与某毛纺厂（以下简称卖方）签订毛呢买卖合同。合同规定：买方向卖方购买17023人字呢一等品1000米，每米价14.5元，合计价款14500元；14067海军呢一等品3000米，每米价24元，合计价款72000元；15047麦尔登呢一等品26000米，每米价21.5元，合计价款 559000 元。以上三个品种共计 3 万米，货款总额 64.55 万元。交（提）货日期：第一批 9 月 22 日交货 5000 米，其余 25000 米分 5 批按国家标准交货。交货地点及验收：第一、二批在卖方工厂交货验收，其余在买方工厂交货验收。运输方式及运费负担：汽车运输，运费由卖方负担 1/3，买方负担 2/3，买方先付第一批运费 1000 元。结算方法：第一批货物由卖方派一人押车，买方通过银行办理托收。卖方按照合同约定于 9 月 22 日通知买方验收了下列货物：14067 海军呢一等品 3000 米，50 件；17023 人字呢一等品 1200 米，20 件；15047 麦尔登呢一等品 1200 米，20 件。共 90 件，5400 米，计货款 1152000 元。货物验收后，买方未提出异议。9 月 30 日由卖方派车，双方各派一人押车，向买方送货。车行驶至 150 公里时，货车起火，烧坏 7 件海军呢。10 月 2 日，运送货车到达买方后，买方出具了接受海军呢 43 件，人字呢 20 件，麦尔登呢 20 件，共计 83 件，4980 米，价款 105120 元的凭证。对烧坏的 7 件海军呢（计 420 米，合计价款 10080 元），买方拒不接收。对已经接收的货物，除支付 30200 元外，其余以质量不符合标准为由，拒付了货款。1996 年 10 月 2 日双方经协商达成书面仲裁协议书。事后，卖方向某仲裁委员会申请仲裁，买方却向人民法院提起诉讼，人民法院不予受理。某仲裁委员会受理了此案。

【法律问题】

双方在事后达成的仲裁协议是否有效？是人民法院还是仲裁委员会对该争议有管辖权？

【参考答案】

本案是由于货物运输风险责任的承担而引起的纠纷。双方当事人是购销合同中的买卖双方，他们在签订购销合同时并未在购销合同中订明仲裁条款，而是在纠纷发生后，双方当事人协商达成仲裁协议，并依据该仲裁协议向仲裁机构申请仲裁。我国《仲裁法》第十六条规定："仲裁协议包括合同中订立的仲裁条款和以其他书面方式在纠纷发生前或者纠纷发生后达成的请求仲裁的协议。"本案中双方当事人在 1996 年 10 月 2 日即纠纷发生后经协商达成了书面仲裁协议书，该仲裁协议是有效的，因此排除了法院对该争议的管辖权，仲裁委员会应受理该案。

【法理分析】

仲裁与诉讼是两种不同的争议解决方式，或裁或审制度就是确定具体纠纷解决方式所适用的制度，也是标志着仲裁作为独立的纠纷解决方式的制度。

或裁或审制度是指双方当事人对所发生的争议，或者通过仲裁方式解决，或者通过诉讼方式解决的制度。我国《仲裁法》第五条规定："当事人达成仲裁协议，一方向人民法院起诉的，人民法院不予受理，但仲裁协议无效的除外。"这是我国《仲裁法》对或裁或审制度的肯定，也是或裁或审制度的法律依据。

或裁或审制度的含义主要体现在如下两个方面：

（1）对于当事人来说，或裁或审制度意味着当事人对纠纷解决方式具有选择权，即当事人之间发生的争议只能由双方当事人在仲裁或者诉讼中选择其一加以采用。如果当事人达成了仲裁协议，当发生纠纷时，任何一方当事人就不能就该争议向人民法院提起诉讼，而应当依据该仲裁协议向仲裁机构申请仲裁。如果当事人未能就争议的解决方式达成一致，或者所达成的仲裁协议依据我国法律的要求为无效时，当事人只能通过诉讼方式解决该争议，而不能强迫对方当事人进行仲裁程序。

（2）对仲裁机构来说，仲裁机构不能受理当事人之间没有仲裁意愿的纠纷案件；而对法院来说，人民法院不能受理当事人之间已经达成仲裁协议的纠纷案件。根据我国《民事诉讼法》第一百二十四条第二款的规定，双方当事人对合同纠纷自愿达成书面仲裁协议向仲裁机构申请仲裁，不得向人民法院起诉的，人民法院应当告知原告向仲裁机构申请仲裁。由此可见，仲裁协议是确定纠纷解决方式的唯一根据，有效的仲裁协议即可排除法院的管辖权，纠纷应当通过仲裁方式解决。只有在没有仲裁协议，或者仲裁协议无效、失效，或者双方当事人共同放弃仲裁协议等情况下，法院才可以行使司法管辖权。

三、一裁终局制度

【基本案情】

华联公司与和盛公司于1996年8月签订了一份购销合同，合同约定，双方由于该合同的效力、履行、内容等发生争议时由某市仲裁委员会仲裁。后在合同履行过程中，双方就合同履行地发生了分歧，1996年9月8日华联公司就争议事项向市仲裁委员会提出了仲裁申请。1996年11月18日，市仲裁委员会作出了有利于华联公司的裁决，和盛公司不服，向人民法院提起了诉讼。

【法律问题】

人民法院应否受理此案？为什么？

【参考答案】

人民法院不应受理此案，因为它如果受理就违反了我国仲裁法的一裁终局制度。我国《仲裁法》第九条第一款明确规定，裁决作出后，当事人就同一纠纷再申请仲裁或者向人民法院起诉的，仲裁委员会或人民法院不予受理。本案中和盛公司如认为该仲裁裁决不公正，可以根据《仲裁法》第九条第二款的规定，向人民法院申请撤销裁决或裁定不予执行，然后可再达成书面仲裁协议重新申请仲裁，如达不成新的仲裁协议，也可向法院起诉，但不能直接起诉，本案人民法院不予受理的裁定是正确的。

【法理分析】

（一）概念

一裁终局制度是指当事人之间的纠纷，一经仲裁庭审理和裁决即告终结，该裁决具有终局法律效力的制度。

（二）法律源泉

我国《仲裁法》确立了一裁终局的法律制度。《仲裁法》第九条规定：“仲裁实行一裁终局的制度。裁决作出后，当事人就同一纠纷再申请仲裁或者向人民法院起诉的，仲裁委员会或者人民法院不予受理。”《仲裁法》第六十二条进一步规定：“当事人应当履行裁决。一方当事人不履行的，另一方当事人可以依照《民事诉讼法》的有关规定向人民法院申请执行。受申请的人民法院应当执行。”

（三）含义

当事人之间的纠纷经仲裁庭审理和裁决后，任何一方当事人不得就同一纠纷再次向仲裁委员会申请仲裁；当事人之间的纠纷经仲裁庭审理和裁决后，任何一方当事人不得就同一纠纷向人民法院提起诉讼；仲裁庭所作出的仲裁裁决与人民法院所作出的终审判决具有同等的法律效力，当事人应当履行裁决。一方当事人不履行的，另一方当事人可以依照《民事诉讼法》的有关规定向人民法院申请执行。

（四）例外

如果仲裁裁决被法院发回重新仲裁，仲裁庭应视具体情形对原纠纷再次作出裁决；如果仲裁裁决被法院撤销或者不予执行，当事人可以重新达成仲裁协议申请仲裁，也可以向法院起诉。

第三章　仲裁组织机构

第一节　仲裁委员会

【基本案情】

某县地处两省交界处，物产丰富，水、陆交通便利。改革开放后，来此地经商的人越来越多。2006年，该县所在的市经主管部门批准将该县作为经济开发区发展，这一决定使得更多的人来此地投资经商，随之而来的是各种各样的纠纷不断增加。纠纷的数量在不断增加，使得县法院每年受理的案件越来越多，很多案件不能及时结案，在一定程度上影响了投资者的热情。为了缓解这一矛盾，县政府有关负责人员决定效仿市里的做法组建一个仲裁委员会，为投资者们提供一个更为便捷的解决纠纷的途径。县领导决定后，说干就干，由县里主管经济的副县长负责和当地的商会联系，准备高薪从省里聘请专家作顾问组建仲裁委员会。于是他们找到省某大学的于教授说明意图，于教授告诉他们这个仲裁委员会不能成立，因为国家法律规定只有直辖市和省、自治区人民政府所在地的市以及设区的市才能设立仲裁委员会，并不是按行政区划层层设立的。某县不符合设立仲裁委员会的资格，即便是为了繁荣当地经济、为投资者创造良好的投资环境也不行。

【法律问题】

哪些地方可以设立仲裁委员会？设立仲裁委员会必须具备什么条件？

【参考答案】

详见下述法理分析。

【法理分析】

一、仲裁机构的性质

国际上，除了前苏联阵营的仲裁机关是“为解决社会主义组织之间（集体农庄除外）的经济争议而专门设立的司法机关”，仲裁机构通常都是民间组织，如美国、英国、瑞典等国的仲裁机构即如此。但有的仲裁机构和政府有密切联系，如韩国商事仲裁院，政府在经费上有所资助。在一国之内设立的仲裁机构可称之为国别性仲裁机构。此外，有些仲裁机构由民间性国际组织、政府间国际组织设立，可称为超国家性仲裁机构，前者如国际商会仲裁院，后者如世界知识产权组织仲裁中心、解决投资争端国际中心等。

二、仲裁机构的设立

（一）仲裁机构的设置模式

关于仲裁机构的设置，各国的做法不尽相同，大致可以归纳为以下几种模式：

（1）仲裁机构设在商会内。①有的国家只设一个全国性仲裁机构，且无分支机构。如韩国商会仲裁院、瑞典斯德哥尔摩商会仲裁院。②有的国家设立几个全国性仲裁机构，且设有分支机构。如日本分设国际商事仲裁协会和海事仲裁委员会、建设工事纷争审查会，且设有分支机构。③有的国家只在一些城市的商会设有仲裁机构，没有全国性的仲裁机构。如法国的巴黎、马赛商会内设有仲裁机构，但政府对仲裁机构的发起人及设立地点并无限制。

（2）仲裁机构独立设置，或者既在行业协会里设置仲裁机构，又有独立设立的仲裁机构。如英国设有伦敦国际仲裁院，还在40多个专业机构、商会和贸易组织内设有行业性仲裁协会。

（3）设立多个仲裁机构，但“全国性”和“地方性”的机构互不隶属，各行其责；有些国家设有多个仲裁机构，还设立仲裁协调机构。如德国在汉堡、法兰克福等地设有10余个仲裁机构，在波恩设有全国性协调机构。

（二）仲裁机构的设置程序

各国做法不一致。

一种无须政府批准或注册即可成立。如瑞典斯德哥尔摩商会仲裁院，瑞士亦如此。

一种需由政府批准或注册。如日本国际商事仲裁机构由该国通产省批准设立，香港国际仲裁中心是根据香港公司法注册的非营利性法人。

三、中国仲裁机构概况

《仲裁法》仅规定了机构仲裁，仲裁机构包括涉外仲裁机构和国内仲裁机构。

涉外仲裁机构指中国国际经济贸易仲裁委员会和中国海事仲裁委员会，该机构同时也受理国内案件。

根据《仲裁法》重组后的国内仲裁机构以办理国内案件为主，也可以受理具有涉外因素的案件。

我国自实施《仲裁法》以来，截至2013年年底，全国共成立仲裁委员会223个，加上《仲裁法》实施前成立的中国国际经济贸易仲裁委员会、中国海事仲裁委员会，全国共有225个仲裁委员会，累计受理案件802307件，案件标的总额11209亿元。各仲裁委员会平均受案数3566件，平均标的总额498178万元。2013年仲裁受案量迎来了一个新的峰值，全国225家仲裁委员会共受理案件104257件，年受案量首次突破10万件。与《仲裁法》实施之初相比，是1995年受案1048件的近100倍。以仲裁方式处理的民商事纠纷的数量在这20年里大幅上升，仲裁从业人员逐渐增多，仲裁事业逐渐走向繁荣。

四、仲裁委员会的设立和注销

《仲裁法》第十条规定，仲裁委员会可以在直辖市和省、自治区人民政府所在地的市设立，也可以根据需要在其他设区的市设立，不按行政区划层层设立。仲裁委员会由可以设立仲裁委员会的市的人民政府组织有关部门和商会统一组建。

设区市与地级市概念类似，但有所不同。全国大部分的地级市都有市辖区，但是广东省东莞市和中山市、甘肃省嘉峪关市、海南省三沙市4个地级市是没有设立市辖区的，下面直接辖乡（镇、街道），俗称“直筒子市”。不设区的地级市和县级市是不能设立仲裁委员会的。例如经济非常发达的东莞市只设立了广州仲裁委员会东莞分会。

（一）设立

1. 设立条件

（1）有自己的名称、住所和章程

仲裁委员会的名称是一个仲裁委员会区别于其他仲裁委员会的标志。新组建的仲裁委员会的名称应当规范，即一律在仲裁委员会前冠以仲裁委员会所在市的地名，如北京仲裁委员会、上海仲裁委员会等。

仲裁委员会的住所是仲裁委员会作为常设仲裁机构的固定地点，是其主要办事机构所在地。

仲裁委员会的章程是规定仲裁委员会的设立宗旨、组成、结构、规范其行为的准则。仲裁委员会的章程应按照仲裁法规定具体制定。

（2）有必要的财产

仲裁委员会必须具备必要的物质条件，即应当具有业务活动所必需的与业务活动相适应的财产和经费，以保证仲裁机构日常工作的正常运转。必要的财产包括办公用房、必备的办公设施装备和独立的经费等。

（3）有该委员会的组成人员

仲裁委员会有一定的人员组成，包括主任、副主任和委员，以组织、管理仲裁委员会的日常仲裁工作。

（4）有聘任的仲裁员

仲裁员是直接行使仲裁权的主体，没有仲裁员就没有纠纷的审理和裁判者。我国《仲裁法》明确规定，仲裁委员会应当从具备仲裁员资格的人员中聘任仲裁员，并按照不同的专业设置仲裁员名册。仲裁委员会不设专职仲裁员。

2. 设立程序

设立仲裁委员会，还须按照法定程序进行登记。仲裁委员会应当向登记机关（即省、自治区、直辖市的司法行政部门）办理设立登记；未经设立登记的，其仲裁裁决不具有法律效力。

办理设立登记，应当向登记机关提交必要的文件：

（1）设立仲裁委员会申请书；

（2）组建仲裁委员会的市人民政府设立仲裁委员会的文件；

（3）仲裁委员会章程；

（4）必要的经费证明；

（5）仲裁委员会住所证明；

（6）聘任的仲裁委员会组成人员的聘书副本；

（7）拟聘任的仲裁员名册。

此项申报工作由市政府法制局主持的仲裁委员会筹备组经办。

3. 登记

登记机关在收到上述文件之日起 10 日内，对符合设立条件的仲裁委员会予以设立登记，并发给登记证书；对符合设立条件，但所提交申请文件不合规定的，在要求补正后予以登记；对不属于直辖市和省、自治区人民政府所在地的市以及设区的市申请成立仲裁委员会的，不予登记。

4. 备案

经登记的仲裁委员会变更其住所、组成人员的，应当在变更后 10 日内向登记机关备案，并提交与变更事项相关的文件。

（二）注销

仲裁委员会决定终止的，也应当向登记机关办理注销登记。

仲裁委员会办理注销登记，应向登记机关提交必要的材料，包括：

（1）注销登记申请书；

（2）组建仲裁委员会的市人民政府同意注销该仲裁委员会的文件；

（3）有关机关确认的清算报告；

（4）仲裁委员会登记证书。

登记机关应当在收到上述材料之日起 10 日内，对符合终止条件的仲裁委员会予以注销登记，收回仲裁委员会登记证书。

登记机关对仲裁委员会的设立登记和注销登记，自作出登记之日起生效，予以公告，并报国家司法行政部门备案。

《仲裁委员会登记暂行办法》在规定注销登记时，并未同时规定仲裁委员会终止的条件。这是它的不完备之处。

五、仲裁委员会的法律地位及性质

（一）法律地位

《仲裁法》没有作出明文规定。但根据《仲裁法》的有关内容并结合其他相关法律可看出，中国的仲裁委员会通常是事业单位法人。

仲裁委员会无上级行政主管部门。省、自治区、直辖市的司法行政部门仅仅是仲裁委员会的登记部门，政府法制局（办）也只不过是仲裁委员会在党务、政治方面的挂靠部门。

（二）性质

仲裁委员会作为事业单位法人，有其特殊性：

首先，表现为其民间性。关于这一点，可以从《仲裁法》中找到根据。《仲裁法》第四条、第六条明确规定，当事人是否将纠纷提交仲裁、提交哪一个仲裁委员会仲裁，由当事人自愿协商决定，而无须任何机关、团体和个人来安排、命令、指导和干涉，仲裁不实行级别管辖和地域管辖；第三十一条规定，仲裁庭由当事人各自或共同选定或共同委托仲裁委员会主任指定的仲裁员组成，等等。民间性是仲裁的本质特征，仲裁委员会当然具备这一特征。

其次，表现为其发展的阶段性。这是由中国的国情和仲裁制度在中国发展实际所决定的。《仲裁法》颁布实施以前，由于受计划经济体制的影响，中国仲裁制度的发展走过一段弯路。那时，不仅没有统一的仲裁法典，立法形式不统一，在仲裁实践中也出现了不同的做法，有的甚至严重偏离了仲裁的本意，失去了其民间性。并且，仲裁机构名目繁多，附设在相应的行政机关之下，仲裁受制于行政机关。《仲裁法》的颁布实施适应了当前市场经济的需要，改变了原有仲裁体制，恢复了仲裁的本来面目。

最后，表现在其非司法性上。仲裁员的仲裁行为是在法律控制下的私人裁判行为，换句话说，是一种民事法律行为。仲裁行为的法律后果实际上就是裁决书确定的当事人之间受法律保护的民事权利义务关系。所以，人民法院对仲裁裁决的执行，只是对以当事人协议为基础的仲裁行为的承认和保护，或者说对仲裁当事人之间合法的民事权利义务关系的承认和保护，而不是仲裁行为本身（从而不是仲裁委员会本身）具有司法性。

六、仲裁委员会的内部组织

（一）仲裁委员会的组成和职权

1. 仲裁委员会的组成

《仲裁法》第十二条明确规定：仲裁委员会由主任 1 人、副主任 2 至 4 人和委员 7 至 11 人组成。仲裁委员会的主任、副主任和委员由法律、经济贸易专家和有实际工作经验的人员担任，法律、经济贸易专家不得少于 2/3。

仲裁委员会以委员会制的形式行使其作为仲裁机构的管理机构的职权。仲裁委员会会议由主任或者主任委托的副主任主持，每次会议须有 2/3 以上的组成人员出席方能举行。修改章程或者对仲裁委员会作出解散决议，须经全体组成人员的

2/3 以上通过，其他决议须出席会议组成人员的 2/3 以上通过。

关于仲裁委员会组成人员的产生程序，《仲裁法》没有明文规定，但国务院法制局拟定的《重新组建仲裁机构方案》及其推荐的《仲裁委员会章程示范文本》有具体规定。

第一届仲裁委员会的组成人员，由政府法制、经贸、体改、司法、工商、科技、建设等部门和贸促会、工商联等组织协商推荐，由市人民政府聘任。仲裁委员会每届任期 3 年。任期届满，更换 1/3 的组成人员。仲裁委员会任期届满的 2 个月前，应当完成下届仲裁委员会组成人员的更换；有特殊情况不能完成更换的，应当在任期届满后 3 个月内完成更换。上一届仲裁委员会履行职责到新一届仲裁委员会组成为止。新一届仲裁委员会组成人员由上一届仲裁委员会主任会议商市人民政府有关部门、商会后提名，由市人民政府聘任。在仲裁委员会组成人员中，驻会专职人员 1 至 2 人，其他组成人员均为兼职。仲裁委员会组成人员名单应报中国仲裁协会备案。

2. 仲裁委员会会议的主要职责

（1）审议仲裁委员会的工作方针、工作计划等重要事项，并作出相应的决议；

（2）审议、通过仲裁委员会秘书长提出的年度工作报告和财务报告；

（3）决定仲裁委员会秘书长、专家咨询机构负责人人选；

（4）审议、通过仲裁委员会办事机构设置议案；

（5）决定仲裁员的聘任、解聘和除名；

（6）仲裁委员会主任担任仲裁员的，决定主任的回避；

（7）修改仲裁委员会章程；

（8）决议解散仲裁委员会；

（9）仲裁法、仲裁规则和章程规定的其他职责。

仲裁委员会主任、副主任和秘书长组成主任会议，在仲裁委员会会议闭会期间，负责仲裁委员会的重要日常工作。

仲裁委员会会议的其他职责：

（1）根据当事人请求，对仲裁协议的效力作出认定；

（2）审查受理当事人的仲裁申请；

（3）向申请人送达仲裁规则、仲裁收费表和仲裁员名册；

（4）向被申请人送达仲裁申请书副本和仲裁规则、仲裁收费表和仲裁员名册；接受被申请人答辩书，并送达给申请人；

（5）将当事人财产保全、证据保全申请提交相应的人民法院；

（6）接受当事人委托代理人的授权委托书；

（7）仲裁委员会主任应当事人要求为其指定仲裁员；

（8）按仲裁规则规定，仲裁委员会主任指定仲裁庭组成方式或仲裁员；

（9）将组庭情况书面通知双方当事人；

（10）仲裁委员会主任决定仲裁员的回避问题；

（11）通知当事人开庭日期；

（12）在调解书和裁决书上加盖仲裁委员会印章；确定仲裁员的报酬；

（13）主任会议决定聘用办事机构工作人员。

（二）仲裁委员会的办事机构

仲裁委员会的办事机构称为秘书处。

仲裁委员会应当在仲裁委员会组成人员的驻会专职人员中，决定1人任秘书长。

办事机构主要处理仲裁中的一些程序性事务，它具体代表仲裁委员会处理日常的一般性事务，是案件当事人与仲裁员之间的纽带。其主要职责是：

（1）具体办理案件受理、仲裁文书送达、档案管理等程序性事务；

（2）收取和管理仲裁费用；

（3）办理仲裁委员会交办的其他事务。

（三）专家咨询委员会

《仲裁法》和《重新组建仲裁机构方案》中均未明确规定专家咨询委员会的组成和职能。《仲裁委员会章程示范文本》第十条规定：仲裁委员会可以根据需要设立专家咨询机构，为仲裁委员会和仲裁员提供对疑难问题的咨询意见。专家咨询机构设负责人1名，由仲裁委员会副主任兼任。负责人的人选由仲裁委员会会议决定。专家咨询委员会的成员都是兼任的。

专家咨询委员会对具体仲裁案件的程序或实体的重大疑难问题所作的研究和提供的咨询意见，只能供仲裁委员会和仲裁庭参考，并不对仲裁委员会和仲裁庭具有约束力。

（四）其他机构

仲裁员资格审查机构。

仲裁员惩戒机构。

案例编辑机构。

第二节　中国仲裁协会

【基本案情】

金某与何某因一份钢材买卖合同发生纠纷，依照合同约定，金某向某仲裁委员会申请仲裁，要求何某承担违约责任，赔偿其损失人民币220万元。某仲裁委员会接受申请后通知双方当事人选择仲裁员，仲裁庭组成后即开庭审理了此案。裁决的结果是何某虽然没有履行合同规定的义务，但事出有因，并且申请人金某对其损失负有责任，因此裁决何某赔偿金某人民币20万元。对此结果，金某大感意外，因为他提供的证明材料已充分证明正是由于何某的故意违约才造成他如此大的损失；庭审中，何某也没有对他的证明材料提出质疑。日后，金某从一个朋友处得知，在仲裁期间，何某和仲裁庭的仲裁员陈某、李某交往甚密，有人看到他们一起在某饭店吃饭喝酒。金某非常愤怒，立即向人民法院申请撤销该裁决，同时又想到这些仲裁员今后仍有可能违法，应当向他们的主管部门反映情况。经过打听，金某得知仲裁委员会是民间组织，各仲裁委员会之间没有隶属关系，金某不知到底应该向谁反映情况，于是直接向某人民法院要求处理两名仲裁员，人民法院的工作人员告知金某可以向中国仲裁协会反映情况，提供证明材料，因为中国仲裁协会可以对仲裁员的违纪行为进行监督。

【法律问题】

中国仲裁协会是什么组织？它有哪些职能？能否对仲裁员进行监督？

【参考答案】

详见下述法理分析。

【法理分析】

在国外，尤其是在奉行民间仲裁的国家，仲裁协会具有十分重要的地位。是否设有仲裁协会，几乎成为衡量一个国家和地区有无健全民间仲裁制度的标志。

由此可见，《仲裁法》关于中国仲裁协会的规定，对于中国仲裁制度的革新及其国际化有十分重要的作用。

《仲裁法》第十五条规定："中国仲裁协会是社会团体法人。仲裁委员会是中国仲裁协会的会员。中国仲裁协会的章程由全国会员大会制定。中国仲裁协会是仲裁委员会的自律性组织，根据章程对仲裁委员会及其组成人员、仲裁员的违纪行为进行监督。中国仲裁协会依照本法和民事诉讼法的有关规定制订仲裁规则。"

一、中国仲裁协会的法律地位

中国仲裁协会是社会团体法人。设立仲裁协会，应当按照《社会团体登记管理条例》的规定向民政部门办理法人登记手续。中国仲裁协会经民政部登记后成立，并取得社会团体法人资格。

二、中国仲裁协会的性质

中国仲裁协会是仲裁委员会的自律性组织。设立仲裁协会的目的在于加强对仲裁的行业管理，排除政府和司法机关对仲裁的不当干涉，使仲裁这种民间性的纠纷解决机制得以健康发展。

三、中国仲裁协会的组成

中国仲裁协会实行会员制。各仲裁委员会，包括国内仲裁委员会和涉外仲裁委员会，是中国仲裁协会的当然会员。除团体会员外，中国仲裁协会也可以在一定条件下吸收个人会员。目前，中国仲裁协会尚在筹建过程中。

四、中国仲裁协会的职能

对各仲裁委员会及其组成人员、仲裁员的违纪行为进行监督；依照《仲裁法》和《民事诉讼法》的有关规定制定全国统一适用的仲裁规则；在宏观上指导、协调全国各地仲裁委员会工作，组织仲裁员培训和交流仲裁经验；建立与加强和其他国家或国际仲裁界的联系与交往；维护仲裁委员会及仲裁员的合法权益；组织对仲裁理论与实践问题的研究与探讨。

中国仲裁协会本身不得直接从事仲裁业务，也不得干涉具体的仲裁活动。中国仲裁协会的工作人员不应接受某个仲裁机构的聘任而担任仲裁员。

第三节 仲裁规则

【基本案情】

徐某是北京人，黄某是上海人，两人于1999年在北京签订了一份房屋租赁合同，由徐某将其祖传的一个四合院租赁给黄某开餐馆，租赁期为5年，由黄某负责四合院的装修。合同签订后，黄某对该四合院进行了较好的装修并聘请了高级厨师开始营业。由于地处繁华地段，加之四合院做餐馆很有特色，餐馆的生意很红火。徐某的几个兄弟姊妹不满足于只收房屋的租金，希望解除合同，由自家人来经营该餐馆，理由是徐某1999年将院子租给黄某时没有征得大家的同意。于是他们找到黄某协商，要求解除该合同，当即遭到了黄某的拒绝。之后，徐家兄弟姊妹多次到餐馆闹事，使得黄某的生意大受影响，为了挽回损失，维护自己的合法权益，黄某决定通过正当途径来解决纠纷。由于合同中约定了如因该合同发生纠纷双方当事人同意将此争议提交北京仲裁委员会仲裁，黄某即向北京仲裁委员会申请仲裁。在决定适用何种仲裁规则时，黄某担心自己不是北京人，而徐某全家都是北京人，害怕对自己不利，于是向北京仲裁委员会提出要求，希望对本案的仲裁能适用上海仲裁委员会的仲裁规则。

【法律问题】

仲裁委员会的工作人员应否满足黄某的要求？

【参考答案】

本案中黄某同意将争议提交北京仲裁委员会仲裁，他就应当遵守北京仲裁委员会的仲裁规则；当然，由于仲裁具有自愿性的特点，黄某也可以和徐某约定适用其他国内仲裁机构的仲裁规则。

【法理分析】

一、仲裁规则的概念与性质

所谓仲裁规则，指规范仲裁进行的具体程序及此程序中相应的仲裁法律关系的规则。

仲裁规则不同于仲裁法，它可以由仲裁机构或其他机构制定，也可以由当事人自行拟定或选定，但是仲裁规则不得违反仲裁法的强制性规定。世界上绝大多数的仲裁机构都备有自己的仲裁规则，并在规则中规定，凡当事人同意将其争议提交本仲裁机构仲裁的，均视为同意按其机构的仲裁规则进行仲裁。也有为数不少的仲裁机构允许当事人另外选定或拟定仲裁规则。

通常说来，仲裁规则是仲裁机构事先制定好的或由当事人在具体仲裁活动开始前约定或选定的。

二、仲裁规则的制定

一般而言，仲裁规则由仲裁委员会自己制定。根据《仲裁法》的规定，中国仲裁委员会仲裁规则的制定分两种情况：国内仲裁机构的仲裁规则，由中国仲裁协会统一制定，在中国仲裁协会制定仲裁规则前各仲裁委员会可以依照《仲裁法》和《民事诉讼法》的有关规定制定仲裁暂行规则；而涉外仲裁机构的仲裁规则由中国国际商会制定。

实践已突破了《仲裁法》的这种规定。目前，中国各仲裁委员会都制定了自己的仲裁规则，有的机构还针对不同情况，制定了几套仲裁规则。

三、制定仲裁规则的依据

世界上各仲裁机构的仲裁规则，甚至广而言之，各种仲裁规则，即使没有明确规定仲裁规则的制定依据，也都有一个默示前提，即不得与仲裁地或仲裁机构所在地的程序法，或者仲裁程序应适用的法律相冲突，如有冲突，则依照法律。如 1976 年《联合国国际贸易法委员会仲裁规则》第一条规定，仲裁规则的任何规定如与双方当事人必须遵守的适用于仲裁的法律规定相抵触时，应服从法律的规定。

中国的《仲裁法》明确规定了各仲裁委员会制定仲裁规则的依据，即《仲裁法》和《民事诉讼法》的有关规定。

四、仲裁规则的主要内容

仲裁规则的主要内容应包括：仲裁管辖人，仲裁申请和答辩，反请求，仲裁员选定和仲裁庭组成，仲裁程序的进行，保全措施，裁决，以及在相应程序中仲裁委员会、仲裁员和纠纷当事人的权利义务，等等。

另外，还有关于仲裁地、仲裁语言、翻译、送达、仲裁费用的收取、仲裁员的报酬等方面的内容。此外，一些仲裁规则也规定，当事人还可以通过协议对仲裁规则作出变更或补充。

五、仲裁规则的作用

仲裁规则是进行仲裁活动时必须遵循和适用的程序规范，具有以下作用：

第一，为当事人提供一套科学、系统而又方便的采用仲裁方法解决其争议的程序。

第二，为仲裁机构、仲裁庭进行仲裁活动提供适用的程序规则。

第三，为当事人和仲裁机构、仲裁员提供了程序上的权利义务规范。

第四，为对仲裁的支持和监督提供了依据。

六、暂行仲裁规则

《仲裁法》第七十五条规定："中国仲裁协会制定仲裁规则前，仲裁委员会依照本法和《民事诉讼法》的有关规定可以制定仲裁暂行规则。"仲裁委员会在制定暂行仲裁规则时，可参考国务院发布的《仲裁委员会暂行规则示范文本》。目前，实践已突破《仲裁法》的此种规定。尽管中国仲裁协会并未成立，但国内各仲裁委员会都制定了自己的仲裁规则，而不是像早期仅制定仲裁暂行规则。

七、仲裁规则的确定

在以仲裁方式解决案件时，究竟依据什么仲裁规则，在不同国家、不同类型、不同性质的仲裁机构中，其仲裁规则的确定方式和确定原则也各不相同。从目前国际社会的仲裁实践来看，仲裁规则的确定方式主要有以下几种：

（一）由当事人确定仲裁规则

当事人在仲裁协议中明确规定进行仲裁所应遵守的程序规则，或者援引某一套现成的仲裁规则。由当事人确定仲裁规则是仲裁实践中的通行做法。

（二）由仲裁机构确定仲裁规则

在当事人协议选择机构仲裁的情况下，仲裁机构通常都是确定适用其自身的仲裁规则。有些仲裁机构甚至还明确规定，不允许当事人选择适用其他的仲裁规则，实行仲裁机构与仲裁规则一体化制度。我国设立于各地的仲裁机构的仲裁规则都明确规定，凡当事人同意将争议提交该机构仲裁的，均视为同意按照其仲裁规则进行仲裁。例如，2015 年的《北京仲裁委员会仲裁规则》第二条第一款规定："当事人协议将争议提交本会仲裁的，适用本规则。"

随着仲裁实践的发展以及更充分地尊重当事人意思自治的需要，越来越多的仲裁机构允许当事人选择该机构之外的仲裁规则。只有在当事人没有明确选择仲裁规则的情况下，才适用其自身的仲裁规则，实行仲裁机构与仲裁规则分离制度。2015 年的《中国国际经济贸易仲裁委员会仲裁规则》第四条第三款规定："当事人约定将争议提交仲裁委员会仲裁但对本规则有关内容进行变更或约定适用其他仲裁规则的，从其约定，但其约定无法实施或与仲裁程序适用法强制性规定相抵触者除外。当事人约定适用其他仲裁规则的，由仲裁委员会履行相应的管理职责。"

（三）由仲裁庭确定仲裁规则

仲裁庭组成后，如果当事人授权仲裁庭确定仲裁规则，或者可适用的仲裁规则缺乏明文规定，一般都是授权仲裁庭来确定进行仲裁的相应规则。

第四章 仲 裁 员

第一节 仲裁员的资格条件

【基本案情】

老王今年从法院退休，在法院从事审判工作的20个年头中，为人公道正派，积累了丰富的案件审理经验，在退休后当地某仲裁委员会欲聘任老王作为该仲裁委员会的仲裁员。

【法律问题】

1. 仲裁员是如何选聘出来的？
2. 我国对仲裁员任职资格有何规定？

【参考答案】

详见下述法理分析。

【法理分析】

一、仲裁员的资格条件概述

仲裁员：广义上是指仲裁机构按一定规则聘任的、列入其仲裁员名册的人。狭义上是指纠纷当事人按一定的规则直接或间接选定的仲裁其纠纷的人。

仲裁机构大多备有自己的仲裁员名册，供当事人选择，名册上的仲裁员是仲裁机构按一定的条件从各界人士中聘任的。

就国际仲裁立法和实践而言，关于仲裁员的资格条件，国籍、性别、宗教、住所等因素不构成出任仲裁员的障碍。

关于仲裁员资格条件的规定，大体上有四种情形：

其一，对仲裁员的资格条件予以详细而严格的规定，如中国大陆和台湾地区。我国台湾地区 1998 年修订的《仲裁法》规定："仲裁员应为自然人，是具有法律或其他各业专门知识或经验、信望素孚之公正人士。"

其二，除上述严格规定外，有些国家对仲裁员还有某种特别要求。如沙特阿拉伯，仲裁员除要求有良好的行为准则和完全行为能力外，还必须是从事自由职业的穆斯林；仲裁员也可以是政府雇员，但须经该政府部门认可；如果仲裁员不止 1 名，则第三名仲裁员必须懂得穆斯林规范、商业规则和在沙特阿拉伯适用的习惯和传统；仲裁员不得与当事人有利害关系，不曾受过刑事处分或政纪命令从公共职位上撤职，或被判为破产。

其三，一些国家或地区仅要求仲裁员具有完全行为能力即可。换言之，普通人就可被委任为仲裁员。欧洲大陆的法国、瑞典、比利时、荷兰、罗马尼亚、波兰、葡萄牙、希腊等国及阿根廷、埃及即如此。

其四，一些国家或地区对仲裁员的资格条件在立法上不作直接规定。如英国，成文法上并没有仲裁员资格的规定，但要求法院尊重当事人对仲裁员资格的直接或间接约定，后者指当事人选择机构仲裁又未约定仲裁员资格条件时，应遵守仲裁机构的有关规定。

以上四种情况，也可粗略分成两种，即前两种为严格资格条件，后两种为普通资格条件。

法律上规定普通资格条件的是大多数国家，仲裁员可以是专家，但不必一定是专家。在立法技巧上，这种多数国家采用的做法更为合理。

因为列举仲裁员资格条件的法条难免挂一漏万，虽然其出发点是为了保障仲裁员的素质，但对当事人委任仲裁员的自由限制更多，不利于广泛地吸纳专业人士进入仲裁行业，广纳贤才。而且，由当事人控制仲裁员的素质，便于其针对纠纷的不同特点委任相应的仲裁员，也使当事人对裁决的质量负有一定的归责感。

二、《仲裁法》关于仲裁员资格条件的规定

（一）国籍条件

就国内仲裁而言，尽管《仲裁法》没有明确规定仲裁员的国籍问题，但从立法精神和语句表述看，仲裁员应为中国籍公民。

涉外仲裁方面，《仲裁法》第六十七条规定，涉外仲裁委员会可以从具有法律、经济贸易、科学技术等专门知识的外籍人士中聘任仲裁员。

（二）品德条件

《仲裁法》第十三条第一款规定：仲裁委员会应当从公道正派的人员中聘任仲裁员。

（三）专业条件

《仲裁法》第十三条第二款规定，仲裁员应当具有下列专业条件之一（三“八”二“高”）：

1. 通过国家统一法律职业资格考试取得法律职业资格，从事仲裁工作满八年的（修改前为“从事仲裁工作满八年的”）

之所以要求“从事仲裁工作满八年”，是因为长期从事仲裁工作可以更深入地了解仲裁的性质和特点，从实质上把握行使仲裁权的方法，有利于当事人纠纷的迅速解决。从事仲裁工作满八年，在仲裁法实施之初包括两种情况：在本法施行前设立的仲裁委员会工作过八年；或者在本法施行前设立的仲裁委员会工作，又在本法施行后新组建的仲裁委员会中工作共八年的。这样规定，是考虑到本法颁布前后仲裁工作的衔接性，把一部分曾经长期从事仲裁工作，具有丰富的仲裁工作经验的人充实到仲裁员队伍中来。现在的含义是指在仲裁机构从事日常管理工作（如仲裁委员会会议的组成人员）和经办仲裁案件的仲裁机构内部人员（仲裁委员会秘书处的工作人员），他们在仲裁机构工作一定年限（如八年）后，由于熟悉仲裁程序，又积累了案件审理的经验，仲裁机构往往会将其中优秀者聘为仲裁员。学者称这部分仲裁员为驻会仲裁员（但有一些仲裁委员会禁止驻会仲裁员的存在，如北京仲裁委员会）。《仲裁法》在 2017 年 9 月 1 日修改前，对仲裁员的专业条件并没有“通过国家统一法律职业资格考试取得法律职业资格”这一要求。2017 年 9 月 1 日《仲裁法》修改后，既要求“通过国家统一法律职业资格考试取得法律职业资格”，又要求“从事仲裁工作满八年”，二者是并列关系，缺一不可。

2. 从事律师工作满八年的

主要是考虑通过多年的律师经验，可以具有更强的分析问题、解决问题的能力，更能具有驾驭当事人之间纠纷解决的能力，而不是仅从某一方当事人的利益或者角度出发进行审理和裁决。

律师可以担任仲裁员已为各国仲裁立法或仲裁实践所接受，只不过法律对律师担任仲裁员的具体规定有所不同。有些法律的规定具有强制性，即仲裁员必须是律师。在国际商事仲裁实践中，由于国际商事仲裁的法律性质，大多数国际商会的仲裁员是律师。在仲裁庭组成程序中，如果仲裁庭的组成采用独任仲裁员的形式，则一般任命 1 名律师为独任仲裁员；如果仲裁庭由 3 名仲裁员组成，其中至少应有 1 名是律师或具有法律专长的人，仲裁庭的另 2 名仲裁员是否是律师，则因情况不同而异，如果争议主要涉及法律问题，则可指定律师为仲裁员。如《德国仲裁协会仲裁规则》第二条第二款规定："除非当事人另有约定，首席仲裁员或独任仲裁员应为律师。"

3. 曾任法官满八年的

这一规定表明，现任法官不得具有仲裁员资格，即禁止现任法官担任仲裁员。为进一步明确《仲裁法》的这一规定，最高人民法院于 2004 年还专门发布了《关于现任法官不得担任仲裁员的通知》。因此，即使当事人协议选定现任法官为仲裁员，该选定亦无效。而曾经具有 8 年审判员经历的人才有资格成为仲裁员。尽管仲裁员与法官行使权力的性质不同、法律依据不同，甚至方法手段不同，但是从程序的角度出发，两者又具有诸多相同点，如对证据的调查收集、对案件审理的程序把控、裁判权的运用等。因此，对长期从事审判的审判员来说，通过运用丰富的程序指挥经验，有利于仲裁纠纷案件的顺利进行与纠纷的解决。

4. 从事法律研究、教学工作并具有高级职称的

具有高级职称的法律研究、教学工作者是长期站在法律研究和教学第一线从事理论研究和探讨理论与实践相结合的专家，他们具有深厚的理论功底、严谨的科研态度和较强的分析问题、解决问题的能力，往往对于法律的理解、纠纷中当事人之间权利义务关系的分析以及解法说理方面等都具有突出的优势。从实践中看，相当多的从事法律研究、教学工作的学者正在承担仲裁员的角色，并为仲裁制度的发展起着积极作用。

5. 具有法律知识、从事经济贸易等专业工作并且具有高级职称或具有同等专业水平的

通过仲裁解决发生在经济贸易中的纠纷是仲裁解决纠纷的主要方向，特别是在国际商事活动中表现得更为明显，大多数经济贸易纠纷的当事人选择通过仲裁解决所发生的纠纷。而经济贸易纠纷的重要特点之一是专业性强，因此赋予具有法律知识、从事经济贸易等专业工作并具有高级职称或者具有同等专业水平的人仲裁员资格，可以有效地解决仲裁中涉及的各种专业问题、疑难问题，对顺利、公正地解决纠纷具有积极意义。

第二节 仲裁员的聘任与指定

【基本案情】

以申请人A公司为丙方、第一被申请人B公司为乙方、第二被申请人C公司供销经理部为甲方，三方于1998年3月13日签订了合资合同，并签订了《中外合资××科技工程有限公司企业章程》(下称公司章程)。合资合同的主要内容如下：

合营各方根据《中华人民共和国中外合资经营企业法》，同意在中国境内建立合资经营企业，企业名称为××科技工程有限公司（下称合营公司）。合营公司实行独立核算、自负盈亏，合营公司的性质是有限责任公司；合营公司各方以各自认缴的出资额对合营公司的债务承担责任，各方按注册资本中的比例分享利润和分担风险及亏损，在合营期限内，合营公司不得减少其注册资本；合营公司为中华人民共和国法人，受中国法律管辖和保护，一切活动必须遵守中华人民共和国的法律、法令和有关条例的规定。合营各方经营的目的，本着加强各方经济、技术合作，建设一家具有高科技、外向型、高效益的企业。合营公司的经营范围为开发销售软件系统及生产加工不涉及许可证的系统配件。

合营公司成立后，三方产生纠纷，申请人于1998年5月16日向某仲裁委申请仲裁，请求提前终止《中外合资经营××科技工程有限公司合同》，依法解散合营公司，依法对合营公司进行清算。

在仲裁委员会受理A公司的仲裁申请后，仲裁委员会向A公司、B公司、C公司送达了仲裁员名册，让其指定仲裁员。

【法律问题】

如何指定仲裁员？

【参考答案】

详见下述法理分析。

【法理分析】

在实行名册制的情况下，仲裁机构要从符合法定条件的人士中聘请仲裁员并将其列入仲裁员名册，当事人一般只能在仲裁员名册范围内指定仲裁员。

但无论是否实行名册制，审理具体仲裁案件的仲裁员，都是依当事人直接或间接的选择且经被选择者本人同意而产生的。

我国《仲裁法》规定，仲裁委员会应当按照不同专业设立仲裁员名册，以利于当事人选择指定。

一、仲裁员的聘任

《仲裁法》规定设立仲裁委员会的条件之一，是该委员会有聘任的仲裁员。同时《仲裁法》还规定，仲裁员由仲裁委员会聘任。这样就产生了一个矛盾，仲裁委员会尚未成立，又何来仲裁员，而没有仲裁员，仲裁委员会不符合设立条件。

为此，国务院《仲裁委员会登记暂行办法》作了专门规定：仲裁委员会办理设立登记时，除其他文件外，对有仲裁员这一条件，只需提交拟聘任的仲裁员名册即可。

对仲裁员的聘任程序：仲裁委员会筹备组根据已了解到的情况，与符合《仲裁法》规定的仲裁员条件的人士取得联系，对本人愿意被聘为本仲裁委员会仲裁员的人士，发给《拟聘任仲裁员登记表》。被聘任的人士必要时应征得所在单位的同意，特别是党、政部门的现职工作人员更应如此。一俟仲裁委员会正式登记成立，即应由仲裁委员会对所聘任仲裁员发给聘书。

根据《仲裁委员会章程示范文本》的规定，仲裁员的聘任期为3年，期满可以继续聘任。另外，仲裁委员会亦可视需要随时增聘仲裁员。

二、仲裁员的指定

仲裁委员会受理仲裁申请后，应当在仲裁规则规定的时间内（《仲裁委员会仲裁暂行规则示范文本》规定为15天），将仲裁规则、仲裁员名册和仲裁费用表送达申请人，将仲裁申请书副本和仲裁规则、仲裁员名册和仲裁费用表送达被申请人。

当事人有权选择是由3名仲裁员组成仲裁庭，还是由1名仲裁员组成仲裁庭。如果由3名仲裁员组成仲裁庭，设首席仲裁员，当事人应当各自选定或者委托仲裁委员会主任指定1名仲裁员，第三名仲裁员由当事人共同选定或共同委托仲裁委员会主任指定，第三名仲裁员任首席仲裁员。

当事人约定由1名仲裁员成立仲裁庭的，应当由当事人共同选定或共同委托仲裁委员会主任指定。

当事人未在仲裁规则规定的时间内约定仲裁庭的组成方式的，由仲裁委员会主任确定；当事人未在仲裁规则规定的时间内选定或委托仲裁委员会主任选定仲裁员的，由仲裁委员会主任代为指定。

是否必须从仲裁员名册中指定仲裁员，中国《仲裁法》没有明文规定。但从该法有关条文及中国仲裁机构的仲裁规则来看，当事人或仲裁委员会主任都只能在仲裁员名册中指定仲裁。换言之，中国实行的是“强制名册制”。

近年来，国内亦有少数机构尝试有条件地实行“推荐名册制”。如《中国国际经济贸易仲裁委员会仲裁规则》（2005年5月1日起施行文本）第二十一条规定，当事人原则上应从仲裁委员会提供的仲裁员名册中选定仲裁员，但经仲裁委员会主任依法确认，当事人也可以在仲裁员名册之外选定仲裁员。

从中国关于仲裁员聘任与指定的规定来看，中国的仲裁员都是兼职的，即便驻会仲裁员也是如此。

第三节　仲裁员的回避与更替

【基本案情】

2003年，某建筑装潢公司与某饭店签订了装饰装修合同。合同履行后，饭店以装修质量低劣为由拒绝付款。在多次协商未果的情况下，装潢公司依据合同约定，向某仲裁委员会提请仲裁。某仲裁委员会受理此案后，依据《仲裁规则》和当事人双方的约定，组成了合议制仲裁庭审理此案。开庭后，装潢公司发现仲裁庭的一名仲裁员与饭店的代理人曾经是同事，认为这可能影响本案的公正裁决。为此，装潢公司向某仲裁委员会提出了仲裁员回避申请。

【法律问题】

1．在什么情况下可以申请仲裁员回避？

2．如何申请仲裁员回避？

【参考答案】

详见下述法理分析。

【法理分析】

一、仲裁员的回避

仲裁员是否与案件当事人、案件本身存在利害关系将影响到仲裁庭能否公正、独立地作出仲裁裁决。各国仲裁立法和仲裁机构的仲裁规则均规定有仲裁程序中仲裁员的回避和更替制度。仲裁员的回避，是指仲裁员具有影响或可能影响案件公正裁决的情形时，依照法律的规定应当退出仲裁程序。根据我国《仲裁法》的规定，仲裁员回避制度的内容包括：

（一）回避的事由

根据《仲裁法》第三十四条的规定，仲裁员有以下情形之一的，必须回避：是本案当事人或者当事人、代理人的近亲属；与本案有利害关系；与本案当事人、代理人有其他关系，可能影响公正仲裁的；私自会见当事人、代理人，或者接受当事人、代理人请客送礼的。

仲裁实践中当事人很难行使回避申请权，因为当事人很难查明仲裁员是否存在回避事由。我们认为，建立仲裁员信息披露制度有助于当事人行使回避申请权。仲裁员信息披露是一项被普遍接受的制度，它要求仲裁员应当将可能影响到商事仲裁程序中仲裁员公正性的事情向当事人以及其他仲裁员披露。值得注意的是，仲裁制度以当事人意思自治为基础，因此，披露并不必然导致仲裁员退出仲裁活动，只要在及时披露并使当事人知晓的情况下，当事人没有提出回避申请的，该仲裁员仍可接受指定或继续履行其仲裁员的职责。

（二）回避的方式与时间

《仲裁法》规定了两种回避方式，即仲裁员自行回避以及当事人申请回避。仲裁员自行提出回避没有时间限制，按通常理解，仲裁员可在仲裁程序的全过程中的任何时间依法定事由自行提出回避。当事人提出回避申请的，应在首次开庭前提出。回避事由在首次开庭后知道的，可以在最后一次开庭终结前提出。

我们认为，我国《仲裁法》第三十五条对当事人提出回避申请的时间限制的规定有不足之处。首先，法律以“首次开庭前”和“最后一次开庭终结前”为界限，那么，如果当事人约定不开庭审理则当事人因此丧失了提出回避申请的权利。其次，如果当事人对于仲裁员存在回避情形是在首次开庭后知道的，而仲裁庭在首次开庭后就决定不再开庭的，那么当事人如何行使自己的回避申请权呢？为此，我们认为，仲裁法对当事人回避请求的提出时间应当作更灵活的规定。

（三）回避的决定权

我国将仲裁员回避的决定权赋予仲裁委员会主任；仲裁委员会主任担任仲裁员时，由仲裁委员会集体决定。

（四）回避的法律效力

仲裁员因回避不能履行职责的，应当依照《仲裁法》的规定重新选定或者指定仲裁员。当事人可以请求已进行的仲裁程序重新进行，是否准许由仲裁庭决定；仲裁庭也可以自行决定已进行的仲裁程序是否重新进行。仲裁员回避决定作出之前，被申请回避的仲裁员能否继续行使仲裁权？我国《仲裁法》对此并无明确规定。2004 年《中国海事仲裁委员会仲裁规则》以及 2012 年《中国国际经济贸易仲裁委员会仲裁规则》均规定在回避决定作出之前，被请求回避的仲裁员应当继续履行职责。

二、仲裁员的更替

仲裁员的更替，是指组成仲裁庭的仲裁员因回避或者其他原因不能履行其职责时，由当事人重新选定仲裁员或者由仲裁机构重新指定仲裁员。仲裁员回避是导致仲裁员更替的原因之一。仲裁员更替的另一种情形是“因其他原因不能履行职责”。所谓其他原因，通常指仲裁员死亡、辞职或成为无行为能力人或限制行为能力人等。

我国《仲裁法》规定仲裁庭的组成人数为奇数，因此当出现仲裁员因回避或者其他原因不能履行其职责时，便要更替仲裁员以保证仲裁庭组成的有效性。但是，从国际仲裁立法和实践来看，在特殊情况下可以由剩下的仲裁员进行审理并作出仲裁裁决而无须更替仲裁员。这种情况主要指出现“瘸腿仲裁庭”的情形。在出现瘸腿仲裁庭后，国际仲裁界一般有两种做法：一种是指定替代的仲裁员，另一种是规定由余下的仲裁员继续进行仲裁程序并作出裁决。如果瘸腿仲裁庭出现在仲裁程序进行的初期，则通常倾向于指定替代的仲裁员组成仲裁庭继续审理案件；如果瘸腿仲裁庭出现在仲裁程序进行的后期，即在仲裁程序即将结束之时，一方当事人指定的仲裁员提出辞职或拒绝参加合议或拒绝在裁决书上签字，则由余下的仲裁员继续进行仲裁程序并作出裁决，这是一种有效地防止拖延仲裁程序的措施。近年来，各主要仲裁机构纷纷在其仲裁规则中就瘸腿仲裁庭继续仲裁的权力作出规定，以防止由于仲裁员不合作而造成的程序拖延。《美国仲裁协会国际仲裁规则》首先明确规定在第三名仲裁员未能参加商议时，其余两名仲裁员可以在他们的权限范围内继续仲裁并作出裁决。国际商会国际仲裁院、伦敦国际仲裁院以及斯德哥尔摩商会仲裁院的仲裁规则均规定出现瘸腿仲裁庭在一定条件下可继续仲裁程序直至作出裁决，节省了当事人的时间、精力和金钱。我国仲裁法律和仲裁规则尚未对瘸腿仲裁庭予以认可，在出现瘸腿仲裁庭情况时只能按照原来的程序指定替换仲裁员，以恢复仲裁庭的正常功能。我们认为，在瘸腿仲裁庭情况下，有条件地赋予由剩下的仲裁员组成的仲裁庭有效性，能够在一定程度上避免仲裁程序的拖延，值得我国立法借鉴。[1]

第四节　仲裁员的责任

【基本案情】

2001 年 5 月，开发商刘某以 90 万元的价格从别处购得金滔大厦的开发权。在开发前期，刘某就拆迁赔偿问题与凌某兄妹达成补偿协议书，明确通过原地安置 12 平方米，卖 108.7 平方米，再以 36.27 平方米抵偿安置费的方式将中山北路 45 号金滔大厦 103 号门面（合计 158.77 平方米）转让给凌某兄妹。后在开发中，由于资金紧缺，刘某陆续找大学同学王某借款 100 余万元，并出具了一张借期一年、金额 139 万元的借条，明确以中山北路 45 号金滔大厦 103 号门面作抵押，将产权办理到王某母亲名下，待借款还清后，再将产权转回。然而，借款期满后，刘某只还了少量借款。2007 年 5 月，刘某再次给王某出具了一张为期两年、金额 102.7 万元的借条，并在该借条中明确以“抵押门面”作“抵债”，将产权办理到王某名

[1] 江伟、肖建国：《仲裁法》。北京：中国人民大学出版社，2016 年 8 月版，第 93-94 页。

下。然而，因刘某开发的金滔大厦项目拖欠国土使用费，未取得国土使用权证，且未通过竣工验收，该项目通过正规途径根本无法办理产权证。此时，刘父的好友、衡阳仲裁委员会仲裁员刘国后告诉他："通过仲裁可以办理产权证。"身为仲裁员的刘国后让开发商刘某伪造相关资料申请仲裁。2007 年 9 月 18 日，刘某伪造了仲裁申请书、购房合同等相关资料，申请人是王某，被申请人是刘某。2007 年 9 月 28 日，未经任何形式的审理，张平（系书记员）就将仲裁调解书发给了刘某。之后，购房者通过申请法院强制执行，再凭法院的强制执行裁定书到房产局办理产权。次年 3 月，金滔大厦 103 号门面产权就正式登记到了王某的名下。然而，根据拆迁补偿协议书，凌某兄妹获得了金滔大厦 103 号门面，其中的 108.7 平方米还是其用 33 万元购买所得。但由于无法办理产权证，他们却成了房产的"黑户"。衡阳市石鼓区人民检察院在获悉该案线索后，果断介入调查并于 2008 年 11 月 17 日对仲裁员刘国后、书记员张平以涉嫌枉法仲裁罪正式立案侦查。2011 年 8 月 30 日，衡阳市石鼓区人民法院判决刘国后、张平犯枉法仲裁罪，免予刑事处罚。

【法律问题】

衡阳市石鼓区人民法院的判决是否正确？

【参考答案】

本案两被告刘国后和张平的行为完全符合枉法仲裁罪的构成要件，构成枉法仲裁罪，故衡阳市石鼓区人民法院的判决是正确的。

[法理分析]

一、概念

仲裁员责任是指仲裁员在履行职责时，因存在法律规定的过错行为而对当事人或社会所承担的责任。严格来说，仲裁员的责任应当包括三种形式，即当事人施加的责任、道德责任和法律责任，而尤以法律责任最为复杂、最具有强制性，因而争论也最多。因此，本节主要阐述仲裁员的法律责任。

关于仲裁员的法律责任，理论上讲也包括刑事责任和行政性责任，但通常是指仲裁员要为其在仲裁过程中实施的故意或过失行为而给当事人造成的损失承担民事责任。如无特别说明，仲裁员的责任一般就是指仲裁员的民事责任。

仲裁员的责任也可以称为仲裁责任，不过在文义上，仲裁责任还包括仲裁机构对当事人的民事责任。

二、学说

关于仲裁员责任制度问题，在世界各国理论和立法实践中，目前主要有三种观点：

（一）以大陆法系为代表，将仲裁视为契约行为，因而主张仲裁员应当承担民事责任

大陆法系国家认为，当事人直接或间接地指定仲裁员，让仲裁员为解决其争议服务同时为此仲裁服务支付费用，因此主张仲裁员应像法官一样，承担专业注意责任和公正责任。如果因疏忽给当事人造成了损失，则要承担民事责任。而且，仲裁员应当公正地履行职责，平等地对待各方当事人，不得接受贿赂，不得欺诈和滥用职权，否则可以撤销裁决或对裁决提出异议，并且可以要求仲裁员个人承担责任。

（二）以英美法系为代表，认为仲裁员在履行职务时不因自己的专业过错承担任何法律责任，仲裁是一种准司法行为，主张仲裁员享有豁免权

英美法系国家的仲裁豁免论源自司法豁免论。在英美国家，这种观点还认为，不但仲裁员可以享有仲裁豁免权，仲裁豁免权还延伸至仲裁机构。

理论依据：

（1）仲裁是替代法院解决争议的一种方式，仲裁员履行的是一种准司法职能。

（2）实行仲裁员责任豁免，可以保持仲裁程序的完整性。

因为如果让仲裁员承担个人责任，败诉一方当事人可能会滥用申诉权随意指控仲裁员缺乏应有小心而对裁决提出异议，要求重新审理，仲裁作为一种省时省钱的解决争议方式，必然因此而失去应有的价值。

（3）国家政策鼓励仲裁。

因为仲裁作为替代诉讼的争议解决方法，一直被大力推广和鼓励，而仲裁豁免论显然有利于国家这项政策的实现。

（4）避免仲裁质量下降。

如果仲裁员面临着承担责任的风险，会使仲裁员在仲裁过程中过分小心，并且可能导致一些有责任心和有能力的人因为害怕承担责任而拒绝接受委任，从而可能引起仲裁质量下降，使仲裁事业蒙受损失，这显然是不明智的。

（三）折中观点，主张有限豁免论

上述两种观点都不足以服众。要求仲裁员承担完全的责任和仲裁员绝对豁免，都缺乏有说服力的理由，前者可能不利于支持仲裁，后者可能不利于保障仲裁质量。为了调和上述两种完全不同的主张，人们提出了仲裁员责任有限豁免论，即有条件地承认仲裁员在一定范围内的民事责任豁免。所谓“有条件”是指：其一，仲裁员必须是真正的仲裁员，区别于一般的调解人员或专家。其二，仲裁员的指定和仲裁协议均为有效。所谓“一定的范围”，主要是指仲裁员在以下情况下民事责任不得豁免：（1）仲裁员在其与案件有利害关系时没有回避。（2）仲裁员无正当理由终止职务。（3）仲裁员没有及时作出裁决。（4）仲裁员出于“恶意”，未能公正地审理和裁决，如仲裁员接受当事人贿赂等。

不少国家在仲裁实践中采取这种做法。如在德国，仲裁员不因其过失而对行使职务中的违约或侵权行为承担责任，但有关程序错误的责任不在免责范围中。英国 1996 年《仲裁法》第二十九条第一款规定，仲裁员不对其在履行或试图履行其职权过程中的任何作为或不作为承担责任，除非该作为或不作为表明其违反了诚信原则。由此可见，法律中虽然明确赋予仲裁员以责任豁免权，但也排除了其出于“恶意”作为或不作为的情况。

三、我国《仲裁法》关于仲裁员责任的有关规定及评析

在我国《仲裁法》颁布实施以前，有关仲裁的法律法规对仲裁员的仲裁责任未作明确规定，实践中也没有出现仲裁员承担仲裁责任的案例。现行《仲裁法》规定，仲裁员私自会见当事人、代理人或者接受当事人、代理人的请客送礼且情节严重的，或在仲裁案件时有索贿受贿、徇私舞弊、枉法裁决行为的，应当依法承担法律责任，仲裁委员会应当将其除名。据此，我国采取“仲裁有限豁免论”，仲裁员在一定情况下对自己的过错行为承担责任，承担责任的方式有二：一是法律责任，二是仲裁委员会将其除名。然而，《仲裁法》对仲裁员承担法律责任的具体方式并无明文规定，《刑法》第三百九十九条规定了“枉法仲裁罪”，即“依法承担仲裁职责的人员，在仲裁活动中故意违背事实和法律作枉法裁决，情节严重的，处三年以下有期徒刑或者拘役；情节特别严重的，处三年以上七年以下有期徒刑”。但对于仲裁员是否承担民事责任、承担何种民事责任，法律并未进一步规定。

对于我国现有法律关于仲裁员承担法律责任方面的规定，我们认为：首先，

仲裁属于契约行为，仲裁员因违反《仲裁法》的规定，给当事人造成经济损失的，应当承担民事责任。《仲裁法》规定的仲裁员的法律责任应主要是民事责任。在追究其民事责任时应当适用民商事法中有关合同的规定，有过错的仲裁员对遭受损失的当事人应负违约责任。其次，关于“枉法仲裁罪”。《刑法修正案（六）》的出台可谓是“一石激起千层浪”，支持和反对观点针锋相对。近年来仲裁领域出现仲裁员在履行职责的过程中，非法收受当事人财物或者向当事人索取财物、徇私枉法的情况，通过立法强调仲裁员应当善意、勤勉地履行职责，无疑具有积极意义。但是，以刑罚的方式追究仲裁员的责任可能产生负面影响：一方面，它可能导致仲裁员由于担心受到刑事处罚而不能自由地运用其专业知识提供仲裁服务，不利于仲裁事业的发展；另一方面，仲裁的依据不一定是法律，很多情况下是交易习惯、国际惯例或者公平原则，此时不能说仲裁员“枉法裁判”。在刑事诉讼中应当注意枉法仲裁罪与非罪之间的区分，枉法仲裁罪是情节犯罪，只有达到“情节严重”才构成犯罪。

第五章 仲裁当事人与代理人

第一节 当事人概述

【基本案情】

申请人称：2004年3月，第一被申请人就其中标的××钢铁集团公司轧板厂8号变电所的改造项目与申请人进行磋商，要求申请人按照其设计要求，为其加工项目所需变压开关柜。在申请人与被申请人多次磋商后，双方就该项目的交易条件达成一致，2004年2月16日，第一被申请人与其下属企业第二被申请人共同与申请人订立设备加工合同。合同生效后，申请人按照合同要求将设备加工完毕并将其交付第一被申请人，第二被申请人也支付了部分定做款。但迄今为止，尚拖欠定做款398000元未能支付，申请人多次催要，至今未果。据查，第一被申请人系国有企业，系第二被申请人的主管单位。申请人的仲裁请求是：（1）被申请人立即支付拖欠的定做款人民币398000元；（2）被申请人承担申请人主张权利的费用，律师费人民币14480元，交通费人民币2722.6元；（3）仲裁费用由被申请人承担。

第一被申请人辩称：第一被申请人从未与申请人签订订货合同，从来都不知道这件事。第二被申请人是独立法人，股东是××机电工程技术公司和××电力工程设计院，因此第二被申请人不是第一被申请人的下属企业；第一被申请人未在订货合同上加盖公章。综上，请求仲裁庭驳回申请人对第一被申请人的仲裁请求。

仲裁庭经过审理，认为：（1）本案合同有效；（2）第二被申请人应支付拖欠申请人的定做款人民币398000元；（3）申请人主张权利的费用之律师费应由申请人自行承担，交通费2722.6元应由第二被申请人承担；（4）第一被申请人不能作为本仲裁纠纷的主体。据此，仲裁庭作出如下裁决：

（1）第二被申请人支付拖欠申请人的定做款人民币398000元；

（2）第二被申请人赔偿申请人主张权利的交通费用 2722.6 元；

（3）第二被申请人承担全部仲裁费人民币 ×× 元；

（4）驳回申请人的其他仲裁请求。

由于仲裁费用已由申请人预缴，故第二被申请人应将上述第（1）（2）（3）项金额共计人民币 ×× 元于本裁决书送达次日起 10 日内一并支付给申请人。

本裁决为终局裁决，自作出之日起生效。

【法律问题】

从程序上讲，第一被申请人在本案中能否作为合法仲裁当事人？

【参考答案】

第一被申请人不是本案仲裁协议的当事人，因此也就不能作为本案合法仲裁当事人。

【法理分析】

一、仲裁当事人的含义及特征

仲裁程序中的当事人是指依据仲裁协议，以自己的名义参加仲裁程序，并受仲裁裁决约束的主体。向仲裁委员会提出仲裁申请的人，叫申请人；申请人在仲裁申请书中主张权利的对象，也就是所请求的义务人，叫被申请人。另外，在申请撤销仲裁裁决的程序中，当事人也称申请人和被申请人；在执行程序中，当事人称为申请执行人（或申请人）和被执行人（或被申请人）。

当事人与仲裁参加人、仲裁参与人有区别。

仲裁参加人除当事人外，还包括仲裁代理人。

仲裁参与人除包含仲裁参加人外，还包括证人、鉴定人、翻译人员等。

二、仲裁当事人的特征

从世界各国仲裁立法和实践对仲裁当事人的规定来看，仲裁当事人具有以下特征：

（一）仲裁当事人的法律地位平等

进行仲裁的双方当事人的仲裁关系是建立在他们商事法律关系基础之上的。根据商事法律关系的特点，双方当事人的法律地位必须是平等的。我国《仲裁法》第二条明确规定仲裁只适用于平等主体的公民、法人或其他组织之间的特定纠纷。如果某一法律关系的当事人之间法律地位不是平等的，意味着一方当事人与另一方当事人之间必然存在着上下级关系或管理与被管理的关系，也就是说他们之间的法律关系不是商事法律关系，因而也就不能按照《仲裁法》所规定的仲裁程序进行仲裁。

（二）仲裁当事人之间必须订有有效的仲裁协议

仲裁协议是仲裁赖以存在的基础，没有仲裁协议，仲裁机构不能受理当事人的仲裁申请，仲裁庭不能裁决纠纷案件，亦即没有仲裁协议就没有仲裁，也就不可能有仲裁当事人，所以仲裁协议是仲裁当事人产生、存在以及进行仲裁程序的基础。

（三）仲裁当事人之间的纠纷必须具有可仲裁性

纠纷具有可仲裁性是以仲裁方式解决的纠纷所特有的属性。凡不具有可仲裁性的纠纷，不属于仲裁立法所规定的仲裁范围，该纠纷就不能通过仲裁方式解决，当事人也就不可能成为仲裁当事人。

三、仲裁当事人的权利和义务

仲裁当事人的权利是仲裁当事人维护自己合法权益的有效手段，而仲裁当事人的义务则是保障仲裁程序得以顺利进行的重要条件。为确保双方当事人的合法权益获得应有的法律保护，仲裁法及仲裁规则既赋予仲裁当事人以广泛的权利，也要仲裁当事人履行相应的义务。

（一）仲裁当事人的权利

仲裁当事人包括申请人和被申请人，某些仲裁当事人权利仅属于申请人，某些仲裁当事人权利仅属于被申请人，但更多的仲裁当事人权利为申请人和被申请人所共同享有。（1）申请人单独享有的权利包括：申请仲裁，有权放弃或变更仲裁请求，有权撤回仲裁请求。（2）被申请人单独享有的权利包括：有权对仲裁申请进行答辩，有权承认或者反驳对方当事人的仲裁请求，有权提出反请求。（3）申请人和被申请人共同享有的权利主要包括：协商订立、变更或解除仲裁协议的权利，选择仲裁委员会及约定仲裁庭组成方式的权利，委托律师或其他代理人参加仲裁的权利，申请仲裁员、办案秘书、翻译人员、鉴定人等人员回避的权利，调查收集、提供证据、申请证据保全、财产保全、行为保全的权利，在仲裁程序中对证据进行质证并进行辩论、陈述意见的权利，自行和解或者请求调解的权利，商定是否开庭以及是否公开审理的权利，要求裁决书不写明争议事实和理由的权利，申请延期开庭审理的权利，请求补正仲裁开庭笔录或仲裁裁决的权利，以及申请执行、撤销、不予执行仲裁裁决的权利。

（二）仲裁当事人的义务

仲裁当事人享有的仲裁权利本质上属于类型化自由，通常以对方当事人、仲裁庭或者其他仲裁参与人为义务主体。为了保证仲裁程序的顺利进行，仲裁当事人也对对方当事人、仲裁庭或者其他仲裁参与人负有义务。根据我国仲裁法的有关规定，当事人应当承担的仲裁义务主要有以下几个方面：（1）依法行使仲裁权利的义务。当事人必须依照《仲裁法》和仲裁规则的规定，妥善行使仲裁权利，不得滥用仲裁权利，以免损害对方当事人或者案外人合法权益。（2）遵守仲裁秩序的义务。当事人必须遵守仲裁秩序，服从仲裁庭的指挥，不得实施妨碍仲裁程序正常进行的各种行为，以保障仲裁程序顺利进行，及时作出公正的裁决。（3）及时、全面履行发生法律效力的裁决书或调解书的义务。我国民商事财产纠纷解决遵循或裁或审原则，既然双方当事人选择仲裁方式解决纷争，就应当接受仲裁委员会依法作出的裁决书或调解书，有义务履行裁决书或调解书确定的给付义务，如果不自觉履行的，对方当事人有权依法向有管辖权的人民法院申请强制执行。（4）按规定缴纳仲裁费用的义务。传统意义上的民商事仲裁属于有偿的私人纠纷解决方式，仲裁机构收取案件受理费和案件处理费。当事人缴纳仲裁费用是仲裁机构启动或续行仲裁程序的必要条件，不按照规定缴纳仲裁费用将导致程序终结或者发生不利推定等后果。

第二节　共同仲裁当事人

【基本案情】

申请人：日本C公司

被申请人：中国A公司

被申请人：中国B公司

A公司是一家集团公司，作为A公司的17个子公司之一的B公司虽然是一个独立的法人，但在集团公司的内部管理中却又称为A公司的五金矿产部；G先生则既是B公司副总经理，又是A公司的五金矿产部的副总经理。

1996年5月22日，作为卖方的申请人与作为买方的被申请人的代表G先生签署了买卖冷轧钢板的合同。按照合同的约定，申请人分四次将日产冷轧钢板总计4266.632吨价值1597737美元的货物交付给被申请人，被申请人也收到了该批货物，但是被申请人未支付货款。双方遂于1996年12月19日达成还款协议书，该协议书的开头明确写明“A公司代表G先生”。该协议书上的仲裁条款约定：“对上述问题发生纠纷，双方友好协商解决。如协商仍不能解决，将通过仲裁机关解决。”该还款协议书第3条规定，被申请人应于1997年3月底前将全部货款支付给申请人。但是，被申请人向申请人支付了货款782000美元后，尚欠申请人货款815737美元一直没有支付，双方就货款问题产生了争议。在追索货款的过程中，申请人曾于1997年9月26日向被申请人发出传真，传真的内容是：“A公司、B公司G先生：贵公司1997年9月22日传真收悉。关于我社与贵公司之间就4266.632吨冷轧钢板货款事宜，请贵公司尽快按照双方于1996年12月19日订立的还款协议办理。否则，我社只有被迫按照还款协议第4条之规定向中国涉外仲裁机构（中国国际经济贸易仲裁委员会）提请仲裁解决。以上请于1997年9月28日以前传真回复。”被申请人的签约代表G先生于1997年9月26日当天作出答复称：“如贵公司坚持仲裁，我公司只能奉陪。”申请人将A公司和B公司作为共同的被申请人提请仲裁，称被申请人的行为已严重地违反了还款协议书的规定。中国国际经济贸易仲裁委员会受理了本案。

被申请人A公司就本案的当事人问题向仲裁委员会提出异议，认为A公司不应作为本案的被申请人，理由是：（1）根据申请人和被申请人B公司于1996年5月22日签署的合同，买方为B公司，买方为被申请人，买方的签字人为B公司的代表G先生，A公司并不是该合同的当事人。（2）1996年12月19日申请人与B公司签订的还款协议书的签字人仍为B公司的代表G先生，该协议书的开始部分虽然出现了A公司，因该协议由申请人代表起草，纯系笔误所致。（3）G先生从未就本合同的交易取得A公司的任何授权，无权代表A公司签署与上述交易有关的文件。（4）在上述合同的履行过程中，A公司一直未参与交易。

申请人认为A公司应为本案的共同的被申请人，理由如下：（1）1996年12月19日的还款协议书是由三方订立的，即申请人、A公司和B公司，该还款协议书中的仲裁条款以及在1997年9月26日往来的传真中所达成的仲裁协议对申请人、

A公司和B公司均有约束力；（2）被申请人的代表G先生在1997年9月26日的传真的答复中的“我公司”应包括A公司和B公司；（3）在因还款协议书所引起的还款争议过程中，申请人始终是向被申请人A公司追索欠款，对此被申请人A公司从未否认。

【法律问题】

A公司应否作为本案的被申请人？为什么？

【参考答案】

被申请人A公司尽管提出了种种理由，但因为其具备了作为本案当事人的条件，因此应成为本案的被申请人。理由如下：

（1）在1996年12月19日达成的还款协议书中，抬头明确写明“A公司代表G先生”，而G先生对于该还款协议书抬头的这种写法并未提出异议，并且签了字，因此该还款协议书对A公司具有法律上的约束力。同时由于在该还款协议书中具有仲裁条款，约定如果就还款问题发生纠纷，在双方不能友好协商解决的情况下，将通过仲裁解决。因此，A公司既然是还款协议书的一方当事人，同样应为仲裁协议的一方当事人。同时，在履行还款协议的过程中，申请人始终都是向A公司追索欠款，对此A公司也从未提出异议，认可了其作为还款协议的一方当事人，因此，A公司应成为仲裁的一方当事人。

（2）在1997年9月26日申请人致被申请人的传真中写明“A公司、B公司G先生”，G先生在回复中对此没有提出异议，并作了相应的答复，即“如贵公司坚持仲裁，我公司只能奉陪。”尽管A公司和B公司均具有独立的法人资格，但是作为A公司的17个子公司之一的B公司在集团公司的内部管理中却又称为A公司的五金矿产部；而G先生既是B公司副总经理，又是A公司的五金矿产部的副总经理。基于G先生的特殊身份，其在回复中的“我公司”应当包括A公司和B公司。因此，申请人和被申请人双方在传真中达成仲裁协议，该仲裁协议对申请人、被申请人A公司和被申请人B公司均有约束力。

（3）A公司具有独立的法人资格，完全可以以自己的名义参加仲裁从而维护自己的权利。

（4）A公司与仲裁结果有直接的法律上的利害关系。从上述分析中可以看出，在履行还款协议的过程中，申请人始终都是向A公司追索欠款，对此A公司也从未提出异议，已经默认了其作为还款协议的一方当事人的事实，而仲裁结果是针对还款纠纷作出的，因此A公司与仲裁结果有直接的法律上的利害关系。

因为A公司和B公司在关于还款纠纷的仲裁中，其争议的标的是共同的，即所欠货款815737美元，基于这一事实，使A公司和B公司具有了共同的权利义务关系，即利害关系完全一致。因此，A公司和B公司是本案的共同被申请人。

【法理分析】

共同仲裁是指当事人一方或双方为两人或两人以上，其争议标的是共同的，或者争议标的是同一种类，仲裁机构认为可以合并审理，并经当事人同意合并审理的仲裁。

共同仲裁当事人是指共同仲裁中的当事人。申请人为两人或两人以上的称为共同申请人，被申请人为两人或两人以上的称为共同被申请人。

根据仲裁实践，共同仲裁存在必要共同仲裁和普通共同仲裁两种情形。必要共同仲裁当事人争议标的是共同的，普通共同仲裁当事人争议标的是同一种类，仲裁机构认为可以合并审理，并经当事人同意合并审理。

在必要共同仲裁中，只有所有两人以上仲裁当事人申请或被申请仲裁，仲裁委员会或仲裁庭才能认定仲裁当事人适格，而部分当事人申请或被申请仲裁的，将被以当事人不适格为由驳回仲裁申请。

普通共同仲裁属于不同仲裁案件的合并，即将两个或两个以上的仲裁案件合并为一个仲裁案件进行审理，各大仲裁机构的仲裁规则将其称为“合并仲裁”“案件合并”。值得予以关注的是，与《上海国际经济贸易仲裁委员会（上海国际仲裁中心）仲裁规则》（2015年版）第三十条、《中国（上海）自由贸易试验区仲裁规则》（2015年版）第三十六条、《珠海国际仲裁院仲裁规则》（2015年版）第三十六条、《海南仲裁委员会仲裁规则》（2014年版）第二十八条等不区分“合并审理”与“合并仲裁”不同，《北京仲裁委员会仲裁规则》（2015年版）第二十八、二十九条则明确区分了“合并审理”与“合并仲裁”：合并审理仅意味着不同仲裁案件的某些审理程序的合并，各个案件仍然是单独的仲裁案件；合并仲裁则是不同案件合并到一个案件中去，原有案件不再继续单独存在。按照仲裁实务界的通常理解，普通共同仲裁需要满足以下条件：（1）各方当事人同意合并仲裁。有的观点认为必须各方当事人共同书面申请合并仲裁，有的观点认为一方当事人申请而其他当事人不反对即可认为各方同意合并仲裁，有的观点认为经一方当事人申请并征得其他当事人同意才可认定各方同意合并仲裁，但也有少数观点认为仲裁委员会可以在仅有一方当事人申请的情形下决定合并仲裁。（2）各方当事人同意由同一仲裁庭进行审理。只有两个或两个以上仲裁案件尚未确定仲裁庭组成人员或者所确定的仲裁庭组成人员完全相同或者各方当事人能够达成调整仲裁庭组成人员的合意，才可能始终合并仲裁制度。（3）仲裁委员会或者仲裁庭同意合并仲裁。有的观点认为合并仲裁仅需要仲裁庭决定即可，而有的观点则认为应当由仲裁委员会作出决定。仲裁委员会或者仲裁庭在决定是否合并仲裁时，通常需要综合考虑相关仲裁案件所依据的仲裁协议的具体情况、案件之间的关联性、案件程序进行的阶段等情况。此外，各大仲裁机构仲裁规则普遍规定，除非当事人另有约定，合并的仲裁案件应当合并于最先开始仲裁程序的仲裁案件。除非当事人一致同意作出一份裁决书，仲裁庭应就合并的仲裁案件分别作出裁决书。至于合并前已进行的程序是否重新进行以及重新进行的范围，除非各方当事人另有约定，由仲裁庭决定，仲裁程序重新进行的，裁决作出的期限自案件合并之日起计算。

第三节　仲裁中的第三人问题

【基本案情】

申请人：新加坡A公司

被申请人：河北B公司

申请人新加坡A公司与被申请人河北B公司于1998年3月28日通过传真达成了买卖锌铁的合同。合同中约定由被申请人河北B公司卖给申请人新加坡A公司锌铁34吨，单价按锌含量计算每公斤7.42美元，CIF鹿特丹（到岸价格），合同总价值为252280美元，装船期为1998年4月至5月，付款条件为申请人于1998年4月9日前开出不可撤销的即期信用证。合同中订有仲裁条款，双方约定：“产生于本合同的一切争议，通过友好协商解决，协商不成的，提交中国国际经济贸易仲裁委员会仲裁。”

合同签订后，申请人按照合同的约定于1998年4月5日开出不可撤销的即期信用证，但被申请人却未按合同约定的时间发运全部货物。此后，申请人多次向被申请人提出交涉未果，只好于1998年11月20日向中国国际经济贸易仲裁委员会提请仲裁，要求被申请人河北B公司承担其不按时发货给申请人带来的损失。

被申请人在答辩中称，被申请人于1998年3月17日与C工业用品进出口公司签订了锌铁购销合同，由于厂方不交货，并提出涨价，在被申请人接受涨价的条件后，厂方再次涨价，致使被申请人不能如期履行与申请人的合同，因此，被申请人要求将C工业用品进出口公司列为本案第三人。

【法律问题】

在仲裁中能否出现第三人？为什么？

【参考答案】

在仲裁中不能出现第三人，理由详见下述法理分析。

【法理分析】

由于社会关系的关联性和复杂性，一个法律关系争议的解决经常会牵涉第三方利益，因此在民事诉讼中，诉讼第三人在诉讼当事人制度中非常重要。同样作为民商事纠纷解决方式的一种，仲裁也会牵涉第三人的利益，是否同样存在“仲裁第三人”的概念？仲裁庭能否对此行使仲裁权？在仲裁理论和各国的仲裁实践中存在一定分歧。

一、各种观点

（一）肯定说

对仲裁中存在第三人持肯定态度的国家和学者将民事诉讼第三人的概念套用在仲裁中，认为仲裁在申请人和被申请人参加下进行，但在某种特殊情况下有第三方参加，即所谓仲裁第三人。根据第三人与仲裁争议标的是否有独立请求权，进一步将仲裁第三人分为有独立请求权的第三人和无独立请求权的第三人。该观点认为仲裁第三人问题，源于仲裁协议效力的扩张，基于特定事由导致仲裁协议的效力扩张到仲裁当事人以外的人。

（二）否定说

对仲裁中存在第三人持否定态度的理论认为，仲裁程序中的当事人具有确定性，即仲裁程序的申请人和被申请人在仲裁程序开始时就是确定的，并自始至终不应变更。根据这一观点，仲裁程序不应涉及第三人问题。尽管实践中会存在第三方对仲裁事项享有独立的请求权，或虽无独立的请求权但与裁判结果具有法律上的利害关系，但由于他们没有参与仲裁条款的订立，也就是说，仲裁协议的当事人无意愿与之进行仲裁，故不能将其纳入仲裁程序。

（三）有条件地认可说

在是否认可仲裁程序中存在第三人的问题上，还有一种理论和做法，即有条件地承认第三人有权参加仲裁程序。这里所说的“条件”一般是指经过双方当事人同意，或者经过仲裁庭同意等。

二、分析及结论

对仲裁程序中是否存在仲裁第三人，可以作如下分析：

（1）仲裁第三人的概念有广义和狭义之分。广义第三人是指，不受仲裁协议效力约束的任何人，参加仲裁程序，成为有独立地位的仲裁第三方当事人。一般来说，签订仲裁协议的双方当事人以及按照法律规定受仲裁协议约束的人，如自然人死亡后承继其权利义务的继承人等，都是仲裁当事人。仲裁当事人以外的其他人我们称为“第三人”。因此，所谓“仲裁第三人”不仅限于诉讼中所说的有独立请求权和无独立请求权的第三人，即不论有无独立请求权，只要不是仲裁协议的一方，不受仲裁协议的约束，而进入仲裁程序，成为有独立地位的仲裁第三方当事人就是我们所说的“仲裁第三人”。狭义第三人是指，不受仲裁协议约束的利害关系人，即对当事人争议的标的有独立请求权，或者与案件裁判结果有法律上利害关系的人。

（2）仲裁程序中，涉及有关第三人利益的法律问题不可避免。这是由主体之间实体权利义务关系的交叉性、重叠性、复杂性等因素决定的，当事人之间的争议必然会产生牵涉他人的情形。因此，客观上存在第三人，存在仲裁当事人之外的与仲裁案件有某种牵连关系的第三人。

（3）仲裁以当事人的自主性、自愿性为核心。通过仲裁协议体现当事人之间的合意，这是仲裁程序正当性的保障，因此必须得到充分尊重。如果为了纠纷的“一揽子”解决而损害仲裁的原则，损害协议仲裁制度，那么仲裁程序本身的价值、本身的合理性与正当性就会受到严峻挑战。所以我们不能因为客观上“第三人”的存在而削足适履，改变仲裁的本质特征。

（4）能否将“第三人”纳入仲裁程序一并解决纠纷，当事人是否能够形成共同的仲裁合意是关键。如“第三人”和仲裁双方当事人达成一致协议，将正在通过仲裁解决的争议和与之有牵连的争议提交仲裁一并解决，这就使“第三人”合理地进入仲裁程序，该纠纷可以通过仲裁彻底解决。但这时的“第三人”实际上已经基于三方当事人达成的新的仲裁协议而成为仲裁当事人。因此，从这一角度来说，根本不可能存在“第三人”参加仲裁程序，成为“仲裁第三人”。其要么就是广泛意义上的第三人，因没有仲裁协议而不可能进入仲裁程序；要么就是仲裁当事人通过一致的仲裁合意进入仲裁程序。

（5）法律是否肯定仲裁第三人的存在，即是否承认仲裁第三人也是重要因素。从目前各国仲裁立法和仲裁规则的规定来考察，并没有强制性的规定，虽然有少数国家规定了第三人可以参加仲裁，但都是有条件的，如多方要签协议同意仲裁，仲裁庭和当事人均同意等。我国仲裁立法和各仲裁委员会的仲裁规则中也没有关于仲裁第三人的规定。

基于上述分析，在没有法律依据的前提下，在有可能违反仲裁基本原则和制度以及仲裁原理的情况下，应当否定仲裁第三人的概念，即仲裁程序中不存在仲裁第三人。

三、承认仲裁第三人典型国家的相关立法

目前全球已经存在了一定数量的国家在国家立法层面接受了仲裁第三人制度，直接肯定了仲裁第三人存在的必要性。

（一）荷兰

对于仲裁第三人制度持肯定态度的国家，最具代表性的当属荷兰。荷兰对仲裁第三人的规定体现于1986年12月1日生效的《荷兰民事诉讼法典》第四编：仲裁。该编中第一千零四十五条是关于仲裁第三人的规定：“（1）根据与仲裁程序的结果有利害关系的第三人的书面请求，仲裁庭可以允许该第三人参加或介入程序。仲裁庭应毫不迟延地将一份请求发送给当事人。（2）声称第三人应予赔偿的一方当事人可以将一份通知送达该第三人。该份通知的副本应毫不迟延地发送给仲裁庭和其他当事人。（3）如果第三人根据他与仲裁协议的当事人之间的书面协议参加仲裁，其参加、介入或为了实现赔偿权的参加，仅可由仲裁庭在听取当事人意见后许可。（4）一旦准许了参加、介入或为了实现赔偿权的参加的请求后，第三人即成为仲裁程序的一方当事人。除非当事人另有协议，仲裁庭应决定程序上如何进一步行事。”

（二）比利时

1998年5月19日修正后的比利时《司法法典》第一千六百九十六条作出了有

关仲裁第三人的规定："任何有利害关系的第三人可以请求仲裁庭授权参加仲裁程序。这种请求必须以书面形式向仲裁庭提出，而仲裁庭应该将该请求转发给仲裁当事人。仲裁当事人一方也可以要求第三人进入仲裁程序。在任何情况下，为了使第三人能够加入仲裁程序，该第三人与当事人之间必须形成一个仲裁协议。而且，仲裁庭对此问题应该一致同意。"

（三）英国

1996 年《英国仲裁法》第三十五条规定，当事人可以自由同意仲裁程序的合并或者按照当事人协商同意的条件进行同步开庭。但是，只有当事人同意授予仲裁庭合并仲裁的权利，否则仲裁庭无权命令仲裁程序合并。

1999 年 11 月英国议会通过了《1999 年合同第三人权利法》，明文规定了第三人参加仲裁的条件。该法第八条规定：（1）当：（a）本法第 1 条所规定的强制执行合同条款（实体条款）的权利属于将纠纷提起仲裁的条款（仲裁协议）约定事项的范围，及（b）根据 1996 年《仲裁法》第一章，仲裁协议应当采取书面形式，第三人就其自身与债权人之间关于第三人要求强制执行合同实体条款的纠纷应视为仲裁协议的当事人。（2）当：（a）根据本法第 1 条之规定，第三人有权强制执行将其与债权人之间一种或多种纠纷提交仲裁的条款（仲裁协议）；（b）根据 1996 年《仲裁法》第一章，仲裁协议应采取书面形式，及（c）根据本条第 1 款规定不被视为仲裁协议当事人；第三人一旦行使其强制执行仲裁协议的权利以及与该权利有关的事项，在权利行使之时开始就应当被视为该仲裁协议当事人。

第四节　仲裁当事人的变更

【基本案情】

申请人：香港 A 公司

被申请人：内地 B 工厂

被申请人 B 工厂是内地 C 工厂的上级主管部门，1996 年申请人香港 A 公司与内地 C 工厂签订了中外合作公司合同和章程。此项合同和章程得到有关政府机构的批准。合同中订有仲裁条款，约定"在履行该合同过程中产生的一切争议提交中国国际经济贸易仲裁委员会进行仲裁"。在合作合同履行过程中，被申请人 B 工厂决定撤销C工厂，并以总厂的名义向工商行政管理局提交了C工厂歇业的申请，在歇业登记表中，被申请人同意负责处理C工厂原有债权债务。工商行政管理局审核后，同意注销C工厂，指定负责清理C工厂债务的单位是B工厂。合作合同履行过程中，双方发生了争议，申请人A公司以B工厂为被申请人向中国国际经济贸易仲裁委员会提起书面仲裁申请，中国国际经济贸易仲裁委员会受理了本案。被申请人B工厂向中国国际经济贸易仲裁委员会提出管辖权异议，认为申请人的合作伙伴是C工厂，该厂并非被申请人的分厂，而是被申请人开办的具有独立法人资格的企业，被申请人不应承担该厂的债务，由于该厂是独立的法人，根据《中华人民共和国民法通则》的有关规定，法人只能以其所有资产承担有限责任，超出其资产的债务不应由被申请人承担。并且被申请人没有和申请人签订过合作合同，更没有仲裁协议，因此，B工厂不应作为本案的被申请人，仲裁委员会对申请人A公司诉B工厂的合作纠纷无管辖权。

【法律问题】

B工厂提出的管辖权异议能否成立？

【参考答案】

在本案中，尽管合作经营合同和章程是由申请人A公司和C工厂签订的，但是由于在双方合作经营过程中，作为合作一方的C工厂在合营过程中已经被依法注销，其已不具备法人的主体资格。而作出撤销C工厂决定的机构是B工厂，同时B工厂已经被工商行政管理局确认为C工厂债权债务关系的承担者，因此，申请人A公司和C工厂签订的合作经营合同以及合同中的仲裁条款对B工厂有效，B工厂应该作为本案的仲裁当事人。B工厂提出的管辖权异议不成立。

【法理分析】

仲裁中当事人的变更，是指在仲裁程序中，由于特殊事由的发生，仲裁当事人由仲裁程序以外的人取代参加仲裁程序。仲裁中当事人的变更是一个非常重要而复杂的问题，所涉及的主要法律问题是当事人变更后仲裁庭能否继续对该仲裁协议以外的人行使仲裁权，所作出的仲裁裁决能否约束变更后的当事人？在各国仲裁立法中，当事人变更主要有以下几种原因：

一、当事人死亡

当事人死亡既包括自然人的死亡，也包括法人的死亡。当事人死亡的后果在法律上产生继承，即死亡人的权利义务由其继承人承受。在民事诉讼中，各国均承认继承人代替已死亡的当事人参加诉讼。但由于仲裁程序的特殊性，即只有签订仲裁协议的当事人才能成为仲裁程序中的当事人。因此，继承人能否替代已死亡的当事人成为仲裁中的当事人，是一个颇具争议的问题。而当事人在仲裁程序之前或之中死亡，会对仲裁程序产生不同影响。

（一）自然人的死亡

仲裁程序开始前，自然人死亡的，仲裁协议对承继死者权利义务的继承人是否有效？根据一般的原理，仲裁协议应当有效，并对继承人具有约束力。表现为该继承人可以基于被继承人死亡之前订立的仲裁协议成为仲裁当事人。原因在于商事仲裁程序开始之前，仲裁协议的法律性质具有契约性，应适用实体法关于合同当事人变更的规定。如果自然人死亡发生在仲裁程序进行中也是如此，仲裁协议对参加仲裁程序的继承人具有约束力。具体表现为已经进行过的仲裁程序应当有效。

我国《仲裁法》对自然人死亡后仲裁协议对其继承人的效力没有规定，但最高人民法院在《仲裁法解释》第八条第二款明确规定，除非当事人订立仲裁协议时另有约定，“当事人订立仲裁协议后死亡的，仲裁协议对承继其仲裁事项中的权利义务的继承人有效”。因为从理论上讲，仲裁协议是私法契约，应适用民事实体法关于当事人变更的规定。因自然人死亡而导致的仲裁中当事人变更，除非继承人明示放弃对被继承人权利的继承，否则，应视为继承人对被继承人全部权利义务的继承，其中包括根据仲裁协议进行仲裁的权利与义务。

（二）法人死亡

现代各国法律均已把法人的破产、合并或分立视作“当事人死亡”。

1. 法人破产

对于法人破产前签订的仲裁协议，不会因当事人宣告破产而导致无效。在英国，含有商事仲裁条款的主合同的一方当事人在签订合同后破产的，如果破产管理人履行合同，就合同而引起或与合同有关的事项，破产管理人可以申请也可以被申请强制执行商事仲裁协议。宣告破产后，破产程序终结前，破产清算人或管理人可以作为当事人参加诉讼和仲裁。但破产程序终结后，对于法人而言，并不存在类似于自然人的继承人。因此，一旦法人破产，它作为一方当事人的仲裁程序即告结束。

2. 法人的合并和分立

对于法人合并和分立的情况，不论是合并后的新法人还是分立后形成多个法人能否成为仲裁当事人，应适用民事实体法关于合同当事人变更的规定。正如我国《合同法》第九十条的规定："当事人订立合同后合并的，由合并后的法人或者其他组织行使合同权利，履行合同义务。当事人订立合同后分立的，除债权人和债务人另有约定外，由分立的法人或其他组织对合同的权利和义务享有连带债权，承担连带债务。"这也是各国民事实体法普遍承认的原则。最高人民法院发布的《仲裁法解释》第八条第一款对此作出了明确规定，除非当事人订立仲裁协议时另有约定，"当事人订立仲裁协议后合并、分立的，仲裁协议对其权利义务的继受人有效"。如果当事人在仲裁协议中约定，法人分立后纠纷的解决不受仲裁协议的约束，则不发生仲裁当事人的变更，当事人可以通过其他途径解决纠纷。

不论是自然人的死亡，还是法人的合并、分立等，在仲裁实践中都是客观存在的现实。在我国，正是基于这一客观事实的不可避免，如果仅将仲裁协议的效力限定在签订仲裁协议的双方当事人上，不利于保障双方当事人的合法权益，因此，仲裁协议对当事人效力范围的扩张就成为必要。所谓仲裁协议对当事人效力范围的扩张，是指仲裁协议对签订仲裁协议以外的人所具有的约束效力。但这种扩张是一种法律扩张，即只有法律的明确规定才可以及于仲裁协议以外的人。《仲裁法解释》第八条就是仲裁协议对当事人效力范围扩张的法律依据，也肯定了当事人的变更对仲裁协议效力的影响。

二、合同转让

因合同转让而引起仲裁过程中当事人的变更也是一个非常重要的问题。合同的转让实际上是合同主体的变更，是变更后主体对原有全部权利义务的承受，或债权的承受或债务的承受。这种变更一般不影响仲裁程序的进行。当然，与当事人死亡不同，合同转让导致仲裁当事人变更是一种协议变更，若转让本身有规避法律之嫌或意在损害另一方当事人的权益，从确保仲裁合意性的角度出发，赋予协议另一方当事人异议权十分必要。《仲裁法解释》第九条规定："债权债务全部或者部分转让的，仲裁协议对受让人有效，但当事人另有约定、在受让债权债务时受让人明确反对或者不知有单独仲裁协议的除外。"

第五节　仲裁代理人

【基本案情】

甲机械厂与乙研究所签订了一份技术转让合同，合同中规定："有关合同发生的一切争议应提交天鹏研究所所在地A市的仲裁委员会仲裁。"合同履行过程中，甲机械厂认为该项技术存在缺陷，不符合双方当事人在合同中的约定，双方发生争议。甲机械厂欲向A市的仲裁委员会提起仲裁，但自身对仲裁不够了解，想要委托仲裁代理人。

【法律问题】

1. 仲裁代理人代理权限来源于何处？
2. 仲裁代理人如何代理仲裁？
3. 在仲裁中可以委托几个代理人？

【参考答案】

详见下述法理分析。

【法理分析】

一、仲裁代理人的概念及特征

仲裁代理人是指依据法律的规定或当事人的授权，在仲裁程序中以被代理的仲裁当事人的名义进行仲裁活动的人。

仲裁代理人具有以下特征：

（1）仲裁代理人以被代理人的名义进行仲裁活动，而不能以自己的名义或者其他人的名义进行仲裁活动。

（2）仲裁代理人应当在代理权限内进行仲裁活动。代理权限是仲裁代理人在仲裁程序中行使代理权的范围，仲裁代理人只有在法律规定或者当事人授权的范围内从事代理行为才具有法律上的效力。

（3）基于代理活动所产生的法律后果由被代理人承担。仲裁代理人的代理行为都会产生一定的代理后果，不论这一后果是否对被代理人有利，只要是在代理权限内的行为所产生的后果，都是由被代理人承担的。

（4）仲裁代理人进行代理活动以维护被代理人的利益为目的。仲裁代理人与其所代理的纠纷案件之间没有利害关系，仲裁代理人代理行为的目的是维护被代理人的利益。同时，由于纠纷案件的双方当事人之间存在着利害关系，因此，仲裁代理人在同一纠纷案件中只能代理一方当事人。

在现代社会，代理制度已相当普遍。代理制度对促进社会经济的发展、维护被代理人的合法权益具有积极意义。在仲裁活动中，代理制度同样发挥着重要作用，不仅为那些无法亲自参加仲裁程序的当事人维护合法权益提供了便利，也有利于仲裁程序的顺利进行。

二、仲裁代理人的种类及权限

仲裁代理人包括法定代理人和委托代理人。

（一）法定仲裁代理人

法定仲裁代理人是指根据法律规定行使代理权的人。由于法定代理权的基础是监护权，故法定仲裁代理人即仲裁当事人的监护人。对于法定代理人的范围，《仲裁法》没有直接的规定，根据代理制度的一般原理，无行为能力或者限制行为能力人的监护人是他的法定代理人。2017 年 10 月 1 日起施行的《民法总则》第二十七条规定："父母是未成年子女的监护人。未成年人的父母已经死亡或者没有监护能力的，由下列有监护能力的人按顺序担任监护人：（一）祖父母、外祖父母；（二）兄、姐；（三）其他愿意担任监护人的个人或者组织，但是须经未成年人住所地的居民委员会、村民委员会或者民政部门同意。"第二十八条规定："无民事行为能力或者限制民事行为能力的成年人，由下列有监护能力的人按顺序担任监护人：（一）配偶；（二）父母、子女；（三）其他近亲属；（四）其他愿意担任监护人的个人或者组织，但是须经被监护人住所地的居民委员会、村民委员会或者民政部门同意。"

基于法定仲裁代理人的地位，使得法定仲裁代理人的代理权限由法律加以规定，即具有完全代理的资格，凡是仲裁法赋予仲裁当事人的权利和义务，都由法定仲裁代理人承担，包括承认、放弃、变更仲裁请求，和对方当事人进行和解，提出反请求等。

法定代理人的代理权限的消灭来自以下情形的出现：被代理人解除监护，恢复或者取得行为能力；法定代理人丧失行为能力或者死亡；法定代理人丧失监护权等。

（二）委托仲裁代理人

委托仲裁代理人是指基于委托代理关系，在仲裁当事人或其法定代理人的授权范围内行使代理权的人。委托仲裁代理人的范围较广，仲裁当事人及其法定代理人可以聘任任何符合法律规定的人为其仲裁代理人参加仲裁程序。

我国《仲裁法》第二十九条规定，当事人、法定代理人可以委托律师和其他代理人进行仲裁活动。其他代理人，即《民事诉讼法》第五十八条规定的律师之外的代理人，包括：基层法律服务工作者；当事人的近亲属或者工作人员；当事人所在社区、单位以及有关社会团体推荐的公民。委托律师和其他代理人进行仲裁活动的，应当向仲裁委员会提交授权委托书。授权委托书应当载明委托事项和权限。如果当事人提交的书面授权委托书中，授权仲裁代理人进行一般代理的，该代理权限包括申请仲裁、进行答辩、申请回避、调查证据、参加仲裁开庭并进行陈述和辩论等。如果由委托代理人代为承认、放弃、变更仲裁请求，和对方当事人进行和解，提出反请求等，应当有被代理人的特别授权。

在仲裁程序中，被代理人有权变更或者解除代理权，代理人也有权辞去委托。不论是变更或者解除代理权，还是辞去委托，委托人都应当书面告知仲裁委员会或者仲裁庭，由仲裁委员会或者仲裁庭通知对方当事人。

关于委托仲裁代理人的人数，在《仲裁法》中并没有具体予以规定，但是在实践中，一般按照《民事诉讼法》的规定，即一名当事人可以委托 1 ～ 2 人作为委托代理人，也有些仲裁委员会不限制委托代理人的人数。

第六章 仲 裁 协 议

第一节 仲裁协议概述

【基本案情】

2009年3月18日，武汉市亨通食品厂和广州市可利高级商场签订了一份长期供货合同。亨通食品厂于2009年5月18日将货物交付给了可利高级商场，但是该商场未支付货款。经过协商，双方负责人于2009年12月18日通过电子邮件达成了请求仲裁的协议，约定："凡因执行2009年3月18日供货合同所发生的一切争议，应提交武汉市仲裁机构解决。"

【法律问题】

仲裁协议有哪些类型？

【参考答案】

详见下述法理分析。

【法理分析】

一、仲裁协议的概念

仲裁协议，也称仲裁合同、仲裁契约，是当事人自愿把他们之间业已发生或将来可能发生的特定争议交付仲裁解决的共同意思表示。

特定争议，指民商事领域的财产性权益纠纷，既包括因合同关系而发生的争议，如买卖合同、建筑工程承包合同引起的争议，也包括因非合同关系而产生的争议，如产品责任、侵权行为引起的争议。

二、仲裁协议的特性

（一）仲裁协议的间接性

仲裁协议不像一般民商事合同，直接规定当事人之间的实体权利义务，而是规定一种解决争议的方式，通过它来确定当事人之间的实体权利义务。

（二）仲裁协议的广延性

一份有效的仲裁协议，其效力既及于各方当事人，也延伸至所指定的仲裁机构、仲裁员和管辖法院。

（三）仲裁协议的独立性

仲裁协议，特别是存在于一般民商事合同中的仲裁条款，一经有效订立，其效力即具有相对的独立性，不受主合同是否有效的影响。即使主合同无效、失效或不存在，仲裁协议并不必然无效、失效或不存在。

（四）仲裁协议的书面性

仲裁协议一般要求以书面形式作成。

（五）仲裁协议的条件性

仲裁协议生效后，并不必然发挥协议中的作用。只有当事人之间发生了协议范围内的争议且无法自行解决，才有履行的必要。

（六）仲裁协议客体的同等性

仲裁协议的客体是一种特殊的行为，即在发生争议时将争议提交仲裁庭仲裁、履行仲裁裁决等，这对双方当事人而言是同等的，而不像一般合同的客体行为具有对应性。

（七）仲裁协议内容的同一性

仲裁协议的内容即当事人在协议中的权利、义务是同一的，而且权利与义务的界限也难以区分。和一般合同中双方当事人权力义务是对流、互易的特点不同。

如争议发生后，一方当事人只能申请仲裁，不能向法院起诉，这既是权利也是义务，但却不是对方当事人对应的权利和义务。

三、仲裁协议的类型

根据仲裁协议存在的方式不同，可将其分为四种类型：

（一）仲裁条款

所谓仲裁条款，是指各方当事人于所签订的合同中，在自愿的基础上订立的将有关合同的争议提交仲裁的条款。

仲裁条款是仲裁协议最常见的形式，它订立于纠纷发生前，存在于有关合同中，同时又具有与该合同其他条款不同的性质和效力。

（二）仲裁协议书

所谓仲裁协议书，或称仲裁协定书，是指在争议发生之前或之后，双方当事人在自愿的基础上订立的、同意将争议提交仲裁的书面协定。

仲裁协议书在形式上是独立的契约。仲裁协议书内容较为详尽，可能是对仲裁条款的补充或修订，也可能是争议发生后各方当事人为解决争议而协商签订的。

（三）其他文件中包含的仲裁协议

除了订立合同之外，还可能在相互之间有信函、电报、电传、传真或其他书面材料（如经确认的电话记录）的往来。

这些文件中如果包含有双方当事人同意将他们之间已发生或将来可能发生的争议提交仲裁的内容，那么有关文件即可构成仲裁协议。

（四）数据电文中的仲裁协议

在目前的仲裁实践中，数据电文形式的仲裁协议尚不多见，在线仲裁、以互联网为辅助手段进行仲裁的情形也不多见，但毫无疑问，数据电文是当事人表达仲裁意愿的新载体。

随着电子商务的发展，这一形式的仲裁协议会越来越多，对此法律界和仲裁界应给予充分重视。

四、仲裁协议的形式

（一）仲裁协议的口头形式和书面形式

各国仲裁立法中虽然对仲裁协议的形式要求不尽一致，但绝大多数国家都规定仲裁协议必须是书面的。

但例外也不少见。《欧洲国际商事仲裁公约》第一条规定，在法律不要求仲裁协议必须以书面形式签订的国家，仲裁协议可依该国法律许可的形式订立。如原德国《民事诉讼法典》第一千零二十七条规定，具有完全商人资格的当事人间按商事交易惯例订立的仲裁协议无须书面作成，如果当事人惯常在一个有关的贸易机构进行仲裁，可以口头形式订立协议，甚至默示订立仲裁协议。

有些国家国内法对仲裁协议的形式要求更为严格，它们要求仲裁协议必须用公证的形式作成，如西班牙、哥伦比亚等国即是如此。

（二）仲裁协议的书面形式的认定

这里所说的认定，主要是针对第三种类型即其他文件中包含的仲裁协议而言。

另外，还包括对格式合同中的仲裁条款和电话记录或录音中的仲裁内容的认定。

第一，双方当事人通过往来函件、电文所缔结的仲裁协议的书面形式认定。

这类仲裁协议的形成过程：一方当事人将其希望订立仲裁协议一事向另一方当事人发出建议，如果另一方当事人愿意接受该项建议，必须将其接受该仲裁协议的意向传达给对方当事人，通过这种互换，仲裁协议才能成立。

但现在的国际实践已突破了此种模式。如果一方当事人收到另一方当事人发出的含有仲裁协议的文件，没有在合理的时间内表示异议，但履行了文件所指交易，或者口头予以承诺，在英、德等国及国际商会仲裁中被认为构成书面形式的仲裁协议，当事人是否签署文件已不成为仲裁协议生效的障碍。

第二，双方当事人通过往来函件、电文所缔结的合同中的仲裁条款的书面形式认定。

当事人对这种合同的接受，是否意味着对其中的仲裁条款的必然接受？大多数国家接受。有极少数国家的法院不赞成“必然接受”的观点，他们认为此类仲裁协议必须有当事人的专门认可方为有效。如意大利等国即是如此。

第三，在通过往来函件、电文缔结仲裁协议的过程中，当事人不是通过专门回答、回复等方式明确表示他已接受合同，而是在以后其他有关信函、电文或其他文件中提及含有仲裁协议内容的文件。

这种情况下，只要各方当事人意思表示是真实的，仲裁协议就缔结了。

联合国《国际商事仲裁示范法》第七条第二款对此也作了肯定回答。

第四，对格式合同中的仲裁协议的确认。在国际国内经济活动中，许多交易是基于标准条件达成的，在相应交易中，广为采用订有标准条件的格式合同。

含有仲裁条款的格式合同大体可分为三类：一是在合同正文中，二是在合同的背面，三是在合同之外的另一份单独文件中。

各国法律和司法实践都承认在第一种情况下的仲裁协议的有效性。

在后两种情况下，则需要通过合同中的关联或援引条文，将有关标准条件并入合同，此标准条件方为有效，从而其中的仲裁协议也有效。

关于在这两种情况下关联条文的明确程度，尽管各国主张不完全一样，但大部分倾向于：仲裁条款在合同的背面的，只需有关关联条文提及这些标准条件，无须特别提及关联标准条件中的仲裁条款（如“其余条款见背面”），此谓一般性关联；仲裁条款在合同之外的另一份单独文件中的，则关联条文必须提及单独文件中的仲裁条款（如“此合同的仲裁条款与双方 ×××× 年签订的 ×× 号合同的仲裁条款相同”），此谓特别关联。

当事人以援引方式达成的仲裁协议，是指当事人之间并没有直接订立仲裁协议，而是在合同中援引包含仲裁条款的合同、票据或其他书面文件，将其作为仲裁的依据。例如，最高人民法院曾就内蒙古自治区高级人民法院向最高人民法院提出的《关于涉外经济合同未直接约定仲裁条款如何认定的请求报告》的答复中明确指出：“中外双方当事人订立的外贸合同中约定未尽事宜适用中国和蒙古国之间的交货共同条件，因该交货共同条件即 1988 年 11 月 4 日《中华人民共和国对外经济贸易部和蒙古人民共和国对外经济供应部关于双边对外贸易机构之间相互交货共同条件的议定书》规定了因合同所发生或者与合同有关的一切争议在双方达不成协商解决的协议时，应予以仲裁解决，并规定了具体办法，应认定当事人愿意选择通过仲裁方式解决其纠纷，人民法院不应受理因该类合同引起的纠纷。”最高人民法院在《仲裁法解释》第十一条也明确规定：“合同约定解决争议适用其他合同、文件中的有效仲裁条款的，发生合同争议时，当事人应当按照该仲裁条款提请仲裁。涉外合同应当适用的有关国际条约中有仲裁规定的，发生合同争议时，当事人应当按照国际条约中的仲裁规定提请仲裁。”

第五，对电话记录或录音中仲裁内容的认定。如果双方当事人通过电话谈妥了将他们之间的纠纷提交仲裁的事宜，可能须为此提供书面证据。在这种情况下，一方当事人应当及时整理电话记录，要求对方予以确认。如果是电话录音，也应送对方确认，但最好转换成书面形式。

（三）数据电文中仲裁协议形式的认定

认为仲裁协议本身可以不必是书面的，但只要其存在有书面证据证实即可，而且，任何可录制信息的方式均被视为书面，数据电文就属于这种可录制信息的方式。数据电文包括电报、电传、传真、电子数据交换、电子邮件、网上聊天记录、博客、微博客和手机短信等。

这种做法更为强调当事人是否真实表示了共同的仲裁意愿，只要仲裁协议存在于某个能被证实的载体上，其形式要件就是合格的，既不要求必须签署，也不要求必须通过函电的互换，突破了传统的纸基（paper based）仲裁协议的书面形式。

联合国国际贸易委员会于1996年制定的《电子商务示范法》第六条第一款规定："如法律要求信息须采用书面，则假若一项数据电文所含信息可以调取以备日后查用，即满足了该项要求。"

可见，数据电文形式的仲裁协议可以构成提交仲裁的合法依据。

我国对仲裁协议形式的认定：

1994年《仲裁法》第十六条规定："仲裁协议包括合同中订立的仲裁条款和以其他书面方式在纠纷发生前或者纠纷发生后达成的请求仲裁的协议。"

1999年生效的《合同法》第十一条关于"书面形式"的定义则指"合同书、信件和数据电文（包括电报、电传、传真、电子数据交换和电子邮件）等可以有形地表现所载内容的形式"，明确涵盖数据电文。

2006年9月8日实施的最高人民法院《关于适用〈中华人民共和国仲裁法〉若干问题的解释》第一条明确规定："仲裁法第十六条规定的'其他书面形式'的仲裁协议，包括以合同书、信件和数据电文（包括电报、电传、传真、电子数据交换和电子邮件）等形式达成的请求仲裁的协议。"事实上，随着信息技术的发展，网上聊天记录、博客、微博客和手机短信等也进入了数据电文的范畴。

第二节　仲裁协议的内容

【基本案情】

2006年7月，石家庄市某健身房与某市健身器械公司签订了一份购销合同。合同中的仲裁条款规定："因履行合同发生的争议，由双方协商解决，无法协商解决的，由仲裁机构仲裁。"2006年9月，双方发生争议，某健身房向其所在地的石家庄仲裁委员会递交了仲裁申请书，但健身器械公司拒绝答辩。

同年11月，双方经过协商，重新签订了一份仲裁协议，并商定将此合同争议提交该健身器械公司所在地的某市仲裁委员会仲裁。

事后某健身房担心某市仲裁委员会实行地方保护主义，偏袒健身器械公司，故未申请仲裁，而是向合同履行地人民法院提起诉讼，且起诉时说明此前两次约定仲裁的情况，法院受理此案，并向健身器械公司送达了起诉状副本，该健身器械公司向法院提交了答辩状。法院经审理判决被告某健身器械公司败诉，被告不服，理由是双方事先有仲裁协议，法院判决无效。

【法律问题】

1. 此案先后签订的两份仲裁协议是否有效？
2. 仲裁协议应具备哪些内容？

【参考答案】

本案前后出现了两个仲裁协议，前者为2006年的购销合同中的仲裁条款，但由于该仲裁条款未指明具体的仲裁委员会，致使无法履行而无效。后者为同年11月签订的仲裁协议，该协议指明了具体的仲裁委员会。争议发生后，双方重新签订的仲裁协议是有效的。

中国《仲裁法》第十六条规定，仲裁协议应当具有下列内容：请求仲裁的意思表示；仲裁事项；选定的仲裁委员会。

【法理分析】

一、概述

所谓仲裁协议的内容，是指一份完整、有效的仲裁协议必须具备的实质性的积极要件。

关于一份完整、有效的仲裁协议应包含哪些内容，各国立法及有关国际条约的规定并不完全相同。

中国《仲裁法》第十六条规定，仲裁协议应当具有下列内容：

（1）请求仲裁的意思表示。

（2）仲裁事项。

（3）选定的仲裁委员会。

（一）请求仲裁的意思表示

在仲裁协议中，当事人应明确表示愿意将争议提交仲裁解决。

请求仲裁的意思表示至少应具备如下三个条件：

其一，必须是所有当事人在协商一致基础上的共同意思表示，而不是一方当事人的意思表示。

其二，必须是所有当事人的真实意思表示，也就是说，当事人签订仲裁协议的行为是其内心的真实愿望，而不是在外界影响或强制下所表现出来的虚假的意思表示。

其三，必须是有利害关系的各方当事人之间的意思表示，而非其他任何无关的人的意思表示。

（二）仲裁事项

仲裁事项，指当事人提交仲裁的争议范围，即当事人将何种性质的争议提交仲裁。

按照国际上通行的做法，当事人只有把订在仲裁协议中的事项提交仲裁时，仲裁机构或仲裁员才应予以受理，否则，就不应受理。如果一方当事人把不属于仲裁协议中指定的事项提交仲裁，另一方当事人有权对仲裁庭的管辖权提出异议；即使在仲裁庭审理终结并作出裁决以后，另一方当事人仍然有权拒绝履行该裁决所规定的义务，并可向管辖法院申请撤销仲裁裁决，法院亦可拒绝执行该裁决。

在仲裁实践中，仲裁事项一般都尽可能作广义解释。2006 年 9 月 8 日实施的最高人民法院《关于适用〈中华人民共和国仲裁法〉若干问题的解释》第二条从合同争议的角度体现了这一精神："当事人概括约定仲裁事项为合同争议的，基于合同成立、效力、变更、转让、履行、违约责任、解释、解除等产生的纠纷都可以认定为仲裁事项。"

（三）选定的仲裁委员会

当事人在签订仲裁协议的时候，应当订明争议事项由哪一个仲裁委员会进行仲裁，否则仲裁协议就无法执行。

所谓选定仲裁委员会，并不是说当事人在仲裁协议中一定要一字不差地写明仲裁机构的名称，司法实践中，尽管当事人约定的仲裁机构不明确，但只要能据以确定具体仲裁机构的，通常被认为选定了仲裁机构。

《最高人民法院关于适用〈中华人民共和国仲裁法〉若干问题的解释》的相关规定：

第三条　仲裁协议约定的仲裁机构名称不准确，但能够确定具体的仲裁机构的，应当认定选定了仲裁机构。

第四条　仲裁协议仅约定纠纷适用的仲裁规则的，视为未约定仲裁机构，但当事人达成补充协议或者按照约定的仲裁规则能够确定仲裁机构的除外。

第五条　仲裁协议约定两个以上仲裁机构的，当事人可以协议选择其中的一个仲裁机构申请仲裁；当事人不能就仲裁机构选择达成一致的，仲裁协议无效。

注意：最高法院的此条解释颠覆了其以往的观点。1996年12月12日最高人民法院在给山东省高级人民法院的复函（法函〔1996〕176号）中指出，约定了两个以上仲裁机构的仲裁协议对仲裁机构的约定是明确的，亦是可以执行的。当事人只要选择约定的仲裁机构之一即可以进行仲裁。前提是：两个或者两个以上的仲裁机构都是确定的、存在的。

第六条 仲裁协议约定由某地的仲裁机构仲裁且该地仅有一个仲裁机构的，该仲裁机构视为约定的仲裁机构。该地有两个以上仲裁机构的，当事人可以协议选择其中的一个仲裁机构申请仲裁；当事人不能就仲裁机构选择达成一致的，仲裁协议无效。

第七条 当事人约定争议可以向仲裁机构申请仲裁也可以向人民法院起诉的，仲裁协议无效。但一方向仲裁机构申请仲裁，另一方未在仲裁法第二十条第二款规定（当事人对仲裁协议的效力有异议，应当在仲裁庭首次开庭前提出）期间内提出异议的除外。

注意：最高法院的此条解释不同于其以往的观点。其以往观点认为：当事人在合同中既约定仲裁又选择诉讼来解决争议时，应视为当事人之间达成了有效的仲裁协议，当事人首先向仲裁机构提出仲裁申请时，仲裁机构应当并有权受理。而其现在的观点认为，根据合同的仲裁条款，双方当事人对争议交由仲裁或者诉讼方式解决的选择并不唯一和确定，即当事人请求仲裁的意思表示并不明确，仲裁协议应为无效。

在国际商事仲裁中，当事人还有权决定仲裁地、仲裁语言等事项。

仲裁地一般是进行仲裁程序和作出仲裁裁决的地方。

确定仲裁地十分重要，因为仲裁地和仲裁所应适用的程序法以及确定争议所应适用的实体法都有密切的关系，而且仲裁地也关系到仲裁协议本身是否有效和作出的裁决是否能得到承认和执行。在机构仲裁中，多数情况下仲裁地和仲裁机构的地址是一致的；当事人选择某地为仲裁地时，一般也就选择该地的常设仲裁机构进行仲裁。反之亦然。

但在某些情况下，当事人基于一定的考虑，选择了仲裁地，而不选择该地点的仲裁机构，或选择了某仲裁机构，而不愿到仲裁机构所在地进行仲裁。在后两种情况下，当事人一定要在仲裁协议中分别指明仲裁地和仲裁机构的名称。不过，有些仲裁机构的仲裁规则规定，当事人只能约定在该仲裁机构指明的几个地点进行仲裁，而当事人一旦选定该仲裁机构，就意味着接受该机构的仲裁规则。

根据中国《仲裁法》的精神，国内仲裁中，仲裁委员会所在地和仲裁地应是一致的，而且中国是单一制国家，既然是国内仲裁，选择不同的地点在法律上几无差别。所以，就没有规定当事人应该在仲裁协议中约定仲裁地点，当事人只需订明仲裁委员会名称即可。

另外，国内仲裁一般适用各仲裁机构的仲裁规则，或者在可能的情况下适用由中国仲裁协会制定的统一仲裁规则。所以，《仲裁法》没有规定仲裁协议的内容应包括选择仲裁规则。

由于《仲裁法》对仲裁的一裁终局和仲裁裁决的执行效力作了明确规定，故当事人在仲裁协议中，也无须约定仲裁裁决的效力问题。

二、几种推荐的仲裁协议

（一）英国伦敦国际仲裁院推荐的仲裁协议

本合同发生的或与本合同有关的任何争议，包括合同的成立、有效性或终止等任何问题都根据《伦敦国际仲裁院仲裁规则》提交仲裁并作出最后裁决，该规则应被认为是通过关联并入了本条款。

（二）瑞典斯德哥尔摩商会仲裁院推荐的仲裁协议

任何与本协议有关的争议，均应根据《斯德哥尔摩商会仲裁院规则》通过仲裁最终解决。

仲裁院并建议当事人可根据需要对条款作如下补充：

“仲裁庭应由……名成员或独任仲裁员组成；

“协议规定的事项应受……法律的支配；

“仲裁程序中应使用……语。”

（三）国际商会仲裁院推荐的仲裁协议

所有产生于或与本合同有关的争议均应按照国际商会仲裁规则由依该规则指定的一名或数名仲裁员终审解决。

（四）美国仲裁协会推荐的仲裁协议

由于或者关于本合同，或者违反本合同发生的任何争议或要求，都按美国仲裁协会规则用仲裁方法解决，仲裁员作成的裁决，可以送请任何有管辖权的法院执行。

（五）解决投资争端国际中心推荐的仲裁协议

当事人特此同意，将本协议有关的或因为协议发生的任何争议提交到解决投资争端国际中心依《关于解决国家与他国国民之间的投资争端的公约》通过仲裁解决。

（六）香港国际仲裁中心推荐的仲裁协议

其本地仲裁的示范仲裁条款为："凡因本合同产生或与本合同有关的任何争议或分歧应提交香港仲裁中心并按其本地仲裁规则通过仲裁解决。"

其国际仲裁的示范仲裁条款为："凡因本合同或与本合同有关的任何争议、争执或索偿、违约终止或合同无效等均应通过仲裁解决。仲裁按目前有效的联合国国际贸易法委员会的仲裁规则进行。"

（七）联合国国际贸易法委员会推荐的仲裁协议

由于本合同发生的与本合同有关的任何争议、争端或请求，或有关合同的违约、终止、无效，应按现行有效的联合国国际贸易法委员会仲裁规则予以解决。

当事人可以补充：

"任命机构应为……（机构或个人的名称或全名）；

"仲裁员人数应为……（一人或三人）；

"仲裁地点应为……（城镇或国家）；

"仲裁程序中所用的一种或多种语言应为……"

（八）中国国际经济贸易仲裁委员会推荐的仲裁协议

凡因本合同引起的或与本合同有关的任何争议，均应提交中国国际经济贸易仲裁委员会，按照申请仲裁时该会现行有效的仲裁规则进行仲裁。仲裁裁决是终局的，对双方均有约束力。

（九）北京仲裁委员会推荐的仲裁协议

因本合同引起的或与本合同有关的任何争议，均提请北京仲裁委员会按照该会仲裁规则进行仲裁。仲裁裁决是终局的，对双方均有约束力。

除上述推荐的几种仲裁协议外，中国当事人在对外经济贸易活动中常用的仲裁协议还有两种：

一是在被诉方国家仲裁的仲裁协议，即"凡因执行本合同所发生的或与本合同有关的一切争议，双方应通过友好协商解决，如果协商不能解决，应提交仲裁。仲裁在被诉一方国家进行。如在中国，则由……机构按该机构仲裁规则进行仲裁。仲裁裁决是终局的，对双方都有约束力"。

二是在第三国仲裁的仲裁协议，即"凡因执行本合同所发生的或与本合同有关的一切争议，双方应通过友好协商解决；如果协商不能解决，应提交……国……地……仲裁机构，按照其仲裁规则进行仲裁。仲裁裁决是终局的，对双方均有约束力"。

以上提到的均为在争议发生前在合同中订立的仲裁条款。争议发生后，如双方同意将其争议提交仲裁，并无固定格式，但在实践中可以这样签订：

“我们双方愿意提请……仲裁机构根据其仲裁规则，仲裁解决如下争议：

“（1）……

“（2）……

“仲裁地点在……国……地。我们同意仲裁裁决是终局的，对双方均有约束力。

“当事人名称、地址、签字（或盖章）

“……年……月……日于……”

三、拟定仲裁协议应注意的问题

要订立一份有效的仲裁协议，应视具体情况而定，尤需注重以下问题：

第一，当事人应当争取在争议发生前签订仲裁协议。

第二，涉外仲裁中，中方当事人应力争在中国涉外仲裁机构进行仲裁。

第三，涉外仲裁中如果不能确定在中国涉外仲裁机构进行仲裁时，最好应选择对中国比较友好的第三国或选择被诉方所在国仲裁机构仲裁。

第四，签订仲裁协议时如有不清楚之处，可及时向有关仲裁机构咨询。

第三节　仲裁协议的效力

【基本案情】

A公司是美国一家航运有限公司，B公司是中国的一家物资进出口总公司，1999年5月10日，B公司与A公司签订了一份航运合同，约定由A公司根据B公司的要求，将B公司从加拿大购买的一批物资运往中国大连港。航运合同中订有仲裁条款，双方约定在航运合同履行过程中产生的一切争议或与航运合同有关的一切争议，在美国纽约进行临时仲裁，并在仲裁条款中，明确了选定仲裁员、组建仲裁庭的方法、制定了仲裁规则。1999年10月10日，B公司购买的物资被如期运到中国大连港。在B公司进行验货时，发现货物有损坏，于是因赔偿问题与A公司发生纠纷。A公司依据仲裁条款的规定在美国提请临时仲裁。B公司向人民法院提出管辖权异议，认为该仲裁条款中没有选定仲裁机构，不符合仲裁法对仲裁协议有效要件的规定，因此主张该仲裁协议无效。

【法律问题】

在涉外案件中，约定由国外的临时仲裁机构进行仲裁的仲裁条款是否有效？

【参考答案】

在本案中，B公司与A公司签订的航运合同中订有仲裁条款，具有明确的、一致的提请仲裁的意思表示，并且约定了仲裁事项，但选择的仲裁机构是美国的临时仲裁机构。根据我国《仲裁法》以及相关法律、法规的规定，我国内地目前不承认临时仲裁，因此在国内进行商事仲裁，如果仲裁协议约定进行临时仲裁，则此仲裁协议是无效的。

但在涉外案件中，约定由国外的临时仲裁机构进行仲裁的，如果仲裁地国不禁止临时仲裁，则仲裁条款有效。1995年10月20日，最高人民法院在《关于福建省生产资料总公司与金鸽航运有限公司国际海运纠纷一案中提单仲裁条款效力问题的复函》（法函〔1995〕135号）中明确指出："涉外案件，当事人事先在合同中约定或争议发生后约定由国外的临时仲裁机构或非常设仲裁机构仲裁的，原则上应承认该仲裁条款的效力，法院不再受理当事人的起诉。"在此复函中，最高人民法院明确承认了涉外仲裁中当事人可以约定在国外进行临时仲裁，即在涉外仲裁协议中，可以约定在国外临时仲裁，此时仲裁协议不因没有选定仲裁委员会而无效。其理论基础为：如果当事人在仲裁协议中约定了仲裁地点，则确定仲裁协议效力的法律应为仲裁地法；只要仲裁地国不禁止临时仲裁，那么该仲裁协议即为有效。由于本案的仲裁协议是涉外仲裁协议，而且约定在美国进行临时仲裁，也就是说，当事人选择美国纽约作为仲裁地点，由于美国纽约承认临时仲裁为合法的仲裁形式，所以本案航运合同的仲裁条款有效。法院应裁定驳回B公司提出的管辖权异议的申请，告知其依据仲裁协议进行仲裁。

【法理分析】

仲裁协议的效力，是指一项仲裁协议本身的有效性以及有效的仲裁协议对有关当事人和机构的作用或约束力。仲裁协议是一种特殊的合同，其效力具有广延性，除及于各方当事人外，还扩及仲裁机构、仲裁员和相关法院。仲裁协议产生效力的前提，是该协议本身必须合法有效。

一、仲裁协议效力的确认机构

根据中国现行《仲裁法》，有权认定仲裁协议效力的机构主要有两个，即仲裁机构和受诉法院。

（一）仲裁机构

根据中国现行《仲裁法》，对仲裁协议效力的异议不是由仲裁庭或仲裁员决定，而是由仲裁机构决定。这种做法在目前的国际仲裁中是较为少见的。

《仲裁法》第二十条：

当事人对仲裁协议的效力有异议的，可以请求仲裁委员会作出决定或者请求人民法院作出裁定。一方请求仲裁委员会作出决定，另一方请求法院作出裁定的，由人民法院裁定。

当事人对仲裁协议的效力有异议，应当在仲裁庭首次开庭前提出。

最高人民法院《关于确认仲裁协议效力几个问题的批复》（一九九八年十月二十一日通过）第三条：

当事人对仲裁协议效力有异议的，一方申请仲裁机构确认仲裁协议的效力，另一方申请法院确认仲裁协议无效，如果仲裁机构先于法院接受申请并作出决定，法院不予受理；如果仲裁机构接受申请后尚未作出决定，法院应予受理，同时通知仲裁机构终止仲裁，仲裁机构根据法院对仲裁协议效力的认定决定恢复仲裁或撤销仲裁案件。

最高人民法院《关于适用〈中华人民共和国仲裁法〉若干问题的解释》的相关规定：

第十三条　依照《仲裁法》第二十条第二款的规定，当事人在仲裁庭首次开庭前没有对仲裁协议的效力提出异议，而后向人民法院申请确认仲裁协议无效的，人民法院不予受理。

仲裁机构对仲裁协议的效力作出决定后，当事人向人民法院申请确认仲裁协议效力或者申请撤销仲裁机构的决定的，人民法院不予受理。

第二十七条　当事人在仲裁程序中未对仲裁协议的效力提出异议，在仲裁裁决作出后以仲裁协议无效为由主张撤销仲裁裁决或者提出不予执行抗辩的，人民法院不予支持。

当事人在仲裁程序中对仲裁协议的效力提出异议，在仲裁裁决作出后又以此为由主张撤销仲裁裁决或者提出不予执行抗辩，经审查符合仲裁法第五十八条或者民事诉讼法第二百一十七条、第二百六十条规定的，人民法院应予支持。

（二）受诉法院

由法院认定仲裁协议的效力，是国际通行的做法。

但法院是在仲裁程序中还是在裁决作出后认定仲裁协议的效力，各国则有所区别。

《仲裁法》第二十条规定：当事人对仲裁协议的效力有异议的，可以请求仲裁委员会作出决定或者请求人民法院作出裁定。一方请求仲裁委员会作出决定，另一方请求人民法院作出裁定的，由人民法院裁定。当事人对仲裁协议的效力有异议的，应当在仲裁庭首次开庭前提出。

法院认定仲裁协议效力的情形：

其一，当事人未开始仲裁或诉讼程序，单独要求法院认定仲裁协议的效力。

中国《仲裁法》对这种情况没有明确规定，按照最高人民法院的司法解释，当事人协议选择国内仲裁机构后，一方对仲裁协议的效力有异议，请求人民法院作出裁定的，由该仲裁委员会所在地的中级人民法院管辖；当事人对仲裁委员会没有约定或约定不明确的，由仲裁协议签订地或被申请人住所地的中级人民法院管辖。

申请确认涉外仲裁协议效力的案件，由仲裁协议约定的仲裁机构所在地、仲裁协议签订地、申请人或者被申请人住所地的中级人民法院管辖。

涉及海事海商纠纷仲裁协议效力的案件，由仲裁协议约定的仲裁机构所在地、仲裁协议签订地、申请人或者申请人住所地的海事法院管辖；上述地点没有海事法院的，由就近的海事法院管辖。

其二，当事人在提起民事诉讼的同时要求认定仲裁协议的效力。

这种情况实际是法院审查应否受案及有无管辖权的问题。

《民事诉讼法解释》的相关规定：

第二百一十五条　依照《民事诉讼法》第一百二十四条第二项的规定，当事人在书面合同中订有仲裁条款，或者在发生纠纷后达成书面仲裁协议，一方向人民法院起诉的，人民法院应当告知原告向仲裁机构申请仲裁，其坚持起诉的，裁定不予受理，但仲裁条款或者仲裁协议不成立、无效、失效、内容不明确无法执行的除外。

第二百一十六条　在人民法院首次开庭前，被告以有书面仲裁协议为由对受理民事案件提出异议的，人民法院应当进行审查。

经审查符合下列情形之一的，人民法院应当裁定驳回起诉：

（一）仲裁机构或者人民法院已经确认仲裁协议有效的；

（二）当事人没有在仲裁庭首次开庭前对仲裁协议的效力提出异议的；

（三）仲裁协议符合仲裁法第十六条规定（仲裁协议的内容）且不具有仲裁法第十七条规定（仲裁协议无效的法定情形）情形的。

目前在中国司法实践中，法院对仲裁协议效力认定的审理期限缺乏明确的规定，这无论如何是一个缺陷。

认定仲裁协议效力的诉讼，是《仲裁法》增加的、1991 年《民事诉讼法》所没有的规定，新增一个程序却不注重其操作性，立法机关难辞其咎。最高人民法院虽然就仲裁协议的效力认定作出数个司法解释，但满足于被动地弥补不足，而不是就该问题系统地作出解释。

二、仲裁协议效力的表现

关于仲裁协议的效力，有关仲裁的国际条约和各国的仲裁立法都作了比较一致的规定。

（一）对当事人的效力

仲裁协议一经合法成立，首先对各方当事人产生直接的法律效力，当事人因此丧失了就特定争议向法院起诉的权利，而相应地承担着将争议提交仲裁并服从仲裁裁决的义务，除非各方当事人又另外达成协议而变更原仲裁协议。

如果一方当事人就仲裁协议范围内的事项向法院起诉，另一方当事人则有权依据仲裁协议要求法院终止司法程序，法院应当驳回原告的起诉。

（二）对仲裁机构（仲裁员）的效力

有效的仲裁协议是仲裁员或仲裁机构受理案件及进行仲裁的依据。也就是说，仲裁机构（仲裁员）的仲裁权来源于当事人的授权。

（三）对法院的效力

一份有效的仲裁协议，对法院的效力首先表现为排斥了法院对争议案件的管辖权。

也就是说，任何一方当事人不得随意撤销已成立的仲裁协议，不得就有关仲裁协议中约定的事项向法院起诉，法院应尊重当事人的约定，不得受理有仲裁协议的争议。

仲裁协议对法院的效力还表现为仲裁协议是法院强制执行仲裁裁决的依据。

仲裁的目的，就是使当事人之间的争议得到最终解决，而只有当仲裁裁决被执行后才能达到这一目的。但实践中，很多情况下败诉方当事人并不愿意自觉履行仲裁裁决，因此对方当事人需要请求管辖法院强制执行仲裁裁决。

第四节 仲裁庭管辖权自决问题

【基本案情】

1997 年 11 月 10 日，中国 A 公司与日本 B 公司在中国西安市建立了中外合营企业 C 公司。后双方当事人在履行合营合同中由于经营管理不善以及市场等原因导致合营公司严重亏损。双方当事人协议终止了合营合同并成立了清算小组。

1999 年 11 月，B 公司以 A 公司为被申请人向中国国际经济贸易仲裁委员会提出仲裁申请，请求确认 A 公司实际出资额。A 公司于 1999 年 12 月向仲裁委员会提出管辖权异议，仲裁委员会于 2000 年 1 月作出决定，认定合营企业合同中的仲裁条款有效。

2000 年 2 月，A 公司向西安市中级人民法院提出确认仲裁协议效力之诉，认为：A 公司与 B 公司之间发生合营纠纷，在 B 公司向仲裁委员会申请仲裁之前，双方已经放弃了合营企业合同中的仲裁条款，故 A 公司请求确认仲裁条款已经失去效力。

【法律问题】

仲裁协议效力的认定权由谁来行使？

【参考答案】

依据我国现行《仲裁法》的规定，仲裁协议的效力由人民法院和仲裁委员会确认，而其他国家以及国际仲裁立法中的确认机构则为法院和仲裁庭。我国《仲裁法》第二十条规定：“当事人对仲裁协议的效力有异议的，可以请求仲裁委员会作出决定或者请求人民法院作出裁定。一方请求仲裁委员会作出决定，另一方请求人民法院作出裁定的，由人民法院裁定。”

【法理分析】

一、概述

中国仲裁实践中，仲裁机构和法院均有权认定仲裁协议的效力，且一定条件下法院的决定优先。但就国际上大多数国家的实践而言，仲裁庭的管辖权，包括对仲裁协议的认定，由仲裁庭自己决定。亦即，仲裁庭对当事人提出的管辖权异议有管辖权，这种做法因此被形象地称为管辖权 / 管辖权或权限 / 权限原则，理论上称为管辖权 / 管辖权理论。

这一概念可追溯到 20 世纪 50 年代甚至更久，被认为出自前联邦德国的一场争论，即当事人可否通过协议赋予仲裁员对其管辖权作出有拘束力决定的权力。

二、管辖权 / 管辖权原则的意义

从有关各国的立法和仲裁规则看，管辖权 / 管辖权原则是指在仲裁程序中仲裁庭有权裁定当事人提出的管辖权异议，从而决定自己的管辖权，而不是指在任何情况下，仲裁管辖权都应由仲裁庭来决定。而且，仲裁庭的管辖权决定不是终局的，必须接受法院的审查。这一理解，并不意味着管辖权 / 管辖权原则无足轻重。

采用该原则的关键，不在于是否赋予仲裁庭的决定以终局效力，也不在于是否完全排除法院确定仲裁管辖权的权力，而在于限定法院干预仲裁管辖权的时间和条件，从而避免法院过早地干预仲裁过程，有利于仲裁庭提高效率。而且，从仲裁本身的客观需要来说，假如一方当事人随时可因管辖权问题中断仲裁程序，仲裁庭的正常工作也无法顺利进行。

允许仲裁庭自己决定管辖权，不会导致仲裁员滥用权力。法院的事后监督足以让仲裁庭审慎地决定自己的管辖权，当事人的利益并非不能得到充分保障。相比于所有管辖权异议均交由法院决定的做法，管辖权 / 管辖权原则有利于减少法院工作量。

三、中国与管辖权 / 管辖权原则

我国没有采用管辖权 / 管辖权原则。目前我国由仲裁机构决定仲裁管辖权异议的做法，已经成为中国各仲裁机构进行制度创新、吸引国际案件的当事人来中国内地仲裁的障碍之一。

因此，接纳管辖权 / 管辖权原则应成为今后修订 1994 年《仲裁法》的一个目标。

第五节　仲裁协议的无效与失效

【基本案情】

某修配厂与某研究所签订了一份技术转让合同。合同中订有仲裁条款，双方约定：“因本合同发生的一切争议应提交 A 市仲裁委员会仲裁，或者向合同签订地 A 市 B 区人民法院起诉。”合同履行过程中，修配厂认为该项技术存在缺陷，双方发生争议。修配厂据此向 A 市仲裁委员会申请仲裁，而研究所则向 A 市 B 区人民法院提起诉讼，人民法院受理此案。在首次开庭前，修配厂向法院提交仲裁协议，认为双方当事人签订有仲裁协议，请求法院裁定驳回研究所的起诉，将此争议交由 A 市仲裁委员会仲裁。

【法律问题】

同时约定仲裁或诉讼的仲裁协议是否有效？

【参考答案】

同时约定仲裁或诉讼的仲裁协议无效。

本案中，技术转让合同中订有仲裁条款，约定：“因本合同发生的一切争议应提交 A 市仲裁委员会仲裁，或者向合同签订地 A 市 B 区人民法院起诉。”该仲裁条款中尽管具备了仲裁事项和选定的仲裁委员会，但对请求仲裁的意思表示不明确，从该仲裁条款上看，不知当事人在争议发生时到底选择仲裁还是诉讼。根据《仲裁法》中或裁或审的原则，当事人选择仲裁或诉讼是相互排斥的，因此，本案中的仲裁条款违背了或裁或审的原则。可见，该技术转让合同中的仲裁条款无效。对该争议，法院有管辖权，而仲裁委员会因为仲裁协议无效而失去了仲裁管辖权的来源，A 市仲裁委员会仲裁庭应驳回修配厂的仲裁申请，告知其通过诉讼解决争议。法院应该驳回修配厂的仲裁管辖权异议的申请，继续审理此争议。

【法理分析】

一、仲裁协议的无效

（一）法律关于仲裁协议无效的规定

根据中国《仲裁法》，仲裁协议应采用书面形式，并具备三项内容。这些要求实际上是一份有效仲裁协议的积极要件。

除了积极要件，许多国家的仲裁立法同时还规定了仲裁协议必须排除的消极要件，也就是说，仲裁协议不能出现某种情形。如果出现规定的情形之一，该仲裁协议无效。

按照中国《仲裁法》，在下列情形下，仲裁协议无效：

（1）约定的仲裁事项超出法律规定的范围。

这一要件实际上就是所谓可仲裁性或仲裁范围的问题。

中国《仲裁法》第三条规定："下列纠纷不能仲裁：婚姻、收养、监护、扶养、继承纠纷；依法应当由行政机关处理的行政争议。"

另外，第七十七条规定："劳动争议和农业集体经济组织内部的农业承包合同纠纷的仲裁，另行规定。"这就是说，劳动争议和农业承包合同纠纷虽然可以提交仲裁，但不以《仲裁法》为依据，因为这两类纠纷具有特殊性，由其他法律予以调整。

（2）订立的仲裁协议的当事人属无民事行为能力或限制民事行为能力。

（3）一方采取胁迫手段迫使对方订立仲裁协议。

所谓胁迫，就是一方当事人以威胁加害另一方当事人或其亲友的生命健康、名誉、荣誉或财产等为手段，迫使另一方当事人不得不作出违背其真实意思的行为。

（二）实践中常见的无效仲裁协议

1. 模棱两可的仲裁协议

常见的有以下几种情形：

（1）既选择仲裁也选择诉讼的协议。

根据《仲裁法解释》第七条，当事人约定争议可以向仲裁机构申请仲裁也可以向人民法院起诉的，仲裁协议无效。但一方向仲裁机构申请仲裁，另一方未在《仲裁法》规定的期间内提出异议的除外。

最高人民法院过去曾认为，合同中既约定仲裁又选择诉讼的解决争议的条款是有效的。认为该条款中双方的仲裁意思表示是明确的、有效的。约定仲裁和选择诉讼是两个独立的意思表示，处于平等的地位，尽管两者同时包含在同一个合同条款里。当事人在既约定仲裁又选择诉讼的情况下，最后无论选择仲裁还是选择诉讼都在当事人的意愿之内。合同中有关解决争议条款中选择诉讼的意思表示并不使约定仲裁的意思表示无效或丧失效力。因此，当事人在合同中既约定仲裁又选择诉讼来解决争议时，其仲裁的意思表示应视为当事人之间达成了有效的仲裁协议，当事人首先向仲裁机构提出仲裁申请时，仲裁机构应当并有权受理。这种观点现已被《仲裁法解释》第七条的观点所取代。

（2）同时选择两个或多个仲裁机构的协议。

《仲裁法解释》第五条规定："仲裁协议约定两个以上仲裁机构的，当事人可以协议选择其中的一个仲裁机构申请仲裁；当事人不能就仲裁机构选择达成一致的，仲裁协议无效。"这一规定意味着该仲裁协议并不必然无效，当事人有权在选定的两个仲裁机构中作出选择。在双方当事人无法就具体的仲裁机构达成一致的情况下，仲裁条款无效。

（3）只约定应适用的仲裁规则，未约定仲裁机构的协议。

根据司法解释："仲裁协议仅约定纠纷适用的仲裁规则的，视为未约定仲裁机构，但当事人达成补充协议或者按照约定的仲裁规则能够确定仲裁机构的除外。"例如，2015 年《中国国际经济贸易仲裁委员会仲裁规则》第四条第四款规定："当事人约定按照本规则进行仲裁但未约定仲裁机构的，视为同意将争议提交仲裁委员会仲裁。"

（4）仲裁机构名称约定不明的协议。

仲裁协议约定的仲裁机构名称不准确，但能够确定具体的仲裁机构的，通常认定选定了仲裁机构。

（5）仅约定了仲裁地点的协议。

仲裁协议约定由某地的仲裁机构仲裁且该地仅有一个仲裁机构，该仲裁机构视为约定的仲裁机构。该地有两个以上仲裁机构的，当事人可以协议选择其中的一个仲裁机构申请仲裁；当事人不能就仲裁机构选择达成一致的，仲裁协议无效。

2. 无法实现的仲裁协议

例如，有的仲裁协议规定，争议发生后，提交中国某仲裁机构依照美国仲裁协会的仲裁规则进行仲裁。由于中国某仲裁机构的仲裁规则规定，在该机构进行仲裁时，只能适用该机构的仲裁规则，这样的仲裁协议往往无法实现。

3. 指定了不存在的仲裁机构的仲裁协议

例如，有的仲裁协议规定，争议发生后，提交某地的仲裁机构仲裁，但该地并没有设立仲裁机构，同时也不能推定当事人意图选定的仲裁机构，所以该协议无效。但应该注意的是，如仲裁协议约定由某地的仲裁机构仲裁且该地仅有一个仲裁机构的，虽未写明该机构的名称，该仲裁机构亦视为约定的仲裁机构。

4. 仲裁终局性不确定的仲裁协议

例如，有的仲裁协议规定，合同执行过程中出现的问题双方应协商解决，协商不成，可提交中国涉外仲裁机构，如对仲裁裁决不服的，可提交美国仲裁协会仲裁（或向中国法院起诉）。这种协议因违背了仲裁终局性原则而无效。

5. 在格式合同中当事人没有在两个或者多个备用的仲裁条款中作出选择的仲裁协议

有的格式合同或标准合同印有两个或者多个不同的仲裁条款，供当事人签订合同时进行选择，但当事人签订合同时没有作出选择，争议发生后，实际上不存在仲裁协议。

（三）对有缺陷的仲裁协议的完善

在实践中，常常采用如下方式完善有缺陷的仲裁协议：

1. 由当事人自行完善

成功率不高。

2. 由仲裁机构协助完善

与第一种方法相似，成功率也并不高。

3. 由法院协助完善

当事人将内容不明确的仲裁协议提交诉讼时，在当事人愿意的情况下，法院也可以协助其完善仲裁协议。若当事人一方不愿意，法院将依法审查仲裁协议，从而作出仲裁协议是否有效的决定。必须指出，如果仲裁协议有《仲裁法》第十七条规定的情形之一的，法院可径直认定仲裁协议无效，一般不必协助其加以完善。但对那些约定不明确的仲裁协议，法院应根据《仲裁法》第十八条，力促当事人对仲裁事项或者仲裁委员会的选定达成补充协议，达不成补充协议的，方可宣告仲裁协议无效。而且，法院还可以更积极地发挥支持仲裁的作用，对于有缺陷的仲裁协议，如果当事人在争议发生后不能达成补充协议，在不违背法律的强制性规定的情况下，应从宽予以解释，妥善地推定当事人的仲裁意图，尽可能使有缺陷的仲裁协议得到实施。

二、仲裁协议的失效

（一）概念

所谓仲裁协议的失效，是指原本有效的仲裁协议因为特定仲裁事项的结束或当事人的放弃或其他原因而失去其法律效力的情况。

（二）原因

1. 仲裁裁决得以履行或执行而致仲裁协议失效

当事人凭着合法有效的仲裁协议将其争议提交仲裁，仲裁庭依照法律和仲裁规则作出了合法有效的裁决，而该裁决又得到了当事人的自觉履行或得到了法院的强制执行，仲裁协议所指争议事项即已完全解决，仲裁协议因此失效。但是，如果仲裁庭所作的裁决为中间裁决或部分裁决，则仲裁协议应继续有效。此外，仲裁庭有权在一定期限内对裁决书中的打印错误、计算错误及类似性质的错误作出补正，或对裁决书中的遗漏事项予以补充裁决。

2. 因当事人放弃而致仲裁协议失效

合意放弃。当事人可以依法签订一份有效的仲裁协议，也可以放弃或终止一份有效的仲裁协议。换言之，各方当事人可经协商一致，放弃有效的仲裁协议。这种放弃可称为“合意放弃 ”。有效的仲裁协议一经合意放弃，即告失效。

推定放弃。《仲裁法》第二十六条规定：“当事人达成仲裁协议，一方向人民法院起诉未声明有仲裁协议，人民法院受理后，另一方在首次开庭前提交仲裁协议的，人民法院应当驳回起诉，但仲裁协议无效的除外；另一方在首次开庭前未对人民法院受理该案提出异议的，视为放弃仲裁协议，人民法院应当继续审理。”这种情况可称为“推定放弃”或“视为放弃”。视为放弃看上去似乎是单方放弃，实质上是合意放弃的另一种表现形式。既有仲裁协议，一方当事人却向法院起诉，说明他内心里有放弃仲裁协议的打算；而另一方当事人在法定期限内不提出异议，说明该当事人内心也有放弃仲裁协议的打算。这正好表明了双方当事人的“合意”。有效的仲裁协议一经推定放弃，即告失效。

3. 仲裁裁决被法院裁定撤销或者不予执行而致仲裁协议失效

《仲裁法》第九条规定：“裁决被人民法院裁定撤销或者不予执行的，当事人就该纠纷可以根据双方重新达成的仲裁协议申请仲裁，也可以向人民法院起诉。”此项规定，实际上意味着当事人之间的原仲裁协议已失效。

此外，有的国家的法律还规定，仲裁期限届满，会引起仲裁协议失效；当事人和解或者指定的仲裁员辞职、死亡或丧失资格等，也将导致仲裁协议失效。

（三）法律后果

（1）排除法院管辖的原因消失。

（2）仲裁员丧失仲裁权。

（3）除已作成合法有效的裁决外，当事人不再受仲裁协议的约束。

第六节 仲裁条款的独立性问题

【基本案情】

香港C公司和内地J公司于1998年10月21日签订了一份中外合资CJ有限公司合同。合同第7条规定："CJ有限公司的经营范围包括娱乐、餐饮和酒吧、卡拉OK、健身、室内娱乐、电子游戏机等综合服务。"合同第五十三条是仲裁条款，约定："因本合同所产生的或与本合同有关的一切争议，提交中国国际经济贸易仲裁委员会仲裁解决。"后双方在履行合同的过程中产生了争议，于是香港C公司根据仲裁条款向中国国际经济贸易仲裁委员会提交书面仲裁申请。在仲裁程序进行过程中，被申请人提出，本案合同第7条规定的"CJ有限公司的经营范围包括娱乐、餐饮和酒吧、卡拉OK、健身、室内娱乐、电子游戏机等综合服务"意味着合同约定在中国内地进行赌博活动，而在内地进行赌博活动是被禁止的。因此，双方签订的合同从未生效，合同中的任何条款包括第五十三条仲裁条款均不适用。据此，本案不能够仲裁，仲裁委员会对本案没有管辖权，仲裁委员会应驳回申请人的仲裁申请。

【法律问题】

本案仲裁条款是否有效？

【参考答案】

本案仲裁条款有效。根据我国《仲裁法》第十九条第一款"仲裁协议独立存在，合同的变更、解除、终止或者无效，不影响仲裁协议的效力"和《中国国际经济贸易仲裁委员会仲裁规则》（2000版）第五条"合同中的仲裁条款应视为与合同其他条款分离地、独立地存在的条款，附属于合同的仲裁协议也应视为与合同其他条款分离地、独立地存在的一个部分；合同的变更、解除、终止、失效或无效以及存在与否，均不影响仲裁条款或仲裁协议的效力"的规定，无论本案合同是否有效，合同中的仲裁条款都是有效的。因此，仲裁委员会对本案有管辖权，本案仲裁程序应继续进行。

【法理分析】

一、问题的提出

仲裁协议是商事仲裁的基石，如果合同被认定为无效或失效、不存在，合同中的仲裁条款是否也因此无效或失效、不存在？仲裁庭是否还对相关的合同争议拥有管辖权？这就提出了仲裁协议的特性及其与基础合同或主合同关系的难题，也就是所谓的仲裁协议独立性问题，或称仲裁协议的可分割性或自治性问题。独立性理论主要是针对仲裁条款的。

二、传统的观点

传统观点认为，仲裁条款是含有该条款的合同的不可分割的一部分，合同无效，则仲裁条款当然无效。

三、仲裁条款自治说

（一）含义

仲裁条款自治说认为，仲裁条款应被视为与有关合同的其他部分相分离的单独协议。从合同的效力不会因主合同发生争议或被确定无效而失去效力，反而正因此得到实施，以发挥它作为救济手段的作用。

（二）产生的依据

仲裁条款自治说的法律依据是仲裁性质和“约定必须遵守”这一古老的法律原则。仲裁源于当事人的合意，只有各方当事人一致同意将争议交付仲裁，仲裁程序的进行才是有效的。仲裁在本质上是任意性的，但如果当事人通过订立仲裁条款明示地同意提交仲裁，则该约定构成一项法律义务，各方当事人都必须履行，任何一方当事人都不能单方面撤销这种约定。这一点，正符合“约定必须遵守”的原则。

仲裁条款自治说还依据两种程序上的推理：

其一，仲裁庭有权决定争议是否属于仲裁条款规定的范围，而仲裁管辖权的依据又是仲裁条款，因此应该认为仲裁条款独立于主合同。否则，如果仲裁条款随主合同无效而无效，仲裁庭就无权依据仲裁条款决定当事人之间的争议是否属于仲裁条款所规定的范围了。

其二，若不承认仲裁条款独立，仲裁庭只能受理主合同有效的争议，在此之前，主合同的有效性显然又不能由仲裁庭决定，那么只可能由法院来决定，既然如此，仲裁制度的存在还有何必要？反向推之，也应该肯定仲裁条款自治说。

（三）国际上对待仲裁条款自治说的态度

20 世纪 60 年代以来，承认仲裁条款的独立性和可分离性，是现代国际商事仲裁制度的一大趋势。现在所有在仲裁领域重要的国家都接受了独立理论。

不过，各国接受的程度不一样，尤其在主合同自始无效或不存在情况下，只有法国、英国、美国等几个国家及国际商会彻底接受仲裁条款的自治原则，在部分国家只是一般性地认为，合同无效并不导致仲裁条款无效，对主合同自始无效或不存在的问题不置可否。理论上，前者被称为“绝对独立论”，后者则被称为“相对独立论”。

（四）中国的立法及实践

中国内地是在没有什么理论争议的情况下逐步接受仲裁条款自治说的。《仲裁法》第十九条第一款规定：“仲裁协议独立存在，合同的变更、解除、终止或者无效，不影响仲裁协议的效力。”《最高人民法院关于适用〈中华人民共和国仲裁法〉若干问题的解释》第十条：“合同成立未生效或者被撤销的，仲裁协议效力的认定适用《仲裁法》第十九条第一款的规定；当事人在订立合同时就争议达成仲裁协议的，合同未成立不影响仲裁协议的效力。”

第七章 仲 裁 程 序

第一节 仲裁的申请和受理

【基本案情】

申请人：张泰和

被申请人：北京某房地产开发有限责任公司

2000 年 1 月 13 日，张泰和作为买受人与作为出卖人的北京某房地产开发有限责任公司（以下简称北京公司）签订了一份商品房买卖合同。合同约定：买受人购买出卖人开发的位于北京市海淀区的 ×× 园第 16 号楼 20 层 6 号的三居室商品房一套，建筑面积 136 平方米，总价款 110 万元。出卖人应当在 2000 年 12 月底之前，依照国家和地方人民政府的有关规定，将具备下列五种条件，并符合本合同约定的商品房交付买受人使用：（1）该商品房经验收合格；（2）该商品房经综合验收合格；（3）该商品房经分期综合验收合格；（4）该商品房取得商品住宅交付使用批准文件；（5）提供北京市建设工程竣工验收备案表。商品房达到交付使用条件后，出卖人应当书面通知买受人办理交付手续。双方进行验收交接时，出卖人应当出示本合同规定的相应证明文件，并签署房屋交接单。所购商品房为住宅的，出卖人还需要提供住宅质量保证书和住宅使用说明书。出卖人不出示证明文件或者出示的证明文件不齐全，买受人有权拒绝交接，由此产生的延期交房责任由出卖人承担。此外，在公共配套设施方面，出卖人承诺供水、供电、供暖在房屋交付时达到使用条件；天然气在本幢楼入住率达到 50% 以上，且经过天然气公司验收后可通气；其他公共配套设施应符合有关法律、法规规定。如果在规定日期内未达到使用条件，双方同意按照双方共同认可的方式由出卖人采取临时措施。在争议解决方式条款中，约定本合同在履行过程中所发生的争议，由双方当事人协商解决；协商不成的，提交某某仲裁委员会仲裁。

2000 年 12 月初，合同所约定的北京海淀区 ×× 园第 16 号楼如期完工。12

月 28 日，出卖人正式书面通知买受人办理入住手续，但买受人认为 ×× 园内的幼儿园、花园、邮政等公共配套设施尚未建成，该楼未达到合同所规定的入住条件，因此，出卖人应当承担不能按期交付商品房的责任。但出卖人则认为，在双方签订的商品房买卖合同中并没有规定幼儿园、花园、邮政等公共配套设施，这些公共设施不属于合同所规定的入住条件，为此，双方发生争议。经多次协商未能解决争议，买受人张泰和按照合同中的仲裁条款向某某仲裁委员会申请仲裁，要求出卖人北京公司限期完成幼儿园、花园、邮政等公共配套设施的建设。仲裁委员会受理该争议案件后，向被申请人北京公司依法送达了申请书副本、仲裁规则及仲裁员名册。被申请人接到仲裁申请书副本后则认为，就申请人提出的幼儿园、花园、邮政等公共配套设施问题，双方之间并没有仲裁协议，申请人的仲裁申请不符合《仲裁法》第二十一条规定的申请仲裁条件，仲裁委员会不应当受理该争议案件。

【法律问题】

本案仲裁申请是否符合法律规定？

【参考答案】

本案仲裁申请符合法律规定。

就本案而言，双方当事人争议的焦点在于，双方当事人签订的商品房买卖合同中仲裁条款所约定的在本合同履行过程中所发生的争议，是否包括幼儿园、花园、邮政等公共配套设施问题的争议，换句话来说，就幼儿园、花园、邮政等公共设施问题的争议，在双方当事人之间究竟是否存在仲裁协议。

关于幼儿园、花园、邮政等公共配套设施，虽然在双方签订的商品房买卖合同的仲裁条款中未作出明确具体的约定，但合同在公共配套设施方面的有关条款中，除具体约定了供水、供电、供暖方面的具体内容外，还规定了其他公共设施应符合有关法律、法规的规定。北京市物价局关于《北京市商品住宅销售价格构成》的通知中明确规定，商品房买卖合同或者经济适用房买卖合同标的房屋的价格除房屋本身外，还包括房屋所占用范围内的土地使用权、基础设施、公共配套设施，如果没有基础设施和公共配套设施，房屋的价格就会降低。从本案来看，所涉及的争议房屋建筑面积为 136 平方米，总价款为 110 万元，即平均每平方米约 8000 元，从当时北京市的整个商品房价格来看，该案所涉及的标的房屋的价格应当算较高的，因此，根据北京市物价局上述通知的精神，就本案双方当事人所争议的幼儿园、花园、邮政等公共设施，应当属于双方所签订的商品房买卖合同中已经包括，但在文字上没有明确表述的内容，这也就是说，就幼儿园、花园、邮政等公共设施争议而言，应当属于双方当事人在合同仲裁条款中所约定的“本合同履行过程中所发生的争议”之列。

综上，本案申请人张泰和所提出的仲裁申请符合《仲裁法》第二十一条所规定的申请仲裁的条件。

【法理分析】

一、申请

（一）概念

申请仲裁，是指平等主体的自然人、法人和其他组织就他们之间发生的合同纠纷和其他财产权益纠纷，根据仲裁协议，提请有关的仲裁委员会进行仲裁并作出裁决的行为。

（二）申请仲裁的条件

（1）有仲裁协议。

（2）有具体的仲裁请求及所依据的事实、理由。

（3）属于仲裁委员会的受理范围。

（三）仲裁申请书

当事人申请仲裁，应当向仲裁委员会递交仲裁协议、仲裁申请书及副本。

仲裁申请书，是指有关争议的一方当事人向特定的仲裁委员会提交的请求该机构对双方当事人之间的争议进行仲裁的书面文件。

在中国，申请仲裁必须采用书面形式。

仲裁申请书应载明下列事项：

（1）当事人的基本情况。

（2）仲裁请求和所根据的事实（包括仲裁协议）、理由。

（3）证据和证据来源、证人姓名和住所。

另外，仲裁申请书还应写明仲裁委员会的名称、提交申请书的日期，申请人还应签名或盖章。

二、受理

（一）概念

受理是指仲裁委员会收到民商事纠纷的当事人向其提交的仲裁申请后，经审查认为符合法定的申请仲裁的条件，决定予以接受并开始组织实施仲裁活动的行为。

（二）程序

仲裁委员会收到仲裁申请书之日起 5 日内，认为符合受理条件的，应当受理，并通知当事人；认为不符合受理条件的，应当书面通知当事人不予受理，并说明理由。

受理通知可以用书面形式，也可以用口头形式，但不予受理的通知应当采用书面形式。

仲裁委员会受理仲裁申请后，应当在仲裁规则规定的期限内将仲裁规则和仲裁员名册送达申请人，并将仲裁申请书副本和仲裁规则、仲裁员名册送达被申请人。

按照国务院发布的《仲裁委员会仲裁暂行规则示范文本》第十一条的规定，上述期限为 15 天。而各地重新组建的仲裁委员会，其仲裁规则对此期限的规定不尽一致，最短的只有 5 天。

较短期限的规定将会加重仲裁委员会的工作负担，但有利于体现仲裁的快捷性。

另外，应当指出的是，仲裁委员会受理仲裁申请后还应当向各方当事人送达仲裁费用表，《仲裁法》第二十五条未提及送达仲裁费用表，是一大缺陷。实践中，有些仲裁机构将自己的费用表附于仲裁规则之后，从而弥补了这一缺陷。

三、答辩与反请求

仲裁答辩，是指仲裁案件的被申请人为了维护自己的权益，对申请人在仲裁申请书中提出的仲裁请求和所依据的事实和理由进行答复和辩解的行为。

反请求，是指在仲裁程序进行中被申请人针对申请人提出的独立的请求。答辩和反请求是仲裁过程中被申请人用以保障其利益的两种重要手段。

答辩和反请求的程序：

被申请人收到仲裁申请书副本后，应当在仲裁规则规定的期限内向仲裁委员会提交答辩书。

仲裁委员会收到答辩书后，应当在仲裁规则规定的期限内将答辩书副本送达申请人。

另据《仲裁委员会仲裁暂行规则示范文本》和一些仲裁委员会的暂行规则，上述前一期限（提交答辩书期限）大多为15天，而后一期限（将答辩书副本送达申请人期限）为15天或7天不等。

四、对有仲裁协议的起诉的处理

（1）按照《仲裁法》第二十六条，如果当事人在起诉时，未声明有仲裁协议，法院审查若发现有仲裁协议，应不予受理。

《民事诉讼法解释》二百一十五条：依照《民事诉讼法》第一百二十四条第二项的规定，当事人在书面合同中订有仲裁条款，或者在发生纠纷后达成书面仲裁协议，一方向人民法院起诉的，人民法院应当告知原告向仲裁机构申请仲裁，其坚持起诉的，裁定不予受理，但仲裁条款或者仲裁协议不成立、无效、失效、内容不明确无法执行的除外。

《民事诉讼法》第一百二十四条第二款：依照法律规定，双方当事人达成书面仲裁协议申请仲裁、不得向人民法院起诉的，告知原告向仲裁机构申请仲裁。

（2）若没有发现仲裁协议，法院根据《民事诉讼法》的规定受理了当事人的起诉，但另一方当事人在首次开庭前提交仲裁协议的，法院则应审查仲裁协议是否有效，若有效，则裁定驳回起诉；若无效，则继续诉讼程序。

（3）对法院的管辖权提出异议是有时间限制的，即必须在首次开庭前提出。否则，各方当事人被视为放弃了以仲裁方法解决其纠纷的意愿，法院将继续审理案件。

《民事诉讼法解释》二百一十六条：在人民法院首次开庭前，被告以有书面仲裁协议为由对受理民事案件提出异议的，人民法院应当进行审查。经审查符合下列情形之一的，人民法院应当裁定驳回起诉：（一）仲裁机构或者人民法院已经确认仲裁协议有效的；（二）当事人没有在仲裁庭首次开庭前对仲裁协议的效力提出异议的；（三）仲裁协议符合《仲裁法》第十六条规定且不具有《仲裁法》第十七条规定情形的。

《仲裁法》第十七条：有下列情形之一的，仲裁协议无效：（一）约定的仲裁事项越出法律规定的仲裁范围的；（二）无民事行为能力人或者限制民事行为能力人订立仲裁协议的；（三）一方采取胁迫手段，迫使对方订立仲裁协议的。

（4）对于有仲裁协议的涉外案件，法院在决定受理一方当事人的起诉之前，必须报请本辖区高级人民法院进行审查；如果高级人民法院同意受理，应将其审查意见报最高人民法院，在最高人民法院答复前，可暂不予受理。

五、仲裁保全

（一）财产保全

1. 仲裁中的财产保全

概念：仲裁中的财产保全，是指因另一方当事人的行为或其他原因，可能使将来的仲裁裁决不能执行或者难以执行的，经一方当事人申请并经仲裁委员会提交，由有管辖权的人民法院根据我国《民事诉讼法》采取的限制特定财产处分权的强制措施。

作用：财产保全是人民法院为及时、有效地保护仲裁当事人的合法权益而采取的措施，体现了人民法院对仲裁的支持。

担保：人民法院采取财产保全措施，可以责令申请人提供担保，申请人不提供担保的，裁定驳回申请。人民法院依照《民事诉讼法》的规定，在采取财产保全措施时，责令当事人提供担保的，应当书面通知。人民法院依申请采取财产保全措施的，应当根据案件的具体情况，决定申请人是否应当提供担保以及担保的数额。

依照《民事诉讼法》第二百七十二条规定，中华人民共和国涉外仲裁机构将当事人的保全申请提交人民法院裁定的，人民法院可以进行审查，裁定是否进行保全。裁定保全的，应当责令申请人提供担保，申请人不提供担保的，裁定驳回申请。（《民事诉讼法解释》第五百四十二条）

时间：人民法院接受申请后，对情况紧急的，必须在48小时内作出裁定；裁定采取财产保全措施的，应当立即开始执行。

管辖：国内仲裁，由被申请人住所地或被申请保全的财产所在地的基层人民法院裁定并执行（1998年《执行规定》）；涉外仲裁，由被申请人住所地或被申请保全的财产所在地的中级人民法院裁定并执行。（《民事讼诉法》第二百七十二条）

仲裁中的财产保全的基本特点：

一是强制性和临时性。强制性是指这种措施由人民法院依法强制采取；临时性是指这种措施将因裁决的履行或执行而失去效力，或者法院采取保全措施后，如有关当事人提供了合格的担保，这种措施也可解除。

二是财产范围的限制性。财产保全仅限于仲裁请求的范围，即保全的对象是与案件有关的财物，其价值不应超过仲裁请求的数额。

三是程序性。保全措施的实施不是对当事人之间的争议作出实体上的处理，并不解决当事人之间实体上的权利与义务关系。

2. 仲裁前的财产保全

概念：仲裁前的财产保全，是指在仲裁程序开始之前，因情况紧急，人民法院基于利害关系人的申请，对被申请人的财产所采取的强制性保护措施。

管辖：利害关系人可以在申请仲裁前向被保全财产所在地、被申请人住所地或者对案件有管辖权的人民法院申请采取财产保全措施。

担保：人民法院依照《民事诉讼法》的规定，在采取仲裁前财产保全措施时，责令利害关系人提供担保的，应当书面通知。利害关系人申请仲裁前财产保全的，应当提供担保。不提供担保的，裁定驳回申请。申请仲裁前财产保全的，应当提供相当于请求保全数额的担保；情况特殊的，人民法院可以酌情处理。

时间：人民法院接受申请后，必须在 48 小时内作出裁定；裁定采取财产保全措施的，应当立即开始执行。

后果：申请人在人民法院采取财产保全措施后 30 日内不依法申请仲裁的，人民法院应当解除保全。

（二）行为保全

1. 仲裁中的行为保全

概念：仲裁中的行为保全，是指仲裁机构在受理当事人仲裁申请后，对案件作出仲裁裁决前，为保证将来仲裁裁决得以实现，仲裁机构应当将当事人的申请依照民事诉讼法的有关规定提交人民法院。依据法定程序，由人民法院责令被申请人作出一定行为或禁止其作出一定行为的制度。

措施：人民法院对于可能因当事人一方的行为或者其他原因，使判决难以执行或者造成当事人其他损害的案件，经一方当事人的申请，仲裁机构提交，可以裁定责令对方当事人作出一定行为或者禁止其作出一定行为；当事人没有提出申请的，人民法院不可以裁定采取保全措施。

管辖：国内仲裁：法律、司法解释没有规定。实践中一般由被申请人住所地或财产所在地的法院管辖；涉外仲裁：当事人申请采取保全的，中华人民共和国的涉外仲裁机构应当将当事人的申请，提交被申请人住所地或者财产所在地的中级人民法院裁定。（《民事诉讼法》第二百七十二条）

担保：人民法院采取行为保全措施，可以责令申请人提供担保，申请人不提供担保的，裁定驳回申请。人民法院依照《民事诉讼法》的规定，在采取行为保全措施时，责令当事人提供担保的，应当书面通知。人民法院依申请采取行为保全措施的，应当根据案件的具体情况，决定当事人是否应当提供担保以及担保的数额。

依照《民事诉讼法》第二百七十二条规定，中华人民共和国涉外仲裁机构将当事人的保全申请提交人民法院裁定的，人民法院可以进行审查，裁定是否进行保全。裁定保全的，应当责令申请人提供担保，申请人不提供担保的，裁定驳回申请。（《民诉法解释》第五百四十二条）

时间：人民法院接受申请后，对情况紧急的，必须在48小时内作出裁定；裁定采取保全措施的，应当立即开始执行。

2. 仲裁前的行为保全

概念：仲裁前行为保全，是指在仲裁程序开始之前，因情况紧急，人民法院基于利害关系人的申请，责令被申请人作出一定行为或禁止其作出一定行为的制度。

管辖：利害关系人可以在申请仲裁前向被保全财产所在地、被申请人住所地或者对案件有管辖权的人民法院申请采取保全措施。

担保：人民法院依照《民事诉讼法》的规定，在采取仲裁前行为保全措施时，责令利害关系人提供担保的，应当书面通知。利害关系人申请仲裁前行为保全的，应当提供担保。申请仲裁前行为保全的，担保的数额由人民法院根据案件的具体情况决定。

时间：人民法院接受申请后，必须在48小时内作出裁定；裁定采取保全措施的，应当立即开始执行。

后果：申请人在人民法院采取保全措施后30日内不依法提起诉讼或者申请仲裁的，人民法院应当解除保全。

注意：仲裁程序中不存在职权保全，而且在仲裁中当事人不能直接向法院申请保全，而必须向仲裁委员会申请，由仲裁委员会将申请交给相应法院。

提起要求赔偿诉前保全造成的损失的诉讼的管辖：分为未申请仲裁和已申请仲裁两种情形。当事人申请仲裁前保全后没有在法定期间申请仲裁，给被申请人、利害关系人造成损失引起的诉讼，由采取保全措施的人民法院管辖；当事人申请仲裁前保全后在法定期间内申请仲裁，被申请人、利害关系人因保全受到损失提起的诉讼，由受理起诉的人民法院或者采取保全措施的人民法院管辖。（《民事诉讼法解释》第二十七条）

第二节 仲裁庭的组成

【基本案情】

申请人：新华钢铁厂

被申请人：市第一建筑安装公司

2000年2月23日，被申请人与申请人签订了一份建筑工程承包合同，由被申请人为申请人建造职工宿舍。合同约定：建筑面积1700平方米，每平方米造价1800元，总造价306万元，于工程开工后15日内支付第一次工程款100万元，屋面封顶前10日支付第二次工程款50万元，屋面浇灌符合合同约定的质量标准后支付80万元，其余工程尾款于工程竣工验收合格后10日一次性支付；工程自2000年3月1日起至2000年12月底竣工；合同还就工程质量标准、违约责任以及监督方式等作了规定。此外，合同约定，在履行合同过程中所产生的一切争议，双方友好协商不成的，应提交某某仲裁委员会仲裁解决。合同签订后，于2000年2月25日经某公证处公证。

工程开始后，被申请人按照合同中的约定进行了施工，工程进行到屋面封顶时，申请人已向被申请人支付工程款232万元。被申请人在将屋面浇灌后，要求申请人支付第三次款，申请人以楼板浇灌后试压结果不符合合同规定的标准，以及按照合同规定的付款方式，所付款项已超出第三次应付款的总额为由，拒绝第三次付款。而被申请人坚持要申请人第三次付款，为此双方发生争议，被申请人即停止施工，致使合同期满时工程未能按期竣工。双方就此事经过多次协商，于2001年3月28日达成以下和解协议：（1）双方同意终止原合同的履行；（2）请有关部门审查工程完工部分，工程核算以原合同规定的依据为准；（3）按审查的数据资料，在审核结束后1个月内，双方进行工程款项的找补。该和解协议双方也提请原合同公证部门进行了公证。

合同终止后，双方所签订的和解协议未得到履行。2001年4月20日，被申请人派人到申请人的工地，强行拆除了一道窗框，并损害了门框、窗框各一道，被公安局予以制止。此后，申请人又找其他建筑公司对被申请人未完成的工程继续施工，并对已完成工程中不合格部分进行了返修。为此，申请人又支付了一定的工程款。就被申请人违约而给申请人造成损失的赔偿问题，申请人与被申请人发生争议，经过多次协商未能解决。

2001年5月21日，申请人根据合同中的仲裁条款向某某仲裁委员会申请仲裁，要求被申请人赔偿因工程质量、停止施工、派人破坏工程造成的经济损失，并支付违约金。仲裁委员会受理案件后，按照仲裁规则的规定向双方当事人送达了相应的文书。双方当事人在仲裁规则规定的期限内约定采用合议制仲裁庭仲裁案件，但双方当事人未各自选定仲裁员，而是各自委托仲裁委员会主任指定仲裁员组成仲裁庭，于是仲裁委员会主任指定了张某、孙某，而且还指定王某担任首席仲裁员组成仲裁庭，双方当事人对该仲裁庭的组成未提出任何异议，仲裁庭对案件进行审理并作出仲裁裁决，责令被申请人赔偿给申请人造成的损失及支付违约金共计 60 万元。该裁决作出并送达后，被申请人以该仲裁庭的组成违反了仲裁法的规定为由向法院申请撤销该仲裁裁决。

【法律问题】

本案仲裁庭的组成及首席仲裁员的确定方式是否合法？

【参考答案】

仲裁委员会主任根据双方当事人的各自委托为其指定仲裁员张某、孙某是合法的，但仲裁委员会主任无权直接指定王某担任首席仲裁员。

在我国如果双方当事人约定由 3 名仲裁员组成合议制仲裁庭的，应当首先由双方当事人在仲裁规则规定的期限内各自选定 1 名仲裁员或者各自委托仲裁委员会主任指定 1 名仲裁员，在确定了两名普通仲裁员之后，再由双方当事人共同选择或者共同委托仲裁委员会主任指定第三名仲裁员，第三名仲裁员为首席仲裁员。

在本案中，双方当事人在仲裁规则规定的期限内约定由 3 名仲裁员组成合议制仲裁庭仲裁案件，但双方当事人未各自选定仲裁员，而是各自委托仲裁委员会主任指定仲裁员组成仲裁庭，此时，仲裁委员会主任可以根据双方当事人的各自委托为其指定仲裁员张某、孙某，但仲裁委员会主任无权直接指定王某担任首席仲裁员，该首席仲裁员应当在 2 名仲裁员张某与孙某确定后，由双方当事人共同选定或者共同委托仲裁委员会主任指定，因此，仲裁委员会主任直接指定王某担任首席仲裁员，与张某、孙某共同组成仲裁庭的做法违反我国《仲裁法》的具体规定。

【法理分析】

一、仲裁庭的组成形式

从各国关于仲裁的法律和各种仲裁规则的规定来看，仲裁庭有两种形式，即合议制仲裁庭和独任仲裁庭。某一具体案件的仲裁庭采取什么形式，也是当事人自愿选择的结果，它体现了仲裁中当事人意思自治这一重要原则。

所谓合议制仲裁庭，是指仲裁庭由 1 名以上的仲裁员组成。

所谓独任制仲裁庭，是指仲裁庭由 1 名仲裁员组成。

不过，通常情况下合议制仲裁庭由 3 名仲裁员组成，即使是仲裁员超过 3 名的仲裁庭，仲裁员数目一般也被规定为奇数。

中国《仲裁法》第三十条规定，仲裁庭可以由 3 名仲裁员组成，也可以由 1 名仲裁员组成；由 3 名仲裁员组成的，设首席仲裁员。

二、仲裁庭的组成程序

仲裁庭的组成程序从大体上讲，包括两个步骤，即首先确定仲裁庭的形式，然后再选定仲裁庭的成员。

（一）确定仲裁庭的形式

为尊重当事人的意愿，仲裁庭的组成应由双方当事人协商确定。

双方当事人在规定的期限内没有确定组庭形式的，由仲裁委员会主任根据具体情况来确定仲裁庭由 1 名或 3 名仲裁员组成。

（二）选定仲裁员

仲裁员的确定也是以当事人的意愿为优先。

当事人约定由 1 名仲裁员成立仲裁庭的，应当由当事人共同选定或者共同委托仲裁委员会主任指定仲裁员。

当事人约定由 3 名仲裁员组成仲裁庭的，应当各自选定或者各自委托仲裁委员会主任指定 1 名仲裁员，第三名仲裁员由当事人共同选定或者共同委托仲裁委员会主任指定。第三名仲裁员是首席仲裁员。

根据《仲裁委员会暂行规则示范文本》，上述选定仲裁员的期限，是自当事人收到受理仲裁案件的通知之日起 15 日内。实践中，各仲裁委员会对此期限的规定。不尽相同。

仲裁庭组成后，仲裁委员会应将仲裁庭的组成情况告知全体当事人。

第三节　仲裁审理和裁决

【基本案情】

申请人：甲省拆船轧钢公司

被申请人：某商业国际发展公司

2000年9月13日，申请人与被申请人签订了一份联合经营拆解废钢船合同。合同约定：被申请人从俄罗斯购进废钢船一艘，于2000年10月末交给申请人拆解，船价以被申请人与俄罗斯方购船合同规定的价格为准。申请人预付10万元为被申请人购船使用，余额部分在购进的废钢船抵达大连港验收合格后7天内付给被申请人。被申请人负责与俄罗斯方的买船业务并承担相关费用，申请人负责进船报关手续并承担相关费用，拆船后的利润双方分享。如果一方违约，须向另一方支付10万元的违约金。合同还约定，在合同履行过程中所产生的一切争议，双方应友好协商解决，协商不成的，提交某某仲裁委员会仲裁解决。

合同签订后，申请人按约定向被申请人支付了10万元的购船预付款，但被申请人却未按照合同约定的时间交船。2000年11月20日，申请人再次询问交船日期时，被申请人以俄罗斯方“供货无期”为由进行搪塞，申请人见购船无望，要求被申请人退还预付的购船款10万元，并按照合同约定支付10万元违约金，被申请人不同意，为此双方发生争议。

2000年12月25日，申请人按照合同中的仲裁条款向仲裁委员会提出仲裁申请，要求被申请人退还预付的购船款并支付违约金共计20万元。仲裁委员会受理该争议案件后，按照仲裁规则的规定向双方当事人送达了相应的文书、仲裁规则与仲裁员名册。双方当事人约定由合议制仲裁庭进行仲裁，并按照仲裁规则的规定选定仲裁员组成了仲裁庭。组成仲裁庭后，仲裁庭根据申请人的申请决定公开开庭审理该争议案件，确定开庭审理日期为2001年3月12日后，仲裁庭按照仲裁规则的规定书面通知了双方当事人。2001年3月12日，仲裁庭在双方当事人都到庭的情况下，对该争议案件进行了审理并作出了仲裁裁决。

【法律问题】

仲裁庭根据申请人的申请决定公开开庭审理案件是否正确？

【参考答案】

在本案中，仲裁庭仅根据申请人的单方申请即决定对该争议案件进行公开开庭审理，违背《仲裁法》所确定的公开审理由双方当事人协议选择的制度，因此是不正确的。

【法理分析】

仲裁庭组成后，即进入仲裁程序的实质性阶段——审理和裁决。

所谓审理，就是仲裁庭查明案件事实、审查证据是否属实的活动。

通常情况下，这一活动的结果是仲裁庭对当事人之间的权利义务关系形成内心确信，并作出裁决。

一、仲裁审理的原则

（一）开庭原则

在我国，仲裁案件以开庭审理为原则，以书面审理为例外。

进行书面审理的案件，一般经当事人协商同意，或者案件标的额较小、案情简单，甚至当事人对案件事实并无争议，只是对所涉法律和责任的认识和理解不一致，仲裁庭认为书面审理是合适的。

《仲裁法》第三十九条："仲裁应当开庭进行。当事人协议不开庭的，仲裁庭可以根据仲裁申请书、答辩书以及其他材料作出裁决。"

（二）不公开原则

在仲裁中，不论案件是开庭审理还是书面审理，都应该不公开进行。开庭审理时，不允许非仲裁参与人旁听，不允许记者采访报道。除涉及国家秘密以外，当事人可以协议公开进行。

二、开庭前的准备

（一）通知当事人开庭的时间和地点

开庭时间确定后，应由仲裁委员会通过其办事机构（秘书处）在仲裁规则规定的时间内将开庭日期通知各方当事人。一般而言，开庭时间一旦确定，为了方便仲裁委员会、仲裁庭和当事人对开庭作出必要准备，仲裁员和当事人不要随意要求改变开庭时间。在特殊情况下，当事人要求延期，应在开庭前适当时间向仲裁庭提出申请，如有正当理由，仲裁庭可同意延期开庭，仲裁庭的各位仲裁员应与仲裁委员会联系，尽快重新调整开庭计划并确定新的开庭日期。仲裁员如因特殊情况需要延期开庭的，也应提前通知仲裁委员会，并由后者通知当事人，新的开庭时间应尽快确定并通知当事人。

《仲裁委员会仲裁暂行规则示范文本》第二十六条规定：仲裁委员会应当在开庭 10 日前将开庭日期通知双方当事人；双方当事人经商仲裁庭同意，可以提前开庭。当事人有正当理由的，可以开庭前 7 日请求延期开庭；是否延期，由仲裁庭决定。当事人委托了仲裁代理人的，此项通知也应一并通知其仲裁代理人。

（二）开庭前的讨论

仲裁员在开庭前应当仔细地审阅案件的全部材料，确定审理方案；如有 3 位仲裁员，首席仲裁员应当在开庭前提出庭审方案的初步构想，供仲裁庭讨论，在各位成员充分交换意见的基础上确定审理方案，以保证开庭审理过程有计划地、顺利地进行。

（三）确定庭审使用的语言和文字

尽管《仲裁法》和《仲裁委员会暂行规则示范文本》中都未就此问题作出规定，但是如果当事人在仲裁协议中选定了应使用的语言文字，则从其约定；如果当事人未就仲裁使用的语言文字作出约定，则应由仲裁庭确定。一般来讲，以确定当事人之间的主合同或仲裁协议中使用的语言文字为宜。另外，在少数民族聚居地区或者多民族共同居住地区进行仲裁时，应使用当地通用的语言、文字。仲裁庭应当为不通晓当地民族通用语言、文字的仲裁参与人提供翻译。

三、开庭审理

《仲裁法》对于仲裁庭开庭审理的程序的规定，较之《民事诉讼法》的规定要灵活得多，它没有严格区分调查和辩论程序。《仲裁委员会暂行规则示范文本》也是如此。

（一）开始开庭

正式开庭前，首席仲裁员或者独任仲裁员应核对当事人及其代理人的身份，确认其资格，接着宣布案由，宣布仲裁庭组成人员。然后，要告知当事人有关的仲裁权利和义务，询问当事人是否提出回避申请。首席仲裁员或者独任仲裁员最好向双方当事人简要介绍一下仲裁庭此前的准备情况、仲裁庭对本次开庭的计划和安排以及在开庭中应注意的问题。在双方当事人无异议的情况下，仲裁庭宣布正式开庭。

宣布正式开庭在仲裁庭的首次开庭中有着重要的法律意义。根据《仲裁法》，当事人对仲裁协议或仲裁案件管辖权的抗辩，应当在仲裁庭首次开庭前提出；当事人的回避申请，也应当在首次开庭前提出，除非回避事由在首次开庭后才为当事人得知。

（二）庭审程序

《仲裁法》没有明确规定开庭审理的具体顺序，大体上可参照《民事诉讼法》的规定进行。

仲裁庭通常应按照下列顺序进行庭审调查：（1）当事人陈述；（2）告知证人的权利义务，证人作证，宣读未到庭的证人证言；（3）出示书证、物证和视听资料、电子数据；（4）宣读勘验笔录和鉴定意见。

接着按下列顺序进行辩论：（1）申请人及其仲裁代理人发言；（2）被申请人及其仲裁代理人发言；（3）双方互相辩论；（4）辩论终结时，询问当事人的最后意见。

在具体开庭中，上述程序可灵活掌握。

（三）开庭中仲裁员应注意的问题

在开庭中，仲裁员要全神贯注地听取当事人的陈述和辩论，不要过早地宣布“不在本案审理范围之内”或“本庭不予审理”等论断，而制止和不听取陈述。

在提问时，要注意用语和态度不要有任何倾向性，应力求中立性，最好是简单、明了地直接提问，对当事人的回答不要轻易给予任何评论。问题一经提出，切忌随便放过。可提可不提，而且对调查、审理并无作用的问题，尽量不提。

当事人进行辩论，即使有些是强词夺理的，也应让其讲完，让另一方给予辩驳，仲裁员千万不要干预。

仲裁庭的责任只是引导庭审程序和维护审理秩序，在陈述或辩论中，某一方使用与本案无关的攻击性语言、侮辱性语言时，要及时制止。

仲裁员要避免对关键性问题过早作出结论，避免使用刺激性语言，避免出现与当事人争执对峙的局面，要设法保持开庭气氛的缓和与轻松。

（四）开庭笔录

开庭笔录是对开庭审理活动所作的记录。它是仲裁中的重要文件之一，是案件评议乃至总结仲裁工作经验的依据。

《仲裁法》第四十八条规定：仲裁庭应当将开庭情况记入笔录。当事人和其他仲裁参与人认为对自己陈述的记录有遗漏或者差错的，有权申请补正。如果不予补正，应当记录该申请。笔录由仲裁员、记录人员、当事人和其他参与人签名或者盖章。

涉外仲裁也可以作出笔录要点，笔录要点由当事人和其他仲裁参与人签字或者盖章。

一些仲裁机构也允许以影音记录代替开庭笔录。如 2015 年《中国海事仲裁委员会仲裁规则》第四十四条规定：“开庭审理时，仲裁庭可以制作庭审笔录及 / 或影音记录。……庭审笔录、庭审要点和影音记录供仲裁庭查用。”

四、书面审理

（一）概念

书面审理是指仲裁庭根据当事人之间的协议，只根据当事人提供的书面材料对案件进行审理并作出仲裁裁决的行为。这里所说的书面材料，主要指仲裁申请书、答辩书、当事人之间的合同和往来函电以及其他有关书面材料。

（二）进行书面审理的条件

首先，进行书面审理必须依据当事人的协议。

其次，进行书面审理的案件一般应是争议金额小、案情简单、事实清楚的案件。

（三）进行书面审理应注意的问题

第一，仲裁委员会应当把一方当事人提供的书面材料及时送达对方当事人。

第二，仲裁庭应限定当事人提供材料的必要时间。

第三，书面审理并不绝对排除仲裁庭通知一方当事人到审理地点（一般在仲裁委员会所在地）就案件中的某些问题进行询问。但是仲裁庭必须及时把询问的一切情况告知另一方当事人，以示公平。

五、和解

一方当事人在申请仲裁后，有权随时与另一方当事人和解。

（一）概念

和解是指当事人通过协商就已经提交仲裁的争议自行达成解决方案的行为。

（二）和解的时间

既可发生在开庭当中，也可发生在庭审外，但它都是在没有仲裁庭主持的情况下，当事人自行达成的。

（三）和解的后果

第一，如果因申请人放弃仲裁请求而和解的，申请人可以撤回仲裁申请，仲裁委员会也可视情况决定撤销案件，这两种方式都将导致结案。

第二，如果因被申请人承认仲裁请求或者双方就他们之间的争议通过协商找到了一个解决方案而和解的，将导致双方达成和解协议，对和解协议不能申请法院强制执行，当事人可以请求仲裁庭根据和解协议制作仲裁裁决书，以便强制执行。也可以依协议申请撤销案件，还可以约定以仲裁规则不加禁止的其他方式结案。

（四）注意事项

不同于审判中的和解，在审判中，法院根据和解协议作出调解书（《民事诉讼法解释》第一百四十八条），仲裁中根据和解协议作出的是裁决书（《仲裁法》第四十九条）。

仲裁庭依据和解协议作出裁决时，应进行必要审查，如和解协议的内容违背法律的强行规定，则不能予以确认或支持。

当事人达成和解协议，撤回仲裁申请后又反悔的，可依原仲裁协议再申请仲裁。

六、调解

（一）概念

仲裁中的调解是指经各方当事人同意，在仲裁庭的主持下，当事人在自愿协商和互谅互让的基础上达成一致意见以解决纠纷的一种方式。

（二）方式

第一，仲裁庭与各方当事人一起共同磋商。

第二，各方当事人自己磋商，在达成一致意见后，将此意见告知仲裁庭。

第三，仲裁庭与各方当事人分别磋商。

（三）特点

第一，调解不是一个独立的程序，也不是裁决前的必经程序。

第二，调解是在各方当事人自愿的基础上并在仲裁庭主持下进行的。

第三，仲裁庭在符合法律规定的前提下进行调解。

第四，调解协议必须是各方当事人经协商达成的一致意见。

第五，调解不成的，仲裁庭应当及时作出裁决。

（四）后果

当事人经调解对纠纷的解决达成协议的，仲裁庭应当制作调解书或者根据协议的结果制作裁决书。调解书由仲裁员签名，加盖仲裁委员会印章，经双方当事人签收后即发生法律效力；调解书与裁决书具有同等法律效力。

调解如未获成功，仲裁庭应及时作出裁决。

调解过程中，仲裁庭发表的任何意见以及任何一方当事人的陈述、承诺，不能成为各方当事人证实自己的请求或主张的依据。

（五）仲裁调解与仲裁和解的区别

第一，调解是在仲裁庭主持下进行的，而和解是当事人对权利的自行处分，不需要仲裁庭来主持。

第二，和解一般发生在申请仲裁之后，可以在开庭中，也可以在庭审外；当事人甚至在申请仲裁前已达成和解协议，提交给仲裁委员会主要是为了获取强制执行力的裁决书；而调解则是发生于仲裁程序的某一阶段，且在仲裁庭主持下进行。可见，在仲裁过程中，调解有阶段性，和解则没有。

第三，和解达成协议后，当事人可请求仲裁庭根据和解协议作出裁决书，也可以撤回仲裁申请；调解达成协议后，仲裁庭应当制作调解书或根据调解协议的结果制作裁决书。当事人还可以约定其他的结案方式。

第四，当事人达成和解协议，撤回仲裁申请后反悔的，可以根据仲裁协议申请仲裁；在调解书签收前当事人反悔的，仲裁庭应当及时作出裁决。

第五，有些仲裁委员会规定，在仲裁庭进行调解过程中，当事人在仲裁庭之外达成和解的，视为在仲裁庭调解下达成的和解。

七、对当事人消极行为的处理

由于仲裁当事人对自己的实体权利和程序权利都具有处分权，那么当事人对自己权利的消极行为即可理解为当事人对此权利的处分或放弃。

而当事人对自己的义务的消极行为，则不仅可能妨碍对方当事人权利的实现，而且不利于仲裁庭快捷地审理、裁决案件，有时还会导致对自己不利的法律后果。

（一）申请人不按期补正申请书

仲裁委员会可以要求当事人限期补正，逾期不补正的，视为未申请。

（二）当事人未在规定期限内预交案件受理费

当事人在规定期限内既不预交案件受理费，又不提出缓交申请的，视为撤回仲裁申请。

（三）被申请人未在规定期限内提交答辩书

如果被申请人未在规定期限内进行答辩，说明他自愿放弃了此项权利，不影响仲裁程序的进行。

（四）有仲裁协议而一方当事人向法院起诉

法院受理后，另一方当事人可以在法院首次开庭前对法院受理此案提出异议，法院将裁定驳回一方当事人的起诉。

另一方当事人没有提出异议的，视为其放弃仲裁协议，法院将继续审理此案。

（五）没有在规定的期限内约定仲裁庭组庭方式或选定仲裁员

由仲裁委员会主任确定组庭方式和仲裁员人选。

（六）当事人经书面通知无正当理由不到庭或未经许可中途退庭

申请人经书面通知，无正当理由不到庭或者未经仲裁庭许可中途退庭的，可以视为撤回仲裁申请；被申请人经书面通知，无正当理由不到庭的，可以缺席裁决。

八、裁决

裁决是指仲裁庭在对提交仲裁的案件的审理过程中或审理终结后，根据已查明的事实和认定的证据对当事人提出的仲裁请求或反请求或与之有关的其他事项作出书面决定的行为。

该书面决定称为仲裁裁决书。有时候，裁决也可与仲裁裁决书作同样理解。

（一）裁决的作出

在合议制仲裁庭，出现意见分歧时，裁决应当按照多数仲裁员的意见作出，少数仲裁员的不同意见可以记入笔录。仲裁庭不能形成多数意见时，裁决应当按照首席仲裁员的意见作出。

这一点不同于诉讼，审判中合议庭不能形成多数意见时，应当提交审判委员会讨论决定而不能按照审判长的意见作出。

仲裁裁决必须在一定的期限内作出。中国《仲裁法》对此期限未明确规定，各仲裁机构的做法略有差异。《仲裁委员会仲裁暂行规则示范文本》第四十一条规定：仲裁庭应当在仲裁庭组成后4个月之内作出仲裁裁决，有特殊情况需要延长的，由首席仲裁员或独任仲裁员报经仲裁委员会主任批准，可以适当延长。

（二）裁决书的内容

裁决书的内容是指对仲裁案件程序事项和实体事项所作决定的书面陈述。

《仲裁法》规定，裁决书应当写明仲裁请求、争议事实、裁决理由、裁决结果、仲裁费用的负担和裁决日期。当事人协议无须写明争议事实和裁决理由的，可以不写。裁决书由仲裁员签字后，加盖仲裁委员会印章。对裁决持不同意见的仲裁员，可以签名，也可以不签名。

作为一份完整的仲裁裁决书，还应写明仲裁机构的名称和地址、审理过程及作出裁决的地点、裁决的履行期限等。

如果在仲裁程序中有下列情况的，也应写明：仲裁委员会对案件管辖权作出决定的情况；采取保全措施的情况；作出部分裁决、中间裁决的情况；重要证据的质证。特别是仲裁庭自行收集证据、指定鉴定人进行鉴定等情况。此外，裁决书应注明是终局裁决，还是临时裁决、部分裁决。

仲裁中调解达成协议后，可以制作调解书，也可以制作裁决书。

这与诉讼程序的调解有很大区别，因为在诉讼程序中，在达成调解协议后，当事人要求制作判决书的，人民法院一般不予支持。

如果裁决书是根据和解协议和调解结果制作的，称为合意裁决，其内容可以较为简单，如当事人未有相反约定，只需根据和解协议和调解结果制作即可，不必附具理由。

（三）部分裁决

部分裁决在中国《仲裁法》中也称作先行裁决，它是仲裁庭在审理案件的过程中，查明了一部分事实或部分问题，为了便于继续审理其他问题和及时保护当事人的合法权益，就已查明的部分问题所作的裁决。

在仲裁理论上，还有中间裁决或临时裁决之说，但中国《仲裁法》没有规定中间裁决或临时裁决。

理论上，常见的观点认为：中间裁决通常是指有关程序问题的裁决，部分裁决是实体性裁决。实际上，从各国仲裁法的规定和实践看，中间裁决和部分裁决并不存在非常明确的区分。

根据中国《仲裁法》和仲裁实践，出现下列情况，可以作出部分裁决：

一是仲裁所涉争议事项本来就是分离或分阶段进行的，当事人据此亦提出数宗仲裁请求，仲裁庭完全查清案情尚需时日，而对已查清部分作出裁决又不影响后期审理的。如：当事人分几批购货，对这几批货物的质量有不同的意见，也提出了不同的仲裁请求。

二是在仲裁过程中出现了紧急情况，不先行裁决将引起当事人损失的。如：保存或出售易腐烂、变质、贬值的货物，防止损失进一步扩大。

三是要求当事人合作和采取措施，以便仲裁庭顺利开展工作的程序性事项的。如：协助仲裁庭委派专家调试设备、审计账目。

（四）裁决的生效

《仲裁法》统一规定为裁决书自作出之日起发生法律效力。一旦制作了裁决书，即使是根据协议结果制作的裁决书，也是作出即生效，而无须经当事人签收才生效。

（五）裁决书的补正

《仲裁法》第五十六条规定："对裁决书中的文字、计算错误或者仲裁庭已经裁决但在裁决书中遗漏的事项，仲裁庭应当补正；当事人自收到裁决书之日起三十日内，可以请求仲裁庭补正。""贸仲"仲裁规则将裁决书的"补正"称为"更正"。

因此，对裁决书的补正事项，只限于三项：一是文字错误，二是计算错误，三是已经裁决但在裁决书中遗漏的事项。而对其他错误，包括对裁决本身的错误，仲裁庭则无权更正，体现了一裁终局的原则，总体而言，利大于弊。

对这三项错误，仲裁庭应当自行补正；当事人自收到裁决书之日起 30 日内，也可以请求仲裁庭补正。该书面补正构成裁决书的一部分。

（六）补充裁决

如果裁决书中有遗漏事项，仲裁庭可以在发出裁决书后的合理时间内自行或经一方当事人书面请求作出补充裁决。

《中国国际经济贸易仲裁委员会仲裁规则》（2015 版）第五十四条规定：如果裁决书中有遗漏事项，仲裁庭可以在发出裁决书后的合理时间内自行作出补充裁决。任何一方当事人可以在收到裁决书后 30 天内以书面形式请求仲裁庭就裁决书中遗漏的事项作出补充裁决；如确有漏裁事项，仲裁庭应在收到上述书面申请后 30 天内作出补充裁决。

《北京仲裁委员会仲裁规则》（2015 版）第五十二条规定：裁决书对当事人申请仲裁的事项有遗漏的，仲裁庭应当作出补充裁决。当事人发现裁决书中有前款规定情形的，可以自收到裁决书之日起 30 日内，书面请求仲裁庭作出补充裁决。仲裁庭作出的补充裁决，是原裁决书的组成部分。

第四节 仲裁证据

【基本案情】

申请人（仲裁申请人）：北京甲传热技术有限责任公司

被申请人（仲裁被申请人）：北京乙能源技术有限公司

北京甲传热技术有限责任公司（以下简称甲公司）申请撤销仲裁裁决的理由之一是仲裁的程序违反法定程序，仲裁庭以违反法律规定的程序取得的证据作为认定案件事实的依据。北京乙能源技术有限公司（以下简称乙公司）提供的《设备报验单》《喀土穆炼油厂扩建项目质量检验报告单》《进场材料和设备报验单》等是在境外取得的证据，没有按照法律规定经过所在国（苏丹国）的公证机关予以公证，形式违反法律规定。而仲裁裁决却援引了这些违法证据认定案件事实并就此作出裁决，该裁决违反法定程序。

乙公司就此辩称：首先，甲公司主张的有关证据的公证认证问题，是证据形式及其应否被采信的问题，应当属于仲裁庭对案件进行审理的实体问题，不属于《仲裁法》规定的“仲裁庭的组成或者仲裁的程序违反法定程序”的情形。《最高人民法院关于适用〈中华人民共和国仲裁法〉若干问题的解释》第二十条也明文规定，《仲裁法》第五十八条规定的“违反法定程序”，是指违反仲裁法规定的仲裁程序和当事人选择的仲裁规则可能影响案件正确裁决的情形。其次，本案的四份证据是在扩建工程现场苏丹境内形成的，由于苏丹没有独立的公证机构，按照中华人民共和国驻苏丹大使馆的程序要求，由该四份证据的签发人和存档人提交证据原件，并经我国驻苏丹大使馆核对后，出具了与原件核对一致的证明。甲公司在仲裁审理中已提出过相同质证意见，我方也对此作出了说明。

法院裁判：《最高人民法院关于民事诉讼证据的若干规定》（以下简称《民事诉讼证据规定》）规定境外形成的证据需履行相关的证明手续，但《民事诉讼证据规定》是规范人民法院相关诉讼行为的司法解释，对仲裁机构没有强制性的约束力。仲裁庭在不违反《仲裁法》和《仲裁规则》的前提下有权决定是否适用《民事诉讼证据规定》的规定。《仲裁法》及《仲裁规则》中对于境外形成的证据的提交并没有程序上的要求，本案乙公司在提交证据时已经作出了相关说明，仲裁庭决定采纳其证据并未违反法定程序。

【法律问题】

最高法院的证据规则对于仲裁是否具有强制约束效力?

【参考答案】

最高法院的证据规则对于仲裁不具有强制约束效力。理由详见下述法理分析。

【法理分析】

同民事诉讼中的证据相似，仲裁证据是当事人得以证明自己的主张以及仲裁庭据以认定案件事实的基础，因而仲裁证据在仲裁中具有极其重要的地位。

仲裁证据制度是仲裁制度的核心内容，不过《仲裁法》并没有关于仲裁证据的系统规范。其关于仲裁证据的规定仅有4个条文，分别是举证责任、鉴定、仲裁机构收集证据的权利和证据保全，证据制度的其他内容则由仲裁规则加以规范，而仲裁规则的制定需要依据《仲裁法》和《民事诉讼法》。但是，多数仲裁委员会制定仲裁规则时，在有关证据制度的条文方面，仍然“惜墨如金”，例如，《中国国际经济贸易仲裁委员会仲裁规则》(2015)第四十一至第四十四条规定了举证、质证、仲裁庭调查取证、专家报告及鉴定报告的内容。因此，就实质和形式而言，《仲裁法》及《仲裁规则》所规定的内容并没有超越《民事诉讼法》的规定。

一、仲裁证据制度概述

(一)仲裁证据的概念、特点及种类

1. 仲裁证据的概念

仲裁证据就是仲裁当事人所提供的或者仲裁庭主动收集的或者在人民法院协助下所获得的一切可以由仲裁庭自行裁量并据之查明案件真实情况的事实。

关于仲裁证据的分类，英国证据法将其分为口头证据、文件证据和实物证据。我国仲裁法没有对证据的种类作出规定，但根据我国《民事诉讼法》第六十二条的规定，证据包括书证、物证、视听资料、电子数据、证人证言、当事人的陈述、鉴定意见、勘验笔录。在国际商事仲裁中证据的形式一般主要有书证、证人证言、专家证据和现场勘查。其中现场勘查相当于我国《民事诉讼法》中规定的勘验笔录。

2. 仲裁证据制度的特点

（1）仲裁证据制度更具有灵活性和开放性。诉讼法及相关司法解释对于诉讼证据制度作出了较为细致全面的规定。反观仲裁领域，《仲裁法》未对仲裁庭的证据审查和采证作出硬性规定，我国仲裁机构的仲裁规则中也大多只对证据制度作了原则性规定。一般情况下，仲裁员可以根据案情结合行业惯例、交易习惯并综合案件整体情况认定证据，从而使仲裁庭对证据的认定更加符合商事案件的特点。

（2）仲裁证据制度更倾向于对意思自治和效益价值的偏重。不同于司法权的来源，仲裁权来源于双方当事人合意和法律的共同授权，出于对当事人意思自治的尊重，赋予仲裁当事人和仲裁员自主性及自由裁量权，在证据规则的合法性上，仅需满足自然法上维系最低限度程序公正要求的某些内容即可。因此，仲裁庭可以根据当事人的意愿比较自由地处理案件，仲裁员也不受法定证据规则的严格约束。当然，自然公正这一基本的法律理念仍是不能被突破的。

3. 仲裁证据的种类

（1）书证。相较于诉讼，仲裁庭对于书证的采纳所受的限制较少。如仲裁中，是否需要提交中文译本、在没有原件的情况下对于书证的复印件是否认可等问题完全由仲裁庭决定。

仲裁庭在收集书证时也并不要求像人民法院调查收集证据一样，应当由两人以上共同进行。仲裁强调的是方便快捷，有时仲裁中对时间的考虑远甚于对其他价值的衡量，因此对采证人数不必作硬性规定，这既可为当事人获取时间上的效益，也能减少当事人的开支。

（2）物证。物证的收集方法主要有勘验、扣押和提取物证三种，由于这三种方式中有的是法院依职权采取的具有强烈公权力色彩的强制性措施，仲裁庭并不都可以直接采取。我国《仲裁法》规定，仲裁庭在其必要时可以自行收集证据，但却没出台相应的保障措施，以致该规定有名无实。同时又规定诸如证据保全等强制性措施必须提请法院执行，由此可推论，仲裁庭在收集物证时可以自行采取的措施是勘验和某些物证的提取，至于扣押物证和直接提取某些特殊物证，则需要法院的协助和配合。

（3）视听资料。《民事诉讼证据规定》对视听资料在诉讼中的收集与运用作了较详细规定，可将此类规则延伸于仲裁庭对视听资料的收集、运用和采信，但需要说明两点：其一，视听资料的保全措施以及与之相关的强制性措施应当由人民法院协助执行，仲裁庭不得单独采取；其二，上述规定将视听资料的证明力置于物证、档案、鉴定结论、勘验笔录或者经过公证、登记的书证等证据之后，这种

“一刀切”的划分较为武断。实践中，由于视听资料的现代性、高科技性和形象性，用它作为定案证据是必要和可行的，因此，授权仲裁庭综合考虑案件情况自由裁量其证明力大小更为恰当。

（4）证人证言。相较于民诉程序中以证人出庭作证为原则，《仲裁法》对此并无明确要求，如果仲裁规则中亦无相应规定，仲裁中书面证人证言采信与否，以及证人证言的证明效力等问题原则上仍然应当由仲裁庭自由斟酌。而不必采取法定的证据规则，强行规定其效力低于物证、档案、鉴定结论等证据。

（5）电子数据。2012 年《民事诉讼法》修订后，把电子数据作为一种新的证据形式加以规定。《民事诉讼法解释》第一百一十六条第二款规定：“电子数据是指通过电子邮件、电子数据交换、网上聊天记录、博客、微博客、手机短信、电子签名、域名等形成或者存储在电子介质中的信息。”

根据内容的不同，电子数据可以分为内容数据信息和附属数据信息。内容数据信息记载一定社会活动内容，如电子邮件的正文、网上聊天记录等；附属数据信息是指记录电子证据的形成、处理、存储、传输、输出等与内容数据信息相关的环境和适用条件等附属信息，如 Word 文档的大小、文件位置、修改时间，电子邮件的发送、传输路径，邮件的 ID 号，电子邮件的发送者、日期等信息。电子数据的特性决定了其取证、认证、质证的方法不同于传统证据。

电子数据的认定采纳过程应注意以下几个方面：首先，电子数据在很多情况下需要配合其他的证据形式或者是证据保全形式才能确定。如内容数据信息，实践中经常的做法是通过公证的形式转化成书证。再如附属数据信息，很多情况下当事人自己很难调取，需要通过调查取证、证据保全的方式获得。其次，电子数据需要其他证据形式或者质证方式配合才能发挥证明作用，有的电子数据需要通过其他证据确定其归属、真实性等。如对设有密码、电子签名账号或者其他户头号的电子数据的调查，则需要证明该密码、电子签名、账号的设立人或使用人等，而对于特定的电子数据显示出来的信息，可能非仲裁员能够知晓，需要通过鉴定或者专家才能解释说明。再次，由于电子数据易受破坏，所以推定确定案件事实的方式可能会比较多地使用。

仲裁庭在电子数据认定上有较大的自由裁量权。

（6）当事人陈述。对于当事人的陈述，仲裁庭结合案情综合加以认定。民事诉讼和仲裁的当事人陈述差异不大。

（7）鉴定意见。对于鉴定意见，各个仲裁机构的仲裁规则在细节上的规定则都各有不同。以鉴定人的选择为例，贸仲委《仲裁规则》（2015 版）明确表示：

“仲裁庭可以就案件中的专门问题向专家咨询或指定鉴定人进行鉴定。专家和鉴定人可以是中国或外国的机构或自然人。”即对于鉴定人的选择以仲裁庭指定为原则。而北京仲裁委《仲裁规则》(2015版)则规定:“当事人申请鉴定且仲裁庭同意,或者当事人虽未申请鉴定但仲裁庭认为需要鉴定的,可以通知当事人在仲裁庭规定的期限内共同选定鉴定人。当事人不能达成一致意见的,由仲裁庭指定鉴定人。”可见其以当事人协议选择为原则。所以如果是涉及鉴定的案件,也需要关注所适用的仲裁规则的具体规定。

对于仲裁中的专家鉴定人员没必要硬性规定其须具备某种证书,只要当事人共同选择或当事人一方选择而对方没有异议的专家都可以进行鉴定,这是当事人高度自治的要求,也是仲裁本质的体现。国际仲裁大体如此。

但是我国的国内仲裁过程中的鉴定仍需交由具备鉴定资质的鉴定机构进行。

(8)勘验笔录。在仲裁活动中是否存在勘验以及如何进行操作,我国《仲裁法》语焉不详,不过,国际上一些著名的仲裁机构在仲裁规则中明确肯定了勘验笔录的证据地位。

《民事诉讼证据规定》第三十条、第八十条规定了勘验笔录的相关要求:人民法院既可以主动进行,也可以应当事人的申请进行勘验并形成笔录;在制作过程中要求遵循严格的法定程序,如勘验人必须出示人民法院证件表明身份,并且应邀请当地基层组织或者当事人所在单位派人参加,还应通知当事人或者当事人的成年家属到场;如果他们拒不到场,则不影响勘验的进行。在仲裁活动中,允许仲裁庭主动或者被动地进行勘验在法理上没有疑义,只是要求仲裁庭在勘验时完全依照民事诉讼的程序进行未免显得刚性有余而弹性不足。笔者认为,实践中要求仲裁庭在勘验时通知除当事人以外的有关人员参与,可以作为一条建议性规定,仲裁庭原则上有权自由裁量,如果强行规定必须通知有关人员参与,由于仲裁庭并不具备法院那样的强制性权威,这种规定不仅难以落实,而且还导致了程序上的累赘。

我国仲裁机构的仲裁规则对勘验笔录的态度主要分两种:一种是对勘验未作规定,但是都认可仲裁庭在必要时调取证据的权力且没有排除勘验作为调查取证的方式存在,如贸仲委、北京仲裁委现行有效的仲裁规则都是如此。另一种是参照《民事诉讼法》对勘验作了详细的规定,如广州仲裁委的仲裁规则。实际操作中,由于仲裁庭的民间性身份,仲裁庭对于特定事物或者现场的勘验存在障碍的话，可以技巧性地通过证据保全程序，交由法院进行。[1]

（二）仲裁证据制度

仲裁证据制度就是对仲裁活动中证据的收集、保全、认定及举证责任等有关的证据问题建立的一套运作机制。国际商事仲裁证据制度与诉讼中法律明文规定证据的种类、判断证据的标准等体系化的原则和制度相比更加灵活。各国仲裁法一般都确立：当事人意思自治，仲裁中证据规则无须严格依照民事诉讼中的证据规则；在当事人就仲裁程序没有特别约定时，仲裁庭是程序的主人，有权决定有关证据的一切事宜；在仲裁庭滥用权利十分明显、违反正当程序时，当事人可申请有关法院撤销或拒绝执行仲裁裁决。在英国，仲裁并不是必须适用严格的诉讼证据规则，但是《英国民事证据法》也可以适用于仲裁，当事人可以约定不适用严格的诉讼证据规则，在如何查明争议的事实和当事人举证方面，同样尊重双方当事人达成的合意，而不必严格地适用各国民事诉讼法上的证据规则。在美国，仲裁庭有权决定取证、举证、质证、认证的一切事宜。美国的仲裁实践体现了仲裁庭对证据规则的决定权受到法院尊重。仲裁机构的仲裁规则中也有关于仲裁无须遵循诉讼中证据规则的规定。

二、仲裁证据的获取与认定

（一）仲裁证据的获取

1. 当事人提交证据

（1）证据的提交。当事人应对自己的主张提供证据，当事人提交证据、及时披露与争议有关的信息，对于仲裁庭就案件事实作出判断是至关重要的。对于他方占有而己方不占有的证据，当事人可以申请仲裁庭向占有该证据的当事人调取。此时，占有证据的一方除非有合理解释否则应提供该证据。为了公正、合理地应对因当事人之间的利害关系可能对仲裁庭认定案件事实所造成的实质性的消极影响，有关国际组织和有关国家的仲裁规则对此设置了相应的制约措施。例如《联合国国际贸易法委员会仲裁规则》第二十四条第二项规定："仲裁庭如认为适当，得要求一方当事人在仲裁庭规定的期限内将其意图提出支持申请书或答辩书内所陈述的争议事实的有关文件摘要或其他证据提交该庭和另一方当事人。"《美国仲

[1] 汪祖兴：民事诉讼证据规则与仲裁证据规则的差异性解读。《广东社会科学》，2005 年第 4 期，第 166-171 页。

裁协会国际仲裁规则》第二十条规定："仲裁庭可以命令一方当事人将其准备提出支持其申请、反请求或答辩的有关文件摘要或其他证据提交仲裁庭和另一方当事人或各方当事人。在仲裁程序进行中的任何时段，如仲裁庭认为有必要或适当时，可以命令当事人提供其他书证、物证或其他证据。"

对于当事人举证和取证，英国法院和仲裁程序中都有要求：争议双方必须披露他所依赖的并处于其控制下的所有文件，无论对他有利还是不利。在诉讼中，未经法院许可，当事方不能依赖他没有披露的任何文件或不允许他人查阅的任何文件。仲裁庭可以视情况进行不利的推论，可以根据已有材料作出裁决。最后，它可以作出它认为适当的费用方面的命令。

（2）提交证据的期限。举证时限在仲裁活动当中的主要功能，在于防止当事人有意拖延仲裁的正常进行。当发现当事人存在拒不及时提供证据、有意拖延仲裁进程的情形时，仲裁庭可以根据仲裁规则，决定不再接受当事人逾期提供的证据，从而使有关当事人因违背程序规则而招致实体上的不利裁判。这种做法实际上已经被国际上有关仲裁机构作为一种通行的规则所沿用，从而在维护仲裁庭的权威与仲裁程序的严肃性上发挥着不可替代的作用。例如，《联合国国际贸易法委员会仲裁规则》第二十四条第三项规定："在仲裁程序进行中的任何阶段，仲裁庭可要求当事人在仲裁庭规定的期限内提供书证、物证或其他证据。"《联合国国际商事仲裁示范法》第二十五条规定："当事人任何一方不出庭或不提供文件证据，仲裁庭可以继续进行仲裁程序并根据其所收到的证据作出裁决。"《大不列颠哥伦比亚国际商事仲裁中心和国际商事仲裁与调解程序规则》第二十五条第二款规定："仲裁庭可以随时要求当事人在其确定的期限内提交文件、证件或其他证据。"

鉴于仲裁程序效益优先的价值取向，基本上我国各个仲裁机构的仲裁规则都对举证期限进行了规定。但是仲裁规则也都给予了仲裁庭自由裁量权。超过举证期限提供的证据，仲裁庭有权决定是否采用。

2. 仲裁庭自行调查证据

许多国家的仲裁立法以及常设仲裁机构的仲裁规则都强调当事人的举证责任，而仲裁庭通常不会主动收集证据。但有些国家的仲裁立法则明确授予仲裁庭自行收集证据的权力，如我国《仲裁法》第四十三条第二款明确规定："仲裁庭认为有必要收集的证据，可以自行收集。"《世界知识产权组织国际仲裁中心仲裁规则》第五十条规定："仲裁庭可根据一方当事人的请求或自行动议视察或要求视察其认为适当的现场、财产、机器、设施、生产线、式样、影片、材料、产品或工艺……"《意大利民事诉讼法》第八百一十九条第三款规定："仲裁庭可要求证人出庭作证或经证人同意决定在他的住所或办公室听其供词，仲裁庭也可决定在限定的时间内要求证人以书面形式回答仲裁庭的询问。”

3. 法院协助收集证据

由于仲裁制度的契约性和仲裁机构的民间性，仲裁庭缺乏强制性权力，仲裁庭收集证据的权限也是非常有限的，不能就此采取强制性措施，在一定的情况下需要法院的协助。如《瑞典仲裁法》第二十五条第三款规定：“仲裁庭不得采用作证发誓或确真宣誓方式取证，也不得对不举证者处以罚款或为取证采取强制措施。”《联合国国际商事仲裁示范法》第九条规定：“在仲裁程序进行前或进行期间内，当事人一方请求法院采取临时保护措施和法院准许采取这种措施，均与仲裁协议不相抵触。”第二十七条规定：“仲裁庭或者当事人在仲裁庭同意下，可以请求本国主管法院协助获取证据；法院可以在其权限范围内并按照其获取证据的规则的规定执行上述请求。”

法院协助当事人或仲裁庭获取证据一般通过两个途径：一是采取证据保全措施；二是命令证人作证。在仲裁程序进行的过程中，如果需要当事人以外的证人出庭作证或以其他方式提供证据的，往往需要法院的协助。意大利和菲律宾的法律均允许仲裁庭强令证人作证。1996 年《英国仲裁法》第四十三、四十四条规定，法院在仲裁程序中有保证证人出庭的权力。有些国家虽允许仲裁庭书面传唤证人出庭作证，但是如果证人不合作，仲裁庭并没有强制性权力强迫证人出庭，还需请求法院协助。例如，《美国联邦仲裁法》第七条规定，仲裁员全体或者过半数可以书面传唤任何人出庭作证，并可以命令提出被认为是案件实质证据的簿册、记录、证件或者文件；如被传唤作证的人拒绝或者拖延出庭，仲裁员全体或者过半数所在地区的美国法院依照请求，可以强迫他出庭，或者按照美国法院关于保证证人出庭或者处罚拖延、拒绝出庭的规定，给予处罚。关于法院强制证人作证的规定对于国内仲裁具有一定的意义，但对于国际仲裁则不然。例如，双方当事人约定到第三国仲裁时，第三国法院一般不可能强迫非仲裁地国家的证人出庭作证。

我国《仲裁法》和《民事诉讼法》对法院协助仲裁庭或当事人收集证据的问题未作规定，在仲裁过程中，如需当事人以外的证人作证而证人拒不合作时，我国法律没有规定相应的办法。我国《仲裁法》应当规定，仲裁庭或者当事人经仲裁庭同意，可以请求有关人民法院协助命令证人出庭或以其他方式提供证据，以保证仲裁程序的顺利进行。

（二）质证

质证是指仲裁当事人、委托代理人在仲裁庭的主持下，对所提供的证据进行宣读、展示、辨认、质疑、说明、辩驳等活动。仲裁庭的中立性、仲裁程序的透明度、仲裁裁决的公正性也集中地体现在为双方当事人举证平等地提供机会，对当事人的质证以及在质证活动中就证据材料提出的质疑，公正、公平地予以审查、判断，从而决定其取舍以及断定证据力的大小与强弱。有关国际或其他国家的仲裁机构所制定的仲裁规则也无不体现这种理念与精神。例如《联合国国际贸易法委员会仲裁规则》第二十九条第二项规定："仲裁庭如认为由于特殊情况有必要时，得自行动议或根据当事人一方的请求，决定在作出仲裁前重新听证。"《美国海事仲裁员协会海事仲裁规则》第二十二条第二款规定："所有证据都应当在仲裁员和所有当事人均在场时出示，除非任何一方当事人无正当理由缺席、不出庭或放弃出庭权利，或者双方当事人同意以邮寄或其他方式提交证据。"

在仲裁中，质证的主体只能是当事人，而不包括仲裁庭。质证的方式一般是询问和交叉询问。质证具体包括庭前交换证据中的质证、开庭审理中的质证和书面质证。当庭进行质证是主要方式。

（三）仲裁庭对证据的认定

仲裁机构特别是国际仲裁机构对证据的接受和认可比法院在此方面的做法灵活、自由。在国际商事仲裁中，除非当事人另有约定或法律另有规定，仲裁庭可以决定有关证据事项。仲裁可以无须如同诉讼一样，遵守严格的证据规则。仲裁庭有权确定证据的真实性、相关性、合法性。在裁决职能方面，仲裁庭就证据的评判，主要涉及证据本身与待证事实之间因价值关系而产生证据证明力的大小与强弱的权衡与评估，涉及仲裁庭采用经验法则、论理法则等技术规范来形成内心确信的程度。在仲裁中对证据证明力的认定，实质上是对证据本身是否具有客观性以及与待证事实是否具有关联性的确认。对此，有关国际和国内的仲裁规则均有相关规定。例如，《联合国国际商事仲裁示范法》第十九条第二项规定："授予仲裁庭的权力包括确定任何证据的可采性、关联性、实质性和重要性的权力。"1998年《德国仲裁法》第一千零四十二条规定："仲裁庭有权决定取证的可采纳性，有权取证并自由衡量此类证据。"《伦敦国际仲裁院仲裁规则》第二十二条规定："仲裁庭可以决定一方当事人提出的任何有关事实或专家意见方面的材料的可接受性、关联性或重要性，是否适用严格的证据规则（或其他规则）；决定当事人之间交换或向仲裁庭提供此种材料的时间、方式和形式。"《中国海事仲裁委员会仲裁规则》第二十七条规定："证据由仲裁庭'审定'，但其未对证据形式及仲裁庭如何'审定'证据作出规定。"《俄罗斯国际商事仲裁院仲裁规则》第三十条第四项规定："仲裁员应当按照其内心确信评价证据。"《斯德哥尔摩商会仲裁院仲裁规则》第二十一条第四款规定："对审理过程中案件的每一情节作出认真的审阅和斟酌后，仲裁庭应当决定案件中哪些问题已得到证明。"

《民事诉讼证据规定》对于各种类型的证据的形式、不同证据类型的证明效力等都进行了规定。比如，证据应当出示原件，证人应当出庭作证，证人证言需要有其他证据佐证才能作为定案依据等。但《仲裁法》对这些方面均无详细的规定，也即没有对证据的认证标准作出规范，国内绝大部分的仲裁机构的仲裁规则亦未有相关规定。这样就把对证据认证的标准更多地留给了仲裁庭自由心证。

国际仲裁实践中赋予仲裁庭在"审定"证据方面的权力可表述为：只要仲裁庭认为适合，证据即有效力。与此观点相适应，仲裁证据的认定在很大程度上取决于仲裁庭的自由裁量。

鉴于具体证据认证的问题属于案件实体的内容，非属司法审查的范围，所以理论上法院审理过程中对针对证据认证提出的问题亦无法进行司法审查。

由于仲裁程序没有诉讼程序严格，仲裁庭在认证时拥有的自由裁量权的范围也比较广，而内心确信的形成必然离不开经验法则的运用，因此仲裁庭在认证时不可避免地用到经验法则。仲裁经验规则是指仲裁庭有权决定某些事实无须通过一般举证程序加以证明，这些事实可能是常识性的，也可能由于某些原因当事人无法提供通常所需的证据，此时仲裁庭可以依据经验规则认定这些事实的存在。各国的仲裁法往往不对证据问题作出具体规定，而将对于包括证据问题在内的程序问题全部交给仲裁庭决定。仲裁规则中往往也不对证据问题作出详细规定。仲裁员按照其自身的经验和知识进行判断，不受严格的、复杂的诉讼证据规则的约束。

三、仲裁证据保全

（一）仲裁证据保全的概念

《仲裁法》第四十六条规定："在证据可能灭失或者以后难以取得的情况下，当事人可以申请证据保全。当事人申请证据保全的，仲裁委员会应当将当事人的申请提交证据所在地的基层人民法院。"第六十八条规定："涉外仲裁的当事人申请证据保全的，涉外仲裁委员会应当将当事人的申请提交证据所在地的中级人民法院。"这两条规定确立了我国的仲裁证据保全制度。（法源）

因此，仲裁中的证据保全是指仲裁当事人为了防止因种种原因使固有的证据灭失、损坏或以后难以取得而申请保全。仲裁委员会依法将该证据保全的申请提交有关人民法院，人民法院应当事人的申请对与仲裁案件有关的证据采取保全措施。

（二）申请仲裁证据保全的条件

（1）申请保全的证据有可能是会灭失或难以取得的。所谓证据灭失，是指在收集证据之前，如不对证据采取相应的保全措施，该证据将可能会失去。如证人因病情严重可能死亡，如不及时将其证言保全下来，直接证言有可能再也得不到；又如，货物如不及时保全，被申请一方就可能将其卖出，使案情无法查证。所谓以后难以取得，是指如不采取相应的证据保全措施，等需要收集该证据时，可能证据收集工作面临难以预料的困难，如证人即将出国长期居住。

（2）证据必须是对案情有较重要的证明作用的。保全的证据灭失或者以后难以取得的情况会使案情无法得到证实，从而使当事人的仲裁请求不能实现。

（3）当事人可以在仲裁申请提出以前或以后或者是在仲裁申请提出的同时提出证据保全的申请。仲裁机构也只有在决定受理案件后才有可能将当事人的申请转交给有管辖权的法院。仲裁机构受理案件前，被申请人完全有充裕的时间和机会转移、隐匿或消灭证据。因此，《民事诉讼法》第八十一条第二款：因情况紧急，在证据可能灭失或者以后难以取得的情况下，利害关系人可以在提起诉讼或者申请仲裁前向证据所在地、被申请人住所地或者对案件有管辖权的人民法院申请保全证据。

（三）证据保全的措施

对于证据保全的具体措施，民事诉讼法和仲裁法都未作出明确的规定。根据实践来看，法院对不同的证据采取不同的保全措施：对于证人证言、当事人的陈述，可采用笔录或者录音的方法加以保全；对于物证，可通过勘验笔录、拍照、录像、绘图或保持原物的方法保全；对于书证，要尽可能提取原件，提取原件有困难的，可提取复制品、照片、副本等加以保全。总之，对证据的保全要做到不损坏、不丢失，力争保持原样或原意，以充分发挥证据在仲裁中的证明作用。

经过保全的证据的种类及保全的方法，人民法院应当记录在案，并及时转交给仲裁委员会。经过人民法院依法定程序保全的证据对争议案件事实的证明力，与当事人向仲裁庭提交的证据相同。

第五节 简易程序

【基本案情】

申请人（仲裁被申请人）：北京甲岩土工程有限公司

被申请人（仲裁申请人）：青海省乙基础工程施工总公司

北京甲岩土工程有限公司（以下简称甲岩土公司）申请撤销仲裁裁决的理由之一是：仲裁程序违反法定程序。2003年12月30日，青海省乙基础工程施工总公司（以下简称乙地质公司）向北京仲裁委员会提起仲裁，要求甲岩土公司支付材料费、工程款及其他费用共计373532.38元。2004年2月6日仲裁委员会开庭审理。2004年2月13日，双方达成将本案争议的工程结算问题提交鉴定单位鉴定的一致意见。2004年2月18日，乙地质公司提出变更仲裁申请，要求确认双方合同无效，甲岩土公司给付工程款2633241.71元、利息136080元。根据《仲裁规则》的规定，争议金额不超过50万元的，适用简易程序。但仲裁请求的变更导致案件争议金额超过50万元的，仲裁庭认为影响简易程序进行的，可以向仲裁委员会主任申请由三名仲裁员组成仲裁庭适用普通程序审理。本案中，对工程量、工程款的认定是一项复杂的审理工作。第一次开庭审理后，双方达成了由鉴定机构进行鉴定的意见，后乙地质公司对仲裁请求提出变更，对合同性质进行了完全否定，争议金额也从30多万元增加到300多万元。案件审理的复杂程度是显而易见的。在这种情况下，仲裁庭应适时告知仲裁委员会主任改用普通程序进行审理。现仲裁庭采取简易程序审理不当。在随后的审理过程中，仲裁庭在两次开庭未能审理完毕的情况下，继续采用书面审理的方式，因案情复杂，对本案延期裁决。以上事实可以看出，仲裁庭的组成方式上存在错误。

乙地质公司就此答辩称：我公司变更仲裁请求导致争议金额超过50万元，但仲裁庭认为不影响简易程序进行的，还可采用简易程序进行，这是仲裁庭的权利。仲裁法和仲裁规则中也没有规定变更仲裁请求导致案件争议金额超过50万元的，必须把简易程序改为普通程序。另，裁决中写着："因本案案情复杂，经独任仲裁员李某提请本会秘书长同意，本案延期进行裁决。"以上事实说明仲裁庭的组成方式不存在任何错误。

法院裁判：对于此项撤销理由，法院认为，北京仲裁委《仲裁规则》（2001版）第七十八条规定：仲裁请求的变更或者反请求的提出导致案件争议金额超过50万元的，不影响简易程序的进行。但仲裁庭认为影响的，可以向仲裁委员会主任申请由三名仲裁员组成仲裁庭适用普通程序审理。本案中，乙地质公司变更仲裁请求后，争议金额已超过50万元。此时，是否向仲裁委员会主任申请由三名仲裁员组成仲裁庭适用普通程序审理，应由已经组庭的仲裁庭决定。仲裁庭在争议金额超过50万元后仍决定适用简易程序对本案进行审理未违反法定程序。另，本案因案情复杂经仲裁委员会秘书长同意延期作出裁决，亦符合仲裁规则的规定，不构成仲裁庭组成方式错误。据此，甲岩土公司此项撤销裁决的理由不成立。

【法律问题】

甲岩土公司以仲裁程序违反法定程序申请撤销仲裁裁决的理由是否成立？

【参考答案】

甲岩土公司以仲裁程序违反法定程序申请撤销仲裁裁决的理由不成立。详见法院裁判。

【法理分析】

一、概述

简易程序：即普通程序的简化，是仲裁机构审理简单的仲裁案件或根据当事人的协议进行仲裁时所适用的一种简便易行的仲裁程序。

《仲裁法》和《仲裁委员会仲裁暂行规则示范文本》中都未作规定。但是《仲裁法》中关于独任仲裁员和书面审理的规定，包含了非常明显的简化仲裁程序的精神。

中国国际经济贸易仲裁委员会在其1994年仲裁规则中规定了“简易程序”一章。1995年、1998年、2000年、2005年、2012年、2014年该会修订仲裁规则时，保留并完善了相关内容。

为进一步体现仲裁的快捷性，国内其他仲裁委员会也借鉴了这一成功经验。目前已有一些仲裁机构在仲裁规则中规定了简易程序。

二、适用简易程序的条件

《中国国际经济贸易仲裁委员会仲裁规则》(2015)规定:

(1)除非当事人另有约定,凡争议金额不超过人民币500万元,或争议金额超过人民币500万元但经一方当事人书面申请并征得另一方当事人书面同意的,或双方当事人约定适用简易程序的,适用简易程序。

(2)没有争议金额或争议金额不明确的,由仲裁委员会根据案件的复杂程度、涉及利益的大小以及其他有关因素综合考虑决定是否适用简易程序。

三、简易程序的特点

与普通程序相比,简易程序有如下特点:

(一)审理组织较为简单

仲裁庭均由1名仲裁员组成。

(二)审理方式灵活

仲裁庭可以按照其认为适当的方式审理。也就是说,仲裁庭可以决定开庭审理,也可决定进行书面审理,也可以把开庭审理和书面审理相结合。

(三)进行仲裁程序的期限较短

在简易程序中,提交答辩书和其他材料的期限、委托仲裁员的期限、反请求的期限、提前通知开庭的期限及各方当事人补交材料的期限,等等,相比于普通程序,都作了大幅度的缩短。

(四)作出裁决迅速

按照《中国国际经济贸易仲裁委员会仲裁规则》的规定,适用简易程序审理的,仲裁庭应在组庭后3个月内作出裁决书;经仲裁庭请求,仲裁委员会仲裁院院长认为确有正当理由和必要的,可以延长该期限。程序中止的期间不计入裁决期限。

第八章　申请撤销仲裁裁决

第一节　申请撤销仲裁裁决的含义及条件

【基本案情】

申请人：刘某

被申请人：A 国有物资公司

刘某是农民企业家，在我国改革开放后不甘于种地，积极寻找发家致富门路。经过多年的摸索，最终选择了以养鸡作为自己的创业方向。十几年的艰苦创业，刘某终于建立起一个在当地规模较大的养鸡场，每年供应市场肉鸡达十几万只，是当地数一数二的大户，也是当地农村的税收大户。

A 国有物资公司是我国沿海 B 市的一个较大的国有企业，专门从事物资代理销售活动。1995 年，B 市鸡肉紧俏，鸡肉价格不断上升，而且前景看好。A 国有物资公司经人介绍找到刘某，打算购买刘某的肉鸡，刘某也为能进入 B 市鸡肉市场感到高兴。在签订合同之前，A 国有物资公司代表人参观了刘某的养鸡场，经过进一步的了解，认为刘某饲养的肉鸡不错，于是欲与刘某签订长期肉鸡供应合同。

经过几番协商，刘某与 A 国有物资公司于 1995 年 6 月 29 日签订了肉鸡长期供应合同。合同约定：（1）刘某每月 10 日前向 A 国有物资公司提供活肉鸡 8000 只，要求每只 1 千克以上，价格为每千克 8 元，由刘某负责运至 A 国有物资公司处；（2）货到后，须立即验收，经过 A 国有物资公司验收合格后 10 日内通过银行账户全额付款给刘某；（3）如果刘某不能按时提供足够数量的肉鸡，应赔偿 A 国有物资公司因此造成的损失；本合同自 1995 年 9 月开始生效，有效期限为 3 年；（4）合同履行的过程中发生的争议，双方应尽量协商解决，不能协商解决的，由 B 市的仲裁委员会仲裁。

合同签订后，刘某加大了投资力度，扩建了养鸡场，使其规模能满足新签订合同的需要。1997 年 4 月以前，双方在履行合同的过程中没有争议，合作非常顺利。1997 年 4 月以后，B 市的肉鸡价格下跌，A 国有物资公司要求刘某降低肉鸡价格为每千克 7 元，并且要求减少供应的数量为每月 3000 只，否则将不再接受刘某供应的肉鸡。刘某觉得这样的要求不合理，明确表示不同意，并要求继续按原合同履行。于是，当刘某依照合同的约定，将肉鸡 8000 只送至 A 国有物资公司处时，A 国有物资公司以刘某提供的肉鸡不符合质量要求为由拒收。由于这批肉鸡无处存放又加喂养不周，使其不少死亡。刘某为减少损失，将这批肉鸡在 B 市市场降价销售。

该事件发生后，刘某多次找 A 国有物资公司协商，要求其继续履行合同并承担损害赔偿责任，被 A 国有物资公司拒绝。于是刘某于 1997 年 10 月 23 日向 B 市的仲裁委员会提出仲裁申请，要求 A 国有物资公司赔偿损失，并且要求继续履行合同。A 国有物资公司进行了答辩，并提出反请求：刘某提供的肉鸡不合格，要求刘某承担违约责任，并请求解除合同。

刘某指定了一名仲裁员，A 国有物资公司也指定了一名仲裁员，首席仲裁员由 B 市的仲裁委员会主任指定。后刘某发现，A 国有物资公司指定的仲裁员是该公司法定代表人的一个亲戚。在仲裁前，该仲裁员多次与 A 国有物资公司的人员私下见面。A 国有物资公司还在暗地里给首席仲裁员送去了不少礼物。为查清刘某提供的肉鸡质量是否存在问题，仲裁庭指定了一家鉴定部门鉴定，鉴定结论是：刘某提供的这批肉鸡不符合食用标准。后刘某被人告知该鉴定部门也接受了 A 国有物资公司送的礼品。

在开庭辩论的过程中，仲裁庭对申请人刘某的陈述进行限制，致使刘某没能充分对自己的仲裁请求进行辩论。开庭之后，仲裁庭做出了如下裁决：解除刘某与 A 国有物资公司之间的肉鸡供应合同；刘某赔偿 A 国有物资公司的损失 4500 元。

刘某面对如此的仲裁裁决欲哭无泪，然而他又不甘心接受这样的裁决。

【法律问题】

刘某对错误的仲裁裁决可以采取何种补救措施予以救济？

【参考答案】

刘某可以向仲裁机构所在地的中级法院申请撤销仲裁裁决。

【法理分析】

一、申请撤销仲裁裁决的含义及特征

一裁终局制度的确立，体现了对当事人意愿的充分尊重，也体现了仲裁这种纠纷解决机制快捷性的优势。然而，在仲裁实践中，由于受到各种因素的影响，有些仲裁裁决也不可避免地会出现不同程度的偏差或错误，损害仲裁的公正性和权威性。对此，我国《仲裁法》设置了申请撤销仲裁裁决这种程序监督机制，规定仲裁庭作出仲裁裁决后，任何一方当事人均可以依据特定的事由，向法院提出撤销仲裁裁决的申请。

所谓申请撤销仲裁裁决是指对符合法定应予撤销情形的仲裁裁决，经由当事人提出申请，人民法院组成合议庭审查核实，裁定将已作出的仲裁裁决予以撤销的行为。

申请撤销仲裁裁决作为当事人的法定权利，具有以下特征：

（1）撤销仲裁裁决的申请必须由当事人提出，第三人无权提出，人民法院也不得依职权撤销仲裁裁决。当事人是指仲裁案件的申请人或被申请人，案外第三人不具备申请撤销仲裁裁决的主体资格。同时，按照现行法律的规定，一般情形下人民法院不得依职权撤销仲裁裁决，只有在人民法院认定该裁决违背社会公共利益的情形下，才应当直接裁定予以撤销。

（2）撤销仲裁裁决是法院的职权，仲裁机构无权撤销。仲裁中仲裁庭所作出的仲裁裁决，不论是作出仲裁裁决的仲裁庭或者受理该案件的仲裁机构，还是其他仲裁机构，都无权撤销仲裁裁决。即是否撤销仲裁裁决，只能由法律规定的人民法院作出裁定，任何其他机构和个人均无权审查及撤销仲裁裁决。

（3）当事人申请撤销仲裁裁决必须具备法定的撤销情形。仲裁裁决只有符合法定予以撤销的情形时，法院才能作出撤销仲裁裁决的裁定，将仲裁裁决予以撤销。

申请撤销仲裁裁决是仲裁法所规定的司法监督的重要内容和监督形式。对符合法律规定为撤销情形的仲裁裁决予以撤销，有利于维护当事人的合法权益，有利于维护仲裁的公正性与权威性，也有利于完善我国的司法监督体制。对确保仲裁裁决的合法性和正确性，促进我国仲裁制度的发展具有非常重要的意义。

二、申请撤销仲裁裁决的条件

仲裁裁决一经作出，即具有法律约束力，任何单位和个人不得任意撤销。作为当事人，为维护自己的权益而申请撤销仲裁裁决，也必须符合法定条件。

根据我国《仲裁法》的规定，申请撤销仲裁裁决必须符合下列条件。

（一）提出撤销仲裁裁决申请的主体必须是仲裁当事人

由于仲裁当事人与仲裁裁决的结果有直接的利害关系，仲裁裁决也决定着当事人的合法权益是否得到了保护或者受到了侵害。因此，法律规定提出申请撤销仲裁裁决的主体是当事人，包括仲裁申请人和被申请人，当事人以外的任何人无权提出撤销仲裁裁决的申请。

（二）必须向有管辖权的人民法院提出撤销仲裁裁决的申请

当事人申请撤销仲裁裁决，必须向特定的人民法院提出。根据《仲裁法》第五十八条的规定，当事人应当向仲裁委员会所在地的中级人民法院提出，向其他人民法院提出的，人民法院不予受理。

（三）必须在法定的期限内提出撤销仲裁裁决的申请

仲裁裁决一经作出即具有法律约束力，为保证仲裁裁决的安定性，我国《仲裁法》对申请撤销仲裁裁决的期限作出了明确规定。根据我国《仲裁法》第五十九条的规定，当事人申请撤销仲裁裁决的，应当自收到裁决书之日起6个月内提出。

（四）必须有证据证明仲裁裁决有法律规定的应予撤销的情形

仲裁裁决只有符合法定撤销的事由时才能予以撤销，而仲裁裁决是否具有法定可撤销的情形，则需当事人提出证据进行证明。当事人所提供的证据能否证明，则需要人民法院的审查认定。

第二节　申请撤销仲裁裁决的法定情形

【基本案情】

2001年1月18日，某科技有限责任公司（甲方）与某汽车股份有限公司（乙方）签订一份房屋租赁合同，合同约定：甲方承租乙方所有位于A市东区的房屋三层，总建筑面积25000平方米；占地面积13000平方米；每月租金为38万元；租期10年，自2001年5月1日至2011年4月30日；约定的租赁用途是：商业、办公及转租赁经营。同时合同还约定，如果双方在履行合同的过程中发生了争议，提交乙方所在地A市的仲裁委员会仲裁。

合同签订的当天双方又签订了房屋租赁的补充协议，补充协议约定：在签约后3日内，由甲方支付乙方定金20万元；乙方在甲方交付定金后交付3000平方米房屋；甲方应在2001年5月底之前支付给乙方公司租金150万元，乙方在2001年8月份之前按照合同约定交付全部租赁房屋；如甲方不能按期支付定金和租金或乙方不能按照约定交房，则违约方按定金和本期租金的双倍向守约方支付违约金。

合同签订后，甲方按照合同约定支付了20万元定金，乙方交付了房屋3000平方米和几间办公室，其他房屋没有交付。甲方在接收3000平方米房屋后将其中的2000平方米转租给另外一家公司开办超市（经过了乙方的同意）。后甲方发现乙方出租的房屋只有17000平方米的房屋有产权证明，另有7000多平方米是属于违章建筑，甲方认为乙方未能全面履行合同。于是，甲方于5月4日将63万元汇至乙方账户上，并出具了一张100万元的支票出质。甲方对100万元出质支票一直未予兑现。

2001年8月30日，由于甲方只支付了63万元租金，而没有兑现100万元款项，乙方认为甲方没有付款的能力，便通知甲方洽谈要求终止合同，遭到甲方拒绝。2001年11月，乙方与丙公司签订租赁合同，并将余下的房屋交付给了该公司。乙方无法履行与甲方签订的合同，由此发生了争议。

2001年12月3日，乙方向A市仲裁委员会申请仲裁，要求甲方交付迟延的租金153879元，并要求解除合同，收回已交付的3000平方米房屋。仲裁委员会于2001年12月5日将仲裁通知书邮寄给甲方，但由于甲方经营地点的搬迁，邮寄的仲裁通知书被退回，送达回证上没有甲方的签字。后仲裁委员会于2001年12月25日通知甲方去领取仲裁通知书。甲方派人去领，仲裁委员会工作人员要求甲方代表在送达回证上将签收日期提前，签为2001年12月5日，否则不交付仲裁通知书及相关资料，于是甲方工作人员便将签收日期写为2001年12月5日。甲方在取得仲裁通知书后，于2001年12月27日选定了1名仲裁员，但是仲裁委员会根据其仲裁规则认为已超过指定仲裁员的期限。其实，仲裁委员会在12月25日之前就强制给甲方指定了1名仲裁员。在共同选定首席仲裁员时，双方选择也不一致。结果，仲裁委员会主任指定了由乙方选择的首席仲裁员作为首席仲裁员，甲方的异议没有得到仲裁委员会的认可。甲方于是又在2002年1月14日向仲裁委员会提出了反请求，要求乙方承担违约责任，双倍返还定金，并要求继续履行合同。仲裁委员会又以该反请求的提出超过期限为由不予受理。

在2002年1月18日第一次开庭后，甲方觉得首席仲裁员带有偏见，同时在仲裁过程中还暗示甲方与其私下交谈。于是，甲方法定代表人私下与该首席仲裁员见面，在该首席仲裁员的授意下，为该首席仲裁员的妻子送去昂贵药品，后该首席仲裁员还要求甲方公司聘请其作为法律顾问，甲方于是交付了半年顾问费12000元。后该首席仲裁员怕被人揭发，将顾问费退回。

2002年8月20日本案进行了第二次开庭，经甲乙双方的辩论，仲裁庭最终作出了裁决：一、支持乙方提出要求甲方支付迟延的租金153879元；二、对乙方的其他请求不予支持；三、本案的仲裁费25800元，由甲方承担16752元，乙方承担9048元。

【法律问题】

本案的被申请人甲方是否能够申请人民法院撤销仲裁裁决，其有什么理由根据？本案的申请人乙方如果不服本仲裁裁决，是否也可以申请人民法院撤销仲裁裁决，其理由根据又是什么？他们是否能够得到人民法院的支持？

【参考答案】

本案涉及重大的仲裁程序违法问题，甲方或乙方如果申请人民法院撤销该仲裁裁决，只要提出适当的理由，人民法院都应当予以支持。

如果甲方申请撤销仲裁裁决可以依据以下理由：

首先，仲裁委员会送达仲裁通知书的行为无效。《仲裁法》第五十八条规定的可申请撤销仲裁裁决的法定情形之一是仲裁程序违反法定程序的。本案中，仲裁委员会2001年12月5日的邮寄送达行为并没有错，但由于被申请人甲方营业地搬迁，没有接到仲裁通知书，仲裁通知书被退回，因此该送达行为是无效的。后来仲裁委员会于2001年12月25日通知甲方去领仲裁通知书，仲裁委员会工作人员要求甲方将受领通知书的签收日期提前至2001年12月5日，这对于甲方来说，是对其合法期限的剥夺，其期限计算应该从2001年12月25日开始。本案中仲裁委员会的做法显然违反了法定的程序。

其次，仲裁庭的组成违法。《仲裁法》第五十八条规定的可申请撤销仲裁裁决的法定情形之一是仲裁庭的组成违反法定程序的。我国《仲裁法》第三十一条对仲裁庭的组成作了明确的规定："当事人约定由3名仲裁员组成仲裁庭的，应当各自选定或者各自委托仲裁委员会主任指定1名仲裁员，第3名仲裁员由当事人共同选定或者共同委托仲裁委员会主任指定。第3名仲裁员是首席仲裁员。当事人约定由1名仲裁员成立仲裁庭的，应当由当事人共同选定或者共同委托仲裁委员会主任指定仲裁员。"本案中，在仲裁通知书没有送达的情况下，仲裁委员会便为甲方指定仲裁员，是对甲方选定仲裁员权利的剥夺，也是对仲裁意思自治原则的亵渎，显然甲方对这一指定是不满意的。此外，仲裁委员会在对首席仲裁员的指定上显然也是不适当的。仲裁委员会主任应本着中立的原则指定首席仲裁员，而不应对任何一方有偏见。本案中被指定的首席仲裁员竟然是申请人一方所指定的仲裁员，申请人对此也表示异议，然而仲裁庭却予以驳回，这对于甲方来说显然是不公平的，从程序上来讲也是违法的。

最后，仲裁庭驳回被申请人甲方的反请求也是不当的。《仲裁法》第二十七条规定："申请人可以放弃或者变更仲裁请求。被申请人可以承认或者反驳仲裁请求，有权提出反请求。"仲裁庭建立在前面错误送达的基础上，以超过提出反请求期限为由驳回被申请方反请求的做法是错误的。

依据以上任何一个事实，被申请人甲方都可以申请人民法院撤销该仲裁裁决。当然甲方提出申请的同时应该提出证据对上述事实加以证明。

如果乙方不服本案仲裁裁决，提出申请要求撤销仲裁裁决，可以依据以下理由：

本案中的首席仲裁员私自会见了被申请人甲方，索取贿赂，并主动要求甲方聘请其作为法律顾问，这些做法符合可撤销仲裁裁决的法定情形之一，即《仲裁法》第五十八条第一款第六项"仲裁员在仲裁该案时有索贿受贿，徇私舞弊，枉法裁决行为"的规定。对此非常严重的违法行为，如果申请人乙方能够予以证明，那么，人民法院应该撤销仲裁裁决。

或许有人可能会认为该案在裁决的实体上也存在问题。就本案现有的事实来说，难以看出该裁决是否以伪造的证据作为其裁判的依据，因此，其实体问题不在我们讨论范围内。

综上所述，如果上面的情形被当事人提供的证据加以证实，甲方和乙方可以分别根据《仲裁法》第五十八条第一款第三项、第六项的规定提出撤销仲裁裁决申请，人民法院应当作出裁定将该裁决予以撤销。

【法理分析】

当事人申请撤销仲裁裁决，必须具有法定情形。

一、申请撤销国内仲裁裁决的法定情形

根据我国《仲裁法》第五十八条及相关司法解释的规定，有下列法定情形之

一的，当事人可以向人民法院申请撤销国内仲裁裁决。

（一）没有仲裁协议

仲裁协议是当事人自愿将他们之间已经发生或者可能发生的争议提交仲裁解决的书面文件，是纠纷发生后当事人申请仲裁和仲裁机构受理当事人的仲裁申请的前提条件。没有仲裁协议即无仲裁。

“没有仲裁协议”，根据最高人民法院关于《仲裁法解释》第十八条的规定，是指当事人没有达成仲裁协议，而对于仲裁协议被认定无效或者被撤销的，则视为没有仲裁协议。据此，没有仲裁协议包括没有达成仲裁协议和视为没有仲裁协议两种情形。

没有仲裁协议，仲裁即失去了存在和进行的基础。因此，没有仲裁协议的当事人申请仲裁，仲裁委员会应当不予受理，更不能对案件进行审理和作出裁决。如果仲裁机构对没有仲裁协议的纠纷案件予以受理并作出裁决，则违反了仲裁的根本制度和当事人意思自治的仲裁原则，该仲裁裁决即为违法裁决，当事人有权向人民法院申请撤销该仲裁裁决。

（二）仲裁的事项不属于仲裁协议的范围或者仲裁委员会无权仲裁

当事人申请仲裁的事项必须是仲裁协议中明确规定的事项，仲裁机构只能就仲裁协议范围内的争议事项进行审理和作出仲裁裁决。

1. 仲裁事项不属于仲裁协议的范围

仲裁的事项不属于仲裁协议的范围有以下情形：

（1）双方当事人就提交仲裁的争议事项没有签订仲裁协议。

（2）双方当事人就提交仲裁的争议事项签订有仲裁协议，但仲裁庭超出了所约定的事项进行仲裁，该超出部分的争议事项为不属于仲裁协议范围的事项，亦即仲裁庭越权仲裁的事项。

2. 仲裁委员会无权仲裁

仲裁委员会无权仲裁是指仲裁委员会无权受理。具体包括如下情形：

（1）提交仲裁的争议事项不具有争议的可仲裁性，仲裁委员会对该项争议无权仲裁。我国《仲裁法》规定了婚姻、收养、监护、扶养、继承纠纷和依法应当由行政机关处理的行政争议不能仲裁。

（2）当事人将争议案件提交给约定的仲裁委员会申请仲裁，该仲裁委员会对该争议无权仲裁。如双方当事人在仲裁协议中约定将所发生的争议提交北京仲裁委员会，而一方当事人却向上海仲裁委员会申请仲裁，则上海仲裁委员会对该项争议无权仲裁。

（3）双方当事人就争议事项虽然签订有仲裁协议，但当事人并未就该事项实际地提交仲裁，或者仲裁庭超越当事人仲裁请求范围行使仲裁权的事项，也属于仲裁委员会无权仲裁的事项。

3. 仲裁庭的组成或者仲裁的程序违反法定程序

（1）仲裁庭的组成违反法定程序。是指仲裁庭的组成方式违反法律规定，或者仲裁员的选定违反法律规定。

（2）仲裁的程序违反法定程序。仲裁必须按照法定的程序进行，违反法定程序将导致仲裁裁决被撤销。最高人民法院发布的《仲裁法解释》第十九条将“违反法定程序”解释为“违反仲裁法规定的仲裁程序和当事人选择的仲裁规则可能影响案件正确裁决的情形”，即违反法定程序是指违反了仲裁法规定的程序和当事人选择的仲裁规则，并可能影响案件正确裁决的情形。

4. 仲裁裁决所依据的证据是伪造的

证据的真伪直接影响到所作出的仲裁裁决的正误，是仲裁庭能否作出公正仲裁裁决的关键所在。伪造的证据包括当事人自己制造的所谓证据，这类伪造的证据的特点是证据本身不存在，由当事人“创造”而产生。还有一种伪造的证据，即当事人指使他人为虚假证据，如指使证人作伪证等。如果有证据表明仲裁庭是以伪造的证据为基础作出的仲裁裁决，该仲裁裁决即应当予以撤销。

5. 对方当事人隐瞒了足以影响公正裁决的证据

所谓“足以影响公正裁决的证据”，是指对确定争议案件的真实情况起着决定性作用的证据，是直接关系到仲裁裁决的最终结果的证据，因此，缺少认定该案件的核心证据，肯定会对公正裁决造成严重影响。因此，在当事人隐瞒了足以影响公正裁决的证据的情况下所作出的仲裁裁决应当被撤销。

6. 仲裁员在仲裁该案时有索贿受贿、徇私舞弊、枉法裁决的行为

仲裁公正性的基础之一在于仲裁员的中立性，失去中立，即失去公正的裁决。如果仲裁员在仲裁案件时有索贿受贿、徇私舞弊、枉法裁决的行为，该仲裁员就不可能处于中立的地位，也不可能作出公正的裁决。因此，在此基础上作出的仲裁裁决应当赋予当事人申请撤销的权利。

根据我国《仲裁法》第五十八条的规定，除上述几项属于申请撤销仲裁裁决的事由外，如果仲裁裁决违背社会公共利益，人民法院也应当裁定撤销该仲裁裁决。公共利益条款是各国司法对仲裁实施监督的前提条件，不论国内仲裁立法还是国际仲裁公约，都将其作为撤销仲裁裁决的理由之一。但何谓社会公共利益并没有统一的解释。各国的“公共利益”也存在一定的差异。在我国，对“社会公共利益”的解释也不明确，一般理解为：社会公共利益即社会共同的利益属于社会全体成员的利益。社会公共利益和个人利益、局部利益既有统一协调的一面，又有矛盾冲突的一面。保护社会公共利益，是现代各国的通例，也是我国的仲裁准则之一，因此，仲裁裁决违反社会公共利益的应当予以撤销。

由于撤销仲裁裁决是仲裁监督中非常严厉的手段，直接导致仲裁裁决被撤销而归于无效，因此，必须严格把握撤销仲裁裁决事由的范围。对此，2006 年最高人民法院在《仲裁法解释》中作出了明确规定：

（1）根据《仲裁法解释》第十七条的规定，当事人以不属于仲裁法第五十八条规定的事由申请撤销仲裁裁决的，人民法院不予支持。

（2）《仲裁法解释》第二十七条规定，当事人在仲裁程序中未对仲裁协议的效力提出异议，在仲裁裁决作出后以仲裁协议无效为由主张撤销仲裁裁决的，人民法院不予支持。这一规定确立了仲裁程序中的先行抗辩原则，即在仲裁程序中对仲裁协议的效力提出异议，是在仲裁裁决作出后以仲裁协议无效为由主张撤销仲裁裁决的前提条件。

二、申请撤销涉外仲裁裁决的法定情形

《仲裁法》第七十条规定：当事人提出证据证明涉外仲裁裁决有民事诉讼法第二百六十条第一款规定的情形之一的，经人民法院组成合议庭审查核实，裁定撤销。

《民事诉讼法》第二百六十条（现二百七十四条）第一款规定：对中华人民共和国涉外仲裁机构作出的裁决，被申请人提出证据证明仲裁裁决有下列情形之一的，经人民法院组成合议庭审查核实，裁定不予执行：

（一）当事人在合同中没有订有仲裁条款或者事后没有达成书面仲裁协议的；

（二）被申请人没有得到指定仲裁员或者进行仲裁程序的通知，或者由于其他不属于被申请人负责的原因未能陈述意见的；

（三）仲裁庭的组成或者仲裁的程序与仲裁规则不符的；

（四）裁决的事项不属于仲裁协议的范围或者仲裁机构无权仲裁的。

人民法院认定执行该裁决违背社会公共利益的，裁定不予执行。

基于上述对涉外仲裁裁决监督的规定，与对国内仲裁裁决的监督相比较，很显然，法院对仲裁裁决的监督实行的是“双轨制”。“双轨制”的具体表现为：人民法院对涉外仲裁裁决或国际商事仲裁裁决的监督审查，仅限于程序方面，而对国内仲裁裁决的监督审查，既包括对程序方面的审查，也包括对某些实体方面的审查，审查范围更加宽泛、条件更为严格，这和国际上主要的仲裁实践是相矛盾的。

第三节　申请撤销仲裁裁决的程序

【基本案情】

A市亚东汽车修理有限责任公司（以下简称亚东公司）与A市方圆企业管理顾问有限责任公司（以下简称方圆公司）于1998年3月27日签订了一份委托协议书。双方约定：自1998年4月2日起，以每年24万元人民币的价格将亚东公司的经营权承包给方圆公司行使3年，方圆公司每季度支付承包费6万元；另外协议还约定如在协议履行过程中发生争议，向A市仲裁委员会申请仲裁。

该协议生效后，方圆公司未经亚东公司允许，于1998年9月25日，以每年36万元人民币的价格，将亚东公司的经营承包权转包给B市路通贸易有限责任公司行使3年。亚东公司认为方圆公司私自转包亚东公司的经营权并从中赚取承包费差价的行为，是对亚东公司合法权益的侵害。亚东公司根据委托协议书中的仲裁条款，向A市仲裁委员会申请仲裁，仲裁庭于1999年3月2日第一次开庭审理了此案。亚东公司的仲裁请求是：1.方圆公司全部撤出经营场地并向亚东公司办理移交手续；2.方圆公司交还全部经营手续及原属亚东公司的汽修设备及办公用品；3.方圆公司支付亚东公司直至交还全部经营手续、经营场地、汽修设备及办公用品之日的承包费及滞纳金。

1999年4月5日，亚东公司向仲裁庭提出追加B市路通贸易有限责任公司为本案第三人共同参与仲裁，彻底解决合同纠纷，但该申请未获准许。后经仲裁庭审理作出如下裁决：解除亚东公司与方圆公司的合同，方圆公司全部撤出经营场地并向亚东公司办理移交手续；方圆公司交还全部经营手续及原属亚东公司的汽修设备及办公用品并支付亚东公司直至交还全部经营手续、经营场地、汽修设备及办公用品之日的承包费及滞纳金。

随后亚东公司向A市中级人民法院提出撤销该仲裁裁决的申请，认为仲裁庭拒绝将同一合同引起的全部纠纷在仲裁程序中彻底解决的做法，违反一裁终局制，应当在同一仲裁程序中彻底解决同一合同引起的全部纠纷（因当事人就同一合同引起的纠纷再申请仲裁或提起诉讼，仲裁委员会或人民法院依法不予受理），由此导致亚东公司告状无门的不公正结果，要求人民法院依照法定程序撤销该案仲裁裁决，追加B市路通有限责任公司为本案第三人后对本案重新审理。

A 市中级人民法院于 1999 年 6 月 25 日受理了亚东公司的申请。3 个月后，人民法院组成合议庭对亚东公司的申请进行审查，认为 A 市仲裁委员会的裁决超出仲裁请求的范围，于是判决撤销仲裁裁决。人民法院为尽快使案件得到解决，合议庭决定开庭审理本案当事人之间的争议，于是通知亚东公司和方圆公司于 1999 年 12 月 13 日到法院开庭，并把 B 市路通贸易有限责任公司列为本案第三人。1999 年 12 月 25 日，A 市中级人民法院对该案做出了判决，要求第三人承担一定的责任，彻底解决了当事人之间的争议。各方当事人对该判决都表示比较满意。

【法律问题】

本案 A 市中级人民法院的行为是否符合法律的规定？

【参考答案】

本案中，A 市中级人民法院的行为存在两方面的程序错误，分析如下：

首先，A 市中级人民法院没有在规定的期限内作出撤销裁决的裁定，而且使用了判决形式。《仲裁法》第六十条规定：“人民法院应当在受理撤销裁决申请之日起 2 个月内作出撤销裁决或者驳回申请的裁定。”根据该规定，人民法院的行为必须符合两个条件：一是人民法院作出撤销裁决或者驳回申请的形式必须采用裁定，而不能采用判决或者决定的形式；二是人民法院作出这一裁定必须在 2 个月内完成。本案中的 A 市中级人民法院在受理申请 3 个月后才组成合议庭对当事人的撤销裁决申请进行审查，并以判决的形式作出显然是违法的，应当予以纠正。

其次，人民法院直接审理该案件是不合法的。我国《仲裁法》第九条第二款规定：“裁决被人民法院依法裁定撤销或者不予执行的，当事人就该纠纷可以根据双方重新达成的仲裁协议申请仲裁，也可以向人民法院起诉。”这也就是说，仲裁裁决被人民法院依法撤销后，对于该纠纷如何解决取决于双方当事人的意思表示，即使需要通过诉讼方式予以解决，也应当以当事人依法提起诉讼为前提，而不得由人民法院直接行使审判权审理该争议案件。事实上，人民法院直接审判撤销裁决的案件，是对当事人之间的民事纠纷的不当干预，这与民事诉讼的“不告不理”原则是相违背的。人民法院撤销裁决的做法仅使仲裁裁决失去了效力，使纠纷恢复到仲裁机构未裁决之前的状态。因此，对于纠纷的解决，当事人可以重新达成仲裁协议，申请仲裁机构重新仲裁，也可以向有管辖权的人民法院提起诉讼。但是当事人在启动程序之前，人民法院是不能主动解决的。

【法理分析】

一、提起撤销仲裁裁决之诉

（一）提起撤销仲裁裁决之诉的条件

按照我国《仲裁法》第五十八、第五十九、第七十条的规定，提起撤销仲裁裁决之诉必须符合下列条件：

1. 提出撤销仲裁裁决申请的主体必须是仲裁当事人

由于仲裁当事人与仲裁裁决的结果有直接的利害关系，仲裁裁决也决定着当事人的合法权益是否得到了保护或者受到了侵害。所以，法律规定提出撤销仲裁裁决申请的主体是当事人，包括仲裁申请人和被申请人。

与仲裁裁决有利害关系的第三人能否提起撤销仲裁裁决之诉，理论和实务上尚有争论。一般认为，有利害关系的第三人既不能申请撤销涉外仲裁裁决，也不能申请撤销国内仲裁裁决，因为我国《仲裁法》和《民事诉讼法》规定只有当事人有权申请撤销，而第三人不是仲裁案件的任何一方当事人。反对意见认为，利害关系人可以申请撤销我国国内仲裁裁决。理由是：上述法律规定当事人有权申请撤销仲裁裁决，但并未否定有利害关系的第三人可以申请撤销仲裁裁决。法律未明确禁止的就是允许的。在仲裁案件中，若出现当事人规避法律规定，损害国家、集体或第三人利益的，如果不允许有利害关系的第三人行使撤销仲裁裁决权，可能会导致不公平。例如，《希腊民事诉讼法》第八百九十九条规定：仲裁协议的当事人和任何有法律上利害关系的人均有权请求撤销仲裁裁决。

2001 年 9 月 28 日，最高人民法院在《关于对崇正国际联盟集团有限公司申请撤销仲裁裁决人民法院应否受理的复函》（〔2001〕民立他字第 36 号）中对此问题进行了明确的答复：《仲裁法》第七十条规定的“当事人”是指仲裁案件的申请人或被申请人，崇正国际联盟集团有限公司并非 V19990351 号仲裁案件的申请人或被申请人，该公司不具备申请撤销该仲裁裁决的主体资格，故对该申请人民法院不予受理。

在上述复函中最高人民法院的态度是：利害关系人不能申请撤销我国涉外仲裁裁决。按照体系解释方法，该复函的精神对我国国内仲裁裁决的撤销也可参照适用。最高人民法院之所以排除案外第三人提起撤销裁决之诉，除了我国《仲裁法》和《民事诉讼法》有明文规定外，更重要的原因在于坚持司法监督仲裁的谦抑原则，防止司法权过多干预仲裁。毕竟法院受理第三人撤销裁决的申请后，原裁决要中止执行，因此对赋予第三人申请撤销裁决权表现出慎重的态度，否则易产生审判权过多干预仲裁权的现象，不利于仲裁裁决的稳定性与仲裁事业的发展。

本书认为，对仲裁裁决的司法监督持审慎、克制的态度固然是可取的，但一概排除第三人的诉权并不符合民事诉讼法和仲裁法原理。仲裁程序的保密性、不公开性、迅速及时性，使得仲裁程序比审判程序更有可能出现当事人双方串通，损害国家、集体或第三人利益的情形。仲裁实践中已经出现了不少类似的案例，即仲裁当事人持仲裁裁决书请求法院强制执行或申请参与分配，但法院查明或其他债权人证明该仲裁裁决书系双方恶意串通所致。此时，即便发现这种状况，除了法院可以依职权对违反社会公共利益的情形裁定撤销或不予执行外，对于仲裁裁决书损害第三人合法权益的情形却无能为力。如果不赋予有利害关系的第三人提起撤销裁决之诉的权利，第三人根本无法获得有效的救济。考虑到《合同法》第五十二条第二项关于“恶意串通，损害……第三人利益”的合同无效，第三人可以向法院提起宣告他人之间的合同无效之诉的规定，在仲裁程序中，如果仲裁当事人有恶意串通取得损害第三人利益的仲裁裁决书的情况，那么，赋予利害关系第三人提起撤销仲裁裁决之诉的权利，就是合乎逻辑的必然选择。

2. 必须在法定的期限内提出撤销仲裁裁决的申请

我国《仲裁法》第五十九条规定，当事人申请撤销仲裁裁决的，应当自收到裁决书之日起 6 个月内提出。该 6 个月的期间，性质上属于除斥期间，如果当事人在规定的期限内没有提出撤销仲裁裁决的申请，则表明他放弃了此项权利，双方当事人都应自觉履行裁决书中规定的各自的义务，否则，权利人可以向法院申请执行仲裁裁决。

在提起撤销仲裁裁决之诉中，当事人行使的撤销权是具有破坏性的形成权，法律关系因之而发生变动。在该权利行使前，当事人间的权利义务关系处于不确定状态，为了尽快确定当事人间的法律关系，应当对当事人行使撤销权的期间予以限制，当事人如不按期提起，则是权利的“睡眠者”，法律也无保护的必要。采纳撤销仲裁裁决制度的，对当事人提起撤销之诉的时间均有限制。如《联合国国际商事仲裁示范法》第三十四条规定，当事人应自收到裁决之日起 3 个月内提出撤销仲裁裁决的申请。《美国联邦仲裁法》规定为 3 个月，《法国民事诉讼法》规定为 1 个月，德国和希腊民事诉讼法规定为 3 个月。

3. 必须有证据证明仲裁裁决有法律规定的应予撤销的情形

仲裁当事人提起撤销仲裁裁决之诉时必须有证据对该仲裁裁决具有法律规定的应予撤销的情形加以证明。没有证据，人民法院不予受理；当事人所提供的证据能否证明，则需要人民法院审查认定。

（二）撤销仲裁裁决之诉的管辖

撤销仲裁裁决之诉，必须向有管辖权的人民法院提出。按照《仲裁法》第五十八条的规定，有权管辖此诉的人民法院是仲裁委员会所在地的中级人民法院。该管辖规定非常类似于专属管辖。除了仲裁委员会所在地的中级人民法院外，其他人民法院均不具有管辖权。

（三）提起撤销仲裁裁决之诉的形式

《仲裁法》未对当事人、利害关系人提起撤销仲裁裁决之诉的形式予以限定，因此，形式上可以参照民事诉讼法关于起诉的一般规定，既可以采用书面的申请书形式，也可以口头起诉或口头申请。

申请书应当记明下列事项：（1）当事人的姓名、性别、年龄、民族、职业、工作单位和住所，法人或者其他组织的名称、住所和法定代表人或者主要负责人的姓名、职务；（2）仲裁请求和所根据的事实与理由；（3）证据和证据来源，证人姓名和住所。

需要注意的是，提起撤销仲裁裁决之诉中的当事人，不称为原告、被告，而是申请人和被申请人。按照 1998 年 6 月 11 日最高人民法院《关于审理当事人申请撤销仲裁裁决案件几个具体问题的批复》的规定，一方当事人向人民法院申请撤销仲裁裁决的，人民法院在审理时，应当列对方当事人为被申请人。

（四）提起撤销仲裁裁决之诉的效力

提起撤销仲裁裁决之诉除了具有起诉的一般效力外，还有中止执行的特殊效力。根据《仲裁法》第六十四条的规定，一方当事人申请执行裁决，另一方当事人申请撤销裁决的，法院应当裁定中止执行。

二、人民法院对撤销仲裁裁决请求的审查处理程序

（一）审判组织与开庭形式

1. 合议庭审理

人民法院审理民事案件，审判组织形式有合议制与独任制之分。独任制目前只能在基层人民法院及其派出法庭处理简单民事案件时适用，中级人民法院不得采用独任制。根据《仲裁法》的规定，中级人民法院受理撤销仲裁裁决申请后，应当组成合议庭审查撤销裁决请求是否成立，以示司法监督仲裁的慎重。

2. 询问当事人

合议庭可以开庭审理，也可以不开庭审理，如果不开庭审理应当询问当事人。（《仲裁法解释》第二十四条）

对仲裁裁决的司法审查可能导致裁决被撤销。不论是基于程序性理由还是实体性理由，撤销裁决是对一项已决案件的否定，对当事人利益至关重要。所以对申请撤销仲裁裁决案件可以开庭审理。通过法庭调查和法庭辩论，审查核实证据，查明案件事实，在此基础上，通过合议庭评议，形成裁定，以确定当事人之间的权利义务关系。在开庭审理中，被申请人可以充分行使程序参与权，理解申请撤销的理由、对申请人提交的证据质证、可以向合议庭陈述意见和提出反驳对方的证据等，由此可以合理平衡双方当事人的程序利益，也有利于人民法院裁定的客观与公正。

合议庭通过审查申请人的申请材料后，如果认为案件事实清楚，法律关系明确，就可以不开庭审理，但应询问当事人，如果没有发现新的情况，合议庭可以直接合议后作出裁定。询问当事人时，应制作询问记录，并留卷备查。根据审理撤销仲裁裁决案件的实际需要，人民法院可以要求仲裁机构做出说明或者向相关仲裁机构调阅案卷，在此基础上作出是否撤销仲裁裁决的裁定。

（二）申请人的举证责任

1. 起诉时提供初步证据的义务

按照《仲裁法》第五十八条的规定，申请人在提起撤销仲裁裁决之诉时，应当提供证据证明裁决具有法定撤销的情形之一的，法院才会受理该申请。因此，申请人除了提交撤销仲裁裁决申请书外，还需向人民法院提交初步证明其申请书中所列撤销事由的证据或证据材料，法院才能受理其撤销申请。

2. 法院审查阶段申请人的举证责任

按照民事举证责任分配的理论和立法，在法院审理程序，申请人对于其撤销请求所赖以成立的撤销事由之存在，负有客观举证责任。申请人应当提供证据证明撤销事由的存在，如果所提供的证据不足以证明其主张的撤销事由成立，或者提供的证据所证明的事实并非撤销事由，那么申请人将承担举证不能的败诉风险。

关于申请人负举证责任的法律依据，可以参考《民事诉讼法》第六十四条、《民事诉讼证据规定》第二条、《仲裁法》第五十八条。从国外立法看，有关撤销仲裁裁决之诉中的举证责任一般适用民事诉讼法的规定，也有少数国家的民事诉讼法或仲裁法对此作专门规定，如《韩国仲裁法》第三十六条。

需要说明的是，申请人负举证责任的规定仅适用于申请人主张的事实（撤销事由），至于涉及公共秩序、善良风俗以及争议的可仲裁性事实等（撤销事由），则不适用举证责任的规定。原因在于，后一类事实属于法律的强制性规定，仲裁程序不得违反，因此，即便申请人没有主张这类事实（撤销事由）或者虽然主张但证据不足甚至没有证据证明，也不影响法院依职权调查、依职权探知，法院应当主动审查这类事实是否存在，主动调查收集相关的证据。

第四节　申请撤销仲裁裁决的法律后果

【基本案情】

申请人某市松江申陆床上用品厂（以下简称申陆厂）诉被申请人某市安彤时装有限公司（以下简称安彤公司）申请撤销仲裁裁决一案，某市第一中级人民法院于2014年3月17日立案受理后，依法组成合议庭进行了审理。本案现已审理终结。

申请人申陆厂诉称：（1）仲裁庭以安彤公司的虚假质证意见为依据，对申陆厂提交的2011年8月23日1002277号磅码单不予认定，对该部分仲裁请求也不予支持，此后果比裁决所依据的证据是伪造的性质更加严重。（2）仲裁审理违反了法定程序：2013年11月15日庭审时，因申陆厂的财务账册已归档，故代理人未能出示证据原件。仲裁庭遂规定双方在一周内补充提交证据原件。此后，按规定的期限申陆厂提交原件给仲裁庭审查，仲裁庭应再次组织证据质证。但仲裁庭没有组织质证。据此申请人要求撤销S仲裁委员会（××××）×仲案字第×号仲裁裁决。

被申请人安彤公司辩称：仲裁庭审后，安彤公司收到了仲裁委寄送的、与原件核对无异的磅码单证据，并对磅码单发表了书面质证意见。1002277号磅码单对应的货物，安彤公司没有收到过，也没有发出过这单订货。上面的签名不能证明是安彤公司的客户收到了货物。申请人的申请理由不能成立，应予驳回。

本院经审理查明：申陆厂依据其与安彤公司签订的《工矿产品购销合同》中的仲裁条款，向S仲裁委员会（以下简称仲裁委）申请仲裁。申陆厂的申请事项为：（1）安彤公司向其支付货款人民币103762元（以下币种相同）；（2）安彤公司向其支付逾期付款损失赔偿（自2012年1月25日起至裁决作出之日止，按中国人民银行同期贷款利率4倍计算）；（3）安彤公司承担本案仲裁费。仲裁庭审中，安彤公司对申陆厂提供的有关 2011 年 8 月 23 日的证据质证称：2011 年 8 月 23 日的业务没有送货单，有异议；在 1002277 号磅码单上签名的“李银华”不是案外人上海鹤舞时装有限公司（注：安彤公司工厂）的员工；对申陆厂提交的安彤公司要求供货的函，安彤公司质证称要求看原件再质证。鉴于申陆厂未能在仲裁庭审时出示全部证据的原件，仲裁庭在庭审中告知双方庭后的安排：根据申陆厂提交的 2011 年购销合同，安彤公司向申陆厂发出的订单 / 送货凭证，以及安彤公司手写的送货要求单，请申陆厂在庭后七日内提交原件，并由仲裁委转发给安彤公司在限期内书面质证。申陆厂、安彤公司对此安排表示无异议。

仲裁庭审后，申陆厂向仲裁庭出示了四份磅码单原件及《2011 年发安彤公司货物明细》一份。仲裁庭经核对，将与原件一致的证据复印件交给安彤公司。安彤公司书面质证称：1002277 号磅码单上的签字，查无此人，不予认可等。

仲裁庭对双方的证据进行了审查认定，其中，对于 1002277 号磅码单的证据能力予以了排除，并于 2014 年 2 月 18 日裁决：（1）安彤公司向申陆厂支付价款 30592 元。（2）安彤公司向申陆厂支付逾期付款损失赔偿额 4321.04 元。（3）仲裁费 6899 元，由申陆厂承担 5099 元，安彤公司承担 1800 元。上述三项裁决主文中安彤公司应支付款项合计人民币 36713.04 元，应于裁决作出之日起十五日内一次性支付给申陆厂。

本案审理中，申请人申陆厂向本院提供如下证据：落款 2011 年 8 月 19 日的传真、增值税专用发票若干、2011 年货物对账明细表格、1002277 号磅码单、2014 年 3 月 4 日调查笔录（系本案中新提供的证据）。被申请人安彤公司提供了 2013 年 12 月 6 日的书面质证意见及其附件：2013 年 12 月 3 日案外人上海鹤舞时装有限公司提供的说明。关于申陆厂新提供的 2014 年 3 月 4 日调查笔录证据，安彤公司认为不能证明 1002277 号磅码单项下记载的货物已经签收。由于该调查笔录内容涉及货物是否签收的事实问题，不是本案撤销仲裁裁决的审查范围，因此本院不予认定为本案证据。

本院认为，当事人申请撤销仲裁裁决的案件，人民法院应当根据《中华人民共和国仲裁法》第五十八条的规定进行审查。申陆厂关于仲裁违反了审理程序的主张，仲裁委仲裁规则在“举证和质证”一条中规定：仲裁庭可以另行开庭进行质证，也可以要求当事人在规定期限内提交书面质证意见。本案仲裁庭审时，仲裁庭告知申陆厂庭后提供证据原件，以书面质证的方式质证，申陆厂、安彤公司均表示无异议。因此，申陆厂主张仲裁庭应就其补充提交的证据进行庭审质证，没有事实和法律依据，本院不予采纳。另，申陆厂关于仲裁庭未将安彤公司的书面质证意见再交换回申陆厂的意见，系申陆厂对仲裁庭进行书面质证的流程方面提出意见，并不涉及仲裁庭违反某项具体的仲裁规则。关于裁决所依据的证据是伪造的意见，申陆厂主张安彤公司对磅码单的质证意见虚假，仲裁庭不应采信该质证意见进行裁判。对此，本院认为，仲裁庭对磅码单证据不予采信，系仲裁庭在听取申陆厂的举证和安彤公司的质证意见后，运用证据规则对磅码单的证据效力所作判定。仲裁庭并未依据该磅码单作出裁决，因此不符合裁决所依据的证据是伪造的规定。申陆厂的其余理由，指向仲裁庭的仲裁审查权及其裁决权，不属于本案审查范围。综上所述，申请人申陆厂的申请理由均不能成立，本院不予支持。据此，依照《中华人民共和国仲裁法》第五十八条第一款及《最高人民法院关于适用〈中华人民共和国仲裁法〉若干问题的解释》第十七条之规定，裁定如下：

驳回申请人某市松江申陆床上用品厂要求撤销S仲裁委员会（××××）×仲案字第×号裁决的申请。

本案案件受理费人民币400元，由申请人某市松江申陆床上用品厂负担。

本裁定为终审裁定。[1]

【法律问题】

本案法院作出的驳回撤销仲裁裁决申请的裁定是否正确？

【参考答案】

本案法院作出的驳回撤销仲裁裁决申请的裁定是正确的。理由详见法院裁判理由。

【法理分析】

人民法院在受理当事人提出的撤销仲裁裁决的申请后，必须组成合议庭对当事人的申请及仲裁裁决进行审查。经审查，人民法院可以根据不同的情况作出不同的处理。

[1] 马德才：《仲裁法案例研究》。北京：中国出版集团、世界图书出版公司，2015年1月版，第185-187页。

一、撤销仲裁裁决

人民法院受理当事人提出撤销仲裁裁决的申请后，经组成合议庭审查核实，并询问当事人，认定当事人提出的申请符合撤销仲裁裁决的条件和理由，即应当在受理撤销裁决申请之日起 2 个月内裁定撤销该仲裁裁决。

（一）撤销仲裁裁决的具体情形

撤销仲裁裁决包括以下两种：

（1）撤销全部仲裁裁决是指将仲裁裁决作为一个整体予以撤销，仲裁裁决无效。

（2）撤销部分仲裁裁决是指仅将仲裁裁决的一部分予以撤销，其他部分仍然有效。根据最高人民法院《关于我国仲裁机构作出的仲裁裁决能否部分撤销问题的批复》，我国仲裁机构作出的仲裁裁决，如果裁决事项超出当事人仲裁协议约定的范围，或者不属于当事人申请仲裁的事项，并且上述事项与仲裁机构作出裁决的事项是可分的，人民法院可基于当事人的申请，在查清事实后裁定撤销该超裁部分。最高人民法院在《仲裁法解释》的第十九条进一步明确规定：当事人以仲裁裁决事项超出仲裁协议范围为由申请撤销仲裁裁决，经审查属实的，人民法院应当撤销仲裁裁决中的超裁部分。

根据上述规定，撤销部分仲裁裁决的前提条件是：第一，部分裁决具有被撤销的事由；第二，具有被撤销事由部分的仲裁裁决与其他部分可以分开。

（二）撤销仲裁裁决的效力

（1）对于人民法院依法作出的撤销仲裁裁决的裁定，当事人不能上诉，不得申请再审，检察院不能通过抗诉启动再审程序。

（2）仲裁裁决被人民法院依法撤销后，当事人可以重新寻求解决纠纷的方法。

我国《仲裁法》第九条规定，裁决被人民法院依法撤销的，当事人就该纠纷可以根据双方重新达成的仲裁协议申请仲裁，也可以向人民法院起诉。

二、驳回撤销仲裁裁决的申请

（一）驳回撤销仲裁裁决的申请的含义

当事人向人民法院提出撤销仲裁裁决的申请后，人民法院经过审查未发现仲裁裁决具有法定可被撤销的理由的，应在受理撤销仲裁裁决申请之日起 2 个月内作出驳回申请的裁定。

（二）裁定驳回撤销仲裁裁决申请的效力

（1）对人民法院依法作出的驳回当事人申请的裁定，当事人无权上诉，不能申请再审，检察院不得抗诉。

（2）撤销仲裁裁决的申请被驳回后，双方当事人必须按照仲裁裁决所确定的权利义务自动履行。如果不自动履行仲裁裁决，权利方当事人可以向人民法院申请强制执行。

三、通知仲裁庭重新仲裁

我国《仲裁法》第六十一条规定："人民法院受理撤销裁决的申请后，认为可以由仲裁庭重新仲裁的，通知仲裁庭在一定期限内重新仲裁，并裁定中止撤销程序。仲裁庭拒绝重新仲裁的，人民法院应当裁定恢复撤销程序。"这是重新仲裁在《仲裁法》上的依据。

（一）重新仲裁的含义及特征

重新仲裁是法院监督的一种方式，它是指人民法院受理了仲裁当事人撤销仲裁裁决的申请后，认为仲裁裁决虽具有法律规定的撤销情形，但可以由仲裁庭通知重新进行仲裁加以纠正的，则裁定中止撤销程序，并通知仲裁庭在一定期限内重新进行仲裁的制度。

重新仲裁具有如下特征：

1. 重新仲裁是法院监督仲裁的一种特殊方式

由于重新仲裁属于当事人申请撤销仲裁裁决的法律后果的一种，因此，重新仲裁是法院监督仲裁的一种特殊方式。通过重新仲裁，由仲裁庭对有瑕疵的仲裁程序进行有效救济，弥补仲裁程序的缺陷和不足，从而减少法院对撤销仲裁裁决的使用，维护仲裁的独立性，保护当事人的合法权益，满足当事人选择仲裁解决纠纷的初衷。

2. 重新仲裁适用撤销仲裁裁决的相关事由

由于重新仲裁是当事人申请撤销仲裁裁决的法律后果之一，是法院受理了当事人提出的撤销仲裁裁决的申请后，认为仲裁裁决符合可撤销的情形时的选择。因此，是否对当事人申请撤销的仲裁裁决通过重新仲裁来弥补必须是该裁决具有撤销仲裁裁决的事由，超出法定撤销仲裁裁决事由的，不适用重新仲裁。

3. 重新仲裁的范围具有特定性

从法律所规定的重新仲裁的宗旨来看，重新仲裁是为了消除仲裁过程中产生的不公正因素，消除仲裁裁决的瑕疵。因此，重新仲裁只应围绕所产生的不公正因素和瑕疵来进行，而不应该对所有请求和事项重新审理，当事人也不能提出新的请求，要求仲裁庭进行裁决。如果当事人协议将新的请求作为审理的标的，实际上是形成了一个新的仲裁案件。

4. 重新仲裁在法院认为可以由仲裁庭重新仲裁的范围内重新进行

重新仲裁的内容不基于当事人的申请而确定，因为当事人只能依法申请撤销仲裁裁决，申请重新仲裁则没有法律上的依据；重新仲裁也不是由仲裁庭来确定，因为仲裁庭在作出仲裁裁决后，实际上已不存在，无权再行使任何权力。重新仲裁是法院在受理了当事人撤销仲裁裁决的申请后，认为可以通过仲裁庭的重新仲裁来弥补仲裁裁决中的瑕疵，而确定的重新仲裁的范围。仲裁庭必须在法院所确定的范围内重新仲裁。

（二）重新仲裁的意义

重新仲裁在世界许多国家的仲裁立法和国际商事仲裁立法中均有规定。例如联合国《国际商事仲裁示范法》第三十四条第四款规定："法院被请求撤销裁决时，如果适当而且当事人一方也要求暂时停止进行撤销程序，则可以在法院确定的一段期间内暂时停止进行，以便给予仲裁庭一个机会重新进行仲裁程序或采取仲裁庭认为能够消除请求撤销裁决的理由的其他行动。"有关重新仲裁制度的规定与我国《仲裁法》关于重新仲裁的立法精神基本一致，体现了重新仲裁的意义。

（1）重新仲裁给仲裁庭提供一个更正仲裁裁决瑕疵的机会，减少仲裁裁决最终被法院撤销的可能性，以保证仲裁的独立性和公正性。

（2）重新仲裁是对程序缺陷的补救，而不是对实体问题的重新审理。即重新仲裁针对的是不直接涉及实体问题的程序瑕疵进行的，只有可以补救的仲裁程序问题，才能适用重新仲裁。对于实体上的错误非因程序错误引起的，不能通过重新仲裁的方式予以纠正。但是，如果由于程序上的瑕疵导致了可能出现的实体上的错误，重新仲裁依然具有意义。例如，仲裁庭审理案件时没有给一方当事人进行辩论的机会，这属于程序上的瑕疵，不论仲裁裁决的结果是否正确，也不论重新仲裁后是否会改变原先作出的仲裁裁决的内容，这种程序瑕疵都可以也应当通过重新仲裁来弥补；但如果仲裁程序上没有错误，仲裁裁决的结果因仲裁庭的判断错误而产生实体错误，则不能通过重新仲裁进行更正。

（三）重新仲裁制度的具体运用

对重新仲裁，我国《仲裁法》仅有第六十一条加以规定，且规定非常原则化，许多具体的程序问题的运用没有明确，在实践中造成了一定的困惑。2006 年最高人民法院发布的关于《仲裁法解释》和其他一些司法解释对《仲裁法》的规定进行了细化，对重新仲裁制度的适用起到了一定的指引作用。

1. 重新仲裁的主体

根据仲裁法有关规定的精神，重新仲裁的主体是原仲裁庭，而无须另行组成仲裁庭。因为仲裁庭的组成方式和仲裁员本身就是由当事人直接选定或委托指定的，体现了当事人的自由意志。由原仲裁庭重新仲裁，既尊重了当事人的意愿，也给仲裁庭一个自我纠正错误的机会，从而有利于仲裁庭作出公正裁决。

2. 适用重新仲裁的情形

《仲裁法》并没有明确规定在当事人申请撤销仲裁裁决的事由中，哪些事由可以由仲裁庭重新仲裁。《仲裁法解释》对此进行了明确，即第二十一条规定，当事人申请撤销国内仲裁裁决的案件，属于下列情形之一的，人民法院可以依照《仲裁法》第六十一条的规定通知仲裁庭在一定期限内重新仲裁：（1）仲裁裁决所根据的证据是伪造的；（2）对方当事人隐瞒了足以影响公正裁决的证据的。人民法院应当在通知中说明要求重新仲裁的具体理由。

3. 重新仲裁的程序

人民法院认为当事人申请撤销仲裁裁决的案件可以通知仲裁庭重新仲裁的，即发出通知，通知仲裁庭在一定期限内重新仲裁。对重新仲裁的通知是否采纳，由仲裁庭决定。仲裁庭既可以决定重新仲裁，也可以拒绝重新仲裁。仲裁庭在人民法院指定的期限内开始重新仲裁的，人民法院应当裁定终结撤销程序；未开始重新仲裁的，人民法院应当裁定恢复撤销程序，进而决定是否撤销仲裁裁决。当事人对重新仲裁裁决不服的，可以在新的仲裁裁决书送达之日起6个月内依据仲裁法第五十八条的规定向人民法院申请撤销。

四、对撤销仲裁裁决或驳回申请裁定的救济

（一）撤销裁定和驳回裁定的终局性

法院作出的撤销仲裁裁决和驳回申请的裁定具有终局性的特点。

1. 对裁定不能上诉

不论是法院裁定撤销仲裁裁决，还是驳回撤销仲裁裁决的申请，当事人均无权上诉。

2. 不能申请再审

不论当事人对人民法院撤销仲裁裁决的裁定不服申请再审，还是对法院驳回其申请撤销仲裁裁决的裁定不服而申请再审，人民法院均不予受理。

3. 检察院不能提起抗诉

不论人民检察院针对撤销仲裁裁决的裁定，还是驳回申请（即不予撤销仲裁裁决）的裁定提出的抗诉，人民法院均不予受理。

（二）对裁定撤销仲裁裁决的救济

仲裁裁决被撤销后，法院对裁决的执行程序就失去了执行依据，因此法院应解除已经实施的执行措施，并裁定终结仲裁裁决的执行程序。

仲裁裁决因超裁，人民法院予以部分撤销后，撤销部分则不具有法律效力；裁决的其他部分效力（包括强制执行力）不受影响。法院部分撤销仲裁裁决的，当事人据以申请执行的依据包括两部分：一是仲裁裁决书，二是法院的裁定书。仲裁裁决书的部分内容被法院裁定撤销，剩余部分仍然有效，可以作为强制执行的依据；仲裁裁决书中被法院裁定撤销的部分已经归于无效，不得作为执行的内容。当事人向法院申请执行时，应当同时提交仲裁裁决书和法院的撤销部分仲裁裁决的裁定书。

仲裁裁决被人民法院依法撤销后，当事人之间的纠纷并未解决，当事人可以重新寻求《仲裁法》第九条规定的解决纠纷的方法：重新达成仲裁协议申请仲裁或者向人民法院起诉。

（三）对驳回申请的救济

撤销仲裁裁决的申请被驳回后，双方当事人必须按照仲裁裁决所确定的权利义务自动履行。如果不自动履行仲裁裁决，权利方当事人可以向法院申请恢复执行，人民法院也可依职权恢复执行程序。

第九章　仲裁裁决的执行与不予执行

第一节　仲裁裁决的执行

【基本案情】

1996年9月13日，三洋国际贸易公司（下称三洋公司）与某省对外贸易公司（下称省外贸公司）在某市签订了一项购销制造乳胶手套合同。合同规定：三洋公司向省外贸公司出售一套乳胶手套制造设备，价款CIF南通（到岸价格）53万美元，其中75%即397500美元以信用证支付，25%即132500美元以产品补偿。此外，合同中还约定了出现争议提交中国国际经济贸易仲裁委员会的仲裁条款。合同签订后，三洋公司交付了设备，省外贸公司支付了75%的货款。后来，双方就设备投产后的产品质量及补偿产品的价格等问题产生争议。为此，三洋公司与该设备的实际用户某合成纤维厂协商，于1997年11月26日签订了备忘录，对设备投产后的遗留问题作出规定，并将原合同中以产品补偿货款25%的付款方式变更为以现款方式，于1998年3月30日前分两次支付给三洋公司14万美元。省外贸公司作为合同的买方和用户的代理人在备忘录上签署了同意的意见。付款期限过后，三洋公司在多次催要剩余货款，省外贸公司始终拒付的情况下，于1999年1月19日，依照合同中的仲裁条款，向中国国际经济贸易仲裁委员会申请仲裁。1999年11月12日，仲裁委员会作出裁决：省外贸公司于2000年1月15日前分两次支付给三洋公司货款132500美元，逾期加计年利率为12.5%的利息。2000年2月21日，因省外贸公司未按仲裁裁决履行其义务，三洋公司依据《中华人民共和国民事诉讼法》（1991）第二百五十九条的规定，向仲裁机关所在地的北京市第二中级人民法院申请执行。

北京市第二中级人民法院接到三洋公司申请执行书后，经审查认为该申请符合《中华人民共和国民事诉讼法》（1991）第二百五十九条的规定，决定予以执行。该院首先向被执行人省外贸公司发出执行通知，后于2000年3月1日派员前去执行。在执行中，被执行人提出，它是代理某合成纤维厂进口设备，该厂是实际用户，产生的纠纷应由该厂承担责任；被执行人并据此拒绝履行裁决中确认的其应当履行的义务。鉴于此种情况，执行人员明确指出：依据双方所签合同，与三洋公司签订购销设备合同的买方是省外贸公司，仲裁中的被诉方和裁决中的义务方也是省外贸公司，因此，省外贸公司应当承担和履行裁决义务。并告知被执行人，如不履行义务，法院将强制执行。3月2日，省外贸公司将货款及逾期利息共计138053.96美元和应承担的申请执行费人民币2693.64元，用支票汇往北京市第二中级人民法院。同年4月3日，北京市第二中级人民法院将执行的货款及利息交付申请执行人三洋公司。

【法律问题】

本案是因负有给付义务的一方当事人不履行中国国际经济贸易仲裁委员会的裁决，对方当事人申请人民法院强制执行的案件，为什么人民法院要给予强制执行呢？

【参考答案】

根据我国《仲裁法》第六十二条的规定，当事人应当履行裁决。一方当事人不履行的，另一方当事人可以依照民事诉讼法的有关规定向人民法院申请执行。受申请的人民法院应当执行。仲裁裁决是终局的，即裁决一经作出即具有法律效力，当事人对裁决不服的，也不得再向人民法院起诉。负有义务的当事人应当依照裁决自觉履行；逾期不履行的，对方当事人可以向被申请人住所地或者财产所在地的中级人民法院申请执行。

【法理分析】

一、仲裁裁决的履行与仲裁裁决的执行

（一）仲裁裁决的履行

仲裁裁决的履行，是指双方当事人自觉实现仲裁裁决书中所确定的权利义务的行为。仲裁是双方当事人对纠纷解决方式的自愿选择，仲裁庭行使仲裁权对当

事人之间的争议作出仲裁裁决，是双方当事人共同授权的结果。因此，双方当事人在达成仲裁协议并提交仲裁时，体现的不仅是双方当事人就纠纷解决方式所达成的一致，也表明他们将服从仲裁庭作出的仲裁裁决，并按照约定自觉履行仲裁裁决。因此，仲裁裁决一经作出，双方当事人便负有毫不迟延地自觉履行仲裁裁决的义务。

（二）执行仲裁裁决的概念及特征

1. 执行仲裁裁决的概念

通常情况下，当事人协商一致将纠纷提交仲裁，都会自觉履行仲裁裁决。但实际上，由于种种原因，当事人不自动履行仲裁裁决的情况并不少见，在这种情况下，另一方当事人即可请求法院强制执行仲裁裁决。所谓执行仲裁裁决，即对仲裁裁决的强制执行，是指人民法院经当事人申请，采取强制措施将仲裁裁决书中的内容付诸实现的行为和程序。

2. 执行仲裁裁决的特征

作为一种强制实现仲裁裁决内容的专门活动，仲裁裁决的执行具有以下特征：

（1）执行机关的特定性。强制实现仲裁裁决的内容，只能由法律所规定的具有国家执行权的机关来实施，未经国家授权，任何机关或个人都不得采取强制性的执行措施，迫使债务人履行仲裁裁决书所确定的义务。我国法律规定，人民法院是行使执行权的法定机关，只有人民法院才有权采取强制性的执行措施，迫使债务人履行义务，实现仲裁裁决书的内容。因此，仲裁裁决书内容的实现，必须统一由人民法院执行。

（2）执行根据的有效性。执行必须具有执行根据，即存在依法应当由执行机关强制实现的仲裁裁决书或仲裁调解书。没有有效的仲裁裁决书或仲裁调解书，执行就没有基础和采取执行措施的内容。

（3）执行手段的强制性。对仲裁裁决书的执行，是债务人拒绝履行裁决书所确定的内容时，由执行机关依法采取一系列的强制执行措施与手段，迫使债务人履行义务，实现债权人权利的活动，因而强制性是执行仲裁裁决的重要特征。执行的强制性，主要体现为执行措施或手段的强制性特性，即执行机关可以不经债务人同意，强制其交付一定的财产、作出或不作出一定的行为，债务人必须服从。执行措施或手段的强制性，直接来源于国家公权力的强制性，并贯穿于执行过程的始终。执行机关依据仲裁裁决实施执行的过程，就是对债务人的财产或行为采取强制性措施的过程。

（4）执行程序的法定性。执行机关对仲裁裁决的执行，必须按照法律规定的程序与方式进行。具体来说，从执行程序的启动到执行措施的采取，从一种执行措施到另一种执行措施的更替，从执行程序中重大事项的处理到执行争议的解决等，执行机关都必须严格依照法律规定的程序与方式进行，不得任意增加或省略程序，不得任意变更法定的方式。

（三）执行仲裁裁决的意义

执行仲裁裁决是法院对仲裁制度予以支持的最终和最重要的表现，它构成仲裁制度的重要组成部分。

（1）执行仲裁裁决是使当事人的权利得以实现的有效途径。

（2）执行仲裁裁决是司法支持仲裁的重要表现形式。

（3）仲裁裁决的执行是仲裁制度发展和完善的制度性保障。没有仲裁裁决的执行，就没有债务人拒绝履行仲裁裁决时对仲裁裁决强制执行的效力，仲裁裁决书所确定的内容就会落空，仲裁裁决就会丧失其权威性，仲裁制度的发展就会成为一句空话。因此，仲裁裁决的执行在保证实现当事人权利的同时，也起到了保证仲裁制度的顺利发展，并促进仲裁制度不断完善的积极作用。

二、执行仲裁裁决的条件

由于强制执行属于法院的职责，因此，对于适用该程序的条件往往规定在民事诉讼法当中，或者规定在单独的执行法当中。例如，我国《仲裁法》第六十二条规定："当事人应当履行裁决。一方当事人不履行的，另一方当事人可以依照民事诉讼法的有关规定向人民法院申请执行，受申请的人民法院应当执行。"

仲裁裁决执行的条件一般包括以下几项：

（一）仲裁裁决书为有效执行根据

能够作为执行根据的仲裁裁决书必须是有效的执行根据，如仲裁裁决书必须经过法定仲裁程序作出，必须具有给付内容，必须是生效的仲裁裁决书等。

（二）执行当事人适格

执行当事人适格，是指只有仲裁裁决确定的债权人、债务人及该债权人、债务人的继受人才能成为执行当事人，才能在对仲裁裁决的执行程序中享有权利和承担义务，其他任何人不得成为执行当事人参加执行程序。

（三）债务人拒绝履行债务

如果债务人在仲裁裁决所规定的履行期限内主动履行了仲裁裁决所确定的债务，债权人的权利就会因债务人的主动履行而实现，也就不会通过法院的执行而强制实现了。因此，只有债务人拒绝履行债务，债权人才能申请强制执行。

债务人拒绝履行债务包括三方面含义：

（1）债务人没有履行债务。即债务人没有按照仲裁裁决书的规定，交付一定的金钱或财物、做出某种积极的行为、不作出某种行为或者容忍债权人做出某种行为。

（2）债务人没有在仲裁裁决书所确定的期限内履行债务。即仲裁裁决书所确定的履行期限已经届满，债务人仍然没有履行债务。

（3）债务人没有履行债务，既包括全部没有履行债务，也包括部分没有履行债务。

（四）符合执行时效的规定

执行时效是指法律所规定的债权人申请执行的期限。债权人必须在法定期间内申请执行仲裁裁决，这是启动执行程序的重要条件。超过这一期限，无法申请执行程序。

我国《民事诉讼法》第二百三十九条规定："申请执行的期限为二年。"从法律文书规定履行期间的最后一日起计算；法律文书规定分期履行的，从规定的每次履行期间的最后一日起计算；法律文书未规定履行期间的，从法律文书生效之日起计算。

（五）受申请的执行法院具有管辖权

申请执行的法院，必须是按照法律规定具有管辖权的人民法院。根据我国《民事诉讼法》的有关规定，对仲裁裁决的执行，由被执行人住所地或者被执行的财产所在地人民法院执行。《仲裁法解释》第二十九条对管辖法院的级别做出了限缩解释"当事人申请执行仲裁裁决的案件，由被执行人住所地或者被执行的财产所在地的中级人民法院管辖"。

三、执行仲裁裁决的程序

执行仲裁裁决的程序，是实现仲裁裁决内容的关键，是指执行机关在执行当事人及其他相关人员的参加下，根据仲裁裁决书，采取执行措施，强制债务人履行债务，实现债权人权利的法定步骤和过程。

（一）申请执行

根据《仲裁法解释》第二十九条规定，当事人申请执行仲裁裁决案件，应当向被执行人住所地或者被执行的财产所在地的中级人民法院申请，法院无权主动启动这一程序。或者说，债权人的申请是强制执行的必要条件。申请执行的债权人，在执行程序中即为申请执行人，债务人为被申请执行人。根据最高人民法院

《关于人民法院执行工作若干问题的规定》（以下简称《执行规定》）第二十条的规定，债权人申请执行，应当向人民法院提交下列文件和证件：

1. **申请执行书**

申请执行书，是债权人请求人民法院强制实现仲裁裁决所规定内容的书面意思表示。申请执行书应当写明：申请执行人和被申请执行人的名称、地址；申请执行的依据；申请执行的理由、事项、执行标的；被申请执行人可供执行的财产状况；被执行财产或标的物的名称、数量及所在地等。

2. **有效的仲裁裁决书**

有效的仲裁裁决书是执行根据，也是人民法院据以实现债权人权利的依据。

3. **申请执行人的身份证明**

对公民个人来说，应当提交居民身份证；对法人来说，应当提交法人营业执照副本和法定代表人身份证明；对其他组织来说，应当提交营业执照副本和主要负责人身份证明。如果是申请执行人的继承人或者权利承受人申请执行的，还应当提交继承或者承受权利的证明文件，以证明其主体适格。

4. **其他法律文件**

其他法律文件，包括仲裁协议或含有仲裁条款的合同书正本；申请执行人的委托代理人代为申请执行的，应提交经委托人签字或者盖章的授权委托书等。

（二）法院审查

人民法院收到申请执行人的执行仲裁裁决的申请后，决定是否强制执行之前，要进行必要的审查，如仲裁裁决书是否有效；申请人是否为仲裁裁决书所确定的债权人或继承人或权利承受人；仲裁裁决书是否具有给付的内容；执行标的和被申请执行人是否明确；申请人是否超过了法定的申请执行的期限；执行申请书是否符合要求；是否附具了仲裁协议或含有仲裁条款的合同书及仲裁裁决书正本；本法院是否具有对该仲裁裁决的执行管辖权等。《仲裁法解释》第三十条还规定，根据审理执行仲裁裁决案件的实际需要，人民法院可以要求仲裁机构做出说明或者向相关仲裁机构调阅仲裁案卷。

经审查，符合执行条件的，应当立案执行，否则应当驳回执行申请。

总之，人民法院只应就上述程序问题，即是否符合申请执行的条件进行审查，不应对实体问题进行审查。

（三）执行实施

申请执行人向有管辖权的人民法院提出执行仲裁裁决的申请后，受申请的人民法院应当根据民事诉讼法规定的执行程序予以执行。人民法院的执行工作由执行员进行。根据《民事诉讼法》和最高人民法院的《执行规定》，应按照法定程序和措施实施对仲裁裁决的执行。

（1）执行员接到申请执行书后，应当向被执行人发出执行通知，并可以立即采取强制执行措施。

（2）被申请执行人未按执行通知履行仲裁裁决确定的义务，人民法院有权扣押、冻结、划拨、变价被申请执行人的财产；有权扣留、提取被申请执行人应当履行义务部分的财产；有权强制被申请执行人迁出房屋或者退出土地；有权强制被申请执行人交付指定的财物或票证；有权强制被申请执行人履行指定的行为。

（3）被申请执行人未按仲裁裁决书或仲裁调解书指定的期间履行给付金钱义务的，应当加倍支付迟延履行期间的债务利息；未按规定期间履行其他义务的，应当支付迟延履行金。人民法院采取有关强制措施后，被申请执行人仍不能偿还债务的，应当继续履行义务。

（4）在执行程序中，双方当事人可以自行和解。如果申请执行人因受欺诈、胁迫与被执行人达成和解协议，或者当事人不履行和解协议的，人民法院可以根据当事人的申请，恢复对原生效法律文书的执行。被申请执行人向人民法院提供担保，并经申请执行人同意的，人民法院可以决定暂缓执行的期限。被申请执行人逾期仍不履行的，人民法院有权执行被申请执行人的担保财产或担保人的财产。

（5）根据《最高人民法院关于适用〈中华人民共和国民事诉讼法〉的解释》第四百七十九条的规定，在执行中，被执行人通过仲裁程序将人民法院查封、扣押、冻结的财产确权或者分割给案外人的，不影响人民法院执行程序的进行。案外人不服的，可以根据《民事诉讼法》第二百二十七条的规定提出异议。当法院查控的财产被仲裁裁决确认属于案外人所有，在仲裁当事人之间，即被执行人与案外人之间对已经确权的权属问题不能再行争议，但该确权结果并不能当然约束非仲裁当事人的申请执行人。涉及第三人时，法院有权对该裁决进行审查，这并非否定仲裁的效力。执行法院有权根据该裁决所确认的事实和其他证据，对能否继续执行争议的标的物依法作出判断。

第二节 不予执行仲裁裁决

【基本案情】

申请执行人：北京A公司

被申请执行人：福州B公司

申请人北京A公司与被申请人福州B公司签订了一份租赁合同，合同约定：北京A公司将其位于甲区商场的第2层205、206的摊位出租给福州B公司，租金每月人民币10000元，以季度结算，每季度的最后一周交纳租金，租期1年，从1997年10月1日到1998年10月1日。后因租赁欠款产生纠纷，北京A公司于1998年8月向北京仲裁委员会提起仲裁申请，要求福州B公司付清租赁欠款。北京仲裁委员会受理此案，在仲裁审理过程中，福州B公司在接到仲裁通知书后，作出不予出庭的书面意见，声称福州B公司从未与北京A公司签订过租赁协议，且租赁协议书上该公司的公章是伪造，因此其不应成为本案的被申请人。北京仲裁委员会于1998年11月17日作出如下裁决：判令福州B公司付清北京A公司租赁欠款70000元。仲裁裁决作出后，由于福州B公司不履行，北京A公司于1999年5月14日向福州市中级人民法院申请强制执行。执行中被申请执行人福州B公司提出异议，辩称：该公司从未与申请执行人签订过租赁协议，且租赁协议书上该公司的公章是伪造的，因此申请不予执行该仲裁裁决。福州B公司提供了其印章。福州市中级人民法院于1999年6月9日委托福州市公安局对申请执行人与被申请执行人于1997年8月26日签订的租赁协议书及1997年6月10日由被申请执行人出具的委托书上的福州B公司的印文是否为法定印章印文进行鉴定。福州市公安局于1999年6月10日作出鉴定结论，证实送检的委托书、租赁协议书中福州B公司的两枚印章印文不是法定印章印文。

经福州市中级人民法院组成合议庭审查核实，认为：北京仲裁委员会出具的仲裁裁决书认定事实的主要证据不足，依照《中华人民共和国民事诉讼法》第二百一十七条第一款第四项的规定，裁定如下：本院不予执行申请执行人北京A公司申请强制执行的北京仲裁委员会仲裁裁决。本裁定为终审裁定。

【法律问题】

法院裁定国内仲裁裁决不予执行的法定事由和程序是什么？

【参考答案】

详见下述法理分析。

【法理分析】

一、不予执行仲裁裁决的概念及意义

（一）不予执行仲裁裁决的概念及特征

不予执行仲裁裁决，是指一方当事人向人民法院申请执行有效的仲裁裁决后，经对方当事人申请并经人民法院审查核实，认定该仲裁裁决具有法定情形而裁定不执行该仲裁裁决的制度。

不予执行仲裁裁决作为一种法律制度，具有以下特征：

（1）不予执行仲裁裁决，是法院监督仲裁的特定形式。与执行仲裁裁决制度不同，不予执行仲裁裁决不是法院支持仲裁的反映，而是监督仲裁的特定形式。

（2）不予执行仲裁裁决必须基于当事人的申请而开始，人民法院不得依职权审查和裁定对仲裁裁决的不予执行。

（3）申请对仲裁裁决不予执行的主体是被申请执行人，即仲裁裁决所确定的债务人。

（4）申请不予执行的客体必须是仲裁庭经过审理作出的仲裁裁决。

（5）不予执行仲裁裁决必须是在执行仲裁裁决程序中。即在人民法院受理了债权人请求执行仲裁裁决的申请后，在执行完毕之前。

（6）不予执行仲裁裁决必须以仲裁裁决具有法定不予执行的情形为前提。

（二）不予执行仲裁裁决的意义

不予执行仲裁裁决是人民法院监督仲裁的重要形式，对仲裁制度的发展与完善具有积极意义。

1. 不予执行仲裁裁决制度有利于完善司法对仲裁的监督机制

撤销仲裁裁决尽管是司法监督仲裁的方式，但按照法律的规定，当事人申请撤销仲裁裁决只能在收到裁决书之日起 6 个月内提出，如果超过此期限，则无法再申请撤销仲裁裁决。因此，设立在执行程序中的不予执行仲裁裁决制度，可以在一定程度上弥补撤销仲裁裁决制度的单一的监督模式，有利于丰富和完善司法对仲裁的监督机制。

2. 不予执行仲裁裁决制度，有利于维护被申请执行人的合法权益

当事人地位平等，应当平等地保护双方当事人的合法权益，公平合理地对待双方当事人，并给他们提供平等地受法律保护的机会。执行程序基于仲裁裁决书中所确定的债权人的申请而开始，即法律赋予了债权人请求人民法院按照仲裁裁决书的内容强制债务人履行债务的权利。对于被申请执行人来说，不予执行仲裁裁决制度，可以使其获得与申请执行人平等的地位和对等的权利，通过对仲裁裁决不予执行的申请，使人民法院有机会行使司法对仲裁的监督权，审查仲裁庭所作出仲裁裁决程序的合法性和公正性，防止因法院的强制执行而遭受不应有的损害，充分、有效地维护自己的合法权益。

3. 不予执行仲裁裁决制度有利于保障仲裁裁决的公正性

不予执行仲裁裁决是司法对仲裁进行监督的最后一道防线。执行是最终实现债权人权利的程序，债务被人民法院强制执行后，仲裁裁决所规定的内容就获得了实现，不论仲裁裁决是否公正都无法再挽回。而在执行程序中设立不予执行仲裁裁决制度，可以在实现仲裁裁决的程序中再次审查作出仲裁裁决程序的公正性，在最终保障仲裁裁决公正性方面，不予执行仲裁裁决制度起着无可替代的作用。

二、不予执行仲裁裁决的法定情形

（一）不予执行国内仲裁裁决的法定情形：

根据我国《仲裁法》和《民事诉讼法》第二百三十七条第二款、第三款的相关规定，不予执行仲裁裁决的情形包括：

（1）当事人在合同中没有订有仲裁条款或者事后没有达成书面仲裁协议的；

（2）裁决的事项不属于仲裁协议的范围或者仲裁机构无权仲裁的；

（3）仲裁庭的组成或者仲裁的程序违反法定程序的；

（4）裁决所根据的证据是伪造的（修改前为“认定事实的主要的证据不足的”）；

（5）对方当事人向仲裁机构隐瞒了足以影响公正裁决的证据的（修改前为“适用法律确有错误的”）；

（6）仲裁员在仲裁该案时有索贿受贿、徇私舞弊、枉法裁决行为的。

如果人民法院认定执行该裁决违背社会公共利益的，应当裁定不予执行。

不予执行仲裁裁决和撤销仲裁裁决的后果是一致的，其审查标准也应一致。但按照2012年修改前的民诉法规定，人民法院对不予执行仲裁裁决申请的审查比撤销仲裁裁决申请的审查范围更为宽泛，条件更为严格，规定不尽合理，二者审查标准应当统一。2012年民诉法的修改，将不予执行仲裁裁决的审查范围基本限定为撤销仲裁裁决的审查范围（不予执行仲裁裁决的六项理由与撤销仲裁裁决的六项理由大致相同，仅有第一项有文字表述上的差异，但意思一致），实现了撤销仲裁裁决和不予执行仲裁裁决审查标准的一致，有利于保障监督的公正性与统一性。

（二）不予执行涉外仲裁裁决的法定情形

《仲裁法》第七十一条规定："被申请人提出证据证明涉外仲裁裁决有民事诉讼法第二百六十条第一款规定的情形之一的，经人民法院组成合议庭审查核实，裁定不予执行。"

《民事诉讼法》第二百六十条（现二百七十四条）第一款规定：对中华人民共和国涉外仲裁机构作出的裁决，被申请人提出证据证明仲裁裁决有下列情形之一的，经人民法院组成合议庭审查核实，裁定不予执行：

（1）当事人在合同中没有订有仲裁条款或者事后没有达成书面仲裁协议的；

（2）被申请人没有得到指定仲裁员或者进行仲裁程序的通知，或者由于其他不属于被申请人负责的原因未能陈述意见的；

（3）仲裁庭的组成或者仲裁的程序与仲裁规则不符的；

（4）裁决的事项不属于仲裁协议的范围或者仲裁机构无权仲裁的。

基于上述对涉外仲裁裁决监督的规定，与对国内仲裁裁决的监督相比较，很显然，法院对仲裁裁决的监督实行的是"双轨制"。"双轨制"的具体表现为：人民法院对不予执行涉外仲裁裁决或国际商事仲裁裁决的审查，仅限于程序方面，而对不予执行国内仲裁裁决的审查，既包括对程序方面的审查，也包括对某些实体方面的审查，审查范围更加宽泛、条件更为严格，这和国际上主要的仲裁实践是相矛盾的。

三、不予执行仲裁裁决的程序

不予执行仲裁裁决是较严厉的司法监督形式，其直接导致有效的仲裁裁决失去作为执行根据的效力。因此，必须经过法定程序，才能作出不予执行仲裁裁决的裁定。

（一）被申请执行人向执行法院提出申请

被申请执行人，即仲裁裁决确定的债务人，在执行程序开始后，执行完毕前，如果认为作为执行根据的仲裁裁决具有法律规定的不予执行仲裁裁决的事由时，应当向执行该仲裁裁决的人民法院提出书面申请，请求人民法院不予执行仲裁裁决。

被申请执行人的申请，是启动不予执行仲裁裁决的基础和前提条件，没有被申请执行人的申请，人民法院不得依职权开始不予执行仲裁裁决的程序。

（二）人民法院裁定中止执行，并组成合议庭进行审查

按照法律的规定，被申请执行人向执行仲裁裁决的人民法院提出不予执行仲裁裁决的申请后，执行仲裁裁决的人民法院应当首先中止正在进行的执行程序，并组成合议庭对被申请执行人的申请和仲裁裁决是否具有法律规定的不予执行仲裁裁决的事由等进行审查。

审查是不予执行仲裁裁决程序的关键，直接决定着正在被执行的仲裁裁决是否能够作为执行根据，以及仲裁裁决所确定的内容能否得到实现。因此，组成合议庭进行审查，有利于不予执行仲裁裁决程序的严肃性和谨慎性。

（三）人民法院做出审查结果

人民法院经过审查，认为仲裁裁决不符合法律规定的不予执行仲裁裁决的情形应当裁定驳回被申请执行人不予执行仲裁裁决的申请，执行程序继续恢复进行；如果认为仲裁裁决的确具有法律规定的不予执行仲裁裁决的情形的，应当作出裁定，不予执行该仲裁裁决，将不予执行仲裁裁决的裁定书送达双方当事人和仲裁委员会，并终止仲裁裁决的执行程序。

在这里特别应当注意以下方面：

（1）当事人以仲裁协议无效为由申请不予执行仲裁裁决的，应当审查当事人是否在仲裁程序中对仲裁协议的效力提出过异议。当事人在仲裁程序中未对仲裁协议的效力提出异议，在仲裁裁决作出后以仲裁协议无效为由提出不予执行抗辩的，人民法院不予支持。如果当事人在仲裁程序中对仲裁协议的效力提出异议，在仲裁裁决作出后又以此为由提出不予执行抗辩，经审查符合民事诉讼法第二百三十七条规定的，人民法院应予支持。(《仲裁法解释》第二十七条)

（2）调解书和根据当事人之间的和解协议作出的仲裁裁决书不能被申请不予执行。《仲裁法解释》第二十八条规定："当事人请求不予执行仲裁调解书或者根据当事人之间的和解协议作出的仲裁裁决书的，人民法院不予支持。"

（3）仲裁机构裁决的事项，部分有《民事诉讼法》第二百三十七条第二款、第三款规定不予执行情形的，人民法院应当裁定对该部分不予执行。应当不予执行部分与其他部分不可分的，人民法院应当裁定不予执行仲裁裁决。（《民事诉讼法解释》第四百七十七条）

（4）人民法院裁定不予执行仲裁裁决后，当事人对该裁定提出执行异议或者复议的，人民法院不予受理。当事人可以就该民事纠纷重新达成书面仲裁协议申请仲裁，也可以向人民法院起诉。（《民事诉讼法》第二百三十七条第二款、第三款）

四、不予执行仲裁裁决的法律后果

根据我国法律的规定和仲裁实践，人民法院作出不予执行仲裁裁决的裁定，会产生如下法律后果：

（一）执行仲裁裁决的程序终结

当人民法院裁定对仲裁裁决不予执行后，已经开始的对仲裁裁决的执行程序即失去了有效的执行根据，任何依该仲裁裁决的执行活动都是违法的，对仲裁裁决的执行程序应当终结。

（二）不予执行的裁定为终局不得申请再审的裁定

人民法院做出的不予执行仲裁裁决的裁定为终局裁定，当事人必须服从。任何一方执行当事人无权对该裁定提出上诉，也无权申请再审。

（三）当事人重新选择纠纷解决方式

就该纠纷双方当事人可以重新达成仲裁协议，并依据该仲裁协议申请仲裁，也可以向人民法院提起诉讼。

五、不予执行仲裁裁决和撤销仲裁裁决的关系

不予执行仲裁裁决和撤销仲裁裁决是司法对仲裁监督的两种机制，在两者之间，存在着密切的关系，既有相同的一面，也有相异的一面。

（一）不予执行仲裁裁决和撤销仲裁裁决的共同点

1. 法律属性相同

不予执行仲裁裁决和撤销仲裁裁决，都是法律所确定的人民法院对仲裁庭作出的仲裁裁决行使司法监督权的体现，都是司法对仲裁监督的表现形式。

2. 行使权力的主体相同

不论是不予执行仲裁裁决，还是撤销仲裁裁决，对仲裁裁决进行审查并作出

最终裁定的都是人民法院，任何其他机构无权行使该项权力。

3. 客体相同

不论是不予执行仲裁裁决，还是撤销仲裁裁决，两者所针对的都是仲裁庭所做出的有效的仲裁裁决，对其他法律文书不得适用撤销和不予执行程序。

4. 法定事由相同

仲裁法和民事诉讼法对撤销裁决和不予执行裁决规定有相同的法定事由，法定事由相同表明监督标准的一致性。

5. 适用的法律程序相同

首先，不予执行仲裁裁决和撤销仲裁裁决的程序都是基于当事人的申请而开始，即当事人必须向法律规定的有管辖权的人民法院提出书面申请，并以证据证明仲裁裁决存在法定不予执行或者撤销的事由，人民法院不得依职权启动不予执行或者撤销程序；其次，不论是当事人提出的不予执行仲裁裁决的申请，还是撤销仲裁裁决的申请，人民法院都应当组成合议庭进行审查，审查申请不予执行或者撤销仲裁裁决的当事人是否符合申请条件，以及是否具有法定不予执行或者撤销的事由；最后，经过审查，不论是否不予执行或者撤销仲裁裁决，人民法院都应当用裁定加以确定。

6. 法律后果相同

不予执行仲裁裁决和撤销仲裁裁决的结果都是对仲裁裁决内容的否定，裁定做出后，由于当事人之间的纠纷并没有最终解决，因此，法律在两种情形下都赋予了双方当事人重新选择纠纷解决方式的权利，当事人可以重新达成仲裁协议申请仲裁，也可以直接向有管辖权的人民法院提起诉讼。

（二）不予执行仲裁裁决和撤销仲裁裁决的区别

不予执行仲裁裁决和撤销仲裁裁决的共同点，并不能否定两者作为不同监督方式所存在的区别。两者的区别具体体现在：

1. 提出请求的当事人不同

有权提出撤销仲裁裁决申请的当事人，可以是仲裁案件中的任何一方当事人，包括仲裁裁决确定的债权人（申请人）、债务人（被申请人）；而有权提出不予执行仲裁裁决的当事人只能是被申请执行仲裁裁决的一方当事人即仲裁裁决所确定的债务人（被申请执行人）。

2. 提出请求的期限不同

当事人请求撤销仲裁裁决，应当自收到仲裁裁决书之日起6个月内向人民法院提出；而当事人申请不予执行仲裁裁决，则是在对方当事人申请执行仲裁裁决之后，法院对仲裁裁决的执行程序执行完毕之前。

3. 管辖法院不同

按照法律的规定，当事人申请撤销仲裁裁决，应当向仲裁委员会所在地的中级人民法院提出；而当事人申请不予执行仲裁裁决只能向受理执行仲裁裁决案件的人民法院提出，即由被执行人住所地或者被执行财产所在地的中级人民法院管辖。

4. 对当事人申请的处理结果不同

当事人申请撤销仲裁裁决，人民法院经过法定审查程序，可以产生三种处理结果，即裁定驳回当事人的申请；法院认为可以由仲裁庭重新仲裁的，通知仲裁庭在一定期限内重新仲裁；裁定撤销仲裁裁决。而当事人申请不予执行仲裁裁决的，人民法院经过审查，或者裁定驳回不予执行的申请，或者裁定不予执行，人民法院不可以要求仲裁庭重新仲裁。

（三）不予执行仲裁裁决和撤销仲裁裁决在适用中的关系

不予执行仲裁裁决和撤销仲裁裁决作为两种司法监督仲裁的方式，既有相同之处，又有鲜明的区别，导致在仲裁实务中的适用常常会产生冲突。为了有效解决实践中存在的问题，最高人民法院在《仲裁法解释》中作出了明确规定，使得对撤销仲裁裁决和不予执行仲裁裁决的适用更加科学和合理。

（1）《仲裁法解释》第二十五条规定："人民法院受理当事人撤销仲裁裁决的申请后，另一方当事人申请执行同一仲裁裁决的，受理执行申请的人民法院应当在受理后裁定中止执行。"

（2）《仲裁法解释》第二十六条规定："当事人向人民法院申请撤销仲裁裁决被驳回后，又在执行程序中以相同理由提出不予执行抗辩的，人民法院不予支持。"

第三节　仲裁裁决的中止执行、终结执行与恢复执行

【基本案情】

1996年8月6日，某市综合修配厂与某技术贸易总公司所属的实用性技术研究所签订技术转让合同，由实用性技术研究所向某市综合修配厂提供充气沙发技术，修配厂在签约后，即向研究所交付了合同约定的技术服务费45万元，模具费3500元，并约定因合同出现的任何争议，均提交当地的仲裁机构仲裁。在实施生产过程中，修配厂发现由于该项技术本身存在的缺陷，使得生产出的产品达不到

技术转让合同中规定的质量标准。在找研究所协商解决这个问题时，又发现研究所无法人资格，根本不能独立承担民事责任。为尽快解决问题，修配厂于1996年11月2日向当地仲裁机构申请仲裁，要求技术贸易总公司承担实体责任，返还技术服务费、模具费并赔偿修配厂因此遭受的损失。

仲裁机关依法对该案进行了调解，技术贸易总公司拒不同意赔偿损失，双方没有达成协议。最后，仲裁机关于1996年12月1日作出如下裁决：技术贸易总公司返还修配厂技术服务费45万元、模具费3500元，并赔偿损失5000元。裁决生效后，修配厂持该裁决书向人民法院申请执行。人民法院受理后，被执行人与申请执行人进行协商，请求延期履行义务，双方遂达成执行和解协议，申请人同意将被申请人履行义务的期限延期半年，即被申请人应在1997年6月1日前履行裁决书确定的义务。被申请人遂向法院提交了双方达成的和解协议并申请中止执行。人民法院经过审查，认定和解协议有效，于是裁决中止执行。1997年6月1日，申请人要求被申请人按照和解协议履行义务，但被申请人仍以种种理由加以推托。因此，申请执行人以义务人在延期执行的期限已过的情形下仍不履行法律文书所确定的义务为由向人民法院提出申请恢复仲裁裁决的执行。人民法院经审查核实后，裁定恢复仲裁裁决的执行。

【法律问题】

人民法院对本案的处理是否正确？

【参考答案】

人民法院对本案的处理正确。本案涉及的是仲裁裁决的执行中止与执行恢复。根据我国《仲裁法》第六十二条的规定，仲裁裁决一旦作出，对双方当事人都具有约束力，如果负有义务的一方当事人不依照裁决主动履行义务，权利人有权向人民法院提出执行的申请。本案中，仲裁裁决作出后，技术贸易公司拒不履行，修配厂因此向人民法院申请执行。在人民法院受理执行申请后，双方就履行仲裁裁决的期限达成了和解协议，修配厂同意技术贸易公司延期履行义务。人民法院根据《民事诉讼法》的有关规定，裁定中止执行，是符合法律规定的。因为请求人民法院强制执行已经生效的仲裁裁决是申请人的权利，在执行过程中，如申请人表示可以延期执行，是申请人对自己权利的处分。如果申请人愿意延期执行，而延期执行又不损害社会公共利益，人民法院应当尊重申请人的意愿，裁定中止执行。而延期履行义务的期限已过后，技术贸易公司仍不履行义务，根据我国《仲裁法》和《民事诉讼法》的有关规定，人民法院裁定恢复执行仲裁裁决是正确的。

【法理分析】

执行程序开始后，可能出现某些特殊情况，从而影响仲裁程序的正常进行，并导致仲裁裁决执行程序的中止、终结和恢复。

一、仲裁裁决的中止执行

所谓仲裁裁决的中止执行，是指在执行程序开始后，由于出现某种特定的原因，从而暂时停止执行程序，等到这种特定原因消除之后，再决定执行程序是否继续进行的制度。

根据我国《仲裁法》第六十四条的规定，一方当事人申请执行仲裁裁决，另一方当事人申请撤销仲裁裁决的，人民法院应裁定中止执行。最高人民法院在《仲裁法解释》第二十五条补充规定："人民法院受理当事人撤销仲裁裁决的申请后，另一方当事人申请执行同一仲裁裁决的，受理执行申请的人民法院应当在受理后裁定中止执行。"

除上述仲裁法律的规定外，我国《民事诉讼法》关于中止执行的情形也做出了明确规定。该法第二百五十六条规定，有下列情形之一的，人民法院应当裁定中止执行：（1）申请人表示可以延期执行的；（2）案外人对执行标的提出确有理由的异议的；（3）作为一方当事人的公民死亡，需要等待继承人继承权利或承担义务的；（4）作为一方当事人的法人或者其他组织终止，尚未确定权利义务承受人的；（5）人民法院认为应当中止执行的其他情形。上述具体规定适用于人民法院对仲裁裁决的终止执行。

二、仲裁裁决的恢复执行

所谓仲裁裁决的恢复执行，是指已中止执行的程序，由于中止的原因消失而继续进行的制度。

根据我国《仲裁法》第六十四条的规定，当事人提出的撤销仲裁裁决的申请被人民法院裁定驳回的，人民法院应当裁定恢复已经中止的执行程序，继续执行。同时，依《民事诉讼法》第二百五十六条的规定，当导致中止执行的情形消失后，人民法院应当裁定恢复对仲裁裁决的执行。

三、仲裁裁决的终结执行

所谓仲裁裁决的终结执行，是指在执行程序开始后，由于出现特定的事由，使执行程序无法再进行，或者已经没有继续进行的必要，因而结束执行程序的制度。

根据我国《仲裁法》第六十四条的规定，人民法院裁定撤销仲裁裁决的，应当裁定终结执行。同时，依照《民事诉讼法》第二百五十七条的规定，下列情形导致执行程序的终结：申请人撤销申请的；据以执行的法律文书被撤销的；作为被执行人的公民死亡，无遗产可供执行，又无义务承担人的；作为被执行人的公民因生活困难无力偿还借款，无收入来源，又丧失劳动能力的；人民法院认为应当终结执行的其他情形。[1]

第四节 大陆与港澳台地区仲裁裁决的相互执行

【基本案情】

2004 年 3 月 5 日，厦门中院接到一份特殊的立案申请。和华（海外）置地有限公司状告凯歌（厦门）高尔夫球俱乐部有限公司，要求法院认可台湾地区仲裁机构做出的仲裁书效力。

和华公司是一家台商在海外注册的企业，与凯歌公司发生了债权债务纠纷案件，根据双方的协议管辖，交由台湾地区“中华仲裁协会”仲裁。台湾地区“中华仲裁协会”于 2003 年 11 月 4 日做出裁决：凯歌公司应给付和华公司美元 390 万元并偿还利息。

和华公司据此于 2004 年 3 月 5 日向厦门中级人民法院申请确认该裁决的效力，并予以执行。厦门中级人民法院民四庭审查认为，台湾地区“中华仲裁协会”于 2003 年 11 月 4 日做出的仲裁裁决，符合《最高人民法院关于人民法院认可台湾

[1] 乔欣：《仲裁法学》。北京：清华大学出版社，2015 年 7 月版，第 169-170 页。

地区有关法院民事判决的规定》，2004 年 7 月 23 日厦门市中级人民法院裁定认可了此仲裁裁决的法律效力。之后，厦门中级人民法院执行局及时、有力地“查封”凯歌俱乐部的财产，不辞辛苦地与双方当事人沟通，力求一个能最大限度保障双方权益的付款方案，经过厦门中级法院执行局积极、主动地协调，双方最终达成执行和解，凯歌公司分期将诉讼款项本息履行完毕。

【法律问题】

你如何看待此大陆执行台湾地区首个仲裁裁决案的意义？

【参考答案】

本案是首例认可台湾地区仲裁机构裁决并配合执行的案件，得到了中共中央台湾工作办公室的高度评价。厦门中级法院民四庭依据《最高人民法院关于人民法院认可台湾地区有关法院民事判决的规定》，以一国两制为前提，以法治、互利协商以及效率为原则，认可了台湾地区“中华仲裁协会”做出的仲裁裁决。这不仅从权利确认上保障了台商的合法权益，而且体现了海峡两岸“五缘”（地缘、血缘、商缘、法缘、文缘）之法缘，并以司法协助的形式推动海峡两岸的对话与互动，对于祖国和平统一具有重要的法律意义。

【法理分析】

一、内地与香港特别行政区之间关于仲裁裁决的执行

（一）背景

中国内地与香港特别行政区之间关于对仲裁裁决的执行，在香港回归之前，依据的是 1958 年《纽约公约》，因为中、英都是《纽约公约》的参加国。香港回归后，为了解决相互之间对仲裁裁决的执行问题，最高人民法院和香港特别行政区代表根据《中华人民共和国香港特别行政区基本法》和“一国两制”的原则，1999 年 6 月签署了《关于内地与香港特别行政区相互执行仲裁裁决的安排》（以下简称《安排》），并于 2000 年 1 月 24 日由最高人民法院在内地颁布，自 2000 年 2 月 1 日起实施。

《安排》规定，香港特区法院同意执行内地仲裁机构依据《中华人民共和国仲

裁法》所作出的裁决，内地人民法院同意执行香港特区仲裁机构按香港特区《仲裁条例》所作出的裁决。《安排》共11条，包括了管辖法院、申请执行的条件、执行程序、不予执行仲裁裁决的相关规定、执行费用、时效等内容。

（二）管辖法院

根据《安排》第一条和第二条的规定，在内地或者香港特区作出的仲裁裁决，一方当事人不履行仲裁裁决的，另一方当事人可以向被申请人住所地或者财产所在地的有关法院申请执行。有关法院，在内地指被申请人住所地或者财产所在地的中级人民法院，在香港特区指香港特区高等法院。被申请人住所地或者财产所在地在内地不同的中级人民法院辖区内的，申请人可以选择其中一个人民法院申请执行裁决，不得分别向两个或者两个以上人民法院提出申请。被申请人住所地或者财产所在地，既在内地又在香港特区的，申请人不得同时分别向两地有关法院提出申请。只有一地法院执行不足以偿还其债务时，才可就不足部分向另一地法院申请执行。两地法院先后执行仲裁裁决的总额，不得超过裁决数额。

（三）执行程序

首先，申请执行仲裁裁决，应当提交特定的法律文书。根据《安排》第三条和第四条的规定，申请人向有关法院申请执行在内地或者香港特区作出的仲裁裁决的，应当提交以下文书：执行申请书；仲裁裁决书；仲裁协议。

其次，申请执行应当符合法律规定的期限。《安排》第五条规定，申请人向有关法院申请执行内地或者香港特区仲裁裁决的期限依据执行地法律有关时限的规定。

最后，具体执行程序。根据《安排》第六条的规定，有关法院接到申请人申请后，应当按执行地法律程序处理及执行。

（四）不予执行仲裁裁决

根据《安排》第七条的规定，在内地或者香港特区申请执行的仲裁裁决，被申请人接到通知后，提出证据证明有下列情形之一的，经审查核实，有关法院可裁定不予执行：（1）仲裁协议当事人依对其适用的法律属于某种无行为能力的情形；或者该项仲裁协议依约定的准据法无效；或者未指明以何种法律为准时，依仲裁裁决地的法律是无效的；（2）被申请人未接到指派仲裁员的适当通知，或者因他故未能陈述意见的；（3）裁决所处理的争议不是交付仲裁的标的或者不在仲裁协议条款之内，或者裁决载有关于交付仲裁范围以外事项的决定的；但交付仲裁事项的决定可与未交付仲裁的事项划分时，裁决中关于交付仲裁事项的决定部分应当予以执行；（4）仲裁庭的组成或者仲裁庭程序与当事人之间的协议不符，或者在有关当事人没有这种协议时与仲裁地的法律不符的；（5）裁决对当事人尚无约束力，或者业经仲裁地的法院或者按仲裁地的法律撤销或者停止执行的。

有关法院认定依执行地法律，争议事项不能以仲裁解决的，则可不予执行该裁决。内地法院认定在内地执行该仲裁裁决违反内地社会公共利益，或者香港特区法院决定在香港特区执行该仲裁裁决违反香港特区的公共政策，则可不予执行该裁决。

（五）执行费用

根据《安排》第八条的规定，申请人向有关法院申请执行在内地或者香港特区作出的仲裁裁决，应当根据执行地法院有关诉讼收费的办法交纳执行费用。

（六）关于时效

根据《安排》第九条和第十条的规定，1997 年 7 月 1 日以后申请执行在内地或者香港特区作出的仲裁裁决按本安排执行。双方同意 1997 年 7 月 1 日至本安排生效之日因故未能向内地或者香港特区法院申请执行，申请人为法人或者其他组织的，可以在本安排生效后 6 个月内提出；如申请人为自然人的，可以在本安排生效后 1 年内提出。对于内地或香港特区法院在 1997 年 7 月 1 日至本安排生效之日拒绝受理或者拒绝执行仲裁裁决的案件，应允许当事人重新申请。

（七）附则

根据《安排》第十一条的规定，本安排在执行过程中遇有问题和修改，应当通过最高人民法院和香港特区政府协商解决。

二、内地与澳门特别行政区之间关于仲裁裁决的执行

葡萄牙于 1995 年加入了《纽约公约》，但并未将该公约延伸适用于澳门地区。因此，在澳门回归以前，澳门地区的仲裁裁决想要在内地执行，只能依据内地有关非公约裁决的规定办理，即根据互惠原则予以执行。

而澳门地区在其回归之前，因与内地没有共同适用的条约和协议，很长一段时间内也并没有承认和执行内地裁决，尽管有不少内地裁决试图在澳门法院得到承认和执行。直到过渡时期的 1998 年上半年，中国国际经济贸易仲裁委员会作出的一份裁决得到澳门法院的执行。这显然与澳门仲裁政策的变化密切相关。澳门政府于 1998 年 11 月 23 日由澳门总督核准，以第 55/98/M 号法令公布了澳门地区《涉外商事仲裁法》，建立起澳门涉外商事仲裁制度。《涉外商事仲裁法》采用了联合国国际贸易法委员会《国际商事仲裁示范法》的普遍主义，只要符合第三十六条规定的条件，任何国家或地区的仲裁裁决均可在澳门得到承认与执行，除非澳

门法院确信外国或外法域将拒绝承认和执行澳门的仲裁裁决。

澳门回归后，对于大陆和澳门来说，对方的裁决既非外国裁决，也绝非本地裁决，反而不能予以执行。

最高人民法院经与澳门特别行政区协商，于2007年10月30日签署《关于内地与澳门特别行政区相互认可和执行仲裁裁决的安排》，自2008年1月1日起实施。自澳门回归之日至本安排实施前，两地仲裁机构及仲裁员作出的仲裁裁决，当事人向大陆或澳门申请认可和执行的期限，自本安排实施之日起算。

三、大陆与台湾地区之间关于仲裁裁决的执行

（一）大陆执行台湾地区裁决

综观大陆迄今有关执行台湾地区裁决的法规和政策，可分五个阶段：

（1）大陆实行改革开放政策后直到1987年加入《纽约公约》前，没有承认与执行外国仲裁裁决的制度，更不用说执行台湾地区裁决了。

（2）大陆加入《纽约公约》之后尤其是1991年《中华人民共和国民事诉讼法》的颁行，台湾地区裁决理论上可以向大陆法院申请承认和执行，大陆法院参照执行外国裁决的规定予以处理，政策性较强。

（3）1998年1月15日最高人民法院发布《关于人民法院认可台湾地区有关法院民事判决的规定》，这是大陆法院承认与执行台湾地区裁决的转折点。依据该规定，台湾地区裁决可和台湾地区有关法院的判决一样向大陆法院申请认可，且条件完全相同，如获认可，则依《中华人民共和国民事诉讼法》规定的程序办理。

（4）2009年3月30日最高人民法院审判委员会第1465次会议通过《最高人民法院关于人民法院认可台湾地区有关法院民事判决的补充规定》。其第二条第一款规定：申请认可台湾地区有关法院民事裁定、调解书、支付令，以及台湾地区仲裁机构裁决的，适用《关于人民法院认可台湾地区有关法院民事判决的规定》和本补充规定。

（5）2015年6月2日最高人民法院审判委员会会议通过《最高人民法院关于认可和执行台湾地区仲裁裁决的规定》，自2015年7月1日起施行，取代了《关于人民法院认可台湾地区有关法院民事判决的规定》及其《补充规定》。

（二）台湾地区执行大陆裁决

在台湾当局结束所谓“戡乱”时期前，大陆裁决不可能在台湾地区发生法律效力。事实上，1982年以前，台湾没有承认与执行外国仲裁裁决的立法，何况大

陆裁决在台湾只是非本土的国内裁决，并非外国裁决。

在两岸关系相对缓和一些的20世纪80年代，从理论上讲，作为第三类裁决的大陆裁决或许可参照执行外国裁决的规定在台湾予以执行。

1990年以来，台湾当局着手用法律手段来规范两岸关系，对大陆裁决的态度有了改变，根据1992年《台湾地区和大陆地区人民关系条例》第七十四条，大陆裁决不违背台湾公共秩序或善良风俗者，可向台湾法院申请认可及执行。这一规定在海峡两岸区际仲裁裁决执行方面较具创造性，受到大陆和台湾各界基本肯定，对大陆的相关立法亦有较大影响。

台湾地区首例认可和执行大陆仲裁裁决的案件为，2003年6月24日台中地方法院裁定认可并随后予以执行的，国腾电子（江苏）有限公司申请坤福营造（台中）股份有限公司执行中国国际经济贸易仲裁委员会仲裁裁决案（参见台中地方法院民事裁定，2003年度仲申字第1号）。

2009年4月，第三次陈、江会谈签订《海峡两岸共同打击犯罪及司法协助协议》，台湾地区以此为根据执行大陆仲裁裁决。

第十章　中国涉外仲裁

第一节　涉外仲裁概述

【基本案情】

申请执行人：深圳甲环保发展有限公司

被执行人：丙市市容环境卫生管理局、丙市进出口有限公司

1998年11月22日，卖方深圳甲环保发展有限公司（以下简称甲公司）、香港乙国际有限公司（以下简称乙国际有限公司，2002年11月26日经营期限届满，其权利义务由甲公司承受）与买方丙市市容环境卫生管理局（以下简称丙市市容管理局，原丙市市容卫生管理委员会）、丙市进出口有限公司（原丙市进出口公司）签订了"引进美国野猫公司城市生活垃圾处理设备及技术合同"。后买卖双方在履行合同过程中发生争议，甲公司、乙国际有限公司遂依据合同中约定的仲裁条款向中国国际经济贸易仲裁委员会（以下简称贸仲委）提起仲裁。仲裁庭于2003年6月2日作出裁决书，裁决被执行人向申请执行人偿付合同质量保证金272120.20美元、自2001年1月1日起至实际支付之日止年利率5%的利息及101172元人民币仲裁费等。此后，被执行人丙市市容管理局向丙市中院提出裁定不予执行仲裁裁决的申请，认为本案属于国内仲裁。

【法律问题】

此案的性质属于国内仲裁还是涉外仲裁？

【参考答案】

就本案仲裁裁决的性质问题，安徽省高级人民法院认为，本案中，作为合同当事人之一的乙国际有限公司是在香港注册的法人，信用证的第一受益人也是乙国际有限

公司，且涉案设备直接从国外进口，是典型的国际贸易法律关系。因此，本案属于涉外仲裁。经请示最高人民法院，最高人民法院亦认为，因合同存在涉外的合同因素，中国国际经济贸易仲裁委员会仲裁庭就该纠纷所作出的裁决属于涉外仲裁裁决。

本案的争议焦点在于本案的性质是涉外仲裁还是国内仲裁，因为法院对于两类仲裁裁决执行审查标准是不一样的。本案中，虽然案件的当事人都是内地法人，但是本案的合同当事人是香港公司，合同履行中的信用证的第一受益人也是香港公司，足以认定本案存在涉港因素，法院认为本案属于涉外仲裁。故法院的态度是仲裁所涉合同本身具有涉外因素时，仲裁裁决属于涉外仲裁。

【法理分析】

一、涉外仲裁的概念

涉外仲裁即为国际商事仲裁，是指当事人依据仲裁协议将涉外经济贸易、运输和海事中发生的纠纷提交仲裁机构进行审理并作出裁决的制度。

涉外仲裁与国内仲裁的根本区别在于它是解决涉外经济贸易、运输和海事中发生的纠纷的一种方式。这种纠纷的特点是具有涉外因素，因而这类纠纷案件属于涉外纠纷案件。

我国仲裁法对何为涉外仲裁未作明确规定，只是在该法第七章涉外仲裁的特别规定中明确了“涉外经济贸易、运输和海事中发生的纠纷的仲裁，适用本章规定”。根据最高人民法院《关于贯彻执行〈民法通则〉若干问题的意见》第一百七十八条规定，凡民事关系的一方或者双方当事人是外国人、无国籍人、外国法人的；民事关系的标的物在外国领域内的；产生、变更或者消灭民事权利义务关系的法律事实发生在外国的，均为涉外民事关系。2015 年最高人民法院根据 2012 年第二次修订的《民事诉讼法》颁布的《关于适用〈民事诉讼法〉的解释》第五百二十二条规定：“有下列情形之一，人民法院可以认定为涉外民事案件：当事人一方或者双方是外国人、无国籍人、外国企业或者组织的；当事人一方或者双方的经常居所地在中华人民共和国领域外的；标的物在中华人民共和国领域外的；产生、变更或者消灭民事关系的法律事实发生在中华人民共和国领域外的；可以认定为涉外民事案件的其他情形。”上述规定，是对涉外因素的诠释，同样适用于涉外仲裁。用仲裁方式解决具有涉外因素的纠纷案件即为涉外仲裁。

在仲裁实践中，我国内地仲裁机构对涉及我国香港、澳门或台湾地区企业、组织或自然人之间，或者其同外国企业、组织或自然人之间产生于契约性或非契约性的经济贸易等争议中的仲裁案件，比照涉外仲裁案件处理。

二、涉外仲裁的特点

涉外仲裁是民商事仲裁的一个具体种类，因此有关民商事仲裁通常具有的自愿性、专业性、灵活性、保密性、快捷性、经济性、独立性、终局性等特点，它都应该具备。不过当涉外因素融入民商事仲裁后，与之相关的以下三个特点显得格外醒目：

（一）涉外仲裁的程序制度有特殊安排

涉外仲裁含有涉外因素，这是它与国内仲裁的主要区别所在。有涉外因素，且有的当事人在仲裁审理地国可能没有住所，为方便他们进行仲裁活动或行使权利，在某些具体程序制度上，如期间、送达、取证、保全等方面，法律或者机构规则作出了不同于国内仲裁的特别规定。

（二）涉外仲裁承载更充分的意思自治

涉外仲裁是以当事人的自愿和协议为基础的，于其中，可以更为充分地发挥有着国际化视野和思维的当事人的意思自治，他们可以自由选择仲裁事项、仲裁地、仲裁组织形式、仲裁员、仲裁程序、仲裁语言和仲裁所适用的实体法。仲裁庭处理仲裁案件的权力也来自当事人的同意。这些可以由当事人控制的因素，成为人们对涉外仲裁感兴趣的重要原因。

（三）涉外仲裁通常存在法律适用问题

国内仲裁，一般只适用一国或本地的法律。而涉外仲裁，由于各种涉外因素都可能把对仲裁协议、程序问题、实体问题的法律适用引向不同国家的法律制度，再有当事人意志的加入，使得法律适用问题与之相伴而生，一个案件的审理和裁决，既可能适用国内法，也有可能适用外国法或国际条约等。涉外仲裁裁决内容应当得到实现，在当事人不能配合履行的情况下，可能需要寻找外国法院依据国际公约及执行地法律的支持，以获得承认和强制执行。

三、中国的常设涉外仲裁机构

常设仲裁机构，是一种相对于临时仲裁庭的仲裁组织形式，指的是依据国际条约或一国法律设立，有固定名称、办公地址、工作人员、机构设置、组织章程、行政管理制度及程序规则的仲裁组织。现今，如果当事人愿意采用仲裁方式解决民商事争议，一般都选择常设仲裁机构并依其仲裁规则进行仲裁，尤其是遇到涉外的或国际性的法律争执时更是这样，总有一些国际性、行业性或一定地区范围内的常设仲裁机构可以作为协助他们解决纠纷的候选对象。常设仲裁机构如考虑其国别性、专业性色彩的淡浓程度，可相对分为国际性的或地区性的常设仲裁机构、行业性的常设仲裁机构以及国内的常设仲裁机构。

目前世界上，历史悠久、名声远扬的国际性的、地区性的、行业性的国际常设仲裁机构主要有国际商会仲裁院、斯德哥尔摩商会仲裁院、伦敦国际仲裁院、瑞士苏黎世商会仲裁院、解决投资争端国际中心、世界知识产权组织仲裁与调解中心、美国仲裁协会、香港国际仲裁中心、新加坡国际仲裁中心、中国国际经济贸易仲裁委员会、日本商事仲裁协会、英国海事仲裁员协会等，读者可以很方便地检索到它们的网站，登录了解其机构概况、仲裁规则以及有关国际商事仲裁的各种各样的信息。

（一）中国常设涉外仲裁机构的设立

根据《仲裁法》第六十六条的规定，涉外仲裁委员会可以由中国国际商会组织设立。

涉外仲裁委员会由主任 1 人、副主任若干人和委员若干人组成。主任、副主任和委员可以由中国国际商会聘任。

涉外仲裁委员会设有秘书局，在仲裁委员会秘书长的领导下负责处理仲裁委员会的日常事务。

涉外仲裁委员会设立仲裁员名册，仲裁员由涉外仲裁委员会从在法律、经济贸易、科学技术等方面具有专门知识和实际经验的中外人士中聘任。

（二）我国受理涉外仲裁案件的常设仲裁机构

中国国际经济贸易仲裁委员会和海事仲裁委员会是我国传统的常设涉外仲裁机构，也是受理涉外仲裁案件具有典型性、代表性的仲裁机构。目前，我国除了中国国际经济贸易仲裁委员会和海事仲裁委员会受理涉外仲裁案件外，依据仲裁法设立或重新组建的仲裁机构也有权受理涉外仲裁案件。

1. 中国国际经济贸易仲裁委员会

中国国际经济贸易仲裁委员会最初名为“中国国际贸易促进委员会对外贸易仲裁委员会”，是根据 1954 年 5 月 6 日前中央人民政府政务院《关于在中国国际贸易促进委员会内设立对外贸易仲裁委员会的决定》，于 1956 年 4 月 2 日正式成立的。1980 年 2 月 26 日改名为“对外经济贸易仲裁委员会”。1988 年 6 月 21 日，更名为“中国国际经济贸易仲裁委员会”，其受案范围扩至国际经济贸易中发生的一切争议。1994 年 8 月 26 日，国务院证券委员会发布证委发 [1994]20 号《关于指定中国国际经济贸易仲裁委员会为证券争议仲裁机构的通知》，中国国际经济贸易仲裁委员会也可以受理证券争议。自 2000 年 10 月 1 日起，中国国际经济贸易仲裁委员会同时启用中国国际商会仲裁院的名称。

中国国际经济贸易仲裁委员会的总会设在北京，并在上海、深圳、重庆、天津和香港分别设有仲裁委员会上海分会、华南分会、西南分会、天津仲裁中心和香港仲裁中心。根据仲裁业务发展的需要，以及就近为当事人提供仲裁咨询和程序便利的需要，仲裁委员会还先后设立了 29 个地方和行业办事处。

中国国际贸易促进委员会曾在 1956 年 3 月 31 日通过了一个《中国国际贸易促进委员会对外贸易仲裁委员会仲裁程序暂行规则》。1988 年 9 月 12 日经修改，改为《中国国际经济贸易仲裁委员会仲裁规则》。此后，该规则又经过 7 次修订。现行的仲裁规则为 2014 年 11 月 4 日修订并于 2015 年 1 月 1 日起施行。

中国国际经济贸易仲裁委员会是以仲裁的方式独立、公正地解决契约性或非契约性的经济贸易等争议的常设仲裁机构。

中国国际经济贸易仲裁委员会在国内首家推出独具特色的专业争议解决服务，为不同行业的当事人提供适合其行业需要的仲裁法律服务。中国国际经济贸易仲裁委员会制定了《金融争议仲裁规则》，适用于当事人约定适用该规则的仲裁案件。中国国际经济贸易仲裁委员会与中国粮食行业协会及中国贸促会粮食行业分会合作设立了粮食行业争议仲裁中心。该中心为粮食行业的企业、公司和个人提供法律咨询以及争议解决等服务。中国国际经济贸易仲裁委员会与中国商业联合会及中国贸促会商业行业分会合作设立了商业专业委员会，为商业流通领域的企业、公司和个人提供法律咨询以及争议解决等服务。中国国际经济贸易仲裁委员会（以下简称“仲裁委员会”）还设有网上争议解决中心，其前身是仲裁委员会域名争议解决中心。仲裁委员会域名争议解决中心成立于 2000 年 12 月，于 2005 年 7 月同时启用“仲裁委员会网上争议解决中心”名称，并于 2007 年 8 月在保留“仲裁委员会域名争议解决中心”名称的同时正式以“仲裁委员会网上争议解决中心”名称对外开展工作。

1990 年以来，作为仲裁机构，中国国际经济贸易仲裁委员会的受案数量在世界各大国际商事仲裁机构中名列前茅，可以说中国国际经济贸易仲裁委员会已成为世界上主要的国际商事仲裁机构之一。

2. 中国海事仲裁委员会

根据国务院1958年11月21日发布的《关于在中国国际贸易促进委员会内设立海事仲裁委员会的决定》，中国海事仲裁委员会成立于1959年1月22日，当时名为“中国国际贸易促进委员会海事仲裁委员会”。1988年6月21日改名为“中国海事仲裁委员会”。该仲裁委员会专门受理国内外的海事争议。2003年1月在上海分会内设立了中国海事仲裁委员会渔业争议解决中心。2004年2月1日还在北京设立了物流争议解决中心。2006年8月22日，中国海事仲裁委员会又设立了上海海事调解中心。

1959年1月8日，中国国际贸易促进委员会通过了《中国国际贸易促进委员会海事仲裁委员会仲裁程序暂时规则》。1988年9月12日，经修改，改称《中国海事仲裁委员会仲裁规则》。2004年7月5日修订了仲裁规则。现行的仲裁规则于2014年11月4日由中国国际贸易促进委员会/中国国际商会修订并通过，自2015年1月1日起施行。

中国海事仲裁委员会是以仲裁方式独立、公正地解决海事、海商、物流等争议的常设仲裁机构。中国海事仲裁委员会设有上海分会、西南分会（重庆）、天津仲裁中心、香港仲裁中心。

中国国际经济贸易仲裁委员会和中国海事仲裁委员会的分会/仲裁中心是仲裁委员会的派出机构，根据仲裁委员会的授权，接受仲裁申请，管理仲裁案件。分会/仲裁中心设仲裁院，在分会/仲裁中心仲裁院院长的领导下，履行仲裁规则规定由仲裁委员会仲裁院履行的职责。案件由分会/仲裁中心管理的，规则规定由仲裁委员会仲裁院院长履行的职责，由仲裁委员会仲裁院院长授权的分会/仲裁中心仲裁院院长履行。

当事人可以约定将争议提交仲裁委员会或仲裁委员会分会/仲裁中心进行仲裁；约定由仲裁委员会进行仲裁的，由仲裁委员会仲裁院接受仲裁申请并管理案件；约定由分会/仲裁中心仲裁的，由所约定的分会/仲裁中心仲裁院接受仲裁申请并管理案件，约定的分会/仲裁中心不存在、被终止授权或约定不明的，由仲裁委员会仲裁院接受仲裁申请并管理案件。如有争议，由仲裁委员会作出决定。

中国国际经济贸易仲裁委员会和中国海事仲裁委员会曾经长期由万里之子万季飞担任主任，现任主任为姜增伟（曾任商务部副部长、现兼任中国贸促会会长）。

3. 其他受理涉外仲裁案件的仲裁机构

仲裁法颁布实施以来，依照仲裁法的规定在直辖市、省、自治区人民政府所在地的市和其他设区的市设立或重新组建的仲裁机构，能否受理涉外仲裁案件，仲裁法并没有明确规定。1996 年 6 月 8 日，国务院办公厅发布了《关于贯彻实施 < 中华人民共和国仲裁法 > 需要明确的几个问题的通知》，该通知规定：新组建的仲裁委员会的主要职责是受理国内仲裁案件；涉外仲裁案件的当事人自愿选择新组建的仲裁委员会仲裁的，新组建的仲裁委员会可以受理。据此，依照仲裁法设立或重新组建的仲裁机构，在涉外仲裁案件的当事人自愿选择其进行仲裁时，对该涉外仲裁案件具有管辖权。

第二节　涉外仲裁程序的特别规定

【基本案情】

申请人：北京朝来新生体育休闲有限公司

被申请人：北京所望之信投资咨询有限公司

北京朝来新生体育休闲有限公司（以下简称朝来新生公司）是在北京市工商行政管理局朝阳分局注册成立的有限责任公司（自然人独资）；北京所望之信投资咨询有限公司（以下简称所望之信公司）是在北京市工商行政管理局注册成立的有限责任公司（外国自然人独资），股东（发起人）安秉柱，大韩民国公民。

2007 年 7 月 20 日，朝来新生公司（甲方）与所望之信公司（乙方）签订《合同书》约定，甲、乙双方合作经营甲方现有的位于北京市朝阳区的高尔夫球场，并就朝来新生公司的股权比例、投资金额等相关事宜达成协议。合同中写明签订地在中国北京市。合同中还约定：如发生纠纷时，甲乙双方首先应进行友好协商，达成协议，对于不能达成协议的部分可以向大韩商事仲裁院提起仲裁，仲裁结果对于甲乙双方具有同等法律约束力。

合同签订后，双方开始合作经营，在经营过程中高尔夫球场土地租赁合同解除，土地被收回。因土地租赁合同解除，高尔夫球场获得补偿款 1800 万元，朝来新生公司与所望之信公司因土地补偿款的分配问题发生纠纷。为此，所望之信公司于 2012 年 4 月 2 日向大韩商事仲裁院提起仲裁，请求朝来新生公司支付所望之信公司土地补偿款 248 万元。朝来新生公司提起反请求，要求所望之信公司给付朝来新生公司土地补偿款 1100 万元及利息。

大韩商事仲裁院依据双方约定的仲裁条款受理了所望之信公司的仲裁申请及朝来新生公司的反请求申请，适用中华人民共和国法律作为准据法，于 2013 年 5

月29日作出仲裁裁决。裁决：（1）所望之信公司给付朝来新生公司中华人民共和国货币1000万元整及利息；（2）所望之信公司及朝来新生公司其余之请求驳回。裁决做出后，朝来新生公司于2013年6月17日向北京市第二中级人民法院提出申请，请求法院承认上述仲裁裁决。

审理结果：北京市第二中级人民法院于2014年1月20日做出（2013）二中民特字第10670号民事裁定书，驳回朝来新生公司要求承认大韩商事仲裁院仲裁裁决的申请。

裁判理由如下：

法院生效裁判认为：我国及大韩民国均为加入1958年联合国《承认及执行外国仲裁裁决公约》的国家，现朝来新生公司申请承认大韩民国大韩商事仲裁院做出的仲裁裁决，应依据《承认及执行外国仲裁裁决公约》第二条、第五条的相关规定审理本案。

根据《中华人民共和国民事诉讼法》和《中华人民共和国仲裁法》的规定，涉外经济贸易、运输、海事中发生的纠纷，当事人可以通过订立合同中的仲裁条款或者事后达成的书面仲裁协议，提交我国仲裁机构或者其他仲裁机构仲裁。但法律并未允许国内当事人将其不具有涉外因素的争议提请外国仲裁。

《最高人民法院〈关于适用中华人民共和国民事诉讼法〉若干问题的意见》第三百零四条规定："当事人一方或者双方是外国人、无国籍人、外国企业或者组织，或者当事人之间民事法律关系的设立、变更、终止的法律事实发生在外国，或者诉讼标的在外国的民事案件，为涉外民事案件。"

《中华人民共和国外资企业法》第二条："本法所称的外资企业是指依照中国有关法律在中国境内设立的全部资本由外国投资者投资的企业，不包括外国的企业和其他经济组织在中国境内的分支机构。"第八条："外资企业符合中国法律关于法人条件的规定的，依法取得中国法人资格。"所望之信公司是在中华人民共和国境内注册成立的由外国自然人独资成立的有限责任公司，根据前述规定，所望之信公司系中国法人。

本案中朝来新生公司与所望之信公司均为中国法人，双方签订的《合同书》是双方为在中华人民共和国境内经营高尔夫球场设立的合同，转让的系中国法人的股权。双方之间的民事法律关系的设立、变更、终止的法律事实发生在我国境内，诉讼标的亦在我国境内，不具有涉外因素，故不属于我国法律规定的涉外案件。因此，《合同书》中关于如发生纠纷可以向大韩商事仲裁院提起仲裁的约定违反了《中华人民共和国民事诉讼法》《中华人民共和国仲裁法》的相关规定，该仲裁条款无效。

因大韩商事仲裁院于2013年5月29日做出的仲裁裁决所适用的准据法为中华人民共和国的法律，依据中华人民共和国法律，《合同书》中的仲裁条款为无效条款，故大韩商事仲裁院受理本案所涉仲裁案件所依据的仲裁条款无效。根据《承认及执行外国仲裁裁决公约》第五条第一款（甲）项、第五条第二款（乙）项之规定，该裁决不予承认。

【法律问题】

北京市第二中级人民法院对此案作出的驳回朝来新生公司要求承认大韩商事仲裁院仲裁裁决的申请的民事裁定书是否正确？

【参考答案】

北京市第二中级人民法院对此案作出的裁定争议极大。

本案点评：

本案生效判决在判决理由部分，通过分析，确定双方当事人均属于中国法人，且涉案民事法律关系的设立、变更、终止的法律事实发生在我国境内，诉讼标的亦在我国境内，不具有涉外因素，从而阐述本案不属于我国法律规定的涉外民事案件。同时进一步对《中华人民共和国民事诉讼法》及《中华人民共和国仲裁法》的相关规定进行解释，得出结论："法律并未允许国内当事人将其不具有涉外因素的争议提请外国仲裁"。

北京市第二中级人民法院对本案不具有涉外因素的判定部分颇具说服力，虽然其中涉案当事人一方为外国自然人独资设立的法人，但是依照我国法律及法人人格独立之原则，双方当事人即朝来新生公司与所望之信公司均为中国法人，加之法律事实其他因素亦无涉外情形，可以得出本案无涉外因素的结论。

然而该院对我国诉讼法及仲裁法相关法律规定的解释以及依此做出的裁定则值得商榷：

首先，本案涉案纠纷为民事合同纠纷，且合同包含有效仲裁条款。我国仲裁法总则部分明确规定仲裁适用范围为平等主体之间的合同纠纷及其他财产纠纷，也明确规定了不能仲裁的种种例外，同时在分则中亦明确了各种仲裁协议无效的各种情形。北京第二中级人民法院理应依照该法审核其仲裁条款的有效性，而不是以其他法律做扩大解释。

其次，关于北京第二中级人民法院裁判依据。该院援引我国民事诉讼法关于涉外仲裁的规定："涉外经济贸易、运输、海事中发生的纠纷，当事人可以通过在合同中订立的仲裁条款或者事后达成的书面仲裁协议，提交我国仲裁机构或者其他仲裁机构仲裁，提交中华人民共和国涉外仲裁机构或者其他仲裁机构仲裁的，当事人不得向人民法院起诉"。仔细推敲该规定，其旨在明晰仲裁与诉讼的关系，即确定约定仲裁优先的原则，并无任何意图排除国内当事人将其不具有涉外因素的争议提请外国仲裁。可以认定，在该合同仲裁条款没有因违反强制性规定而使之无效的情况下，不可以仅凭我国民事诉讼法及仲裁法等相关程序性法律即拒绝承认大韩商事仲裁院就此案做出的仲裁裁决。

再者，关于裁定依据之《承认及执行外国仲裁裁决公约》，裁定认为该仲裁条款因违反协议准据法（依该院裁决即为我国法律）而无效，并且裁定承认该裁决有悖我国公共政策。如前所述，大韩商事仲裁院就此案做出的仲裁裁决并未违反裁决理由部分所援引的我国民事诉讼法及其他相关规定，亦没有违反我国公共政策。可知依据《承认及执行外国仲裁裁决公约》做出对该仲裁不予承认执行的裁定颇为勉强。

法律风险评析：

随着我国市场经济深度发展，越来越多的境内企业，尤其是具有外资背景的企业，往往倾向于在仲裁协议或者商事合同仲裁条款中约定外国仲裁，即使是合同当事方、标的及合同内容均无任何涉外因素。一旦发生争议，双方按照仲裁协议或者仲裁条款向国外仲裁机构申请仲裁，取得仲裁裁决后，请求国内法院承认与执行该仲裁裁决。由此引发出类似本案的大量问题。

如前所述，我国对无涉外因素的纠纷提请外国仲裁机构仲裁并无禁止性规定，并且北京市第二中级人民法院做出的裁定颇具争议，但是我国法院通常更倾向于支持北京市第二中级人民法院的裁定。比如，《最高人民法院关于人民法院处理涉外仲裁及外国仲裁案件的若干规定（征求意见稿）》第二十条第七款规定："国内当事人将无涉外因素的争议约定外国仲裁的，经一方当事人申请，人民法院应认定仲裁协议无效。"再比如，最高人民法院民四庭在《涉外商事海事审判实务问题解答（一）》第83问中解释道："根据《中华人民共和国民事诉讼法》第二百五十七条第一款和《中华人民共和国仲裁法》第六十五条第二款的规定，涉外经济贸易、运输、海事中发生的纠纷，当事人可以通过订立合同中的仲裁条款或者事后达成的书面仲裁协议，提交我国仲裁机构或者其他仲裁机构仲裁。但法律并未允许国内当事人将其不具有涉外因素的争议提请外国仲裁"。

可见在我国法律尚未做出明确规定的情况下，约定将无涉外因素的法律纠纷交由外国仲裁机构裁决风险极大，因而当企业出现无涉外因素的法律纠纷时，应谨慎设立、援用此类仲裁协议或条款，以避免造成浪费了巨大法律成本，却不能使仲裁裁决得到承认并执行的尴尬局面。

经验总结：

国内当事人将其不具有涉外因素的合同或者财产权益纠纷约定提请外国仲裁机构仲裁的，法院通常的做法是：认定相关的仲裁协议无效。外国仲裁机构已做出仲裁裁决的，人民法院对于申请人要求承认仲裁裁决的申请予以驳回。

【法理分析】

一、涉外仲裁程序概述

涉外民商事纠纷的一方当事人根据与对方当事人在纠纷发生之前或者纠纷发生之后达成的仲裁协议，向约定的仲裁机构提交仲裁申请书，涉外仲裁程序自此开启，随后成立的仲裁庭将按照一定的方式、步骤和时限等要素构成的程序对案件进行审理，并作出裁决。一方面，涉外仲裁程序与国内仲裁程序在制度目的、价值目标、构成阶段、仲裁庭的组成、审理方式等方面有相同之处和趋同之势。但另一方面，适用于涉外民商事纠纷的仲裁程序，顾及涉外因素的存在，应具有不同于国内仲裁程序的特殊性。为此，从程序规范上，国家通过仲裁程序法、涉外仲裁机构通过仲裁规则作出特别规定，以满足涉外仲裁的需要。下面，将根据我国《仲裁法》第七章关于涉外仲裁的特别规定和《民事诉讼法》第四编第二十六章关于涉外仲裁的规定，结合《北京仲裁委员会仲裁规则》（自 2015 年 4 月 1 日起施行，以下简称“北仲”规则）、《上海仲裁委员会仲裁规则》（自 2013 年 1 月 1 日起施行，以下简称“上仲”规则）、“贸仲”规则和《上海国际经济贸易仲裁委员会（上海国际仲裁中心）仲裁规则》（自 2015 年 1 月 1 日起施行，以下简称“国仲”规则）的有关内容，对涉外仲裁程序的规定和运行的特别之处作出归纳。

二、涉外仲裁程序适用的案件范围

综合我国《仲裁法》和各家仲裁机构的仲裁规则的规定，涉外程序适用于国际或涉外争议案件，并参照适用于涉及香港特别行政区、澳门特别行政区及台湾地区的争议案件，是契约性还是非契约性的民商事关系所引起在所不问。如果当事人对案件是否具有涉外性或国际因素有争议的，则由仲裁庭作出决定。

三、仲裁庭可以由外籍仲裁员参与组成

涉外仲裁机构可以从具有法律、经济贸易、科学技术等专门知识的外籍人士中聘任仲裁员。仲裁庭由一名或三名仲裁员组成，一般由三名仲裁员组成。在涉外仲裁中，如果仲裁庭由三名仲裁员组成，双方当事人可以选择或者仲裁机构主任可以指定外籍仲裁员参与组成仲裁庭，具体做法是：双方当事人按照仲裁规则的规定分别选定或者委托主任为其指定一名仲裁员、共同选定或者共同委托主任指定首席仲裁员。当事人可以从仲裁机构提供的仲裁员名册中选择仲裁员，也可以从仲裁员名册外选择仲裁员。如果当事人从仲裁员名册外选定仲裁员，应当向仲裁机构提供候选人的简历和具体联系方式，经确认后可以担任仲裁员。

一般的，外籍仲裁员的报酬要比国内仲裁员的高。当事人愿意增加支付报酬而选择外籍仲裁员的话，应当在仲裁规则规定的期限内预交增加的报酬。未按期预交的，视为未选定仲裁员。仲裁机构的主任可以根据仲裁规则的规定代为指定仲裁员。

四、保全、临时措施及紧急仲裁员程序

涉外仲裁的当事人依据我国法律申请采取财产保全、行为保全或证据保全的，涉外仲裁机构应当将当事人的申请提交被申请人住所地、财产所在地或者证据所在地的中级人民法院裁定。人民法院可以进行审查，裁定是否进行保全。裁定保全的，应当责令申请人提供担保，申请人不提供担保的，裁定驳回申请。当事人申请证据保全，人民法院经审查认为无须提供担保的，申请人可以不提供担保。

当事人可以依据所适用的法律直接向具有管辖权的外国法院提出临时措施申请。“贸仲”规则和“北仲”规则规定，经一方当事人请求，仲裁庭依据所适用的法律或当事人的约定可以决定采取其认为必要或适当的临时措施，并有权决定由请求临时措施的一方当事人提供适当的担保。临时措施包括但不限于：仲裁庭要求当事人在争议解决之前暂停某些行为，比如要求合资争议各方在争议解决前不得分配利润，生产经营按现有方式保持不变，对某些不能长期保存的争议产品应当及时作出处理，要求将有质量争议的设备保持现状，要求对有质量争议的设备进行检验，对有争议的财务账目进行核对与审计，等等。

我国仲裁界长期有一种观点，认为中国法律下决定临时措施的权利只在法院，仲裁庭无权决定任何临时措施，当事人申请临时措施，只能通过仲裁委员会转交法院，由法院决定并采取临时措施。这一观点的形成，显然是与民事诉讼法以及仲裁法中有关证据保全以及财产保全的相关规定有关。我国民事诉讼法和仲裁法都规定了，当事人申请证据保全和财产保全的，仲裁委员会将申请转交有管辖权的法院，由法院决定并采取临时措施。但其中有几个问题可能被长期忽略了：第一，临时措施是不是仅仅包括证据保全和财产保全；第二，民诉法和仲裁法规定了法院可以决定并采取某些临时措施，是不是就排除了仲裁庭无权决定临时措施的权利。第三，临时措施由仲裁庭决定，是目前普遍采用的国际惯例，不少国际仲裁机构在其规则中甚至把法院决定临时措施的权力限制在仲裁庭组成以前，或者是仲裁庭无法决定的事项。第四，仲裁庭作为仲裁案件的审判者，最了解案件的全部案情，最方便做出适当的有关临时措施的决定。

案件受理后至组成仲裁庭之前，当事人需要申请临时措施的，可以依据所适用的法律或当事人的约定，向仲裁机构提出指定紧急仲裁员的书面申请并附相关证据材料。是否同意，由仲裁机构决定。仲裁机构同意指定紧急仲裁员的，应在当事人按照仲裁规则规定的标准预交相应费用后较短时间（如1日或2日）内在仲裁员名册中指定一名紧急仲裁员，并将指定情况通知当事人。紧急仲裁员不代表任何一方当事人，应独立于各方当事人，平等地对待各方当事人。紧急仲裁员的信息披露、回避等事项，参照仲裁规则的相关规定办理。紧急仲裁员有权采取其认为适当的方式就当事人的临时措施申请进行审查，但应保证当事人有合理陈述的机会。紧急仲裁员可以要求申请紧急救济的当事人提供适当的担保作为实施救济的前提条件。紧急仲裁员应当于指定之日起合理时间（如15日）内作出相关决定、指令或裁决，并说明理由，该决定、指令或裁决由紧急仲裁员签字并加盖仲裁机构印章后发送当事人。当事人对紧急仲裁员作出的相关决定、指令或裁决有异议的，有权自收到相关决定、指令或裁决之日起及时（如3日内）向紧急仲裁员提出修改、中止或撤销相关决定、指令或裁决的申请，是否同意由紧急仲裁员决定。除非当事人另有约定，紧急仲裁员不再担任与临时措施申请有关的争议案件的仲裁员。紧急仲裁员在程序中作出的相关决定、指令或裁决，对双方当事人具有约束力，当事人可以依据执行地国家或地区有关法律规定向有管辖权的法院申请强制执行。但其对仲裁庭不具有约束力，仲裁庭可以修改、中止或撤销紧急仲裁员作出的相关决定、指令或裁决。

五、涉外仲裁程序中的各种期限一般较长

由于涉外仲裁程序所处理的涉外或国际民商事纠纷的主体国籍、经常居住地或营业地、标的物所在地、法律事实发生地、主要义务履行地、与争议事项关系最密切的地点等位于域外甚至不同国家，所以人员出庭等往来需要办理出入境核准等手续，仲裁机构与当事人之间文件资料收发需要经历较长时间。为此，对于涉外仲裁程序中的各种期限，应当作出比国内仲裁中相应期限较长一些的安排，以保障仲裁活动的有效进行。根据现行法律和上述机构规则的规定，涉外仲裁程序中的各种期限如下：

（一）选定或委任指定仲裁员的期限

双方当事人选定或委任指定仲裁员的期限一般为自收到仲裁通知之日起20日内。

（二）答辩及反请求的期限

上述机构仲裁规则均规定，被申请人应当自收到答辩通知之日起45日内，提交答辩书和有关证明文件；被申请人如有仲裁反请求的，应当在仲裁通知书送达之日起45日内向仲裁机构提交仲裁反请求申请书。但对于被反请求人应当在仲裁反请求通知书送达之日起多少日内提交反请求答辩书的问题，“北仲”规则和“上仲”规则设定为45日，而“贸仲”规则和“国仲”规则设定为30日。被申请人或被反请求人未提交答辩书或反请求答辩书的，不影响仲裁程序的进行，但确有正当理由请求延长提交答辩期限的，由仲裁庭决定是否延长答辩期限；仲裁庭尚未组成的，由仲裁机构仲裁院作出决定。

（三）提前通知开庭的期限

涉外仲裁案件首次开庭，“北仲”规则和“上仲”规则规定应在开庭日的30日前将开庭通知书发送双方当事人；而“贸仲”规则和“国仲”规则规定应不晚于开庭前20日将开庭日期通知双方当事人。经商当事人同意，仲裁庭是可以提前开庭的。当事人有正当理由请求延期开庭的，“北仲”规则和“上仲”规则规定应当在开庭日的12日前向仲裁机构提交延期开庭的书面请求，而“贸仲”规则和“国仲”规则规定应于收到开庭通知后5日内提出书面延期申请。是否延期开庭，由仲裁庭决定。再次开庭以及延期后开庭日期的通知，则不受上述期限的限制。

（四）裁决期限

涉外仲裁裁决应在仲裁庭组成之日起6个月内作出。需要延长的，由仲裁庭报经仲裁机构主任批准。程序中止的期间不计入裁决期限。

另外，“贸仲”规则还规定，如果裁决书中有遗漏事项，仲裁庭可以在发出裁

决书后的合理时间内自行作出补充裁决。任何一方当事人可以在收到裁决书后30日内以书面形式请求仲裁庭就裁决书中遗漏的事项作出补充裁决；如确有漏裁事项，仲裁庭应在收到上述书面申请后30日内作出补充裁决。

（五）举证期限

当事人应对其申请、答辩和反请求所依据的事实提供证据加以证明，对其主张、辩论及抗辩要点提供依据。仲裁庭可以规定当事人提交证据的期限，该期限一般也要长于国内仲裁的举证期限。逾期提交的，仲裁庭可以不予接受。当事人在举证期限内提交证据材料确有困难的，可以在期限届满前申请延长举证期限。是否延长，由仲裁庭决定。

六、确定仲裁语言

涉外仲裁程序中，因当事人及其代理人一方或者双方以及其他仲裁参与人可能来自域外甚至来自不同国家，或者当事人可能约定了仲裁程序中使用的语言，为了便于发现真实、顺畅推进程序、尊重当事人的意愿，往往需要首先确定仲裁语言。如果当事人约定了涉外仲裁程序中使用的语言，则按照约定。如果当事人没有约定的，仲裁机构或者仲裁庭可以根据案件具体情况确定使用中文或者其他语言为仲裁程序的语言。当事人约定使用两种或者两种以上语言的，仲裁庭在征得当事人同意的情况下可以确定使用其中一种语言。如果当事人无法达成一致意见，仲裁程序可以以多种语言进行，由此增加的相关费用由当事人承担。仲裁机构或者仲裁庭可以根据案件具体情况确定仲裁程序中的书面材料是否需要附具中文译本或者其他语言译本。当事人或者其代理人、证人需要语言翻译，可以由仲裁机构提供译员，也可以由当事人自行提供译员。当事人承担翻译费用。[1]

第三节 对涉外仲裁裁决和外国仲裁裁决的执行

【基本案情】

申请人：Fairdeal Supplies Ltd.（Fairdeal物资供应有限公司）

[1] 江伟、肖建国：《仲裁法》。北京：中国人民大学出版社，2016年8月版，第322-325页。

被申请人：山西甲进出口集团有限公司

法院受理申请人 Fairdeal Supplies Ltd.（Fairdeal 物资供应有限公司）申请承认和执行外国仲裁裁决一案后，被申请人山西甲进出口集团有限公司对管辖权提出异议，理由是：《最高人民法院关于执行我国加入的〈承认及执行外国仲裁裁决公约〉的通知》第三条规定："根据 1958 年《纽约公约》第四条的规定，申请我国法院承认和执行在另一缔约国领土内作出的仲裁裁决，是由仲裁裁决的一方当事人提出的。对于当事人的申请应由我国下列地点的中级人民法院受理：1. 被执行人为自然人的，为其户籍所在地或者居住地；2. 被执行人为法人的，为其主要办事机构所在地；3. 被执行人在我国无住所、居所或者主要办事机构，但有财产在我国境内的，为其财产所在地。"

对比以上法律规定，《民事诉讼法》的规定是一般规定，《最高人民法院关于执行我国加入的〈承认及执行外国仲裁裁决公约〉的通知》是特别规定，根据系统解释的方法，《民事诉讼法》并非赋予外国仲裁当事人在"被执行人住所地"和"财产所在地"之间的管辖选择权，而是由司法解释具体规定了在不同情况下所适用的不同的管辖原则。自然人和法人的"住所地管辖"是一般原则，"财产所在地管辖"只适用于"在我国无住所、居所或者主要办事机构，但有财产在我国境内的"自然人或者法人。山西甲进出口集团公司的主要办事机构在公司住所地，即山西省太原市，故请求将本案移送太原市中级人民法院管辖。

法院认为，对被执行人为法人的案件，应由其主要办事机构所在地的中级人民法院管辖。山西甲进出口集团公司的主要办事机构在山西省太原市，故本案应当移送山西省太原市中级人民法院管辖。山西甲进出口集团有限公司对管辖权提出的异议理由成立，裁定本案移送山西省太原市中级人民法院管辖。

【法律问题】

法院意见是否正确？

【参考答案】

法院意见正确。《最高人民法院关于执行我国加入的〈承认及执行外国仲裁裁决公约〉的通知》是现行有效的针对承认及执行外国仲裁裁决案件如何确定管辖问题的特别规定，且不与现行法律相冲突。该司法解释具体规定了在不同情况下所适用的不同的管辖原则。依据上述司法解释的规定，"财产所在地中级人民法院管辖”只适用于“在我国无住所、居所或者主要办事机构，但有财产在我国境内的”自然人或者法人。也即，如果被申请人在中国大陆地区有住所、居所或者主要办事机构，则由住所、居所或主要办事机构所在地的法院管辖。本案中，山西甲进出口集团公司的主要办事机构在山西省太原市，所以本案应由太原市中级人民法院管辖。[1]

【法理分析】

一、对涉外仲裁裁决的执行

对涉外仲裁裁决的执行有两种情形，即涉外仲裁裁决在中国的执行和涉外仲裁裁决在外国的执行。

（一）涉外仲裁裁决在中国的执行

按照我国《民事诉讼法》和《仲裁法》的有关规定，对中国的涉外仲裁机构作出的仲裁裁决，一方当事人不履行的，对方当事人可以向被申请执行人住所地或者财产所在地的中级人民法院申请执行。申请人向人民法院申请执行我国涉外仲裁机构的仲裁裁决，须提出书面申请，并附裁决书正本。如果申请人为外国一方当事人，其申请书须用中文文本提出。

人民法院强制执行涉外仲裁机构的仲裁裁决时，被执行人以有《民事诉讼法》第二百七十四条第一款规定的情形为由提出抗辩的，人民法院应当对被执行人的抗辩进行审查，并根据审查结果裁定执行或者不予执行。

《民事诉讼法》第二百七十四条（原二百六十条）第一款：对中华人民共和国涉外仲裁机构作出的裁决，被申请人提出证据证明仲裁裁决有下列情形之一的，以人民法院组成合议庭审查核实，裁定不予执行：（一）当事人在合同中没有订有仲裁条款或者事后没有达成书面仲裁协议的；（二）被申请人没有得到指定仲裁员或者进行仲裁程序的通知，或者由于其他不属于被申请人负责的原因未能陈述意见的；（三）仲裁庭的组成或者仲裁的程序与仲裁规则不符的；（四）裁决的事项不属于仲裁协议的范围或者仲裁机构无权仲裁的。

---

[1] 朱宣烨：《仲裁法实务精要与案例指引》。北京：中国法制出版社，2015 年 1 月版，第 249-250 页。

（二）中国涉外仲裁裁决在外国的承认和执行

依照《民事诉讼法》第二百八十条第二款和《仲裁法》第七十二条的规定，中国涉外仲裁机构作出的发生法律效力的仲裁裁决，当事人请求执行的，如果被执行人或者其财产不在中国领域内，应当由当事人直接向有管辖权的外国法院申请承认和执行。由于中国已经加入《纽约公约》，当事人可以依照纽约公约的规定或者依照中国缔结或参加的其他国际条约的规定，直接向该外国法院申请承认和执行中国涉外仲裁机构作出的裁决。

二、对外国仲裁裁决的承认与执行

（一）内国裁决和外国裁决的区分

一些国家或地区对内国裁决和外国裁决的执行机制没有作出区分或明显的区分。但不少国家对内国裁决和外国裁决的承认和／或执行规定了不同的机制。因此对申请承认和／或执行的仲裁裁决进行识别，确定其是内国裁决还是外国裁决，是一个很重要的先决问题。

1. 1958 年《纽约公约》的“领域标准”及“非内国裁决标准”

依照 1958 年《纽约公约》的规定，可适用该公约的外国裁决分为两种：

一种外国裁决是指，在一个国家的领土内作成，而在另一个国家请求承认和执行，对后者而言该被承认和执行的裁决为外国裁决。由于此种判定是基于裁决是否是在被申请承认和执行地国以外的国家的领土内作出的，故被称为“领域标准”。按照“领域标准”，任何在本国领土之外作出的仲裁裁决均被视为外国仲裁裁决。

另一种外国裁决是指，如果被申请承认和执行国认为所申请承认和执行的裁决不是本国裁决，则该裁决是外国裁决。该标准被称为“非内国裁决标准”。按照“非内国裁决标准”，即便向本国法院申请承认和执行的裁决是在本国的领土以内作出的，但是如果裁决执行国法院认为该裁决并不是本国仲裁裁决，那么这个裁决也应当被视为“外国仲裁裁决”，并适用 1958 年《纽约公约》。

如果说“领域标准”是一个客观标准，那么“非内国裁决标准”则是一个主观标准，一项仲裁裁决是否被认定为“非内国裁决”完全依赖于裁决执行地所在国的认定。

1958 年《纽约公约》的上述“领域标准”是世界各国和地区在立法和司法实践中广为确认和采用的标准。在我国与一些国家签订的双边司法协助协定中，有关相互承认和执行仲裁裁决的条款中均采用了“领域标准”，即在另一缔结国领土内作出的仲裁裁决为该缔结国的裁决，应适用双边司法协助协定。

2. 我国国内立法中的“仲裁机构所在地标准”

虽然我国加入的1958年《纽约公约》和我国与许多国家签订的涉及仲裁裁决承认和执行的双边司法协助协定中采用的都是“领域标准”，但我国1991年《民事诉讼法》以及经两次修订后的《民事诉讼法》中一直并没有采纳“领域标准”，而是采用“仲裁机构所在地标准”。也就是说，对于在中国承认及执行的仲裁裁决是否属于外国裁决，其认定的标准是该裁决是否是外国仲裁机构作出的。换言之，我国国内立法对外国仲裁裁决的识别采用的是“仲裁机构所在地”的标准，即所有外国仲裁机构作出的裁决均为外国裁决。“仲裁机构所在地标准”具体体现在我国2012年《民事诉讼法》第二百八十三条的规定：“国外仲裁机构的裁决，需要中华人民共和国人民法院承认和执行的，应当由当事人直接向被执行人住所地或者其财产所在地的中级人民法院申请，人民法院应当依照中华人民共和国缔结或者参加的国际条约，或者按照互惠原则办理。”

3. 同时适用“领域标准”和“仲裁机构所在地标准”造成的困惑

我国加入1958年《纽约公约》时作出了互惠保留声明，即“本国只对另一缔约国领土内所作成的仲裁裁决的承认和执行，适用本公约”。显然适用的是“领域标准”。我国与其他国家签订的双边司法协助协定中所含有的承认和执行外国仲裁裁决内容也是针对在对方缔约国境内作出的仲裁裁决而言的。也就是说，在确定是否适用1958年《纽约公约》和双边司法协助协定时，必须先行确定所涉仲裁裁决是否是在1958年《纽约公约》或司法协助协定的缔约国领土内作出的裁决，才能确定该裁决的承认和执行是否应适用1958年《纽约公约》或相应的司法协助协定。确定仲裁裁决是否是在1958年《纽约公约》、其他国际条约或双边司法协助协定的缔约国境内作出的，通常被称为仲裁裁决国籍的确定。在区际私法领域中，确定仲裁裁决是否是在其他法域所涉地区内作出的，则被称为仲裁裁决区籍的确定。

我国法律在识别外国仲裁裁决标准上同时存在“领域标准”和“仲裁机构所在地标准”的状况，将产生法律适用上的冲突，并在进一步识别仲裁裁决的国籍问题上，可能会得出两个完全不同的“答案”。例如，某仲裁机构位于我国领土之外的A国，根据我国国内法律的“仲裁机构所在地标准”，该仲裁机构作出的仲裁裁决应被识别为A国裁决。但是，如果该裁决虽然属于A国仲裁机构的裁决，裁决作出地国却不是A国，而是B国，那么依照1958年《纽约公约》或司法协助协定中通行的“领域标准”，该裁决应当是B国裁决，而非A国裁决。如果A国或B国中有一国家不是中国业已缔结的国际公约或司法协助协定的缔约国，而另一国家却是缔约国，就会出现令人困惑的问题：该国际公约或司法协助协定是否应当适用于该仲裁裁决的承认和执行？再如，某仲裁机构是位于我国领土之外的A国仲裁机构，但是，该仲裁机构的仲裁庭作出的某一裁决的作出地国却是中国。依照我国国内法的“仲裁机构所在地标准”，该裁决是外国裁决，即A国裁决，但依照1958年《纽约公约》或司法协助协定的“领域标准”，由于裁决是在中国作出的，裁决应为中国裁决。

“领域标准”与“仲裁机构所在地标准”在我国并存的状况，不仅让法院在识别“外国仲裁机构在内地作出的仲裁裁决”国籍及适用法律方面陷入困惑，还会带来中国仲裁机构在境外所作出的裁决应当如何认定其国籍及如何适用法律的困惑。[1]

4. 现有法律框架下的正确做法

中国在1986年加入《纽约公约》时所提出的保留声明中指出：“中华人民共和国只在互惠的基础上对在另一缔约国领土内作出的仲裁裁决的承认与执行适用该公约。”可见，对于我国而言，决定外国仲裁裁决的标准，关键在于该仲裁裁决在我国以外的领土内作出。据此，外国仲裁裁决包括两类：一是在《纽约公约》缔约国境内作出的仲裁裁决；二是在《纽约公约》以外的国家和地区内作出的仲裁裁决。在涉及对这些外国仲裁裁决的承认与执行上，前者适用《纽约公约》中的规定，后者适用我国《民事诉讼法》第二百八十三条的规定，即“国外仲裁机构的裁决，需要中华人民共和国人民法院承认和执行的，应当由当事人直接向被执行人住所地或者其财产所在地的中级人民法院申请，人民法院应当依照中华人民共和国缔结或者参加的国际条约，或者按照互惠原则办理。”

关于区际仲裁裁决的承认和/或认可中如何确定区际仲裁裁决的区籍问题，我国最高法院的观点有明显的变化。2004年，在伟贸国际（香港）有限公司申请执行国际商会仲裁院在香港分支机构作出的仲裁裁决案件中，山西省高级人民法院认为国际商会仲裁院在香港有登记注册的分支机构，国际商会仲裁院香港分支机构所作出的仲裁裁决根据“仲裁机构所在地”原则应当推定为香港的仲裁裁决，申请承认及执行该仲裁裁决应当适用最高人民法院《关于内地与香港特别行政区相互执行仲裁裁决的安排》，但是最高人民法院在其《关于不予执行国际商会仲裁院10334/AMW/BWD/TE最终裁决一案的请示的复函》（〔2004〕民四他字第6号）

[1] 韩健：《商事仲裁律师基础实务》。北京：中国人民大学出版社，2014年4月版，第322-327页。

中认为，该案所涉裁决是国际商会仲裁院根据当事人之间达成的仲裁协议及申请作出的一份机构仲裁裁决，由于国际商会仲裁院系在法国设立的仲裁机构，而我国和法国均为1958年《纽约公约》的成员国，因而审查该仲裁裁决的承认和执行应适用1958年《纽约公约》的规定，而不应适用最高人民法院《关于内地与香港特别行政区相互承认和执行仲裁裁决的安排》的规定。不同的是，2009年最高人民法院《关于香港仲裁裁决在内地执行的有关问题的通知》规定，当事人向人民法院申请执行在香港特别行政区作出的临时仲裁裁决、国际商会仲裁院等国外仲裁机构在香港特别行政区作出的仲裁裁决，人民法院应当按照《关于内地与香港特别行政区相互执行仲裁裁决的安排》的规定进行审查。该通知明确了临时仲裁和外国仲裁机构在香港地区所作裁决应适用内地与香港两地安排的规定，实际上认可了以香港地区作为裁决作出地的识别香港裁决的地域标准，部分解决了内地与香港地区相互执行仲裁裁决关于裁决区籍的识别问题。但是，对于中国内地仲裁机构以香港或者外国领域为裁决作出地的裁决如何认定其区籍或国籍，即上述裁决是内地裁决还是香港裁决尚无定论或相应的案例。

（二）外国仲裁裁决在中国的承认与执行

我国人民法院对外国仲裁裁决的承认与执行，依据的是我国《民事诉讼法》第二百八十三条的规定和我国缔结或参加的国际条约。

我国《民事诉讼法》第二百八十三条规定："国外仲裁机构的裁决，需要中华人民共和国人民法院承认和执行的，应当由当事人直接向被执行人住所地或者其财产所在地的中级人民法院申请，人民法院应当依照中华人民共和国缔结或者参加的国际条约，或者按照互惠原则办理。"我国加入的涉及对外国仲裁机构作出仲裁裁决的承认与执行的最重要的条约就是1958年《纽约公约》，为此，最高人民法院作出的《关于我国加入的<承认及执行外国仲裁裁决公约>的通知》同样成为对国外仲裁裁决承认与执行的法律依据。根据上述法律的规定，对外国仲裁裁决的承认与执行的具体内容包括如下方面：

（1）我国的保留条款。我国在参加《纽约公约》时作出了两项保留条款，即互惠保留和商事保留条款。第一，根据我国加入该公约时所作的互惠保留声明，我国仅对在另一缔约国领土内作出的仲裁裁决的承认和执行予以适用公约的规定。第二，根据我国加入该公约时所作的商事保留声明，我国仅对按照我国法律属于契约性和非契约性商事法律关系所引起的争议适用该公约。所谓"契约性和非契约性商事法律关系"，具体是指由于合同、侵权或者根据有关法律规定而产生的经济上的权利义务关系，例如货物买卖、财产租赁、工程承包、加工承揽、技术转让、合资经营、合作经营、勘探开发自然资源、保险、信贷、劳务、代理、咨询服务、民用航空、铁路、公路的客货运输以及产品责任、环境污染、海上事故和所有权争议等，但不包括外国投资者与东道国政府之间的争端。

（2）对外国仲裁裁决，需要我国法院执行的，当事人应当先向人民法院申请承认。人民法院经审查，裁定承认后，再根据《民事诉讼法》的规定予以执行。如果当事人仅申请承认而未同时申请执行的，人民法院仅对应否承认进行审查并作出裁定。

（3）当事人申请承认和执行外国仲裁裁决的期间，适用《民事诉讼法》第二百三十九条的规定，申请执行的期间为二年。当事人仅申请承认而未同时申请执行的，申请执行的期间自人民法院对承认申请作出的裁定生效之日起重新计算。

（4）根据《民事诉讼法》第二百八十三条规定，国外仲裁机构的裁决，需要我国人民法院承认和执行的，应当由当事人直接向被执行人住所地或者其财产所在地的中级人民法院申请，人民法院应当依照我国缔结或者参加的国际条约，或者按照互惠原则办理。

（5）对临时仲裁庭在我国领域外作出的仲裁裁决，一方当事人向人民法院申请承认和执行的，人民法院应当依照《民事诉讼法》第二百八十三条的规定处理。

（6）承认和执行外国仲裁裁决的案件，人民法院应当组成合议庭进行审查。人民法院应当将申请书送达被申请人。被申请人可以陈述意见。人民法院经审查作出的裁定，一经送达即发生法律效力。

《纽约公约》第五条规定了拒绝承认和执行外国仲裁裁决的条件。该条第一款规定，凡外国仲裁裁决有下列情况之一者，被请求执行的国家的主管机关可依被执行人的请求，拒绝予以承认和执行：（1）签订仲裁协议的当事人，根据对他们适用的法律，存在某种无行为能力的情况，或者根据仲裁协议所选定的准据法（或未选定准据法而依据裁决地法），证明该仲裁协议无效；（2）被执行人未接到关于指派仲裁员或关于仲裁程序的适当通知，或者由于其他情况未能对案件进行申辩；（3）裁决所处理的事项，为非交付仲裁事项，或者不包括在仲裁协议规定之内，或者超出仲裁协议范围以外；（4）仲裁庭的组成或仲裁程序同当事人间的协议不符，或者当事人间没有这种协议时，同进行仲裁的国家的法律不符；（5）裁决对当事人还没有拘束力，或者裁决已经由作出裁决的国家或据其法律作出裁决的国家的主管机关撤销或停止执行。该条第二款规定，如果被请求承认和执行仲裁裁决地所在国家的主管机关查明有下列情况之一者，也可以拒绝承认和执行：（1）争执的事项，依照这个国家的法律，不可以仲裁方法解决者；（2）承认和执行该项裁决将与这个国家的公共秩序抵触者。

第四节 涉外仲裁的法律适用

【基本案情】

2005年2月21日，申请人××金属国际有限公司与被申请人××实业发展有限公司签订了××电解铜买卖合同。合同约定：被申请人（买方）向申请人（卖方）购买伦敦或上海金属交易所注册的“A”级电解铜10000吨，从2005年3月到12月在有舱位的情况下每月运送1000吨；交付条件为成本、保险加运费（CIF）班轮条件（LT）和/或成本、保险加运费（CIF）中国上海集装箱堆场（CY），由卖方选择；定价期为买方有权从卖方收到定金或可接受的信用证起至装船月最后一个工作日期间对未知市场定价，但需得到卖方同意，买方须告知卖方关于已定价的货物数量，以后的结算就以该定价或相互约定的价格为基准；每1000吨电解铜的价格为伦敦金属交易所的现货结算价，或按买卖双方相互约定的铜价调整期至装船月第三个星期三的价格，或交割日至装船月最后一个工作日的现货价格加每吨115美元。如果市场价与临时付款金额或信用证金额加上买方预付的定金持平或超出，则买方应在收到卖方通知后两个工作日内修改信用证以增加该信用证金额或追加（汇付）定金以补足该差额。否则，卖方有权在任何时候对合同货物定价；但卖方在运用酌处权对合同货物定价时，应尽可能使该价格与（基于信用证金额的）临时付款金额加上任何定金后的金额相近；定金条款约定，每1000吨电解铜定价为人民币1200000.00元，该定金在卖方收到信用证或收到足额货款前的任何时间应能覆盖伦敦金属交易所三个月铜价调整期至现货价和买方定价之间的差额。如果该初始定金不能充分覆盖上述差额，则卖方有权要求买方在一个工作日内汇付追加定金补足该差额，否则，买方将承担所有损失，且卖方保留向买方提起由此产生的额外损失的索赔权。支付条款约定，付款方式由买方选择，但需经卖方同意，信用证最迟须在承运船预抵卸货港前15天开具等。合同还约定了货物、重量、产权、质量争议、重量争议、不可抗力条款。

在履行7、8月份的电解铜交易中，由于市场价格变化，进口出现严重亏损等原因，被申请人不依约履行开立信用证义务。涉案合同项下2005年9月份的货物由于舱位原因推迟在10月份执行。2005年10月17日，申请人安排了9月份货物并通知被申请人开立信用证。2005 年 10 月 26 日，申请人安排了 10 月份货物后将船期通知被申请人，并要求其按照合同规定开立信用证。2005 年 11 月 18 日，申请人安排了 11 月份货物后将船期通知被申请人，并要求其按合同规定开立信用证，但被申请人仍不依约履行开立信用证义务。2005 年 10 月 12 日，被申请人向申请人表示：涉案合同剩余的执行批次货物的点价期，将以贵公司交付 7、8 月批次货物的下一个月开始，逐月顺延。被申请人这个意见既无视合同的约定，又无视其不依约开立 7、8 月批次货物的信用证及因此给申请人造成巨大经济损失的基本事实，其目的是要将此作为拒开 9、10 月及以后批次货物的信用证的"理由"。

为此，申请人依据买卖合同中的仲裁条款，向中国国际经济贸易仲裁委员会（以下简称仲裁委员会）上海分会提起仲裁申请。

申请人仲裁请求如下：（1）请求裁决被申请人应赔偿因违约给申请人造成的损失人民币 8718766.41 元。（2）请求裁决终止执行 7—10 月份期限内的交货。（3）请求裁决被申请人承担本案全部仲裁费。

仲裁委员会经审查，认为申请人的仲裁申请符合《仲裁法》和本会仲裁规则关于申请仲裁的条件，于是受理了上述合同项下的电解铜买卖合同争议仲裁案。并且发现，双方在本案的销售合同中明确约定，除非另有约定，《2000 年国际贸易术语解释通则》适用于本合同及买卖双方的任何争端或索赔。

被申请人提出答辩意见如下：申请人主张被申请人违约不成立，经济损失事实不清楚，损失的具体内容即计算依据不明确，被申请人无法进行针对性的答辩。此外，申请人声称 2005 年 9 月份和 10 月份均遭受了 BACK（拖欠）损失和 PREMIUM（保险费）损失，但却没有明确阐述该两种损失的性质及其计算依据。申请人对于其主张的损失，未能提供任何证据予以证明。因此，申请人的主张不应得到支持，请仲裁庭驳回申请人的仲裁请求。

申请人拒绝交付 7、8 月份货物构成违约，应赔偿被申请人因此遭受的损失。申请人屡次严重违反涉案合同的约定，导致被申请人无法实现签署合同的目的，被申请人已通知解除涉案合同。申请人拒绝交付 7、8 月份货物构成重大违约。申请人在履行涉案合同项下 9、10 月份交易时继续存在重大违约行为，导致被申请人无法实现涉案合同项下目的，故被申请人有权自行解除合同，且无需向申请人承担责任。申请人要求被申请人赔偿经济损失没有合同及事实依据。

据此，被申请人提出了如下反请求：（1）申请人应赔偿因违约给被申请人造成的经济损失人民币 6391809.09 元。（2）确认解除涉案合同项下 2005 年 9 月、10 月、11 月、12 月份交易。（3）申请人返还被申请人交付的点价保证金人民币 125 万元。

（4）申请人承担被申请人为参加仲裁所支付的律师费。（5）申请人承担本案仲裁费。

针对被申请人的仲裁反请求，申请人提出答辩意见如下：被申请人提出申请人拒绝履行涉案合同项下7、8月份交货义务的主张没有事实根据，被申请人未依约开立7、8月份货物的信用证是其不能受领7、8月份货物的根本原因；被申请人要求申请人赔偿经济损失的理由不成立。被申请人要求确认解除合同项下2005年9月至12月份交易的理由不成立，其行为违反了合同约定和法律规定。由于被申请人不依约履行开证义务，应赔偿因其违约行为给申请人造成的经济损失。故被申请人以没有已点价的交易为由，要求申请人返还保证金人民币125万元的理由不成立。被申请人支付的律师费和仲裁费应当自行承担。双方履行涉案合同项下7月份的交易开始的时间在7月初，履行8月份交易开始的时间在8月初。被申请人主张2005年9月2日申请人才通知7、8月份货物到港日期的说法不实；7、8月份货物经双方协商同意，已经由申请人于9月2日重新指定货物，据此认为双方应从2005年9月2日开始履行各自义务的说法同样亦不符合事实。

仲裁委员会根据《仲裁规则》规定成立以李××为首席仲裁员、王××和赵××为仲裁员的仲裁庭，审理本案。仲裁庭于2006年3月20日在上海开庭审理本案。申请人与被申请人均委派仲裁代理人参加了庭审。庭审中，双方均就本案事实和法律问题作了口头陈述和辩论，就所提交的所有证据材料进行了质证，回答了仲裁庭的庭审调查提问，并进行了最终陈述。在本案仲裁程序进行中，双方又分别引用《合同法》来阐述自己的观点，并据以支持自己的仲裁请求，主张合同权利。

仲裁庭经审理，认为：（1）本案除了应当适用《2000年国际贸易术语解释通则》外，还应当适用中华人民共和国法律。（2）被申请人到期不开立信用证的行为已违反了涉案合同的规定，构成违约，应承担违约责任。（3）申请人所主张的7、8月份货物的港口费用和入库费用损失赔偿是合理的、真实的，应予确认。（4）被申请人应向申请人偿付货物处理损失767250美元，折合人民币6222397.5元。（5）被申请人要求确认解除涉案合同项下2005年9月、10月、11月、12月份交易的仲裁反请求予以认可。（6）被申请人要求申请人返还被申请人交付的点价保证金人民币125万元的仲裁反请求予以认可。（7）本案被申请人的律师费应由其自行承担；本案仲裁请求部分的仲裁费，由申请人承担30%，被申请人承担70%；本案仲裁反请求部分的仲裁费，由申请人承担10%，被申请人承担90%。据此，仲裁庭作出如下裁决：

（一）被申请人应向申请人偿付港口费用和入库费用人民币171260.70元；

（二）被申请人应向申请人偿付货物处理损失767250美元，折合人民币

6222397.5 元；

（三）确认解除涉案合同项下 2005 年 7、8、9、10、11、12 月份交易；

（四）申请人应返还被申请人交付的保证金人民币 125 万元；

（五）本案仲裁费由申请人承担 30%，被申请人承担 70%；

（六）本案反请求仲裁费由申请人承担 10%，被申请人承担 90%；

（七）驳回申请人其他仲裁请求；

（八）驳回被申请人其他仲裁反请求。

本裁决为终局裁决，自作出之日起生效。

【法律问题】

本案中法律适用，仲裁庭应尊重当事人的选择吗？

【参考答案】

本案中法律适用，仲裁庭应尊重当事人的选择。

本案中，双方当事人在涉外电解铜买卖合同中明确约定，除非另有约定，《2000 年国际贸易术语解释通则》适用于本合同及买卖双方的任何争端或索赔。从而表明，本案当事人选择了争议所适用的法律。这是当事人意思自治的结果。由于当事人的这种意思自治是在争议发生之前行使的，即争议发生之前，当事人在合同中选择仲裁实体问题适用的法律，因此可称之为“事先的意思自治”。该项原则得到了我国有关法律和司法解释的确认，而且是确定涉外合同法律适用的首要原则。《中华人民共和国涉外民事关系法律适用法》第四十一条规定：“当事人可以协议选择合同适用的法律。当事人没有选择的，适用履行义务最能体现该合同特征的一方当事人经常居所地法律或者其他与该合同有最密切联系的法律。”2007 年《最高人民法院关于审理涉外民事或商事合同纠纷案件法律适用若干问题的规定》第三条规定：“当事人选择或者变更选择合同争议应适用的法律，应当以明示的方式进行。”可见，本案当事人选择适用仲裁实体法符合我国上述法律和司法解释的有关规定。

【法理分析】

涉外仲裁的法律适用包括仲裁协议的法律适用、仲裁中程序法的适用及实体法的适用三个方面的问题。涉外仲裁协议的法律冲突具有自己的特征。一方面，它不同于实体法的冲突。仲裁协议的内容在于确定当事人之间在争议解决程序方面的权利和义务，并不直接涉及当事人的实体权利和义务。另一方面，它也不同于程序法的冲突。因为尽管仲裁协议中需要约定仲裁程序，但其存在或有效性却只解决当事人是否有义务以仲裁方式解决争议的问题，至于当事人如何按照仲裁方式来解决争议，即具体的仲裁程序则是另外一个独立的问题。

1994 年《仲裁法》并未对涉外仲裁或国际商事仲裁的法律适用作出特别规定，仲裁实践中此类问题多求诸普通的国际私法规则。

一、涉外仲裁协议的法律适用

涉外仲裁协议虽是关于解决争议的一种协议，但它本身也可能导致争议的产生。涉外仲裁协议由于其国际性，往往因为当事人可能具有不同国家的国籍，或者其住所或营业所位于不同的国家，或者仲裁协议缔结地在外国，或者仲裁地在外国等原因而与几个国家的法律发生联系，从而涉及不同国家的法律，但不同国家和地区的法律对有效的仲裁协议的要求各不相同，依不同的法律判断可能会出现不同甚至相反的结果，并因此而发生法律冲突。除非有国际统一规范可资适用，否则依不同国家的法律，对涉外仲裁协议的有效性就可能有不同的认定，因此涉外仲裁中首先必须解决的一个问题就是适用何国法律确定仲裁协议的有效性。因此，涉外仲裁协议的法律适用的首要问题便是解决仲裁协议的有效性问题。

如何确定仲裁协议的准据法，很多国家的法律没有明文规定或有关规定极为简单。在仲裁实践中，主要参照其他民商事合同准据法的确定方式。不仅我国 1994 年《仲裁法》如此，其他国家如 1996 年《英国仲裁法》亦规定仲裁协议的法律适用决定于普通法。这是因为，仲裁协议也是合同的一种，无须也不可能为它确立一套完全不同于其他合同的独特的法律适用准则。

关于认定仲裁协议效力的准据法，国际上有不同的理解和做法，确定仲裁协议准据法的方式归纳起来主要有如下几种：

（一）依当事人选择的法律

现代各国在处理涉外合同的法律适用问题时，都采用当事人意思自治原则，即当事人有权选择适用于合同的法律。国际商事仲裁中也采用了这一原则，仲裁协议既然是合同，当事人当然有权选择准据法。对这一做法，理论和实务中基本上没有什么分歧。实践中，当事人单独约定仲裁协议准据法的情况较为少见，单为仲裁条款约定准据法更是罕见。所以，当事人意思自治原则在这方面的作用主要是理论上的。

（二）依最密切联系原则确定的法律

最密切联系原则理论上亦可用于决定仲裁协议的准据法，但实践中一般都是直接适用仲裁地（或称裁决地）法，只有在仲裁地（或称裁决地）无法确定的情况下才依其他标准，如缔约地、争议标的所在地、当事人的住所、国籍、惯常居所、营业地等确定仲裁协议的准据法。

（三）依仲裁地（或称裁决地）的法律

当事人未明示选择仲裁协议的准据法时，国际上通行的做法是以仲裁地（或称裁决地）法作为仲裁协议的准据法。

（四）依其他方法适用的法律

如意大利、奥地利适用缔约地法，《瑞士联邦国际私法法规》依尽量使其有效的原则，我国《中华人民共和国涉外民事关系法律适用法》也采纳了这一原则。一些仲裁机构依超越于各国内法体系之上的跨国法律观念如一般法律原则、国际商事惯例等来确定仲裁协议的效力。

在认定仲裁协议的效力时，我国 1999 年以前的司法实践主要适用法院地法，但此后已改为适用仲裁地法。按照最高人民法院《仲裁法解释》第十六条的规定，对涉外仲裁协议的效力审查，适用当事人约定的法律；当事人没有约定适用的法律但约定了仲裁地的，适用仲裁地法律；没有约定适用的法律也没有约定仲裁地或者仲裁地约定不明的，适用法院地法律。

二、涉外仲裁中实体法的适用

仲裁实体法是确定当事人权利与义务、判明是非曲直、解决争议的法律依据，实体法的适用无疑是国际商事仲裁法律适用的核心问题。国际商事仲裁中实体法的适用异常错综复杂，主要有以下几种情形：

（一）当事人依照意思自治原则选择实体法

几乎所有有关国际商事仲裁的国内立法与国际公约都将意思自治原则作为实体法适用的基本原则。1961 年《欧洲国际商事仲裁公约》第七条第一款规定：“当事人有权通过协议自行选择确定仲裁员应适用于争议实体事项的法律。”1965 年《华盛顿公约》第四十二条第一款亦规定：“法庭应依照双方当事人可能同意的法律规则判定一项争端。”在国际商事仲裁领域具有重大影响的 1976 年《联合国国际贸易法委员会仲裁规则》第三十三条第一款、1985 年《联合国国际商事仲裁示范法》第二十八条第一款、1988 年《国际商会仲裁规则》第十三条第三款都采纳了意思自治原则。

（二）依照冲突规范确定仲裁实体法

当事人未选择实体法时，在诉讼情形下，法院通常依照法院地的冲突规范选择准据法。而在仲裁情形下，仲裁庭选择法律的方法错综复杂，但依照冲突规范选择准据法是最常用的方法。仲裁庭可以在下列冲突规范中作出选择：（1）适用仲裁地的冲突规范，这是一种最普遍、最基本的方法。在国际商事仲裁中广泛采用。（2）适用与争议有最密切联系国家的冲突规范，如《瑞士联邦国际私法法规》第一百八十七条规定，在当事人未选择法律时，仲裁庭应适用与案件有最密切联系的法律规则判定争议。（3）适用仲裁员认为适当的冲突规范，如《联合国国际商事仲裁示范法》第二十八条第二款规定，如当事人各方没有选择实体法律的任何约定时，“仲裁庭应适用它认为可适用的冲突规范所确定的法律”。

（三）以公平善意作为仲裁的依据

在国际商事仲裁实践中，仲裁庭经双方当事人授权，在认为适用严格的法律规则会导致不公平结果的情形下，可依照公平善意原则作出对当事人双方有约束力的裁决。这种不依法律而依仲裁庭认为符合公平善意标准作出裁决的“友好仲裁”（amiable composition）方式，为许多国际公约、国内立法和国际常设仲裁规则所承认。也有一些国家规定，除非当事人明确反对仲裁庭进行友好仲裁，仲裁庭即可充任友好仲裁员。1994 年我国《仲裁法》对友好仲裁未作规定。

由此可见，涉外仲裁或国际商事仲裁所适用的实体法一般由当事人选择确定，如当事人未作选择，国际上较普遍的做法是适用仲裁庭认为适当的法律。按照中国的仲裁实践，如当事人未选择争议应适用的实体法，则适用仲裁地的冲突规范来确定应适用的法律，或者直接适用与争议有最密切联系的实体法。但涉及合同纠纷的仲裁，仲裁庭还应当依照有效的合同条款进行裁决，在所有情况下，均应参考国际惯例或相关的行业惯例，并考虑公平合理原则。以 2004 年《北京仲裁委员会仲裁规则》为例，该规则第五十八条明确规定：仲裁庭应当根据当事人选择适用的法律对争议作裁决。除非当事人另有约定，选择适用的法律系指实体法，而非法律冲突法。当事人未选择的，仲裁庭应当适用与争议事项有最密切联系的法律。在任何情况下，仲裁庭均应当根据有效的合同条款并考虑有关商事惯例作出裁决。

三、涉外仲裁中程序法的适用

在国际商事仲裁领域，仲裁程序法是指适用于仲裁的程序法律，也就是支配仲裁程序的法律的总称。国际立法实践中，仲裁程序法的内容繁简不一，但通常都包括了解决仲裁过程所涉及的下列主要问题：仲裁事项的范围，仲裁协议效力的认定，仲裁文书的送达，仲裁员的指定、回避与撤销，仲裁庭的权力和责任，仲裁程序中临时性保全措施的采取、证据的收集和使用，仲裁裁决作出的形式及对裁决异议的处理，仲裁裁决的承认与执行，等等。

关于仲裁程序法的确定，在国际上，原则上当事人也可以选择确定。这种双重当事人意思自治是现代国际商事仲裁的特色之一。实践中，对于国际商事仲裁程序法的确定，主要有以下两种情形：第一是根据仲裁地法理论来确定，第二是根据“非内国仲裁”理论确定。

（一）仲裁地法理论

从国际立法和实践看，仲裁地是确定适用仲裁法的最为重要的联结因素。以仲裁地作为联结因素，主要基于以下考虑：第一，尊重仲裁地国家的主权与尊严；第二，有利于当地法院的监督；第三，出于效率和便利的考量，符合当事人追求通过仲裁方式迅速解决纠纷的目的。

（二）非内国仲裁理论

这种起始于20世纪60年代的欧洲大陆的理论认为，国际商事仲裁可以不受仲裁地法的限制，仲裁裁决的法律效力也不必由仲裁地法赋予，裁决在申请强制执行之前不受任何国家法院的监督，任何国家的法院均不能行使撤销此项裁决的权力。按照这一理论，当事人可以在仲裁协议中约定，仲裁程序不遵循任何国家的程序法，而是依照当事人自行选择的程序规则。这一理论已在法国和瑞士等国家的仲裁立法中得到确认。

在涉外仲裁中程序法的适用方面，我国《仲裁法》并未规定当事人或仲裁庭可决定适用其他国家的仲裁程序法，或不适用任何仲裁法。我国内地的涉外仲裁实践中，尚无适用外法域仲裁法的实例。

至于涉外仲裁所适用的仲裁规则，即调整仲裁庭的内部运作关系，如仲裁的申请、答辩与反诉、仲裁员的指定与确认、请示仲裁员的回避与替代、仲裁地点的选择与决定、仲裁审理程序的终结、裁决作出的形式等方面，一般来说，当事人也可以自主选择。但是，多数情况下常设仲裁机构要求在当事人没有其他约定的情况下在其机构内仲裁的案件适用自己的程序规则，例如，2015年《中国国际经济贸易仲裁委员会仲裁规则》第四条规定：“……（二）当事人约定将争议提交仲裁委员会仲裁的，视为同意按照本规则进行仲裁。（三）当事人约定将争议提交仲裁委员会仲裁但对本规则有关内容进行变更或约定适用其他仲裁规则的，从其约定，但其约定无法实施或与仲裁程序适用法强制性规定相抵触者除外。当事人约定适用其他仲裁规则的，由仲裁委员会履行相应的管理职责。”这一做法在中国仲裁实践中得到普遍接受。

第五节　中国涉外仲裁中的报告制度

【基本案情】

1989 年，河南省服装进出口（集团）公司与开封市东风服装厂、大进国际贸易（香港）有限公司签订合资合同，按 4:3:3 的比例共同出资设立河南省开大服装公司。河南省服装进出口（集团）公司的主要义务是办理申报合营公司的报批手续，并负责第 1 年至第 10 年供给合营公司对美出口服装配额。合营公司所生产的合格产品全部外销，由河南省服装进出口（集团）公司作为产品出口代理。

合资合同履行不到两年，合资各方之间发生争议。争议产生的主要原因是河南省服装进出口（集团）公司以国家规定三资企业不得使用出口配额为由拒绝继续按合同向合资公司如数提供出口配额并扣留了合资公司 1989 年和 1990 年的出口结汇款 70 余万美元。开封市东风服装厂根据合资合同中的仲裁条款于 1991 年 4 月向中国国际经济贸易仲裁委员会提请仲裁，被申请人是河南省服装进出口（集团）公司和大进国际贸易（香港）有限公司。仲裁庭经过审理，于 1992 年 1 月 25 日作出部分裁决，于 1992 年 4 月 20 日作出最终裁决。仲裁庭在这两份裁决中认为，合资合同明确了被申请人是合资公司产品的唯一出口代理。合资合同中关于配额的规定实质上是就被申请人同合资公司间在配额问题上的业务关系作了规定，既不是要合资公司直接向国家申请配额，也不要求被申请人代表合资公司向国家申请配额，因此并不涉及需要或影响全国配额的平衡问题。仲裁庭裁决合资合同是有效的，被申请人没有提供足够的配额，也没有代理出口合资公司的全部产品，已构成违约，应赔偿经济损失。

裁决作出之后，河南省服装进出口（集团）公司逾期未履行裁决，开封市东风服装厂于 1992 年 5 月 28 日向河南省郑州市中级人民法院申请强制执行。郑州市中级人民法院于1992年9月28日作出《民事裁定书》，认为："依据国家现行政策、法规规定，如予以执行将严重损害国家经济利益和社会公共利益，影响国家对外贸易秩序。依照《中华人民共和国民事诉讼法》第二百六十条第二款规定，裁定仲裁裁决不予执行"。

开封市东风服装厂不服郑州市中级人民法院作出的裁定，将情况反映到最高人民法院。最高人民法院于1992年11月6日函告河南省高级人民法院："经我院审查认为，郑州市中级人民法院以仲裁裁决的执行将严重损害国家经济利益和社会公共利益，影响国家对外贸易秩序为由，裁定不予执行，是不正确的"。

此案引起了最高人民法院对国际商事仲裁裁决执行的关注。1995年8月28日最高人民法院发布了《关于人民法院处理与涉外仲裁及外国仲裁事项有关问题的通知》，将不予执行涉外仲裁裁决以及拒绝承认及执行外国仲裁裁决的决定权上收最高人民法院。根据这一通知，如果中国法院认为仲裁裁决具有不予执行的情形的，在法院做出裁定不予承认与执行之前，必须将其报请上级法院进行审查，如此类推，层报至最高人民法院，只有最高人民法院也认为应当不予承认与执行，方能裁定拒绝承认与执行该项外国仲裁裁决。

【法律问题】

试评述中国涉外仲裁中的报告制度的优劣？

【参考答案】

详见下述法理分析。

【法理分析】

一、报告制度缘起

为避免我国法院在处理有关仲裁事务时执法不严的情况，1995年8月29日最高人民法院发布了《关于人民法院处理与涉外仲裁及外国仲裁事项有关问题的通知》，对仲裁协议的效力认定及仲裁裁决的承认与执行建立了报告制度。

《仲裁法》生效后，由于其新设了申请撤销仲裁裁决的程序，其所体现的仲裁监督力度不仅不亚于不予执行，甚至更为严厉，不适用报告制度似乎于理不通。

况且，《仲裁法》生效后一段时间内，法院关于撤销仲裁裁决的实践较为混乱。为此，最高人民法院于 1998 年 4 月 23 日发出《关于人民法院撤销涉外仲裁裁决有关事项的通知》，对人民法院撤销涉外仲裁裁决建立报告制度。

二、报告制度的主要内容

（一）关于涉外仲裁协议

凡起诉到人民法院的涉外、涉港澳和涉台经济、海事海商纠纷案件，如果当事人在合同中订有仲裁条款或达成仲裁协议的，人民法院认为该仲裁条款或仲裁协议无效、失效或内容不明确无法执行，在决定受理一方当事人的起诉之前，必须报请本辖区所属高级人民法院审查；如果高级人民法院同意受理，应将其审查意见报最高人民法院。在最高人民法院未作答复前，可暂不予受理。

（二）关于不予执行中国涉外仲裁裁决

对中国仲裁机构作出的涉外仲裁裁决，凡一方当事人申请人民法院执行的，如果人民法院认为中国仲裁机构作出的涉外仲裁裁决具有《民事诉讼法》第二百六十条（现二百七十四条）第一款情形之一，在裁定不予执行之前，必须报请本辖区高级人民法院审查；如果高级人民法院同意不予执行，应将其意见报最高人民法院。待最高人民法院答复后，方可裁定不予执行。

（三）关于撤销涉外仲裁裁决

凡一方当事人按照仲裁法的规定向人民法院申请撤销中国涉外仲裁裁决，如果人民法院审查认为涉外仲裁裁决具有《民事诉讼法》第二百六十条（现二百七十四条）第一款规定情形之一的，在裁定撤销裁决或通知仲裁庭重新仲裁之前，应在受理后 30 日内报请本辖区所属高级人民法院进行审查。如果高级人民法院同意撤销裁决或通知仲裁庭重新仲裁，应将其审查意见在 15 日内报最高人民法院。待最高人民法院答复后，方可裁定撤销裁决或通知仲裁庭重新仲裁。

（四）关于拒绝承认和执行外国仲裁裁决

凡一方当事人向人民法院申请承认和执行外国仲裁裁决的，如果人民法院认为申请承认和执行的外国仲裁裁决不符合中国参加的国际条约的规定或者不符合互惠原则的，在裁定拒绝承认和执行之前，必须报请本辖区所属高级人民法院审查；如果高级人民法院同意拒绝承认和执行，应将其意见报最高人民法院答复后，方可裁定拒绝承认和执行。前述报告，须自受理申请之日起 2 个月内上报最高人民法院。

三、对报告制度的评价

报告制度是最高人民法院为遏制涉外仲裁监督方面不严肃执法的现象，通过司法解释创设的法院系统内部监控措施。其本质是最高人民法院将中级人民法院认定涉外仲裁协议的效力、不予执行或撤销涉外仲裁裁决、拒绝承认及执行外国仲裁裁决的权力收归己有。从其实施的客观效果上看，体现了对涉外仲裁的大力支持。

但是，报告制度缺乏透明度，即使下级法院没有履行报告制度而作出了对申请人或原告不利的裁定，当事人也没有合理的救济渠道。而且，在法律规定上，中国已确立了法院对仲裁的适度监督，和国际上先进的仲裁立法差异不大。如果各级人民法院提高了执法水准，报告制度就没有存在的必要。一言以蔽之，报告制度是最高人民法院处理司法与仲裁关系的现实选择，却未必是最佳选择。

第十一章 仲裁时效和仲裁费用

第一节 仲裁时效

【基本案情】

申请人：某计算机网络股份有限公司

被申请人：某高新技术发展股份有限公司

2004年1月22日，申请人与被申请人签订了《合同书》一份，约定由申请人向被申请人提供价值7987618元的计算机及相关配件，交货地点为某信息技术有限公司工地现场。合同签订后，申请人按约将合同所列计算机及配件发往被申请人指定地点。被申请人于2004年3月3日支付合同约定的10%，即首期货款79861.80元，余款7188856.20元未能按合同约定期限支付，其中80%货款，即6390094.40元应于2004年4月15日支付，另10%货款应于2005年3月31日支付。被申请人逾期付款应承担日息千分之五的逾期赔偿金。由于被申请人逾期支付，按合同约定应支付的逾期赔偿金已远远超过双方约定的最高逾期赔偿金（合同总金额的30%，即2396285.40元）。申请人为追讨欠款，多次派人赴被申请人所在地交涉，被申请人一再拖延。计算机及相关配件安装调试完毕后已经运营一年，被申请人仍未支付剩余的货款7188856.20元以及逾期赔偿金给申请人。故申请人于2006年5月11日向仲裁委员会申请仲裁。申请人认为，根据合同约定，申请人已完全履行了合同义务，被申请人一再拖延，已构成实质违约，严重影响了申请人的资金周转。为维护自身的合法权益，故向仲裁委提起仲裁申请，申请裁决被申请人支付拖欠货款人民币7188856.20元及逾期赔偿金2396285.40元。[1]

[1] 陈韵竹：《仲裁纠纷案例与实务》。北京：清华大学出版社，2015年2月版，第123页。

【法律问题】

本案争议的合同债务是否已经超过仲裁时效？

【参考答案】

本案争议的合同债务没有超过仲裁时效。根据当时的法律规定，此合同纠纷的仲裁适用普通诉讼时效（二年），而依据《最高人民法院关于审理民事案件适用诉讼时效制度若干问题的规定》第五条：当事人约定同一债务分期履行的，诉讼时效期间从最后一期履行期限届满之日起计算。而此案分期支付的届满之日为2005年3月31日。

【法理分析】

一、仲裁时效的概念

所谓仲裁时效，是指当事人向仲裁机构或仲裁员请求仲裁的法定期限，当事人在此期限内不申请仲裁的，即丧失了通过仲裁以保护其财产权益的权利。

1994年《仲裁法》第七十四条对仲裁时效作了原则规定，一种是有关法律对仲裁时效有专门规定的，适用其规定；另一种是法律对仲裁时效没有规定的，适用诉讼时效的规定。2017年3月15日通过，同年10月1日起施行的《民法总则》第一百九十八条亦规定："法律对仲裁时效有规定的，依照其规定；没有规定的，适用诉讼时效的规定。"

《民法总则》生效之前，依照1986年4月12日通过、1987年1月1日起施行的《民法通则》第一百三十五条之规定："向人民法院请求保护民事权利的诉讼时效期间为二年，法律另有规定的除外。"《民法总则》生效之后，依照《民法总则》第一百八十八条第一款之规定："向人民法院请求保护民事权利的诉讼时效期间为三年。法律另有规定的，依照其规定。"

二、仲裁时效的特征

仲裁时效具有以下特征：

（1）以权利人不行使其权利的事实状态为前提。

（2）需连续地经过一定的法定期间。

（3）仲裁时效的效力是当事人获得抗辩权。

三、仲裁时效的意义

我国在法律上规定仲裁时效制度，具有重要意义。其意义主要是：

第一，有利于保护当事人的财产权益。规定仲裁时效制度，就是要在行使仲裁权利的时间上，促使权利人行使自己的权利，从而保护仲裁当事人的财产权益。

第二，有利于及时了结各种财产权利义务关系。规定仲裁时效是为了督促仲裁权利人及时地行使仲裁权利，以带动义务人及时地履行义务，从而及时地了结各种应予了结的财产权利义务关系，进而稳定社会经济秩序，保证社会经济活动的正常进行。

第三，有利于促使当事人及时地行使仲裁权利。规定仲裁时效主要目的是要促使仲裁权利人及时地行使仲裁权利和依法提起仲裁申请，以便于及时地收集证据，依法仲裁案件，从而正确处理合同纠纷和其他财产权益纠纷。

四、仲裁时效的种类

仲裁时效，根据其期间的长短和适用范围的不同，可分为普通仲裁时效和特殊仲裁时效两大类。

（一）普通仲裁时效

普通仲裁时效，是指法律规定的普遍适用于一般民事法律关系的仲裁时效。普通仲裁时效的适用范围十分广泛，又称为一般仲裁时效。它适用于除某些单行法另有规定以外的各种民事法律关系。根据我国《民法总则》第一百八十八条的规定，向人民法院请求保护民事权利的诉讼时效期间为三年。法律另有规定的，依照其规定。因此，我国的普通仲裁时效期间均为三年，法律另有规定的除外。

（二）特殊仲裁时效

特殊仲裁时效，又称特别仲裁时效，是指法律规定仅适用于某些特定民事法律关系的仲裁时效。这种时效的期间短于或长于普通仲裁时效，按此又分为短期仲裁时效和长期仲裁时效。它在适用效力上优于普通仲裁时效，即对于某一法律关系，有特别时效规定的应适用该特别时效，没有特别规定时才适用普通时效。

这是特别法优于普通法的原则在时效制度上的体现。

根据法律对仲裁时效期间长短不同的规定，特殊仲裁时效又可以分为以下三种：

（1）短期仲裁时效。这是指时效期间短于普通仲裁时效的一种特别仲裁时效。由于某些民事法律关系依性质必须尽快了结，如违约损害赔偿关系和给付报酬的关系等，对这些关系规定了较短的仲裁时效，以促使人们尽快行使权利，并促进仲裁机关及早正确地处理案件。《海商法》第二百五十七条规定："就海上货物运输向承运人要求赔偿的请求权，时效期间为一年，自承运人交付或者应当交付货物之日起计算；在时效期间内或者时效期间届满后，被认定为负有责任的人向第三人提起追偿请求的，时效期间为九十日，自追偿请求人解决原赔偿请求之日起或者收到受理对其本人提起诉讼的法院的起诉状副本之日起计算。"

（2）长期仲裁时效。所谓长期仲裁时效，是指时效期间超过 3 年又不满 20 年的仲裁时效。长期仲裁时效的期间，比一般仲裁时效长（即超过 3 年，不含 3 年），又比最长仲裁时效短（即不满 20 年，不含 20 年）。例如，《合同法》第一百二十九条明确规定因国际货物买卖合同和技术进出口合同争议提起诉讼或者申请仲裁的期限为 4 年。

（3）最长仲裁时效。所谓最长仲裁时效，是指仲裁时效中最长的、期间为 20 年的仲裁时效。《民法总则》第一百八十八条规定，自权利受到损害之日起超过二十年的，人民法院不予保护；有特殊情况的，人民法院可以根据权利人的申请决定延长。

根据这一规定，最长仲裁时效与普通仲裁时效、短期仲裁时效、长期仲裁时效也有着明显的区别。其主要区别是：

（1）普通仲裁时效、短期仲裁时效、长期仲裁时效都是从知道或者应当知道权利被侵害时开始计算，这三种仲裁时效都是以当事人的主观认识因素为依据的，而最长仲裁时效则从权利被侵害时开始计算，它是以权利被侵害的客观时间因素为依据的，与当事人的主观认识因素没有关系，即使当事人不知其权利被侵害，最长仲裁时效也开始计算。

（2）普通仲裁时效、短期仲裁时效、长期仲裁时效的期间最长都不满 20 年，而最长仲裁时效所保护的权利是从权利被侵害之日起最长不超过 20 年，当然，有特殊情况的，人民法院可以根据权利人的申请决定延长。权利人的权利从权利被侵害时起超过 20 年的，法律则不予保护。

五、仲裁时效的开始、中止和中断

仲裁时效的开始，即仲裁时效的起算时间，一般来讲，仲裁时效从知道或者应当知道权利被侵害时起计算。但是从权利被侵害之日起超过20年的，不予保护，有特殊情况的，可以延长仲裁时效期间。超过仲裁时效期间，当事人自愿履行的，不受仲裁时效限制。

仲裁时效的中止，也称仲裁时效的暂停，是指在仲裁时效的进行过程中，由于当事人意志以外的原因致使当事人无法提起仲裁时，仲裁期间暂时停止计算。在仲裁时效期间的最后6个月内，当事人因不可抗力或者其他障碍不能申请仲裁的，仲裁时效中止。中止的原因消除后，仲裁时效继续进行，以前经过的仲裁时效期间仍然有效。

仲裁时效的中断，也叫仲裁时效重新计算，是指在仲裁时效的进行过程中，因当事人提出请求或者同意履行义务致使已经进行的仲裁时效期间归于无效。从仲裁时效中断时起，仲裁时效期间重新计算。权利人提出主张权利的要求、义务人同意履行义务、当事人申请仲裁或者提起诉讼，都会引起仲裁时效期间的中断。

第二节 仲裁费用

【基本案情】

某电子设备股份有限公司与某股份有限公司于2009年10月28日签订了《合同书》一份，某股份有限公司向某电子设备股份有限公司购入价值894920元的电子设备一批，约定某电子设备股份有限公司于2009年12月8日前交付，某股份有限公司于2010年1月1日前付完全款，合同约定“因本合同引起的或与本合同有关的争议，均提请广州仲裁委员会按照该会仲裁规则进行仲裁，仲裁裁决是终局的，对双方均有约束力”。合同签订后，某电子设备股份有限公司按约将合同所列电子设备发往被申请人指定地点，某股份有限公司于2009年12月6日交付预付款94920元，此后一直没有交付余款。被申请人一再拖延，严重影响了某电子设备股份有限公司的资金周转。因此，某电子设备股份有限公司欲向广州仲裁委员会提起仲裁，但感到资金难以周转，不知道届时仲裁费用由谁来交，仲裁费用有多少。

【法律问题】

1. 仲裁费用有哪些？
2. 由谁来承担仲裁费用？

【参考答案】

详见下述法理分析。

【法理分析】

一、仲裁费用的种类

仲裁费用是指当事人申请仲裁或提出反请求时，向仲裁委员会交纳的一定数量的费用，仲裁费用由仲裁案件受理费和仲裁案件处理费两部分构成。

（一）仲裁案件受理费

仲裁案件受理费是由仲裁委员会受理当事人的仲裁申请时，按照规定向当事人收取的费用。案件受理费包括仲裁机构的管理费和仲裁员的报酬，即用于维持仲裁机构正常运转的必要开支和给付仲裁员的报酬，由申请人或反请求人在提出仲裁申请或反请求时预交。

关于仲裁机构收取的管理费，仲裁机构通常制定有仲裁费用表，收费根据争议金额和费用表中确定的比例来确定。

仲裁员的报酬，从国际商事仲裁来看，没有普遍确定的评估方法。目前，至少存在三种方法。第一种是“从价”法，即按争议金额的比例计算报酬；第二种是“用时”法，即按仲裁员在案件中所做的工作，确定小时费率或每天的费率；第三种是“固定报酬”法，即支付给仲裁员报酬的金额，一开始就确定下来，而无须参考争议金额或者仲裁员在案件上所花费的时间。

我国的各仲裁机构在仲裁规则中就此问题作出了明确的规定，申请人须按照仲裁费用表中明确的百分比一次性缴纳“仲裁费”，其中包括仲裁机构的管理费和仲裁员的报酬。2015 年《中国国际经济贸易仲裁委员会仲裁规则》第八十二条规定，当事人申请仲裁时按照仲裁委员会制定的仲裁费用表的规定预缴仲裁费。当事人申请仲裁时未确定争议金额或情况特殊的，由中国国际经济贸易仲裁委员会秘书局或分会 / 仲裁中心秘书处决定仲裁费用的数额。

中国国际经济贸易仲裁委员会（简称“贸仲”）的仲裁员名册中也有外籍仲裁员。如果在案件中有当事人选定了名册中的外籍仲裁员，贸仲秘书局会征询该外籍仲裁员的报价，然后转告当事人，由当事人决定是否接受。这种情况下，该名外籍仲裁员的报酬是由当事人负担的。而国内仲裁员的报酬则包含在当事人已经缴纳的仲裁费中。因此，同一个仲裁庭，外籍仲裁员与国内仲裁员的报酬来源不同，标准差别也非常大。另外，外籍仲裁员以及选定外籍仲裁员的当事人还应当特别注意中国的税收问题。仲裁员报酬这种一次性收入如适用中国的个税，会是非常高的比例。所以双方在商定报酬标准的时候，一定要讲清楚税的负担有多少。

（二）仲裁案件处理费

仲裁案件处理费是指仲裁委员会在审理仲裁案件中实际支出的、按规定应由当事人负担的各种费用。这些费用包括：

（1）仲裁员因办理案件的出差、开庭而支出的食宿费、交通费及其他合理费用；

（2）证人、鉴定人、翻译人员等因出庭而支出的食宿费、交通费、误工补贴；

（3）咨询、鉴定、勘验、翻译等费用；

（4）复制、送达案件材料、文书的费用；

（5）其他应当由当事人承担的合理费用。

国际商事仲裁中，案件处理费的支付大体有两种方法：一是报销法，即仲裁员须对有关案件工作的开支保留详细的记录，然后报销费用。二是按日计算法，即当事人支付以每日费率确定的金额，包括宾馆以及其他生活费用，确定的水平应足以使得离家来到仲裁地的仲裁员可以在宾馆里过上适当标准的生活。按日计算法避免了详细的行政性工作，也避免了通过探问仲裁员的生活方式来决定特定的费用对于仲裁的适当进行是否必要，按日计算法常在国际商事仲裁中得到采用。

2015 年《中国国际经济贸易仲裁委员会仲裁规则》第八十二条规定：（一）仲裁委员会除按照制定的仲裁费用表向当事人收取仲裁费外，还可以向当事人收取其他额外的、合理的实际费用，包括仲裁员办理案件的特殊报酬、差旅费、食宿费、聘请速录员速录费，以及仲裁庭聘请专家、鉴定人和翻译等费用。仲裁员的特殊报酬由仲裁委员会仲裁院在征求相关仲裁员和当事人意见后，参照《中国国际经济贸易仲裁委员会仲裁费用表（三）》有关仲裁员报酬和费用标准确定。（二）当事人未在仲裁委员会规定的期限内为其选定的仲裁员预缴特殊报酬、差旅费、食宿费等实际费用的，视为没有选定仲裁员。（三）当事人约定在仲裁委员会或其分会 / 仲裁中心所在地之外开庭的，应预缴因此而发生的差旅费、食宿费等实际费用。当事人未在仲裁委员会规定的期限内预缴有关实际费用的，应在仲裁委员会

或其分会 / 仲裁中心所在地开庭。

二、仲裁费用的标准

关于仲裁受理费的标准，由仲裁委员会在仲裁案件受理费表规定的幅度内确定，并报仲裁委员会所在地的省、市、自治区、直辖市人民政府物价管理部门核准。受理费表中的争议金额，以申请人请求的数额为准；请求的数额与实际争议金额不一致的，以实际争议金额为准。申请时争议金额未确定的，由仲裁委员会根据争议所涉权益的具体情况确定预先收取的受理费数额。

关于仲裁处理费的收费标准，按照国家有关规定执行；国家没有规定的，按照合理的实际支出收取。

三、仲裁费用的预收和分担

（一）仲裁费用的预收

根据《仲裁委员会仲裁收费办法》的规定，申请人应当在收到仲裁委员会受理通知书之日起 15 日内，按仲裁案件受理费表的规定预交案件受理费。被申请人在提出反请求时，亦应当按照仲裁案件受理费表规定的费率预交受理费。有关案件处理费中证人、鉴定人、翻译人员等因出庭而支出的食宿费、交通费、误工费和咨询、鉴定、勘验、翻译等费用，由提出申请的一方当事人预付。但是，依照《仲裁法》的规定，仲裁庭同意重新仲裁的，仲裁委员会不得再行收取案件受理费。另外，仲裁庭对裁决书进行补正时，不得收费。

（二）仲裁费用的分担

案件仲裁终结，仲裁庭在调解书或裁决书中应当写明双方当事人最终应当支付的仲裁费用的金额。

1. 关于仲裁费用的实际承担

从仲裁实践的一般情况看，确定仲裁费用的分担，有下列四项原则：

（1）由败诉方负担。即在案件仲裁终结时，所有的费用由败诉的当事人负担。这是国际仲裁界普遍采用的原则。当然，这也不是绝对的，如果仲裁庭认为仲裁费用全部由败诉的一方承担有失公允，或者纠纷的起因至少可部分归于胜诉的一方，仲裁庭也可以考虑让胜诉方承担若干仲裁费用。

（2）按比例分担。通常情况下，当事人部分胜诉部分败诉的，由仲裁庭根据当事人各方的责任大小确定各自应承担的仲裁费用比例。

（3）当事人协商分担。有些仲裁案件是当事人自行和解或者经仲裁庭调解结案的，在这种情况下，当事人可以协商确定各自承担的费用的比例。即使案件非依和解或调解方式结束，如当事人约定了特定的仲裁费用承担方法，仲裁庭也应予尊重。

（4）特殊情况下由申请人负担。

除以上三种情形，特殊情况下申请人将承担仲裁费用。申请人负担仲裁费用的特殊情况主要有二：

一是申请人经书面通知，无正当理由不到庭或者未经仲裁庭许可中途退庭，可以视为撤回仲裁申请，案件受理费、处理费不予退回。

二是申请人撤回仲裁申请或者当事人自行达成和解协议并撤回仲裁申请的，仲裁机构根据实际情况酌情退回部分案件受理费。未退回的仲裁费用，由申请人承担。

2. 关于当事人为仲裁而支出的律师费等费用的承担

对于当事人为办理案件而聘请律师所支出的费用，以及其他为办理案件所支出的费用，如文件制作费、差旅费、食宿费等，在不同的国家有不同的规定。仲裁案件中律师费等费用的承担，通常与所在国民事诉讼中关于律师费承担的原则相一致。

在美国，一般做法是各方自己负责自己的诉讼费用，原则上民事诉讼案件中胜诉的原告无法要求败诉的被告来承担律师费等费用，这一原则被称为“美国规则”（American Rule），但在法律明确授权的情况下，法官可以判被告承担原告的律师费等费用。这一诉讼中的原则在美国仲裁中同样适用。如1994年《美国海事仲裁员协会仲裁规则》第三十条规定，胜诉方可获得诉讼费用的做法还需要满足：（1）仲裁协议合并此规则或直接订明可取回律师 / 诉讼费用；（2）文书控辩中双方都提出此要求；（3）在一方严重疏忽与恶意的情况下需施以惩罚性赔偿（punitive damages）。

中国国际经济贸易仲裁委员会在实践中，作为原则，胜诉方关于由败诉方承担律师费和其他办案费用的请求通常会得到支持，或在其部分胜诉时得到部分支持。

仲裁庭裁决支持由败诉方承担有关费用须有以下三个前提：

（1）胜诉方须明确提出这样的请求。如果申请人胜诉且其仲裁请求中包含要求被申请人承担其律师费等费用的请求，或者被申请人提出反请求时胜诉，且提出要求对方承担其律师费等费用的请求，满足以下两个条件，仲裁庭就应裁决予以支持。

（2）胜诉方关于律师费等费用请求须有证据支持。当事人为支持此项请求，通常会提交其与代理律师之间的代理合同、已经支付的发票等。仲裁庭一般会支持当事人已经发生的律师费等费用，对于当事人在胜诉后将向代理律师支付的“风险代理费”（国外称为 contingent fee）仲裁庭一般不会支持。

（3）胜诉方为办理案件而支出的费用须合理。胜诉方为办理案件而支出的费用须合理，否则仲裁庭会根据其认可的合理费用予以部分支持。根据 2015 年《中国国际贸易仲裁委员会仲裁规则》第五十二条的规定，仲裁庭裁定败诉方补偿胜诉方因办理案件而支出的费用是否合理时，应具体考虑案件的裁决结果、复杂程度、胜诉方当事人及 / 或代理人的实际工作量以及案件的争议金额等因素。

四、仲裁受理费的缓交

按照《仲裁委员会仲裁收费办法》的规定，当事人预交案件受理费有困难的，由当事人提出申请，经仲裁委员会批准，可以缓交。但是，当事人既不按期预交案件受理费，也不提出缓交申请的，视为撤回仲裁申请。仲裁案件处理费不能缓交。因为案件处理费是需要随时支出的，当事人若不及时预缴，就会影响仲裁程序的顺利进行。

五、对仲裁收费的监督

仲裁收费应报物价管理部门核准。从管理者的角度看，仲裁收费是按事业性收费来加以管理的，包括仲裁委员会的支出，要按事业单位的要求建立财务制度，接受财税部门的监督。

仲裁委员会收取仲裁案件受理费，应当使用省、自治区、直辖市人民政府财政部门统一印制的收费票据，并按国家有关规定，建立、健全财务核算制度，加强财务、收支管理，接受财政、审计、税务、物价等部门的监督。

六、关于仲裁费的改革

目前的仲裁收费制度有两个特色：

（1）有些仲裁委员会依国内案件和涉外案件确定不同的收费标准，后者高于前者。

（2）仲裁费的大部分成为仲裁机构的管理费用，仲裁员所得报酬相对较少（认为仲裁是非营利性的社会公益事业，因此仲裁员的仲裁也是社会公益性的），中外仲裁员没有同工同酬（内地仲裁员、港澳台地区和外籍仲裁员待遇不同）。国内仲裁机构没有分别按管理费、仲裁员报酬及实际开支来计收仲裁费用，与国际仲裁界的惯常做法完全不同。

为激励仲裁员，建议仲裁费用大体上按三个项目计收：

（1）立案费和管理费。这些费用是仲裁机构的财产。凡到仲裁机构立案者，均应缴纳一笔固定数目的立案费，概不退还；管理费可参照争议金额大小及案件复杂程度按比例计收，由申请人或一定情况下由双方当事人预缴。

（2）仲裁员报酬。亦按照争议金额及案件复杂程度，由仲裁机构按比例代收。在独任仲裁庭的情况下，由双方或一定情况下由申请人预缴；在多人仲裁庭的情况下，各方为己方选任或代指定之仲裁员预缴费用，首席仲裁员不单独计费，所收费用由全体仲裁员按比例分配。

（3）其他实际开支。仲裁机构根据案件的情况，向当事人收取仲裁庭差旅费、膳食费、调查费、会议费及鉴定费、专家报酬等实际开支。这些费用由引起此等费用的当事人预缴，但实报实销，多退少补。[1]

---

[1] 黄进、宋连斌、徐前权：《仲裁法学》。北京：中国政法大学出版社，2008 年 3 月版，第 199-204 页。

附　　录

附录一　中华人民共和国仲裁法

（1994 年 8 月 31 日第八届全国人民代表大会常务委员会第九次会议通过，1994 年 8 月 31 日中华人民共和国主席令第三十一号公布，自 1995 年 9 月 1 日起施行。根据 2017 年 9 月 1 日第十二届全国人民代表大会常务委员会第二十九次会议通过的《关于修改〈中华人民共和国仲裁法〉的决定》修正。）

第一章 总则

第二章 仲裁委员会和仲裁协会

第三章 仲裁协议

第四章 仲裁程序

　第一节 申请和受理

　第二节 仲裁庭的组成

　第三节 开庭和裁决

第五章 申请撤销裁决

第六章 执行

第七章 涉外仲裁的特别规定

第八章 附则

第一章　总　　则

第一条　为保证公正、及时地仲裁经济纠纷，保护当事人的合法权益，保障社会主义市场经济健康发展，制定本法。

第二条　平等主体的公民、法人和其他组织之间发生的合同纠纷和其他财产权益纠纷，可以仲裁。

第三条 下列纠纷不能仲裁：

（一）婚姻、收养、监护、扶养、继承纠纷；

（二）依法应当由行政机关处理的行政争议。

第四条 当事人采用仲裁方式解决纠纷，应当双方自愿，达成仲裁协议。没有仲裁协议，一方申请仲裁的，仲裁委员会不予受理。

第五条 当事人达成仲裁协议，一方向人民法院起诉的，人民法院不予受理，但仲裁协议无效的除外。

第六条 仲裁委员会应当由当事人协议选定。

仲裁不实行级别管辖和地域管辖。

第七条 仲裁应当根据事实，符合法律规定，公平合理地解决纠纷。

第八条 仲裁依法独立进行，不受行政机关、社会团体和个人的干涉。

第九条 仲裁实行一裁终局的制度。裁决作出后，当事人就同一纠纷再申请仲裁或者向人民法院起诉的，仲裁委员会或者人民法院不予受理。

裁决被人民法院依法裁定撤销或者不予执行的，当事人就该纠纷可以根据双方重新达成的仲裁协议申请仲裁，也可以向人民法院起诉。

第二章 仲裁委员会和仲裁协会

第十条 仲裁委员会可以在直辖市和省、自治区人民政府所在地的市设立，也可以根据需要在其他设区的市设立，不按行政区划层层设立。

仲裁委员会由前款规定的市的人民政府组织有关部门和商会统一组建。

设立仲裁委员会，应当经省、自治区、直辖市的司法行政部门登记。

第十一条 仲裁委员会应当具备下列条件：

（一）有自己的名称、住所和章程；

（二）有必要的财产；

（三）有该委员会的组成人员；

（四）有聘任的仲裁员。

仲裁委员会的章程应当依照本法制定。

第十二条 仲裁委员会由主任一人、副主任二至四人和委员七至十一人组成。

仲裁委员会的主任、副主任和委员由法律、经济贸易专家和有实际工作经验的人员担任。仲裁委员会的组成人员中，法律、经济贸易专家不得少于三分之二。

第十三条 仲裁委员会应当从公道正派的人员中聘任仲裁员。

仲裁员应当符合下列条件之一：

（一）通过国家统一法律职业资格考试取得法律职业资格，从事仲裁工作满八年的（修改前为“从事仲裁工作满八年的”）；

（二）从事律师工作满八年的；

（三）曾任法官满八年的（修改前为“曾任审判员满八年的”）；

（四）从事法律研究、教学工作并具有高级职称的；

（五）具有法律知识、从事经济贸易等专业工作并具有高级职称或者具有同等专业水平的。

仲裁委员会按照不同专业设仲裁员名册。

第十四条 仲裁委员会独立于行政机关，与行政机关没有隶属关系。仲裁委员会之间也没有隶属关系。

第十五条 中国仲裁协会是社会团体法人。仲裁委员会是中国仲裁协会的会员。中国仲裁协会的章程由全国会员大会制定。

中国仲裁协会是仲裁委员会的自律性组织，根据章程对仲裁委员会及其组成人员、仲裁员的违纪行为进行监督。

中国仲裁协会依照本法和《民事诉讼法》的有关规定制定仲裁规则。

第三章 仲裁协议

第十六条 仲裁协议包括合同中订立的仲裁条款和以其他书面方式在纠纷发生前或者纠纷发生后达成的请求仲裁的协议。

仲裁协议应当具有下列内容：

（一）请求仲裁的意思表示；

（二）仲裁事项；

（三）选定的仲裁委员会。

第十七条 有下列情形之一的，仲裁协议无效：

（一）约定的仲裁事项超出法律规定的仲裁范围的；

（二）无民事行为能力人或者限制民事行为能力人订立的仲裁协议；

（三）一方采取胁迫手段，迫使对方订立仲裁协议的。

第十八条 仲裁协议对仲裁事项或者仲裁委员会没有约定或者约定不明确的，当事人可以补充协议；达不成补充协议的，仲裁协议无效。

第十九条 仲裁协议独立存在，合同的变更、解除、终止或者无效，不影响仲裁协议的效力。

仲裁庭有权确认合同的效力。

第二十条 当事人对仲裁协议的效力有异议的，可以请求仲裁委员会作出决定或者请求人民法院作出裁定。一方请求仲裁委员会作出决定，另一方请求人民法院作出裁定的，由人民法院裁定。

当事人对仲裁协议的效力有异议，应当在仲裁庭首次开庭前提出。

第四章 仲裁程序

第一节 申请和受理

第二十一条 当事人申请仲裁应当符合下列条件：

（一）有仲裁协议；

（二）有具体的仲裁请求和事实、理由；

（三）属于仲裁委员会的受理范围。

第二十二条 当事人申请仲裁，应当向仲裁委员会递交仲裁协议、仲裁申请书及副本。

第二十三条 仲裁申请书应当载明下列事项：

（一）当事人的姓名、性别、年龄、职业、工作单位和住所，法人或者其他组织的名称、住所和法定代表人或者主要负责人的姓名、职务；

（二）仲裁请求和所根据的事实、理由；

（三）证据和证据来源、证人姓名和住所。

第二十四条 仲裁委员会收到仲裁申请书之日起五日内，认为符合受理条件的，应当受理，并通知当事人；认为不符合受理条件的，应当书面通知当事人不予受理，并说明理由。

第二十五条 仲裁委员会受理仲裁申请后，应当在仲裁规则规定的期限内将仲裁规则和仲裁员名册送达申请人，并将仲裁申请书副本和仲裁规则、仲裁员名册送达被申请人。

被申请人收到仲裁申请书副本后，应当在仲裁规则规定的期限内向仲裁委员会提交答辩书。仲裁委员会收到答辩书后，应当在仲裁规则规定的期限内将答辩书副本送达申请人。被申请人未提交答辩书的，不影响仲裁程序的进行。

第二十六条 当事人达成仲裁协议，一方向人民法院起诉未声明有仲裁协议，人民法院受理后，另一方在首次开庭前提交仲裁协议的，人民法院应当驳回起诉，但仲裁协议无效的除外；另一方在首次开庭前未对人民法院受理该案提出异议的，视为放弃仲裁协议，人民法院应当继续审理。

第二十七条 申请人可以放弃或者变更仲裁请求。被申请人可以承认或者反驳仲裁请求，有权提出反请求。

第二十八条 一方当事人因另一方当事人的行为或者其他原因，可能使裁决不能执行或者难以执行的，可以申请财产保全。

当事人申请财产保全的，仲裁委员会应当将当事人的申请依照《民事诉讼法》的有关规定提交人民法院。

申请有错误的，申请人应当赔偿被申请人因财产保全所遭受的损失。

第二十九条 当事人、法定代理人可以委托律师和其他代理人进行仲裁活动。委托律师和其他代理人进行仲裁活动的，应当向仲裁委员会提交授权委托书。

第二节　仲裁庭的组成

第三十条 仲裁庭可以由三名仲裁员或者一名仲裁员组成。由三名仲裁员组成的，设首席仲裁员。

第三十一条 当事人约定由三名仲裁员组成仲裁庭的，应当各自选定或者各自委托仲裁委员会主任指定一名仲裁员，第三名仲裁员由当事人共同选定或者共同委托仲裁委员会主任指定。第三名仲裁员是首席仲裁员。

当事人约定由一名仲裁员成立仲裁庭的，应当由当事人共同选定或者共同委托仲裁委员会主任指定仲裁员。

第三十二条 当事人没有在仲裁规则规定的期限内约定仲裁庭的组成方式或者选定仲裁员的，由仲裁委员会主任指定。

第三十三条 仲裁庭组成后，仲裁委员会应当将仲裁庭的组成情况书面通知当事人。

第三十四条 仲裁员有下列情形之一的，必须回避，当事人也有权提出回避申请：

（一）是本案当事人或者当事人、代理人的近亲属；

（二）与本案有利害关系；

（三）与本案当事人、代理人有其他关系，可能影响公正仲裁的；

（四）私自会见当事人、代理人，或者接受当事人、代理人的请客送礼的。

第三十五条 当事人提出回避申请，应当说明理由，在首次开庭前提出。回避事由在首次开庭后知道的，可以在最后一次开庭终结前提出。

第三十六条　仲裁员是否回避，由仲裁委员会主任决定；仲裁委员会主任担任仲裁员时，由仲裁委员会集体决定。

第三十七条　仲裁员因回避或者其他原因不能履行职责的，应当依照本法规定重新选定或者指定仲裁员。

因回避而重新选定或者指定仲裁员后，当事人可以请求已进行的仲裁程序重新进行，是否准许，由仲裁庭决定；仲裁庭也可以自行决定已进行的仲裁程序是否重新进行。

第三十八条　仲裁员有本法第三十四条第四项规定的情形，情节严重的，或者有本法第五十八条第六项规定的情形的，应当依法承担法律责任，仲裁委员会应当将其除名。

第三节　开庭和裁决

第三十九条　仲裁应当开庭进行。当事人协议不开庭的，仲裁庭可以根据仲裁申请书、答辩书以及其他材料作出裁决。

第四十条　仲裁不公开进行。当事人协议公开的，可以公开进行，但涉及国家秘密的除外。

第四十一条　仲裁委员会应当在仲裁规则规定的期限内将开庭日期通知双方当事人。当事人有正当理由的，可以在仲裁规则规定的期限内请求延期开庭。是否延期，由仲裁庭决定。

第四十二条　申请人经书面通知，无正当理由不到庭或者未经仲裁庭许可中途退庭的，可以视为撤回仲裁申请。

被申请人经书面通知，无正当理由不到庭或者未经仲裁庭许可中途退庭的，可以缺席裁决。

第四十三条　当事人应当对自己的主张提供证据。

仲裁庭认为有必要收集的证据，可以自行收集。

第四十四条　仲裁庭对专门性问题认为需要鉴定的，可以交由当事人约定的鉴定部门鉴定，也可以由仲裁庭指定的鉴定部门鉴定。

根据当事人的请求或者仲裁庭的要求，鉴定部门应当派鉴定人参加开庭。当事人经仲裁庭许可，可以向鉴定人提问。

第四十五条　证据应当在开庭时出示，当事人可以质证。

第四十六条　在证据可能灭失或者以后难以取得的情况下，当事人可以申请证据保全。当事人申请证据保全的，仲裁委员会应当将当事人的申请提交证据所在地的基层人民法院。

第四十七条　当事人在仲裁过程中有权进行辩论。辩论终结时，首席仲裁员或者独任仲裁员应当征询当事人的最后意见。

第四十八条　仲裁庭应当将开庭情况记入笔录。当事人和其他仲裁参与人认为对自己陈述的记录有遗漏或者差错的，有权申请补正。如果不予补正，应当记录该申请。

笔录由仲裁员、记录人员、当事人和其他仲裁参与人签名或者盖章。

第四十九条　当事人申请仲裁后，可以自行和解。达成和解协议的，可以请求仲裁庭根据和解协议作出裁决书，也可以撤回仲裁申请。

第五十条　当事人达成和解协议，撤回仲裁申请后反悔的，可以根据仲裁协议申请仲裁。

第五十一条　仲裁庭在作出裁决前，可以先行调解。当事人自愿调解的，仲裁庭应当调解。调解不成的，应当及时作出裁决。

调解达成协议的，仲裁庭应当制作调解书或者根据协议的结果制作裁决书。调解书与裁决书具有同等法律效力。

第五十二条　调解书应当写明仲裁请求和当事人协议的结果。调解书由仲裁员签名，加盖仲裁委员会印章，送达双方当事人。

调解书经双方当事人签收后，即发生法律效力。

在调解书签收前当事人反悔的，仲裁庭应当及时作出裁决。

第五十三条　裁决应当按照多数仲裁员的意见作出，少数仲裁员的不同意见可以记入笔录。仲裁庭不能形成多数意见时，裁决应当按照首席仲裁员的意见作出。

第五十四条　裁决书应当写明仲裁请求、争议事实、裁决理由、裁决结果、仲裁费用的负担和裁决日期。当事人协议不愿写明争议事实和裁决理由的，可以不写。裁决书由仲裁员签名，加盖仲裁委员会印章。对裁决持不同意见的仲裁员，可以签名，也可以不签名。

第五十五条　仲裁庭仲裁纠纷时，其中一部分事实已经清楚，可以就该部分先行裁决。

第五十六条　对裁决书中的文字、计算错误或者仲裁庭已经裁决但在裁决书中遗漏的事项，仲裁庭应当补正；当事人自收到裁决书之日起三十日内，可以请求仲裁庭补正。

第五十七条　裁决书自作出之日起发生法律效力。

第五章　申请撤销裁决

第五十八条　当事人提出证据证明裁决有下列情形之一的，可以向仲裁委员会所在地的中级人民法院申请撤销裁决：

（一）没有仲裁协议的；

（二）裁决的事项不属于仲裁协议的范围或者仲裁委员会无权仲裁的；

（三）仲裁庭的组成或者仲裁的程序违反法定程序的；

（四）裁决所根据的证据是伪造的；

（五）对方当事人隐瞒了足以影响公正裁决的证据的；

（六）仲裁员在仲裁该案时有索贿受贿，徇私舞弊，枉法裁决行为的。

人民法院经组成合议庭审查核实裁决有前款规定情形之一的，应当裁定撤销。

人民法院认定该裁决违背社会公共利益的，应当裁定撤销。

第五十九条　当事人申请撤销裁决的，应当自收到裁决书之日起六个月内提出。

第六十条　人民法院应当在受理撤销裁决申请之日起两个月内作出撤销裁决或者驳回申请的裁定。

第六十一条　人民法院受理撤销裁决的申请后，认为可以由仲裁庭重新仲裁的，通知仲裁庭在一定期限内重新仲裁，并裁定中止撤销程序。仲裁庭拒绝重新仲裁的，人民法院应当裁定恢复撤销程序。

第六章　执　　行

第六十二条　当事人应当履行裁决。一方当事人不履行的，另一方当事人可以依照《民事诉讼法》的有关规定向人民法院申请执行。受申请的人民法院应当执行。

第六十三条　被申请人提出证据证明裁决有《民事诉讼法》第二百一十七条第二款规定的情形之一的，经人民法院组成合议庭审查核实，裁定不予执行。

第六十四条　一方当事人申请执行裁决，另一方当事人申请撤销裁决的，人民法院应当裁定中止执行。

人民法院裁定撤销裁决的，应当裁定终结执行。撤销裁决的申请被裁定驳回的，人民法院应当裁定恢复执行。

第七章　涉外仲裁的特别规定

第六十五条　涉外经济贸易、运输和海事中发生的纠纷的仲裁，适用本章规定。本章没有规定的，适用本法其他有关规定。

第六十六条　涉外仲裁委员会可以由中国国际商会组织设立。

涉外仲裁委员会由主任一人、副主任若干人和委员若干人组成。

涉外仲裁委员会的主任、副主任和委员可以由中国国际商会聘任。

第六十七条　涉外仲裁委员会可以从具有法律、经济贸易、科学技术等专门知识的外籍人士中聘任仲裁员。

第六十八条　涉外仲裁的当事人申请证据保全的，涉外仲裁委员会应当将当事人的申请提交证据所在地的中级人民法院。

第六十九条　涉外仲裁的仲裁庭可以将开庭情况记入笔录，或者作出笔录要点，笔录要点可以由当事人和其他仲裁参与人签字或者盖章。

第七十条　当事人提出证据证明涉外仲裁裁决有《民事诉讼法》第二百六十条第一款规定的情形之一的，经人民法院组成合议庭审查核实，裁定撤销。

第七十一条　被申请人提出证据证明涉外仲裁裁决有《民事诉讼法》第二百六十条第一款规定的情形之一的，经人民法院组成合议庭审查核实，裁定不予执行。

第七十二条　涉外仲裁委员会作出的发生法律效力的仲裁裁决，当事人请求执行的，如果被执行人或者其财产不在中华人民共和国领域内，应当由当事人直接向有管辖权的外国法院申请承认和执行。

第七十三条　涉外仲裁规则可以由中国国际商会依照本法和《民事诉讼法》的有关规定制定。

第八章　附　　则

第七十四条　法律对仲裁时效有规定的，适用该规定。法律对仲裁时效没有规定的，适用诉讼时效的规定。

第七十五条　中国仲裁协会制定仲裁规则前，仲裁委员会依照本法和《民事诉讼法》的有关规定可以制定仲裁暂行规则。

第七十六条　当事人应当按照规定交纳仲裁费用。

收取仲裁费用的办法，应当报物价管理部门核准。

第七十七条 劳动争议和农业集体经济组织内部的农业承包合同纠纷的仲裁，另行规定。

第七十八条 本法施行前制定的有关仲裁的规定与本法的规定相抵触的，以本法为准。

第七十九条 本法施行前在直辖市、省、自治区人民政府所在地的市和其他设区的市设立的仲裁机构，应当依照本法的有关规定重新组建；未重新组建的，自本法施行之日起届满一年时终止。

本法施行前设立的不符合本法规定的其他仲裁机构，自本法施行之日起终止。

第八十条 本法自 1995 年 9 月 1 日起施行。

附录二　最高人民法院关于适用《中华人民共和国仲裁法》若干问题的解释

中华人民共和国最高人民法院公告

《最高人民法院关于适用〈中华人民共和国仲裁法〉若干问题的解释》已于2005年12月26日由最高人民法院审判委员会第1375次会议通过，现予公布，自2006年9月8日起施行。

二〇〇六年八月二十三日

最高人民法院
关于适用《中华人民共和国仲裁法》若干问题的解释

（2005年12月26日最高人民法院审判委员会第1375次会议通过）

法释〔2006〕7号

根据《中华人民共和国仲裁法》和《中华人民共和国民事诉讼法》等法律规定，对人民法院审理涉及仲裁案件适用法律的若干问题作如下解释：

一、关于仲裁协议的效力

第一条《仲裁法》第十六条规定的“其他书面形式”的仲裁协议，包括以合同书、信件和数据电文（包括电报、电传、传真、电子数据交换和电子邮件）等形式达成的请求仲裁的协议。

第二条　当事人概括约定仲裁事项为合同争议的，基于合同成立、效力、变更、转让、履行、违约责任、解释、解除等产生的纠纷都可以认定为仲裁事项。

第三条　仲裁协议约定的仲裁机构名称不准确，但能够确定具体的仲裁机构的，应当认定选定了仲裁机构。

第四条　仲裁协议仅约定纠纷适用的仲裁规则的，视为未约定仲裁机构，但当事人达成补充协议或者按照约定的仲裁规则能够确定仲裁机构的除外。

第五条　仲裁协议约定两个以上仲裁机构的，当事人可以协议选择其中的一个仲裁机构申请仲裁；当事人不能就仲裁机构选择达成一致的，仲裁协议无效。

第六条　仲裁协议约定由某地的仲裁机构仲裁且该地仅有一个仲裁机构的，该仲裁机构视为约定的仲裁机构。该地有两个以上仲裁机构的，当事人可以协议选择其中的一个仲裁机构申请仲裁；当事人不能就仲裁机构选择达成一致的，仲裁协议无效。

第七条　当事人约定争议可以向仲裁机构申请仲裁也可以向人民法院起诉的，仲裁协议无效。但一方向仲裁机构申请仲裁，另一方未在《仲裁法》第二十条第二款规定期间内提出异议的除外。

第八条　当事人订立仲裁协议后合并、分立的，仲裁协议对其权利义务的继受人有效。

当事人订立仲裁协议后死亡的，仲裁协议对承继其仲裁事项中的权利义务的继承人有效。

前两款规定情形，当事人订立仲裁协议时另有约定的除外。

第九条　债权债务全部或者部分转让的，仲裁协议对受让人有效，但当事人另有约定、在受让债权债务时受让人明确反对或者不知有单独仲裁协议的除外。

第十条　合同成立后未生效或者被撤销的，仲裁协议效力的认定适用《仲裁法》第十九条第一款的规定。

当事人在订立合同时就争议达成仲裁协议的，合同未成立不影响仲裁协议的效力。

第十一条　合同约定解决争议适用其他合同、文件中的有效仲裁条款的，发生合同争议时，当事人应当按照该仲裁条款提请仲裁。

涉外合同应当适用的有关国际条约中有仲裁规定的，发生合同争议时，当事人应当按照国际条约中的仲裁规定提请仲裁。

第十二条　当事人向人民法院申请确认仲裁协议效力的案件，由仲裁协议约定的仲裁机构所在地的中级人民法院管辖；仲裁协议约定的仲裁机构不明确的，由仲裁协议签订地或者被申请人住所地的中级人民法院管辖。

申请确认涉外仲裁协议效力的案件，由仲裁协议约定的仲裁机构所在地、仲裁协议签订地、申请人或者被申请人住所地的中级人民法院管辖。

涉及海事海商纠纷仲裁协议效力的案件，由仲裁协议约定的仲裁机构所在地、仲裁协议签订地、申请人或者被申请人住所地的海事法院管辖；上述地点没有海事法院的，由就近的海事法院管辖。

第十三条 依照《仲裁法》第二十条第二款的规定，当事人在仲裁庭首次开庭前没有对仲裁协议的效力提出异议，而后向人民法院申请确认仲裁协议无效的，人民法院不予受理。

仲裁机构对仲裁协议的效力作出决定后，当事人向人民法院申请确认仲裁协议效力或者申请撤销仲裁机构的决定的，人民法院不予受理。

第十四条《仲裁法》第二十六条规定的“首次开庭”是指答辩期满后人民法院组织的第一次开庭审理，不包括审前程序中的各项活动。

第十五条 人民法院审理仲裁协议效力确认案件，应当组成合议庭进行审查，并询问当事人。

第十六条 对涉外仲裁协议的效力审查，适用当事人约定的法律；当事人没有约定适用的法律但约定了仲裁地的，适用仲裁地法律；没有约定适用的法律也没有约定仲裁地或者仲裁地约定不明的，适用法院地法律。

二、仲裁裁决的撤销与不予执行

第十七条 当事人以不属于《仲裁法》第五十八条或者《民事诉讼法》第二百六十条规定的事由申请撤销仲裁裁决的，人民法院不予支持。

第十八条《仲裁法》第五十八条第一款第一项规定的“没有仲裁协议”是指当事人没有达成仲裁协议。仲裁协议被认定无效或者被撤销的，视为没有仲裁协议。

第十九条 当事人以仲裁裁决事项超出仲裁协议范围为由申请撤销仲裁裁决，经审查属实的，人民法院应当撤销仲裁裁决中的超裁部分。但超裁部分与其他裁决事项不可分的，人民法院应当撤销仲裁裁决。

第二十条《仲裁法》第五十八条规定的“违反法定程序”，是指违反《仲裁法》规定的仲裁程序和当事人选择的仲裁规则可能影响案件正确裁决的情形。

第二十一条 当事人申请撤销国内仲裁裁决的案件属于下列情形之一的，人民法院可以依照《仲裁法》第六十一条的规定通知仲裁庭在一定期限内重新仲裁：

（一）仲裁裁决所根据的证据是伪造的；

（二）对方当事人隐瞒了足以影响公正裁决的证据的。

人民法院应当在通知中说明要求重新仲裁的具体理由。

第二十二条 仲裁庭在人民法院指定的期限内开始重新仲裁的，人民法院应当裁定终结撤销程序；未开始重新仲裁的，人民法院应当裁定恢复撤销程序。

第二十三条 当事人对重新仲裁裁决不服的，可以在重新仲裁裁决书送达之日起六个月内依据《仲裁法》第五十八条规定向人民法院申请撤销。

第二十四条 当事人申请撤销仲裁裁决的案件，人民法院应当组成合议庭审理，并询问当事人。

第二十五条 人民法院受理当事人撤销仲裁裁决的申请后，另一方当事人申请执行同一仲裁裁决的，受理执行申请的人民法院应当在受理后裁定中止执行。

第二十六条 当事人向人民法院申请撤销仲裁裁决被驳回后，又在执行程序中以相同理由提出不予执行抗辩的，人民法院不予支持。

第二十七条 当事人在仲裁程序中未对仲裁协议的效力提出异议，在仲裁裁决作出后以仲裁协议无效为由主张撤销仲裁裁决或者提出不予执行抗辩的，人民法院不予支持。

当事人在仲裁程序中对仲裁协议的效力提出异议，在仲裁裁决作出后又以此为由主张撤销仲裁裁决或者提出不予执行抗辩，经审查符合《仲裁法》第五十八条或者《民事诉讼法》第二百一十七条、第二百六十条规定的，人民法院应予支持。

第二十八条 当事人请求不予执行仲裁调解书或者根据当事人之间的和解协议作出的仲裁裁决书的，人民法院不予支持。

第二十九条 当事人申请执行仲裁裁决案件，由被执行人住所地或者被执行的财产所在地的中级人民法院管辖。

三、其他规定

第三十条 根据审理撤销、执行仲裁裁决案件的实际需要，人民法院可以要求仲裁机构作出说明或者向相关仲裁机构调阅仲裁案卷。

人民法院在办理涉及仲裁的案件过程中作出的裁定，可以送相关的仲裁机构。

第三十一条 本解释自公布之日起实施。

本院以前发布的司法解释与本解释不一致的，以本解释为准。

附录三 《中华人民共和国民事诉讼法》有关仲裁的规定

（1991 年 4 月 9 日第七届全国人民代表大会第四次会议通过，根据 2007 年 10 月 28 日第十届全国人民代表大会常务委员会第三十次会议《关于修改〈中华人民共和国民事诉讼法〉的决定》第一次修正，根据 2012 年 8 月 31 日第十一届全国人民代表大会常务委员会第二十八次会议《关于修改〈中华人民共和国民事诉讼法〉的决定》第二次修正，根据 2017 年 6 月 27 日第十二届全国人民代表大会常务委员会第二十八次会议《关于修改〈中华人民共和国民事诉讼法〉的决定》第三次修正。）

第五十八条 当事人、法定代理人可以委托一至二人作为诉讼代理人。

下列人员可以被委托为诉讼代理人：

（一）律师、基层法律服务工作者；

（二）当事人的近亲属或者工作人员；

（三）当事人所在社区、单位以及有关社会团体推荐的公民。

第八十一条 在证据可能灭失或者以后难以取得的情况下，当事人可以在诉讼过程中向人民法院申请保全证据，人民法院也可以主动采取保全措施。

因情况紧急，在证据可能灭失或者以后难以取得的情况下，利害关系人可以在提起诉讼或者申请仲裁前向证据所在地、被申请人住所地或者对案件有管辖权的人民法院申请保全证据。

证据保全的其他程序，参照适用本法第九章保全的有关规定。

第一百零一条 利害关系人因情况紧急，不立即申请保全将会使其合法权益受到难以弥补的损害的，可以在提起诉讼或者申请仲裁前向被保全财产所在地、被申请人住所地或者对案件有管辖权的人民法院申请采取保全措施。申请人应当提供担保，不提供担保的，裁定驳回申请。

人民法院接受申请后，必须在四十八小时内作出裁定；裁定采取保全措施的，应当立即开始执行。

申请人在人民法院采取保全措施后三十日内不依法提起诉讼或者申请仲裁的，人民法院应当解除保全。

第二百三十七条（原二百一十七条）对依法设立的仲裁机构的裁决，一方当事人不履行的，对方当事人可以向有管辖权的人民法院申请执行。受申请的人民法院应当执行。

被申请人提出证据证明仲裁裁决有下列情形之一的，经人民法院组成合议庭审查核实，裁定不予执行：

（一）当事人在合同中没有订有仲裁条款或者事后没有达成书面仲裁协议的；

（二）裁决的事项不属于仲裁协议的范围或者仲裁机构无权仲裁的；

（三）仲裁庭的组成或者仲裁的程序违反法定程序的；

（四）裁决所根据的证据是伪造的；

（五）对方当事人向仲裁机构隐瞒了足以影响公正裁决的证据的；

（六）仲裁员在仲裁该案时有贪污受贿，徇私舞弊，枉法裁决行为的。

人民法院认定执行该裁决违背社会公共利益的，裁定不予执行。

裁定书应当送达双方当事人和仲裁机构。

仲裁裁决被人民法院裁定不予执行的，当事人可以根据双方达成的书面仲裁协议重新申请仲裁，也可以向人民法院起诉。

第二百七十一条　涉外经济贸易、运输和海事中发生的纠纷，当事人在合同中订有仲裁条款或者事后达成书面仲裁协议，提交中华人民共和国涉外仲裁机构或者其他仲裁机构仲裁的，当事人不得向人民法院起诉。

当事人在合同中没有订有仲裁条款或者事后没有达成书面仲裁协议的，可以向人民法院起诉。

第二百七十二条　当事人申请采取保全的，中华人民共和国的涉外仲裁机构应当将当事人的申请，提交被申请人住所地或者财产所在地的中级人民法院裁定。

第二百七十三条　经中华人民共和国涉外仲裁机构裁决的，当事人不得向人民法院起诉。一方当事人不履行仲裁裁决的，对方当事人可以向被申请人住所地或者财产所在地的中级人民法院申请执行。

第二百七十四条（原二百六十条）对中华人民共和国涉外仲裁机构作出的裁决，被申请人提出证据证明仲裁裁决有下列情形之一的，经人民法院组成合议庭审查核实，裁定不予执行：

（一）当事人在合同中没有订有仲裁条款或者事后没有达成书面仲裁协议的；

（二）被申请人没有得到指定仲裁员或者进行仲裁程序的通知，或者由于其他不属于被申请人负责的原因未能陈述意见的；

（三）仲裁庭的组成或者仲裁的程序与仲裁规则不符的；

（四）裁决的事项不属于仲裁协议的范围或者仲裁机构无权仲裁的。

人民法院认定执行该裁决违背社会公共利益的，裁定不予执行。

第二百七十五条 仲裁裁决被人民法院裁定不予执行的，当事人可以根据双方达成的书面仲裁协议重新申请仲裁，也可以向人民法院起诉。

第二百八十条 人民法院作出的发生法律效力的判决、裁定，如果被执行人或者其财产不在中华人民共和国领域内，当事人请求执行的，可以由当事人直接向有管辖权的外国法院申请承认和执行，也可以由人民法院依照中华人民共和国缔结或者参加的国际条约的规定，或者按照互惠原则，请求外国法院承认和执行。

中华人民共和国涉外仲裁机构作出的发生法律效力的仲裁裁决，当事人请求执行的，如果被执行人或者其财产不在中华人民共和国领域内，应当由当事人直接向有管辖权的外国法院申请承认和执行。

第二百八十三条 国外仲裁机构的裁决，需要中华人民共和国人民法院承认和执行的，应当由当事人直接向被执行人住所地或者其财产所在地的中级人民法院申请，人民法院应当依照中华人民共和国缔结或者参加的国际条约，或者按照互惠原则办理。

附录四　最高人民法院关于适用《中华人民共和国民事诉讼法》的解释有关仲裁的规定

（2014 年 12 月 18 日最高人民法院审判委员会第 1636 次会议通过，自 2015 年 2 月 4 日起施行。）

第二十七条　当事人申请诉前保全后没有在法定期间起诉或者申请仲裁，给被申请人、利害关系人造成损失引起的诉讼，由采取保全措施的人民法院管辖。

当事人申请诉前保全后在法定期间内起诉或者申请仲裁，被申请人、利害关系人因保全受到损失提起的诉讼，由受理起诉的人民法院或者采取保全措施的人民法院管辖。

第九十三条　下列事实，当事人无须举证证明：

（一）自然规律以及定理、定律；

（二）众所周知的事实；

（三）根据法律规定推定的事实；

（四）根据已知的事实和日常生活经验法则推定出的另一事实；

（五）已为人民法院发生法律效力的裁判所确认的事实；

（六）已为仲裁机构生效裁决所确认的事实；

（七）已为有效公证文书所证明的事实。

前款第二项至第四项规定的事实，当事人有相反证据足以反驳的除外；第五项至第七项规定的事实，当事人有相反证据足以推翻的除外。

第一百五十二条　人民法院依照《民事诉讼法》第一百条、第一百零一条规定，在采取诉前保全、诉讼保全措施时，责令利害关系人或者当事人提供担保的，应当书面通知。

利害关系人申请诉前保全的，应当提供担保。申请诉前财产保全的，应当提供相当于请求保全数额的担保；情况特殊的，人民法院可以酌情处理。申请诉前行为保全的，担保的数额由人民法院根据案件的具体情况决定。

在诉讼中，人民法院依申请或者依职权采取保全措施的，应当根据案件的具体情况，决定当事人是否应当提供担保以及担保的数额。

第二百一十五条 依照《民事诉讼法》第一百二十四条第二项的规定，当事人在书面合同中订有仲裁条款，或者在发生纠纷后达成书面仲裁协议，一方向人民法院起诉的，人民法院应当告知原告向仲裁机构申请仲裁，其坚持起诉的，裁定不予受理，但仲裁条款或者仲裁协议不成立、无效、失效、内容不明确无法执行的除外。

第二百一十六条 在人民法院首次开庭前，被告以有书面仲裁协议为由对受理民事案件提出异议的，人民法院应当进行审查。

经审查符合下列情形之一的，人民法院应当裁定驳回起诉：

（一）仲裁机构或者人民法院已经确认仲裁协议有效的；

（二）当事人没有在仲裁庭首次开庭前对仲裁协议的效力提出异议的；

（三）仲裁协议符合《仲裁法》第十六条规定且不具有《仲裁法》第十七条规定情形的。

第四百七十七条 仲裁机构裁决的事项，部分有《民事诉讼法》第二百三十七条第二款、第三款规定情形的，人民法院应当裁定对该部分不予执行。

应当不予执行部分与其他部分不可分的，人民法院应当裁定不予执行仲裁裁决。

第四百七十八条 依照《民事诉讼法》第二百三十七条第二款、第三款规定，人民法院裁定不予执行仲裁裁决后，当事人对该裁定提出执行异议或者复议的，人民法院不予受理。当事人可以就该民事纠纷重新达成书面仲裁协议申请仲裁，也可以向人民法院起诉。

第四百七十九条 在执行中，被执行人通过仲裁程序将人民法院查封、扣押、冻结的财产确权或者分割给案外人的，不影响人民法院执行程序的进行。

案外人不服的，可以根据《民事诉讼法》第二百二十七条规定提出异议。

第四百八十一条 当事人请求不予执行仲裁裁决或者公证债权文书的，应当在执行终结前向执行法院提出。

第五百三十一条 涉外合同或者其他财产权益纠纷的当事人，可以书面协议选择被告住所地、合同履行地、合同签订地、原告住所地、标的物所在地、侵权行为地等与争议有实际联系地点的外国法院管辖。

根据《民事诉讼法》第三十三条和第二百六十六条规定，属于中华人民共和国法院专属管辖的案件，当事人不得协议选择外国法院管辖，但协议选择仲裁的除外。

第五百四十条 申请人向人民法院申请执行中华人民共和国涉外仲裁机构的裁

决，应当提出书面申请，并附裁决书正本。如申请人为外国当事人，其申请书应当用中文文本提出。

第五百四十一条　人民法院强制执行涉外仲裁机构的仲裁裁决时，被执行人以有《民事诉讼法》第二百七十四条第一款规定的情形为由提出抗辩的，人民法院应当对被执行人的抗辩进行审查，并根据审查结果裁定执行或者不予执行。

第五百四十二条　依照《民事诉讼法》第二百七十二条规定，中华人民共和国涉外仲裁机构将当事人的保全申请提交人民法院裁定的，人民法院可以进行审查，裁定是否进行保全。裁定保全的，应当责令申请人提供担保，申请人不提供担保的，裁定驳回申请。

当事人申请证据保全，人民法院经审查认为无需提供担保的，申请人可以不提供担保。

第五百四十五条　对临时仲裁庭在中华人民共和国领域外作出的仲裁裁决，一方当事人向人民法院申请承认和执行的，人民法院应当依照《民事诉讼法》第二百八十三条规定处理。

第五百四十六条　对外国法院作出的发生法律效力的判决、裁定或者外国仲裁裁决，需要中华人民共和国法院执行的，当事人应当先向人民法院申请承认。人民法院经审查，裁定承认后，再根据《民事诉讼法》第三编的规定予以执行。

当事人仅申请承认而未同时申请执行的，人民法院仅对应否承认进行审查并作出裁定。

第五百四十七条　当事人申请承认和执行外国法院作出的发生法律效力的判决、裁定或者外国仲裁裁决的期间，适用《民事诉讼法》第二百三十九条的规定。

当事人仅申请承认而未同时申请执行的，申请执行的期间自人民法院对承认申请作出的裁定生效之日起重新计算。

第五百四十八条　承认和执行外国法院作出的发生法律效力的判决、裁定或者外国仲裁裁决的案件，人民法院应当组成合议庭进行审查。

人民法院应当将申请书送达被申请人。被申请人可以陈述意见。

人民法院经审查作出的裁定，一经送达即发生法律效力。

附录五 《中华人民共和国民法总则》有关仲裁的规定

（2017 年 3 月 15 日第十二届全国人民代表大会第五次会议通过，自 2017 年 10 月 1 日起施行。）

第二十七条 父母是未成年子女的监护人。

未成年人的父母已经死亡或者没有监护能力的，由下列有监护能力的人按顺序担任监护人：

（一）祖父母、外祖父母；

（二）兄、姐；

（三）其他愿意担任监护人的个人或者组织，但是须经未成年人住所地的居民委员会、村民委员会或者民政部门同意。

第二十八条 无民事行为能力或者限制民事行为能力的成年人，由下列有监护能力的人按顺序担任监护人：

（一）配偶；

（二）父母、子女；

（三）其他近亲属；

（四）其他愿意担任监护人的个人或者组织，但是须经被监护人住所地的居民委员会、村民委员会或者民政部门同意。

第一百八十八条 向人民法院请求保护民事权利的诉讼时效期间为三年。法律另有规定的，依照其规定。

诉讼时效期间自权利人知道或者应当知道权利受到损害以及义务人之日起计算。法律另有规定的，依照其规定。但是自权利受到损害之日起超过二十年的，人民法院不予保护；有特殊情况的，人民法院可以根据权利人的申请决定延长。

第一百八十九条 当事人约定同一债务分期履行的，诉讼时效期间自最后一期履行期限届满之日起计算。

第一百九十条 无民事行为能力人或者限制民事行为能力人对其法定代理人的请求权的诉讼时效期间，自该法定代理终止之日起计算。

第一百九十一条 未成年人遭受性侵害的损害赔偿请求权的诉讼时效期间，自受害人年满十八周岁之日起计算。

第一百九十二条 诉讼时效期间届满的，义务人可以提出不履行义务的抗辩。

诉讼时效期间届满后，义务人同意履行的，不得以诉讼时效期间届满为由抗辩；义务人已自愿履行的，不得请求返还。

第一百九十三条 人民法院不得主动适用诉讼时效的规定。

第一百九十四条 在诉讼时效期间的最后六个月内，因下列障碍，不能行使请求权的，诉讼时效中止：

（一）不可抗力；

（二）无民事行为能力人或者限制民事行为能力人没有法定代理人，或者法定代理人死亡、丧失民事行为能力、丧失代理权；

（三）继承开始后未确定继承人或者遗产管理人；

（四）权利人被义务人或者其他人控制；

（五）其他导致权利人不能行使请求权的障碍。

自中止时效的原因消除之日起满六个月，诉讼时效期间届满。

第一百九十五条 有下列情形之一的，诉讼时效中断，从中断、有关程序终结时起，诉讼时效期间重新计算：

（一）权利人向义务人提出履行请求；

（二）义务人同意履行义务；

（三）权利人提起诉讼或者申请仲裁；

（四）与提起诉讼或者申请仲裁具有同等效力的其他情形。

第一百九十六条 下列请求权不适用诉讼时效的规定：

（一）请求停止侵害、排除妨碍、消除危险；

（二）不动产物权和登记的动产物权的权利人请求返还财产；

（三）请求支付抚养费、赡养费或者扶养费；

（四）依法不适用诉讼时效的其他请求权。

第一百九十七条 诉讼时效的期间、计算方法以及中止、中断的事由由法律规定，当事人约定无效。

当事人对诉讼时效利益的预先放弃无效。

第一百九十八条 法律对仲裁时效有规定的，依照其规定；没有规定的，适用诉讼时效的规定。

第一百九十九条　法律规定或者当事人约定的撤销权、解除权等权利的存续期间，除法律另有规定外，自权利人知道或者应当知道权利产生之日起计算，不适用有关诉讼时效中止、中断和延长的规定。存续期间届满，撤销权、解除权等权利消灭。

附录六　中华人民共和国涉外民事关系法律适用法

（2010 年 10 月 28 日第十一届全国人民代表大会常务委员会第十七次会议通过）

第一章 一般规定
第二章 民事主体
第三章 婚姻家庭
第四章 继承
第五章 物权
第六章 债权
第七章 知识产权
第八章 附 则

第一章　一般规定

第一条　为了明确涉外民事关系的法律适用，合理解决涉外民事争议，维护当事人的合法权益，制定本法。

第二条　涉外民事关系适用的法律，依照本法确定。其他法律对涉外民事关系法律适用另有特别规定的，依照其规定。

本法和其他法律对涉外民事关系法律适用没有规定的，适用与该涉外民事关系有最密切联系的法律。

第三条　当事人依照法律规定可以明示选择涉外民事关系适用的法律。

第四条　中华人民共和国法律对涉外民事关系有强制性规定的，直接适用该强制性规定。

第五条　外国法律的适用将损害中华人民共和国社会公共利益的，适用中华人民共和国法律。

第六条　涉外民事关系适用外国法律，该国不同区域实施不同法律的，适用与该涉外民事关系有最密切联系区域的法律。

第七条 诉讼时效，适用相关涉外民事关系应当适用的法律。

第八条 涉外民事关系的定性，适用法院地法律。

第九条 涉外民事关系适用的外国法律，不包括该国的法律适用法。

第十条 涉外民事关系适用的外国法律，由人民法院、仲裁机构或者行政机关查明。当事人选择适用外国法律的，应当提供该国法律。

不能查明外国法律或者该国法律没有规定的，适用中华人民共和国法律。

第二章 民事主体

第十一条 自然人的民事权利能力，适用经常居所地法律。

第十二条 自然人的民事行为能力，适用经常居所地法律。

自然人从事民事活动，依照经常居所地法律为无民事行为能力，依照行为地法律为有民事行为能力的，适用行为地法律，但涉及婚姻家庭、继承的除外。

第十三条 宣告失踪或者宣告死亡，适用自然人经常居所地法律。

第十四条 法人及其分支机构的民事权利能力、民事行为能力、组织机构、股东权利义务等事项，适用登记地法律。

法人的主营业地与登记地不一致的，可以适用主营业地法律。法人的经常居所地，为其主营业地。

第十五条 人格权的内容，适用权利人经常居所地法律。

第十六条 代理适用代理行为地法律，但被代理人与代理人的民事关系，适用代理关系发生地法律。

当事人可以协议选择委托代理适用的法律。

第十七条 当事人可以协议选择信托适用的法律。当事人没有选择的，适用信托财产所在地法律或者信托关系发生地法律。

第十八条 当事人可以协议选择仲裁协议适用的法律。当事人没有选择的，适用仲裁机构所在地法律或者仲裁地法律。

第十九条 依照本法适用国籍国法律，自然人具有两个以上国籍的，适用有经常居所的国籍国法律；在所有国籍国均无经常居所的，适用与其有最密切联系的国籍国法律。自然人无国籍或者国籍不明的，适用其经常居所地法律。

第二十条 依照本法适用经常居所地法律，自然人经常居所地不明的，适用其现在居所地法律。

第三章 婚姻家庭

第二十一条 结婚条件，适用当事人共同经常居所地法律；没有共同经常居所地的，适用共同国籍国法律；没有共同国籍，在一方当事人经常居所地或者国籍国缔结婚姻的，适用婚姻缔结地法律。

第二十二条 结婚手续，符合婚姻缔结地法律、一方当事人经常居所地法律或者国籍国法律的，均为有效。

第二十三条 夫妻人身关系，适用共同经常居所地法律；没有共同经常居所地的，适用共同国籍国法律。

第二十四条 夫妻财产关系，当事人可以协议选择适用一方当事人经常居所地法律、国籍国法律或者主要财产所在地法律。当事人没有选择的，适用共同经常居所地法律；没有共同经常居所地的，适用共同国籍国法律。

第二十五条 父母子女人身、财产关系，适用共同经常居所地法律；没有共同经常居所地的，适用一方当事人经常居所地法律或者国籍国法律中有利于保护弱者权益的法律。

第二十六条 协议离婚，当事人可以协议选择适用一方当事人经常居所地法律或者国籍国法律。当事人没有选择的，适用共同经常居所地法律；没有共同经常居所地的，适用共同国籍国法律；没有共同国籍的，适用办理离婚手续机构所在地法律。

第二十七条 诉讼离婚，适用法院地法律。

第二十八条 收养的条件和手续，适用收养人和被收养人经常居所地法律。收养的效力，适用收养时收养人经常居所地法律。收养关系的解除，适用收养时被收养人经常居所地法律或者法院地法律。

第二十九条 扶养，适用一方当事人经常居所地法律、国籍国法律或者主要财产所在地法律中有利于保护被扶养人权益的法律。

第三十条 监护，适用一方当事人经常居所地法律或者国籍国法律中有利于保护被监护人权益的法律。

第四章 继 承

第三十一条 法定继承，适用被继承人死亡时经常居所地法律，但不动产法定继承，适用不动产所在地法律。

第三十二条 遗嘱方式，符合遗嘱人立遗嘱时或者死亡时经常居所地法律、国籍国法律或者遗嘱行为地法律的，遗嘱均为成立。

第三十三条 遗嘱效力，适用遗嘱人立遗嘱时或者死亡时经常居所地法律或者国籍国法律。

第三十四条 遗产管理等事项，适用遗产所在地法律。

第三十五条 无人继承遗产的归属，适用被继承人死亡时遗产所在地法律。

第五章 物　　权

第三十六条 不动产物权，适用不动产所在地法律。

第三十七条 当事人可以协议选择动产物权适用的法律。当事人没有选择的，适用法律事实发生时动产所在地法律。

第三十八条 当事人可以协议选择运输中动产物权发生变更适用的法律。当事人没有选择的，适用运输目的地法律。

第三十九条 有价证券，适用有价证券权利实现地法律或者其他与该有价证券有最密切联系的法律。

第四十条 权利质权，适用质权设立地法律。

第六章 债　　权

第四十一条 当事人可以协议选择合同适用的法律。当事人没有选择的，适用履行义务最能体现该合同特征的一方当事人经常居所地法律或者其他与该合同有最密切联系的法律。

第四十二条 消费者合同，适用消费者经常居所地法律；消费者选择适用商品、服务提供地法律或者经营者在消费者经常居所地没有从事相关经营活动的，适用商品、服务提供地法律。

第四十三条 劳动合同，适用劳动者工作地法律；难以确定劳动者工作地的，适用用人单位主营业地法律。劳务派遣，可以适用劳务派出地法律。

第四十四条 侵权责任，适用侵权行为地法律，但当事人有共同经常居所地的，适用共同经常居所地法律。侵权行为发生后，当事人协议选择适用法律的，按照其协议。

第四十五条 产品责任，适用被侵权人经常居所地法律；被侵权人选择适用侵权人主营业地法律、损害发生地法律的，或者侵权人在被侵权人经常居所地没有从事相关经营活动的，适用侵权人主营业地法律或者损害发生地法律。

第四十六条 通过网络或者采用其他方式侵害姓名权、肖像权、名誉权、隐私权等人格权的，适用被侵权人经常居所地法律。

第四十七条 不当得利、无因管理，适用当事人协议选择适用的法律。当事人没有选择的，适用当事人共同经常居所地法律；没有共同经常居所地的，适用不当得利、无因管理发生地法律。

第七章 知识产权

第四十八条 知识产权的归属和内容，适用被请求保护地法律。

第四十九条 当事人可以协议选择知识产权转让和许可使用适用的法律。当事人没有选择的，适用本法对合同的有关规定。

第五十条 知识产权的侵权责任，适用被请求保护地法律，当事人也可以在侵权行为发生后协议选择适用法院地法律。

第八章 附 则

第五十一条《中华人民共和国民法通则》第一百四十六条、第一百四十七条，《中华人民共和国继承法》第三十六条，与本法的规定不一致的，适用本法。

第五十二条 本法自 2011 年 4 月 1 日起施行。

附录七　仲裁委员会仲裁暂行规则示范文本

（1995年7月28日国务院办公厅发布）

第一章　总　　则

第一条　为了保证公正、及时地仲裁经济纠纷，保护当事人的合法权益，根据《中华人民共和国仲裁法》（以下简称《仲裁法》）和《中华人民共和国民事诉讼法》（以下简称《民事诉讼法》）的有关规定，制定本暂行规则。

第二条　平等主体的公民、法人和其他组织之间发生合同纠纷和其他财产权益纠纷，可以依法向本仲裁委员会申请仲裁。

本仲裁委员会不受理因劳动争议和农业集体经济组织内部的农业承包合同纠纷提出的仲裁申请。

第三条　当事人采用仲裁方式解决纠纷，应当双方自愿，达成仲裁协议。没有仲裁协议，一方申请仲裁的，本仲裁委员会不予受理。

第四条　仲裁协议包括合同中订立的仲裁条款和以其他书面方式在纠纷发生前或者纠纷发生后达成的请求仲裁的协议。

仲裁协议应当具有下列内容：

（一）请求仲裁的意思表示；

（二）仲裁事项；

（三）选定本仲裁委员会的意思表示。

第五条　仲裁协议独立存在，合同的变更、解除、终止或者无效，不影响仲裁协议的效力。

仲裁庭有权确认合同的效力。

第六条　当事人对仲裁协议的效力有异议的，可以请求本仲裁委员会作出决定或者请人民法院作出裁定。一方请求本仲裁委员会作出决定，另一方请求人民法院作出裁定的，由人民法院裁定。

当事人对仲裁协议的效力有异议，应当在仲裁首次开庭前提出；当事人协议不开庭的，应当在首次提交答辩书前提出。

第二章 申请和受理

第七条 当事人申请仲裁应当符合下列条件：

（一）有仲裁协议；

（二）有具体的仲裁请求和事实、理由；

（三）属于本仲裁委员会的受理范围。

第八条 申请人申请仲裁，应当向本仲裁委员会递交仲裁协议、仲裁申请书及副本。

第九条 仲裁申请书应当载明下列事项：

（一）申请人和被申请人的姓名、性别、年龄、职业、工作单位和住所，法人或者其他组织的名称、住所和法定代表人或者主要负责人的姓名、职务；

（二）仲裁请求和所根据的事实、理由；

（三）证据和证据来源、证人姓名和住所。

第十条 本仲裁委员会收到仲裁申请书之日起 5 日内，认为符合受理条件的，应当受理，并通知当事人，也可以当即受理，并通知当事人；认为不符合受理条件的，应当书面通知当事人不予受理，并说明理由。

本仲裁委员会收到仲裁申请书后，认为仲裁申请书不符合本暂行规则第九条规定的，可以要求当事人限期补正；逾期不补正的，视为未申请。

第十一条 本仲裁委员会受理仲裁申请后，应当在 15 日内将本暂行规则和仲裁员名册送达申请人，并将仲裁申请书副本和暂行规则、仲裁员名册送达被申请人。

被申请人收到仲裁申请书副本后，应当在 15 日内向仲裁委员会提交答辩书。仲裁委员会收到答辩书后，应当在 15 日内将答辩书副本送达申请人。被申请人未提交答辩书的，不影响仲裁程序的进行。

第十二条 申请人可以放弃或者变更仲裁请求。被申请人可以承认或者反驳仲裁请求，有权提出反请求。

本仲裁委员会应当在收到被申请人提出反请求申请书之日起 15 日内，将反请求申请书副本送达申请人。

申请人应当自收到反请求申请书之日起 15 日内向本仲裁委员会提出书面答辩；未提出书面答辩的，不影响仲裁程序的进行。

第十三条 一方当事人因另一方当事人的行为或者其他原因，可能使裁决不能执行或者难以执行的，可以申请财产保全。

当事人申请财产保全的，本仲裁委员会应当将当事人的申请依照《民事诉讼法》的有关规定提交人民法院。

申请有错误的，申请人应当赔偿被申请人因财产保全遭受的损失。

第十四条 当事人、法定代理人可以委托律师和其他代理人进行仲裁活动。委托律师和其他代理人进行仲裁活动的，应当向本仲裁委员会提交授权委托书。

第三章 仲裁庭的组成

第十五条 仲裁庭可以由 3 名仲裁员或者 1 名仲裁员组成。由 3 名仲裁员组成的，设首席仲裁员。

第十六条 当事人约定由 3 名仲裁员组成仲裁庭的，应当各自选定或者各自委托本仲裁委员会主任指定 1 名仲裁员，第三名仲裁员由当事人共同选定或者共同委托本仲裁委员会主任指定。第三名仲裁员是首席仲裁员。

当事人约定由 1 名仲裁员成立仲裁庭的，应当由当事人共同选定或者共同委托本仲裁委员会主任指定仲裁员。

第十七条 当事人自收到受理仲裁通知之日起 15 日内没有约定仲裁庭的组成方式或者选定仲裁员的，本仲裁委员会主任指定。

第十八条 仲裁庭组成后，仲裁委员会应当自仲裁庭组成之日起 5 日内，将仲裁庭的组成情况书面通知当事人，也可以在仲裁庭组成当日将仲裁庭的组成情况书面通知当事人。

第十九条 仲裁员有下列情形之一的，必须回避，当事人也有权提出回避申请：

（一）是本案当事人或者当事人、代理人的近亲属；

（二）与本案有利害关系；

（三）与本案当事人、代理人有其他关系，可能影响公正仲裁的；

（四）私自会见当事人、代理人，或者接受当事人、代理人的请客送礼的。

第二十条 当事人提出回避申请，应当说明理由，在首次开庭前提出。回避事由在首次开庭后知道的，可以在最后一次开庭终结前提出。

第二十一条 仲裁员是否回避，由本仲裁委员会主任决定；仲裁委员会主任担任仲裁员时，由本仲裁委员会会议决定。

第二十二条 仲裁员因回避或者其他原因不能履行职责的，应当依照《仲裁法》和本暂行规则的规定重新选定或者指定仲裁员。

因回避而重新选定或者指定仲裁员后，当事人可以请求已进行的仲裁程序重新进行，是否准许，由仲裁庭决定；仲裁庭也可以自行决定已进行的仲裁程序是否重新进行。

第二十三条 仲裁员私自会见当事人、代理人，或者接受当事人、代理人请客送礼，情节严重的，或者仲裁员在仲裁案件时有索贿受贿，徇私舞弊，枉法裁决行为的，应当依法承担法律责任，本仲裁委员会应当将其除名。

第四章 开庭和裁决

第二十四条 仲裁应当开庭进行。当事人协议不开庭的，仲裁庭可以根据仲裁申请书、答辩书以及其他材料作出裁决。

第二十五条 仲裁不公开进行。当事人协议公开的，可以公开进行，但是涉及国家秘密的除外。

第二十六条 仲裁委员会应当在仲裁庭开庭 10 日前将开庭日期通知双方当事人；双方当事人经商仲裁庭同意，可以提前开庭。当事人有正当理由的，可以在开庭前 7 日内请求延期开庭；是否延期，由仲裁庭决定。

第二十七条 申请人经书面通知，无正当理由不到庭或者未经仲裁庭许可中途退庭的，可以视为撤回仲裁申请。

被申请人经书面通知，无正当理由不到庭或者未经仲裁庭许可中途退庭的，可以缺席裁决。

第二十八条 当事人应当对自己的主张提供证据。

仲裁庭认为有必要收集的证据，可以自行收集。

第二十九条 书证应当提交原件。物证应当提交原物。提交原件或者原物确有困难的，可以提交复制品、照片、副本、节录本。

提交外文书证，应当附有中文译本。

第三十条 仲裁庭对专门性问题认为需要鉴定的，可以交由当事人约定的鉴定部门鉴定，也可以由仲裁庭指定的鉴定部门鉴定。

根据当事人的请求或者仲裁庭的要求，鉴定部门应当派鉴定人参加开庭。当事人经仲裁庭许可，可以向鉴定人提问。

第三十一条 证据应当在开庭时出示，当事人可以互相质证。

第三十二条 在证据可能灭失或者以后难以取得的情况下，当事人可以申请证据保全。当事人申请证据保全的，本仲裁委员会应当将当事人的申请提交证据所在地的基层人民法院。

第三十三条 当事人在仲裁过程中有权进行辩论。辩论终结时，首席仲裁员或者独任仲裁员应当征询当事人的最后意见。

第三十四条 仲裁庭应当将开庭情况记入笔录。当事人和其他仲裁参与人认为对自己陈述的记录有遗漏或者差错的，有权申请补正；如果不予补正，应当记录该申请。

笔录由仲裁员、记录人员、当事人和其他仲裁参与人签名或者盖章。

第三十五条 当事人申请仲裁后，可以自行和解。达成和解协议的，可以请求仲裁庭根据和解协议作出裁决书，也可以撤回仲裁申请。

第三十六条 当事人达成和解协议，撤回仲裁申请后反悔的可以根据仲裁协议申请仲裁。

第三十七条 仲裁庭在作出裁决前，可以先行调解。当事人自愿调解，仲裁庭应当调解。调解不成的，仲裁庭应当及时作出裁决。

调解达成协议的，仲裁庭应当制作调解书或者根据协议的结果制作裁决书。调解书与裁决书具有同等法律效力。

第三十八条 调解书应当写明仲裁请求和当事人协议的结果。调解书由仲裁员签名，加盖仲裁委员会印章，送达双方当事人。

调解书经双方当事人签收后，即发生法律效力。

在调解书签收前当事人反悔的，仲裁庭应当及时作出裁决。

第三十九条 裁决应当按照多数仲裁员的意见作出，少数仲裁员的不同意见可以记入笔录。仲裁庭不能形成多数意见时，裁决应当按照首席仲裁员的意见作出。

第四十条 仲裁庭仲裁纠纷时，其中一部分事实已经清楚，可以就该部分先行裁决。

第四十一条 仲裁庭应当在仲裁庭组成后 4 个月内作出仲裁裁决。有特殊情况需要延长的，由首席仲裁员或者独任仲裁员报经本仲裁委员会主任批准，可以适当延长。

第四十二条 裁决书应当写明仲裁请求、争议事实、裁决理由、裁决结果、仲裁费用的负担和裁决日期。

当事人协议不愿写明争议事实和裁决理由的，可以不写。

裁决书由仲裁员签名。对裁决持不同意见的仲裁员，可以签名，也可以不签名。

第四十三条 裁决书经仲裁员签名后，仲裁委员会应当加盖本仲裁委员会印章。

第四十四条 裁决书自作出之日起发生法律效力。

第四十五条 对裁决书中的文字、计算错误或者对仲裁庭已经裁决但在裁决书中遗漏的事项，仲裁庭应当补正；当事人自收到裁决书之日起 30 日内，可以请求仲裁庭补正。

第四十六条 当事人提出证据证明裁决有下列情形之一的，可以自收到仲裁裁决书之日起 6 个月内向本仲裁委员会所在地的中级人民法院申请撤销裁决：

（一）没有仲裁协议的；

（二）裁决的事项不属于仲裁协议的范围或者仲裁委员会无权仲裁的；

（三）仲裁庭的组成或者仲裁的程序违反法定程序的；

（四）裁决所根据的证据是伪造的；

（五）对方当事人隐瞒了足以影响公正裁决的证据的；

（六）仲裁员在仲裁该案时有索贿受贿，徇私舞弊，枉法裁决行为的。

第四十七条 当事人应当在仲裁裁决书确定的期限内履行裁决。未确定履行期限的，当事人应当立即履行。

一方当事人不履行仲裁裁决的，另一方当事人可以依照《民事诉讼法》的有关规定向人民法院申请执行。

第五章 附 则

第四十八条 法律对仲裁时效有规定的，从其规定；法律对仲裁时效没有规定的，适用诉讼时效的规定。

第四十九条 除当事人另有约定或者仲裁庭另有要求外，仲裁文书、通知、材料可以直接送达当事人、代理人，或者以邮寄、传真、电报等方式送达当事人、代理人。

第五十条 期间以时、日、月、年计算。期间开始的时和日，不计算在期间内。

期间届满的最后一日是节假日的，以节假日后的第一日为期间届满的日期。

期间不包括在途时间，仲裁文书、材料、通知在期满前交邮、交发的，不算过期。

第五十一条 当事人因不可抗拒的事由或者其他正当理由耽误期限的，在障碍消除后的 10 日内，可以申请顺延期限；是否准许，由本仲裁委员会或者仲裁庭决定。

第五十二条 仲裁员报酬由本仲裁委员会按照仲裁员办理仲裁案件的工作时间、难易程度、争议大小等情况确定。

仲裁员报酬从本仲裁委员会收取的仲裁案件受理费中支付。

第五十三条 本暂行规则自 年 月 日起生效。

附录八　仲裁委员会仲裁收费办法

文号：国办发〔1995〕44 号

发布单位：国务院办公厅

发布日期：1995 年 07 月 28 日

执行日期：1995 年 09 月 01 日

第一条　为了规范仲裁委员会的仲裁收费，制定本办法。

第二条　当事人申请仲裁，应当按照本办法的规定向仲裁委员会交纳仲裁费用，仲裁费用包括案件受理费和案件处理费。

第三条　案件受理费用于给付仲裁员报酬、维持仲裁委员会正常运转的必要开支。

第四条　申请人应当自收到仲裁委员会受理通知书之日起 15 日内，按照仲裁案件受理费表的规定预交案件受理费。被申请人在提出反请求的同时，应当按照仲裁案件受理费表的规定预交案件受理费。

仲裁案件受理费的具体标准由仲裁委员会在仲裁案件受理费表规定的幅度内确定，并报仲裁委员会所在地的省、自治区、直辖市人民政府物价管理部门核准。

第五条　仲裁案件受理费表中的争议金额，以申请人请求的数额为准；请求的数额与实际争议金额不一致的，以实际争议金额为准。

申请仲裁时争议金额未确定的，由仲裁委员会根据争议所涉及权益的具体情况确定预先收取的案件受理费数额。

第六条　当事人预交案件受理费确有困难的，由当事人提出申请，经仲裁委员会批准，可以缓交。

当事人在本办法第四条第一款规定的期限内不预交案件受理费，又不提出缓交申请的，视为撤回仲裁申请。

第七条　案件处理费包括：

（一）仲裁员因办理仲裁案件出差、开庭而支出的食宿费、交通费及其他合理费用；

（二）证人、鉴定人、翻译人员等因出庭而支出的食宿费、交通费、误工补贴；

（三）咨询、鉴定、勘验、翻译等费用；

（四）复制、送达案件材料、文书的费用；

（五）其他应当由当事人承担的合理费用。

本条款第（二）、（三）项规定的案件处理费，由提出申请的一方当事人预付。

第八条　案件处理费的收费标准按照国家有关规定执行；国家没有规定的，按照合理的实际支出收取。

第九条　仲裁费用原则上由败诉的当事人承担；当事人部分胜诉、部分败诉的，由仲裁庭根据当事人各方责任大小确定其各自应当承担的仲裁费用的比例。当事人自行和解或者经仲裁庭调解结案的，当事人可以协商确定各自承担的仲裁费用的比例。

仲裁庭应当在调解书或者裁决书中写明双方当事人最终应当支付的仲裁费用金额。

第十条　依照《仲裁法》第六十一条的规定，仲裁庭同意重新仲裁的，仲裁委员会不得再行收取案件受理费。

仲裁庭依法对裁决书中的文字、计算错误或者仲裁庭已经裁决但在裁决书中遗漏的事项作出补正，不得收费。

第十一条　申请人经书面通知，无正当理由不到庭或者未经仲裁庭许可中途退庭，可以视为撤回仲裁申请，案件受理费、处理费不予退回。

第十二条　仲裁委员会受理仲裁申请后，仲裁庭组成前，申请人撤回仲裁申请，或者当事人自行达成和解协议并撤回仲裁申请的，案件受理费应当全部退回。

仲裁庭组成后，申请人撤回仲裁申请或者当事人自行达成和解协议并撤回仲裁申请的，应当根据实际情况酌情退回部分案件受理费。

第十三条　本办法第五条、第十二条的规定同样适用于被申请人提出反请求的情形。

第十四条　仲裁委员会收取仲裁案件受理费，应当使用省、自治区、直辖市人民政府财政部门统一印制的收费票据，并按照国家有关规定，建立、健全财务核算制度，加强财务、收支管理，接受财政、审计、税务、物价等部门的监督。

第十五条　本办法自 1995 年 9 月 1 日起施行。

附件：仲裁委员会仲裁案件受理费表

争议金额（人民币），仲裁案件受理费（人民币）

1000 元以下的部分，40 ～ 100 元

1001 元至 50000 元的部分，按 4% ～ 5% 交纳

50001 元至 100000 元的部分，按 3% ～ 4% 交纳

100001 元至 200000 元的部分，按 2% ～ 3% 交纳

200001 元至 500000 元的部分，按 1% ～ 2% 交纳

500001 元至 1000000 元的部分，按 0.5% ～ 1% 交纳

1000001 元以上的部分，按 0.25% ～ 0.5% 交纳

附录九　中国国际经济贸易仲裁委员会仲裁规则（2015）

（2014年11月4日中国国际贸易促进委员会/中国国际商会修订并通过，自2015年1月1日起施行。）

第一章　总　　则

第一条　仲裁委员会

（一）中国国际经济贸易仲裁委员会（以下简称“仲裁委员会”），原名中国国际贸易促进委员会对外贸易仲裁委员会、中国国际贸易促进委员会对外经济贸易仲裁委员会，同时使用“中国国际商会仲裁院”名称。

（二）当事人在仲裁协议中订明由中国国际贸易促进委员会/中国国际商会仲裁，或由中国国际贸易促进委员会/中国国际商会的仲裁委员会或仲裁院仲裁的，或使用仲裁委员会原名称为仲裁机构的，均视为同意由中国国际经济贸易仲裁委员会仲裁。

第二条　机构及职责

（一）仲裁委员会主任履行本规则赋予的职责。副主任根据主任的授权可以履行主任的职责。

（二）仲裁委员会设有仲裁院，在授权的副主任和仲裁院院长的领导下履行本规则规定的职责。

（三）仲裁委员会设在北京。仲裁委员会设有分会或仲裁中心（本规则附件一）。仲裁委员会的分会/仲裁中心是仲裁委员会的派出机构，根据仲裁委员会的授权，接受仲裁申请，管理仲裁案件。

（四）分会/仲裁中心设仲裁院，在分会/仲裁中心仲裁院院长的领导下履行本规则规定由仲裁委员会仲裁院履行的职责。

（五）案件由分会/仲裁中心管理的，本规则规定由仲裁委员会仲裁院院长履行的职责，由仲裁委员会仲裁院院长授权的分会/仲裁中心仲裁院院长履行。

（六）当事人可以约定将争议提交仲裁委员会或仲裁委员会分会/仲裁中心进行仲裁；约定由仲裁委员会进行仲裁的，由仲裁委员会仲裁院接受仲裁申请并管理案件；约定由分会/仲裁中心仲裁的，由所约定的分会/仲裁中心仲裁院接受仲裁申请并管理案件。约定的分会/仲裁中心不存在、被终止授权或约定不明的，由仲裁委员会仲裁院接受仲裁申请并管理案件。如有争议，由仲裁委员会作出决定。

第三条 受案范围

（一）仲裁委员会根据当事人的约定受理契约性或非契约性的经济贸易等争议案件。

（二）前款所述案件包括：

1. 国际或涉外争议案件；

2. 涉及香港特别行政区、澳门特别行政区及台湾地区的争议案件；

3. 国内争议案件。

第四条 规则的适用

（一）本规则统一适用于仲裁委员会及其分会/仲裁中心。

（二）当事人约定将争议提交仲裁委员会仲裁的，视为同意按照本规则进行仲裁。

（三）当事人约定将争议提交仲裁委员会仲裁但对本规则有关内容进行变更或约定适用其他仲裁规则的，从其约定，但其约定无法实施或与仲裁程序适用法强制性规定相抵触者除外。当事人约定适用其他仲裁规则的，由仲裁委员会履行相应的管理职责。

（四）当事人约定按照本规则进行仲裁但未约定仲裁机构的，视为同意将争议提交仲裁委员会仲裁。

（五）当事人约定适用仲裁委员会专业仲裁规则的，从其约定，但其争议不属于该专业仲裁规则适用范围的，适用本规则。

第五条 仲裁协议

（一）仲裁协议指当事人在合同中订明的仲裁条款或以其他方式达成的提交仲裁的书面协议。

（二）仲裁协议应当采取书面形式。书面形式包括合同书、信件、电报、电传、传真、电子数据交换和电子邮件等可以有形地表现所载内容的形式。在仲裁申请书和仲裁答辩书的交换中，一方当事人声称有仲裁协议而另一方当事人不做否认表示的，视为存在书面仲裁协议。

（三）仲裁协议的适用法对仲裁协议的形式及效力另有规定的，从其规定。

（四）合同中的仲裁条款应视为与合同其他条款分离的、独立存在的条款，附属于合同的仲裁协议也应视为与合同其他条款分离的、独立存在的一个部分；合同的变更、解除、终止、转让、失效、无效、未生效、被撤销以及成立与否，均不影响仲裁条款或仲裁协议的效力。

第六条 对仲裁协议及/或管辖权的异议

（一）仲裁委员会有权对仲裁协议的存在、效力以及仲裁案件的管辖权作出决定。如有必要，仲裁委员会也可以授权仲裁庭作出管辖权决定。

（二）仲裁委员会依表面证据认为存在有效仲裁协议的，可根据表面证据作出仲裁委员会有管辖权的决定，仲裁程序继续进行。仲裁委员会依表面证据作出的管辖权决定并不妨碍其根据仲裁庭在审理过程中发现的与表面证据不一致的事实及/或证据重新作出管辖权决定。

（三）仲裁庭依据仲裁委员会的授权作出管辖权决定时，可以在仲裁程序进行中单独作出，也可以在裁决书中一并作出。

（四）当事人对仲裁协议及/或仲裁案件管辖权的异议，应当在仲裁庭首次开庭前书面提出；书面审理的案件，应当在第一次实体答辩前提出。

（五）对仲裁协议及/或仲裁案件管辖权提出异议不影响仲裁程序的继续进行。

（六）上述管辖权异议及/或决定包括仲裁案件主体资格异议及/或决定。

（七）仲裁委员会或经仲裁委员会授权的仲裁庭作出无管辖权决定的，应当作出撤销案件的决定。撤案决定在仲裁庭组成前由仲裁委员会仲裁院院长作出，在仲裁庭组成后，由仲裁庭作出。

第七条 仲裁地

（一）当事人对仲裁地有约定的，从其约定。

（二）当事人对仲裁地未作约定或约定不明的，以管理案件的仲裁委员会或其分会/仲裁中心所在地为仲裁地；仲裁委员会也可视案件的具体情形确定其他地点为仲裁地。

（三）仲裁裁决视为在仲裁地作出。

第八条 送达及期限

（一）有关仲裁的一切文书、通知、材料等均可采用当面递交、挂号信、特快专递、传真或仲裁委员会仲裁院或仲裁庭认为适当的其他方式发送。

（二）上述第（一）款所述仲裁文件应发送当事人或其仲裁代理人自行提供的或当事人约定的地址；当事人或其仲裁代理人没有提供地址或当事人对地址没有

约定的，按照对方当事人或其仲裁代理人提供的地址发送。

（三）向一方当事人或其仲裁代理人发送的仲裁文件，如经当面递交收件人或发送至收件人的营业地、注册地、住所地、惯常居住地或通信地址，或经对方当事人合理查询不能找到上述任一地点，仲裁委员会仲裁院以挂号信或特快专递或能提供投递记录的包括公证送达、委托送达和留置送达在内的其他任何手段投递给收件人最后一个为人所知的营业地、注册地、住所地、惯常居住地或通信地址，即视为有效送达。

（四）本规则所规定的期限，应自当事人收到或应当收到仲裁委员会仲裁院向其发送的文书、通知、材料等之日的次日起计算。

第九条 诚实信用

仲裁参与人应遵循诚实信用原则，进行仲裁程序。

第十条 放弃异议

一方当事人知道或理应知道本规则或仲裁协议中规定的任何条款或情事未被遵守，仍参加仲裁程序或继续进行仲裁程序而且不对此不遵守情况及时地、明示地提出书面异议的，视为放弃其提出异议的权利。

第二章 仲裁程序

第一节 仲裁申请、答辩、反请求

第十一条 仲裁程序的开始

仲裁程序自仲裁委员会仲裁院收到仲裁申请书之日起开始。

第十二条 申请仲裁

当事人依据本规则申请仲裁时应：

（一）提交由申请人或申请人授权的代理人签名及/或盖章的仲裁申请书。仲裁申请书应写明：

1. 申请人和被申请人的名称和住所，包括邮政编码、电话、传真、电子邮箱或其他电子通信方式；

2. 申请仲裁所依据的仲裁协议；

3. 案情和争议要点；

4. 申请人的仲裁请求；

5. 仲裁请求所依据的事实和理由。

（二）在提交仲裁申请书时，附具申请人请求所依据的证据材料以及其他证明文件。

（三）按照仲裁委员会制定的仲裁费用表的规定预缴仲裁费。

第十三条 案件的受理

（一）仲裁委员会根据当事人在争议发生之前或在争议发生之后达成的将争议提交仲裁委员会仲裁的仲裁协议和一方当事人的书面申请，受理案件。

（二）仲裁委员会仲裁院收到申请人的仲裁申请书及其附件后，经审查，认为申请仲裁的手续完备的，应将仲裁通知、仲裁委员会仲裁规则和仲裁员名册各一份发送给双方当事人；申请人的仲裁申请书及其附件也应同时发送给被申请人。

（三）仲裁委员会仲裁院经审查认为申请仲裁的手续不完备的，可以要求申请人在一定的期限内予以完备。申请人未能在规定期限内完备申请仲裁手续的，视同申请人未提出仲裁申请；申请人的仲裁申请书及其附件，仲裁委员会仲裁院不予留存。

（四）仲裁委员会受理案件后，仲裁委员会仲裁院应指定一名案件秘书协助仲裁案件的程序管理。

第十四条 多份合同的仲裁

申请人就多份合同项下的争议可在同一仲裁案件中合并提出仲裁申请，但应同时符合下列条件：

1. 多份合同系主从合同关系；或多份合同所涉当事人相同且法律关系性质相同；

2. 争议源于同一交易或同一系列交易；

3. 多份合同中的仲裁协议内容相同或相容。

第十五条 答辩

（一）被申请人应自收到仲裁通知后 45 天内提交答辩书。被申请人确有正当理由请求延长提交答辩期限的，由仲裁庭决定是否延长答辩期限；仲裁庭尚未组成的，由仲裁委员会仲裁院作出决定。

（二）答辩书由被申请人或被申请人授权的代理人签名及 / 或盖章，并应包括下列内容及附件：

1. 被申请人的名称和住所，包括邮政编码、电话、传真、电子邮箱或其他电子通讯方式；

2. 对仲裁申请书的答辩及所依据的事实和理由；

3. 答辩所依据的证据材料以及其他证明文件。

（三）仲裁庭有权决定是否接受逾期提交的答辩书。

（四）被申请人未提交答辩书，不影响仲裁程序的进行。

第十六条 反请求

（一）被申请人如有反请求，应自收到仲裁通知后45天内以书面形式提交。被申请人确有正当理由请求延长提交反请求期限的，由仲裁庭决定是否延长反请求期限；仲裁庭尚未组成的，由仲裁委员会仲裁院作出决定。

（二）被申请人提出反请求时，应在其反请求申请书中写明具体的反请求事项及其所依据的事实和理由，并附具有关的证据材料以及其他证明文件。

（三）被申请人提出反请求，应按照仲裁委员会制定的仲裁费用表在规定的时间内预缴仲裁费。被申请人未按期缴纳反请求仲裁费的，视同未提出反请求申请。

（四）仲裁委员会仲裁院认为被申请人提出反请求的手续已完备的，应向双方当事人发出反请求受理通知。申请人应在收到反请求受理通知后30天内针对被申请人的反请求提交答辩。申请人确有正当理由请求延长提交答辩期限的，由仲裁庭决定是否延长答辩期限；仲裁庭尚未组成的，由仲裁委员会仲裁院作出决定。

（五）仲裁庭有权决定是否接受逾期提交的反请求和反请求答辩书。

（六）申请人对被申请人的反请求未提出书面答辩的，不影响仲裁程序的进行。

第十七条 变更仲裁请求或反请求

申请人可以申请对其仲裁请求进行变更，被申请人也可以申请对其反请求进行变更；但是仲裁庭认为其提出变更的时间过迟而影响仲裁程序正常进行的，可以拒绝其变更请求。

第十八条 追加当事人

（一）在仲裁程序中，一方当事人依据表面上约束被追加当事人的案涉仲裁协议可以向仲裁委员会申请追加当事人。在仲裁庭组成后申请追加当事人的，如果仲裁庭认为确有必要，应在征求包括被追加当事人在内的各方当事人的意见后，由仲裁委员会作出决定。

仲裁委员会仲裁院收到追加当事人申请之日视为针对该被追加当事人的仲裁开始之日。

（二）追加当事人申请书应包含现有仲裁案件的案号，涉及被追加当事人在内的所有当事人的名称、住所及通讯方式，追加当事人所依据的仲裁协议、事实和理由，以及仲裁请求。

当事人在提交追加当事人申请书时，应附具其申请所依据的证据材料以及其他证明文件。

（三）任何一方当事人就追加当事人程序提出仲裁协议及/或仲裁案件管辖权异议的，仲裁委员会有权基于仲裁协议及相关证据作出是否具有管辖权的决定。

（四）追加当事人程序开始后，在仲裁庭组成之前，由仲裁委员会仲裁院就仲裁程序的进行作出决定；在仲裁庭组成之后，由仲裁庭就仲裁程序的进行作出决定。

（五）在仲裁庭组成之前追加当事人的，本规则有关当事人选定或委托仲裁委员会主任指定仲裁员的规定适用于被追加当事人。仲裁庭的组成应按照本规则第二十九条的规定进行。

在仲裁庭组成后决定追加当事人的，仲裁庭应就已经进行的包括仲裁庭组成在内的仲裁程序征求被追加当事人的意见。被追加当事人要求选定或委托仲裁委员会主任指定仲裁员的，双方当事人应重新选定或委托仲裁委员会主任指定仲裁员。仲裁庭的组成应按照本规则第二十九条的规定进行。

（六）本规则有关当事人提交答辩及反请求的规定适用于被追加当事人。被追加当事人提交答辩及反请求的期限自收到追加当事人仲裁通知后起算。

（七）案涉仲裁协议表面上不能约束被追加当事人或存在其他任何不宜追加当事人的情形的，仲裁委员会有权决定不予追加。

第十九条 合并仲裁

（一）符合下列条件之一的，经一方当事人请求，仲裁委员会可以决定将根据本规则进行的两个或两个以上的仲裁案件合并为一个仲裁案件，进行审理。

1. 各案仲裁请求依据同一个仲裁协议提出；

2. 各案仲裁请求依据多份仲裁协议提出，该多份仲裁协议内容相同或相容，且各案当事人相同、各争议所涉及的法律关系性质相同；

3. 各案仲裁请求依据多份仲裁协议提出，该多份仲裁协议内容相同或相容，且涉及的多份合同为主从合同关系；

4. 所有案件的当事人均同意合并仲裁。

（二）根据上述第（一）款决定合并仲裁时，仲裁委员会应考虑各方当事人的意见及相关仲裁案件之间的关联性等因素，包括不同案件的仲裁员的选定或指定情况。

（三）除非各方当事人另有约定，合并的仲裁案件应合并至最先开始仲裁程序的仲裁案件。

（四）仲裁案件合并后，在仲裁庭组成之前，由仲裁委员会仲裁院就程序的进行作出决定；仲裁庭组成后，由仲裁庭就程序的进行作出决定。

第二十条 仲裁文件的提交与交换

（一）当事人的仲裁文件应提交至仲裁委员会仲裁院。

（二）仲裁程序中需发送或转交的仲裁文件，由仲裁委员会仲裁院发送或转交仲裁庭及当事人，当事人另有约定并经仲裁庭同意或仲裁庭另有决定者除外。

第二十一条 仲裁文件的份数

当事人提交的仲裁申请书、答辩书、反请求书和证据材料以及其他仲裁文件，应一式五份；多方当事人的案件，应增加相应份数；当事人提出财产保全申请或证据保全申请的，应增加相应份数；仲裁庭组成人数为一人的，应相应减少两份。

第二十二条 仲裁代理人

当事人可以授权中国及/或外国的仲裁代理人办理有关仲裁事项。当事人或其仲裁代理人应向仲裁委员会仲裁院提交授权委托书。

第二十三条 保全及临时措施

（一）当事人依据中国法律申请保全的，仲裁委员会应当依法将当事人的保全申请转交当事人指明的有管辖权的法院。

（二）根据所适用的法律或当事人的约定，当事人可以依据《中国国际经济贸易仲裁委员会紧急仲裁员程序》（本规则附件三）向仲裁委员会仲裁院申请紧急性临时救济。紧急仲裁员可以决定采取必要或适当的紧急性临时救济措施。紧急仲裁员的决定对双方当事人具有约束力。

（三）经一方当事人请求，仲裁庭依据所适用的法律或当事人的约定可以决定采取其认为必要或适当的临时措施，并有权决定由请求临时措施的一方当事人提供适当的担保。

第二节 仲裁员及仲裁庭

第二十四条 仲裁员的义务

仲裁员不代表任何一方当事人，应独立于各方当事人，平等地对待各方当事人。

第二十五条 仲裁庭的人数

（一）仲裁庭由一名或三名仲裁员组成。

（二）除非当事人另有约定或本规则另有规定，仲裁庭由三名仲裁员组成。

第二十六条 仲裁员的选定或指定

（一）仲裁委员会制定统一适用于仲裁委员会及其分会/仲裁中心的仲裁员名册；当事人从仲裁委员会制定的仲裁员名册中选定仲裁员。

（二）当事人约定在仲裁委员会仲裁员名册之外选定仲裁员的，当事人选定的或根据当事人约定指定的人士经仲裁委员会主任确认后可以担任仲裁员。

第二十七条 三人仲裁庭的组成

（一）申请人和被申请人应各自在收到仲裁通知后 15 天内选定或委托仲裁委员会主任指定一名仲裁员。当事人未在上述期限内选定或委托仲裁委员会主任指定的，由仲裁委员会主任指定。

（二）第三名仲裁员由双方当事人在被申请人收到仲裁通知后 15 天内共同选定或共同委托仲裁委员会主任指定。第三名仲裁员为仲裁庭的首席仲裁员。

（三）双方当事人可以各自推荐一至五名候选人作为首席仲裁员人选，并按照上述第（二）款规定的期限提交推荐名单。双方当事人的推荐名单中有一名人选相同的，该人选为双方当事人共同选定的首席仲裁员；有一名以上人选相同的，由仲裁委员会主任根据案件的具体情况在相同人选中确定一名首席仲裁员，该名首席仲裁员仍为双方共同选定的首席仲裁员；推荐名单中没有相同人选时，由仲裁委员会主任指定首席仲裁员。

（四）双方当事人未能按照上述规定共同选定首席仲裁员的，由仲裁委员会主任指定首席仲裁员。

第二十八条 独任仲裁庭的组成

仲裁庭由一名仲裁员组成的，按照本规则第二十七条第（二）、（三）、（四）款规定的程序，选定或指定独任仲裁员。

第二十九条 多方当事人仲裁庭的组成

（一）仲裁案件有两个或两个以上申请人及 / 或被申请人时，申请人方及 / 或被申请人方应各自协商，各方共同选定或共同委托仲裁委员会主任指定一名仲裁员。

（二）首席仲裁员或独任仲裁员应按照本规则第二十七条第（二）、（三）、（四）款规定的程序选定或指定。申请人方及 / 或被申请人方按照本规则第二十七条第（三）款的规定选定首席仲裁员或独任仲裁员时，应各方共同协商，提交各方共同选定的候选人名单。

（三）如果申请人方及 / 或被申请人方未能在收到仲裁通知后 15 天内各方共同选定或各方共同委托仲裁委员会主任指定一名仲裁员，则由仲裁委员会主任指定仲裁庭三名仲裁员，并从中确定一人担任首席仲裁员。

第三十条 指定仲裁员的考虑因素

仲裁委员会主任根据本规则的规定指定仲裁员时，应考虑争议的适用法律、仲裁地、仲裁语言、当事人国籍，以及仲裁委员会主任认为应考虑的其他因素。

第三十一条 披露

（一）被选定或被指定的仲裁员应签署声明书，披露可能引起对其公正性和独立性产生合理怀疑的任何事实或情况。

（二）在仲裁程序中出现应披露情形的，仲裁员应立即书面披露。

（三）仲裁员的声明书及 / 或披露的信息应提交仲裁委员会仲裁院并转交各方当事人。

第三十二条 仲裁员的回避

（一）当事人收到仲裁员的声明书及 / 或书面披露后，如果以披露的事实或情况为理由要求该仲裁员回避，则应于收到仲裁员的书面披露后 10 天内书面提出。逾期没有申请回避的，不得以仲裁员曾经披露的事项为由申请该仲裁员回避。

（二）当事人对被选定或被指定的仲裁员的公正性和独立性产生具有正当理由的怀疑时，可以书面提出要求该仲裁员回避的请求，但应说明提出回避请求所依据的具体事实和理由，并举证。

（三）对仲裁员的回避请求应在收到组庭通知后 15 天内以书面形式提出；在此之后得知要求回避事由的，可以在得知回避事由后 15 天内提出，但应不晚于最后一次开庭终结。

（四）当事人的回避请求应当立即转交另一方当事人、被请求回避的仲裁员及仲裁庭其他成员。

（五）如果一方当事人请求仲裁员回避，另一方当事人同意回避请求，或被请求回避的仲裁员主动提出不再担任该仲裁案件的仲裁员，则该仲裁员不再担任仲裁员审理本案。上述情形并不表示当事人提出回避的理由成立。

（六）除上述第（五）款规定的情形外，仲裁员是否回避，由仲裁委员会主任作出终局决定并可以不说明理由。

（七）在仲裁委员会主任就仲裁员是否回避作出决定前，被请求回避的仲裁员应继续履行职责。

第三十三条 仲裁员的更换

（一）仲裁员在法律上或事实上不能履行职责，或没有按照本规则的要求或在本规则规定的期限内履行应尽职责时，仲裁委员会主任有权决定将其更换；该仲裁员也可以主动申请不再担任仲裁员。

（二）是否更换仲裁员，由仲裁委员会主任作出终局决定并可以不说明理由。

（三）在仲裁员因回避或更换不能履行职责时，应按照原选定或指定仲裁员的方式在仲裁委员会仲裁院规定的期限内选定或指定替代的仲裁员。当事人未选定或指定替代仲裁员的，由仲裁委员会主任指定替代的仲裁员。

（四）重新选定或指定仲裁员后，由仲裁庭决定是否重新审理及重新审理的范围。

第三十四条 多数仲裁员继续仲裁程序

最后一次开庭终结后，如果三人仲裁庭中的一名仲裁员因死亡或被除名等情形而不能参加合议及/或作出裁决，另外两名仲裁员可以请求仲裁委员会主任按照第三十三条的规定更换该仲裁员；在征求双方当事人意见并经仲裁委员会主任同意后，该两名仲裁员也可以继续进行仲裁程序，作出决定或裁决。仲裁委员会仲裁院应将上述情况通知双方当事人。

第三节 审　　理

第三十五条 审理方式

（一）除非当事人另有约定，仲裁庭可以按照其认为适当的方式审理案件。在任何情形下，仲裁庭均应公平和公正地行事，给予双方当事人陈述与辩论的合理机会。

（二）仲裁庭应开庭审理案件，但双方当事人约定并经仲裁庭同意或仲裁庭认为不必开庭审理并征得双方当事人同意的，可以只依据书面文件进行审理。

（三）除非当事人另有约定，仲裁庭可以根据案件的具体情况采用询问式或辩论式的庭审方式审理案件。

（四）仲裁庭可以在其认为适当的地点以其认为适当的方式进行合议。

（五）除非当事人另有约定，仲裁庭认为必要时可以就所审理的案件发布程序令、发出问题单、制作审理范围书、举行庭前会议等。经仲裁庭其他成员授权，首席仲裁员可以单独就仲裁案件的程序安排作出决定。

第三十六条 开庭地

（一）当事人约定了开庭地点的，仲裁案件的开庭审理应当在约定的地点进行，但出现本规则第八十二条第（三）款规定的情形的除外。

（二）除非当事人另有约定，由仲裁委员会仲裁院或其分会/仲裁中心仲裁院管理的案件应分别在北京或分会/仲裁中心所在地开庭审理；如仲裁庭认为必要，经仲裁委员会仲裁院院长同意，也可以在其他地点开庭审理。

第三十七条 开庭通知

（一）开庭审理的案件，仲裁庭确定第一次开庭日期后，应不晚于开庭前20天将开庭日期通知双方当事人。当事人有正当理由的，可以请求延期开庭，但应于收到开庭通知后5天内提出书面延期申请；是否延期，由仲裁庭决定。

（二）当事人有正当理由未能按上述第（一）款规定提出延期开庭申请的，是否接受其延期申请，由仲裁庭决定。

（三）再次开庭审理的日期及延期后开庭审理日期的通知及其延期申请，不受上述第（一）款期限的限制。

第三十八条 保密

（一）仲裁庭审理案件不公开进行。双方当事人要求公开审理的，由仲裁庭决定是否公开审理。

（二）不公开审理的案件，双方当事人及其仲裁代理人、仲裁员、证人、翻译、仲裁庭咨询的专家和指定的鉴定人，以及其他有关人员，均不得对外界透露案件实体和程序的有关情况。

第三十九条 当事人缺席

（一）申请人无正当理由开庭时不到庭的，或在开庭审理时未经仲裁庭许可中途退庭的，可以视为撤回仲裁申请；被申请人提出反请求的，不影响仲裁庭就反请求进行审理，并作出裁决。

（二）被申请人无正当理由开庭时不到庭的，或在开庭审理时未经仲裁庭许可中途退庭的，仲裁庭可以进行缺席审理并作出裁决；被申请人提出反请求的，可以视为撤回反请求。

第四十条 庭审笔录

（一）开庭审理时，仲裁庭可以制作庭审笔录及 / 或影音记录。仲裁庭认为必要时，可以制作庭审要点，并要求当事人及 / 或其代理人、证人及 / 或其他有关人员在庭审笔录或庭审要点上签字或盖章。

（二）庭审笔录、庭审要点和影音记录供仲裁庭查用。

（三）应一方当事人申请，仲裁委员会仲裁院视案件具体情况可以决定聘请速录人员速录庭审笔录，当事人应当预交由此产生的费用。

第四十一条 举证

（一）当事人应对其申请、答辩和反请求所依据的事实提供证据加以证明，对其主张、辩论及抗辩要点提供依据。

（二）仲裁庭可以规定当事人提交证据的期限。当事人应在规定的期限内提交证据。逾期提交的，仲裁庭可以不予接受。当事人在举证期限内提交证据材料确有困难的，可以在期限届满前申请延长举证期限。是否延长，由仲裁庭决定。

（三）当事人未能在规定的期限内提交证据，或虽提交证据但不足以证明其主张的，负有举证责任的当事人承担因此产生的后果。

第四十二条 质证

（一）开庭审理的案件，证据应在开庭时出示，当事人可以质证。

（二）对于书面审理的案件的证据材料，或对于开庭后提交的证据材料且当事人同意书面质证的，可以进行书面质证。书面质证时，当事人应在仲裁庭规定的期限内提交书面质证意见。

第四十三条 仲裁庭调查取证

（一）仲裁庭认为必要时，可以调查事实，收集证据。

（二）仲裁庭调查事实、收集证据时，可以通知当事人到场。经通知，一方或双方当事人不到场的，不影响仲裁庭调查事实和收集证据。

（三）仲裁庭调查收集的证据，应转交当事人，给予当事人提出意见的机会。

第四十四条 专家报告及鉴定报告

（一）仲裁庭可以就案件中的专门问题向专家咨询或指定鉴定人进行鉴定。专家和鉴定人可以是中国或外国的机构或自然人。

（二）仲裁庭有权要求当事人、当事人也有义务向专家或鉴定人提供或出示任何有关资料、文件或财产、实物，以供专家或鉴定人审阅、检验或鉴定。

（三）专家报告和鉴定报告的副本应转交当事人，给予当事人提出意见的机会。一方当事人要求专家或鉴定人参加开庭的，经仲裁庭同意，专家或鉴定人应参加开庭，并在仲裁庭认为必要时就所作出的报告进行解释。

第四十五条 程序中止

（一）双方当事人共同或分别请求中止仲裁程序，或出现其他需要中止仲裁程序的情形的，仲裁程序可以中止。

（二）中止程序的原因消失或中止程序期满后，仲裁程序恢复进行。

（三）仲裁程序的中止及恢复，由仲裁庭决定；仲裁庭尚未组成的，由仲裁委员会仲裁院院长决定。

第四十六条 撤回申请和撤销案件

（一）当事人可以撤回全部仲裁请求或全部仲裁反请求。申请人撤回全部仲裁请求的，不影响仲裁庭就被申请人的仲裁反请求进行审理和裁决。被申请人撤回全部仲裁反请求的，不影响仲裁庭就申请人的仲裁请求进行审理和裁决。

（二）因当事人自身原因致使仲裁程序不能进行的，可以视为其撤回仲裁请求。

（三）仲裁请求和反请求全部撤回的，案件可以撤销。在仲裁庭组成前撤销案件的，由仲裁委员会仲裁院院长作出撤案决定；仲裁庭组成后撤销案件的，由仲裁庭作出撤案决定。

（四）上述第（三）款及本规则第六条第（七）款所述撤案决定应加盖“中国国际经济贸易仲裁委员会”印章。

第四十七条 仲裁与调解相结合

（一）双方当事人有调解愿望的，或一方当事人有调解愿望并经仲裁庭征得另一方当事人同意的，仲裁庭可以在仲裁程序中对案件进行调解。双方当事人也可以自行和解。

（二）仲裁庭在征得双方当事人同意后可以按照其认为适当的方式进行调解。

（三）调解过程中，任何一方当事人提出终止调解或仲裁庭认为已无调解成功的可能时，仲裁庭应终止调解。

（四）双方当事人经仲裁庭调解达成和解或自行和解的，应签订和解协议。

（五）当事人经调解达成或自行达成和解协议的，可以撤回仲裁请求或反请求，也可以请求仲裁庭根据当事人和解协议的内容作出裁决书或制作调解书。

（六）当事人请求制作调解书的，调解书应当写明仲裁请求和当事人书面和解协议的内容，由仲裁员署名，并加盖"中国国际经济贸易仲裁委员会"印章，送达双方当事人。

（七）调解不成功的，仲裁庭应当继续进行仲裁程序并作出裁决。

（八）当事人有调解愿望但不愿在仲裁庭主持下进行调解的，经双方当事人同意，仲裁委员会可以协助当事人以适当的方式和程序进行调解。

（九）如果调解不成功，任何一方当事人均不得在其后的仲裁程序、司法程序和其他任何程序中援引对方当事人或仲裁庭在调解过程中曾发表的意见、提出的观点、作出的陈述、表示认同或否定的建议或主张作为其请求、答辩或反请求的依据。

（十）当事人在仲裁程序开始之前自行达成或经调解达成和解协议的，可以依据由仲裁委员会仲裁的仲裁协议及其和解协议，请求仲裁委员会组成仲裁庭，按照和解协议的内容作出仲裁裁决。除非当事人另有约定，仲裁委员会主任指定一名独任仲裁员成立仲裁庭，由仲裁庭按照其认为适当的程序进行审理并作出裁决。具体程序和期限，不受本规则其他条款关于程序和期限的限制。

第三章 裁 决

第四十八条 作出裁决的期限

（一）仲裁庭应在组庭后6个月内作出裁决书。

（二）经仲裁庭请求，仲裁委员会仲裁院院长认为确有正当理由和必要的，可以延长该期限。

（三）程序中止的期间不计入上述第（一）款规定的裁决期限。

第四十九条 裁决的作出

（一）仲裁庭应当根据事实和合同约定，依照法律规定，参考国际惯例，公平合理、独立公正地作出裁决。

（二）当事人对于案件实体适用法有约定的，从其约定。当事人没有约定或其约定与法律强制性规定相抵触的，由仲裁庭决定案件实体的法律适用。

（三）仲裁庭在裁决书中应写明仲裁请求、争议事实、裁决理由、裁决结果、仲裁费用的承担、裁决的日期和地点。当事人协议不写明争议事实和裁决理由的，以及按照双方当事人和解协议的内容作出裁决书的，可以不写明争议事实和裁决理由。仲裁庭有权在裁决书中确定当事人履行裁决的具体期限及逾期履行所应承担的责任。

（四）裁决书应加盖“中国国际经济贸易仲裁委员会”印章。

（五）由三名仲裁员组成的仲裁庭审理的案件，裁决依全体仲裁员或多数仲裁员的意见作出。少数仲裁员的书面意见应附卷，并可以附在裁决书后，该书面意见不构成裁决书的组成部分。

（六）仲裁庭不能形成多数意见的，裁决依首席仲裁员的意见作出。其他仲裁员的书面意见应附卷，并可以附在裁决书后，该书面意见不构成裁决书的组成部分。

（七）除非裁决依首席仲裁员意见或独任仲裁员意见作出并由其署名，裁决书应由多数仲裁员署名。持有不同意见的仲裁员可以在裁决书上署名，也可以不署名。

（八）作出裁决书的日期，即为裁决发生法律效力的日期。

（九）裁决是终局的，对双方当事人均有约束力。任何一方当事人均不得向法院起诉，也不得向其他任何机构提出变更仲裁裁决的请求。

第五十条 部分裁决

（一）仲裁庭认为必要或当事人提出请求并经仲裁庭同意的，仲裁庭可以在作出最终裁决之前，就当事人的某些请求事项先行作出部分裁决。部分裁决是终局的，对双方当事人均有约束力。

（二）一方当事人不履行部分裁决，不影响仲裁程序的继续进行，也不影响仲裁庭作出最终裁决。

第五十一条 裁决书草案的核阅

仲裁庭应在签署裁决书之前将裁决书草案提交仲裁委员会核阅。在不影响仲裁庭独立裁决的情况下，仲裁委员会可以就裁决书的有关问题提请仲裁庭注意。

第五十二条 费用承担

（一）仲裁庭有权在裁决书中裁定当事人最终应向仲裁委员会支付的仲裁费和其他费用。

（二）仲裁庭有权根据案件的具体情况在裁决书中裁定败诉方应补偿胜诉方因

办理案件而支出的合理费用。仲裁庭裁定败诉方补偿胜诉方因办理案件而支出的费用是否合理时，应具体考虑案件的裁决结果、复杂程度、胜诉方当事人及/或代理人的实际工作量以及案件的争议金额等因素。

第五十三条 裁决书的更正

（一）仲裁庭可以在发出裁决书后的合理时间内自行以书面形式对裁决书中的书写、打印、计算上的错误或其他类似性质的错误作出更正。

（二）任何一方当事人均可以在收到裁决书后30天内就裁决书中的书写、打印、计算上的错误或其他类似性质的错误，书面申请仲裁庭作出更正；如确有错误，仲裁庭应在收到书面申请后30天内作出书面更正。

（三）上述书面更正构成裁决书的组成部分，应适用本规则第四十九条第（四）至（九）款的规定。

第五十四条 补充裁决

（一）如果裁决书中有遗漏事项，仲裁庭可以在发出裁决书后的合理时间内自行作出补充裁决。

（二）任何一方当事人可以在收到裁决书后30天内以书面形式请求仲裁庭就裁决书中遗漏的事项作出补充裁决；如确有漏裁事项，仲裁庭应在收到上述书面申请后30天内作出补充裁决。

（三）该补充裁决构成裁决书的一部分，应适用本规则第四十九条第（四）至（九）款的规定。

第五十五条 裁决的履行

（一）当事人应依照裁决书写明的期限履行仲裁裁决；裁决书未写明履行期限的，应立即履行。

（二）一方当事人不履行裁决的，另一方当事人可以依法向有管辖权的法院申请执行。

第四章 简易程序

第五十六条 简易程序的适用

（一）除非当事人另有约定，凡争议金额不超过人民币500万元，或争议金额超过人民币500万元但经一方当事人书面申请并征得另一方当事人书面同意的，或双方当事人约定适用简易程序的，适用简易程序。

（二）没有争议金额或争议金额不明确的，由仲裁委员会根据案件的复杂程度、涉及利益的大小以及其他有关因素综合考虑决定是否适用简易程序。

第五十七条 仲裁通知

申请人提出仲裁申请，经审查可以受理并适用简易程序的，仲裁委员会仲裁院应向双方当事人发出仲裁通知。

第五十八条 仲裁庭的组成

除非当事人另有约定，适用简易程序的案件，依照本规则第二十八条的规定成立独任仲裁庭审理案件。

第五十九条 答辩和反请求

（一）被申请人应在收到仲裁通知后 20 天内提交答辩书及证据材料以及其他证明文件；如有反请求，也应在此期限内提交反请求书及证据材料以及其他证明文件。

（二）申请人应在收到反请求书及其附件后 20 天内针对被申请人的反请求提交答辩。

（三）当事人确有正当理由请求延长上述期限的，由仲裁庭决定是否延长；仲裁庭尚未组成的，由仲裁委员会仲裁院作出决定。

第六十条 审理方式

仲裁庭可以按照其认为适当的方式审理案件，可以在征求当事人意见后决定只依据当事人提交的书面材料和证据进行书面审理，也可以决定开庭审理。

第六十一条 开庭通知

（一）对于开庭审理的案件，仲裁庭确定第一次开庭日期后，应不晚于开庭前 15 天将开庭日期通知双方当事人。当事人有正当理由的，可以请求延期开庭，但应于收到开庭通知后 3 天内提出书面延期申请；是否延期，由仲裁庭决定。

（二）当事人有正当理由未能按上述第（一）款规定提出延期开庭申请的，是否接受其延期申请，由仲裁庭决定。

（三）再次开庭审理的日期及延期后开庭审理日期的通知及其延期申请，不受上述第（一）款期限的限制。

第六十二条 作出裁决的期限

（一）仲裁庭应在组庭后 3 个月内作出裁决书。

（二）经仲裁庭请求，仲裁委员会仲裁院院长认为确有正当理由和必要的，可以延长该期限。

（三）程序中止的期间不计入上述第（一）款规定的裁决期限。

第六十三条 程序变更

仲裁请求的变更或反请求的提出，不影响简易程序的继续进行。经变更的仲裁请求或反请求所涉争议金额分别超过人民币500万元的案件，除非当事人约定或仲裁庭认为有必要变更为普通程序，继续适用简易程序。

第六十四条 本规则其他条款的适用

本章未规定的事项，适用本规则其他各章的有关规定。

第五章 国内仲裁的特别规定

第六十五条 本章的适用

（一）国内仲裁案件，适用本章规定。

（二）符合本规则第五十六条规定的国内仲裁案件，适用第四章简易程序的规定。

第六十六条 案件的受理

（一）收到仲裁申请书后，仲裁委员会仲裁院认为仲裁申请符合本规则第十二条规定的受理条件的，应当在5天内通知当事人；认为不符合受理条件的，应书面通知当事人不予受理，并说明理由。

（二）收到仲裁申请书后，仲裁委员会仲裁院经审查认为申请仲裁的手续不符合本规则第十二条规定的，可以要求当事人在规定的期限内予以完备。

第六十七条 仲裁庭的组成

仲裁庭应按照本规则第二十五条、第二十六条、第二十七条、第二十八条、第二十九条和第三十条的规定组成。

第六十八条 答辩和反请求

（一）被申请人应在收到仲裁通知后20天内提交答辩书及所依据的证据材料以及其他证明文件；如有反请求，也应在此期限内提交反请求书及所依据的证据材料以及其他证明文件。

（二）申请人应在收到反请求书及其附件后20天内针对被申请人的反请求提交答辩。

（三）当事人确有正当理由请求延长上述期限的，由仲裁庭决定是否延长；仲裁庭尚未组成的，由仲裁委员会仲裁院作出决定。

第六十九条 开庭通知

（一）对于开庭审理的案件，仲裁庭确定第一次开庭日期后，应不晚于开庭前15天将开庭日期通知双方当事人。当事人有正当理由的，可以请求延期开庭，但应于收到开庭通知后3天内提出书面延期申请；是否延期，由仲裁庭决定。

（二）当事人有正当理由未能按上述第（一）款规定提出延期开庭申请的，是否接受其延期申请，由仲裁庭决定。

（三）再次开庭审理的日期及延期后开庭审理日期的通知及其延期申请，不受上述第（一）款期限的限制。

第七十条 庭审笔录

（一）仲裁庭应将开庭情况记入笔录。当事人和其他仲裁参与人认为对自己陈述的记录有遗漏或有差错的，可以申请补正；仲裁庭不同意其补正的，应将该申请记录在案。

（二）庭审笔录由仲裁员、记录人员、当事人和其他仲裁参与人签名或盖章。

第七十一条 作出裁决的期限

（一）仲裁庭应在组庭后 4 个月内作出裁决书。

（二）经仲裁庭请求，仲裁委员会仲裁院院长认为确有正当理由和必要的，可以延长该期限。

（三）程序中止的期间不计入上述第（一）款规定的裁决期限。

第七十二条 本规则其他条款的适用

本章未规定的事项，适用本规则其他各章的有关规定。本规则第六章的规定除外。

第六章　香港仲裁的特别规定

第七十三条 本章的适用

（一）仲裁委员会在香港特别行政区设立仲裁委员会香港仲裁中心。本章适用于仲裁委员会香港仲裁中心接受仲裁申请并管理的仲裁案件。

（二）当事人约定将争议提交仲裁委员会香港仲裁中心仲裁或约定将争议提交仲裁委员会在香港仲裁的，由仲裁委员会香港仲裁中心接受仲裁申请并管理案件。

第七十四条 仲裁地及程序适用法

除非当事人另有约定，仲裁委员会香港仲裁中心管理的案件的仲裁地为香港，仲裁程序适用法为香港仲裁法，仲裁裁决为香港裁决。

第七十五条 管辖权决定的作出

当事人对仲裁协议及 / 或仲裁案件管辖权的异议，应不晚于第一次实体答辩前提出。

仲裁庭有权对仲裁协议的存在、效力以及仲裁案件的管辖权作出决定。

第七十六条 仲裁员的选定或指定

仲裁委员会现行仲裁员名册在仲裁委员会香港仲裁中心管理的案件中推荐使用，当事人可以在仲裁委员会仲裁员名册外选定仲裁员。被选定的仲裁员应经仲裁委员会主任确认。

第七十七条 临时措施和紧急救济

（一）除非当事人另有约定，应一方当事人申请，仲裁庭有权决定采取适当的临时措施。

（二）在仲裁庭组成之前，当事人可以按照《中国国际经济贸易仲裁委员会紧急仲裁员程序》（本规则附件三）申请紧急性临时救济。

第七十八条 裁决书的印章

裁决书应加盖“中国国际经济贸易仲裁委员会香港仲裁中心”印章。

第七十九条 仲裁收费

依本章接受申请并管理的案件适用《中国国际经济贸易仲裁委员会仲裁费用表（三）》（本规则附件二）。

第八十条 本规则其他条款的适用

本章未规定的事项，适用本规则其他各章的有关规定，本规则第五章的规定除外。

第七章 附　　则

第八十一条 仲裁语言

（一）当事人对仲裁语言有约定的，从其约定。当事人对仲裁语言没有约定的，以中文为仲裁语言。仲裁委员会也可以视案件的具体情形确定其他语言为仲裁语言。

（二）仲裁庭开庭时，当事人或其代理人、证人需要语言翻译的，可由仲裁委员会仲裁院提供译员，也可由当事人自行提供译员。

（三）当事人提交的各种文书和证明材料，仲裁庭或仲裁委员会仲裁院认为必要时，可以要求当事人提供相应的中文译本或其他语言译本。

第八十二条 仲裁费用及实际费用

（一）仲裁委员会除按照制定的仲裁费用表向当事人收取仲裁费外，还可以向当事人收取其他额外的、合理的实际费用，包括仲裁员办理案件的特殊报酬、差旅费、食宿费、聘请速录员速录费，以及仲裁庭聘请专家、鉴定人和翻译等费用。

仲裁员的特殊报酬由仲裁委员会仲裁院在征求相关仲裁员和当事人意见后，参照《中国国际经济贸易仲裁委员会仲裁费用表（三）》（本规则附件二）有关仲裁员报酬和费用标准确定。

（二）当事人未在仲裁委员会规定的期限内为其选定的仲裁员预缴特殊报酬、差旅费、食宿费等实际费用的，视为没有选定仲裁员。

（三）当事人约定在仲裁委员会或其分会/仲裁中心所在地之外开庭的，应预缴因此而发生的差旅费、食宿费等实际费用。当事人未在仲裁委员会规定的期限内预缴有关实际费用的，应在仲裁委员会或其分会/仲裁中心所在地开庭。

（四）当事人约定以两种或两种以上语言为仲裁语言的，或根据本规则第五十六条的规定适用简易程序的案件但当事人约定由三人仲裁庭审理的，仲裁委员会可以向当事人收取额外的、合理的费用。

第八十三条 规则的解释

（一）本规则条文标题不用于解释条文含义。

（二）本规则由仲裁委员会负责解释。

第八十四条 规则的施行

本规则自2015年1月1日起施行。本规则施行前仲裁委员会及其分会/仲裁中心管理的案件，仍适用受理案件时适用的仲裁规则；双方当事人同意的，也可以适用本规则。

附录十　仲裁法司法考试真题及解析（2009—2017）

2009 年

卷　一

单项选择题：

38. 某国甲公司与中国乙公司订立买卖合同，概括性地约定有关争议由“中国贸仲”仲裁，也可以向法院起诉。后双方因违约责任产生争议。关于该争议的解决，依我国相关法律规定，下列哪一选项是正确的？

A. 违约责任不属于可仲裁的范围

B. 应认定合同已确定了仲裁机构

C. 仲裁协议因约定不明而在任何情况下无效

D. 如某国甲公司不服仲裁机构对仲裁协议效力作出的决定，向我国法院申请确认协议效力，我国法院可以受理

【答案】B

【考点】仲裁协议

【详解】选项 A 错误。《仲裁法》第二条规定，平等主体的公民、法人和其他组织之间发生的合同纠纷和其他财产权益纠纷，可以仲裁。《仲裁法解释》第二条规定，当事人概括约定仲裁事项为合同争议的，基于合同成立、效力、变更、转让、履行、违约责任、解释、解除等产生的纠纷都可以认定为仲裁事项。所以，违约责任属于合同纠纷，属于可仲裁事项，故选项 A 错误。

选项 B 正确。《仲裁法解释》第三条规定，仲裁协议约定的仲裁机构名称不准确，但能够确定具体的仲裁机构的，应当认定选定了仲裁机构。“中国贸仲”只有一个，是“中国国际经济贸易仲裁委员会”的通用简称，因此应认定合同已确定了仲裁机构（特别提醒：选定了仲裁机构并不意味着仲裁协议必然有效）。

选项 C 错误。仲裁协议约定不明只是可能导致仲裁协议无效，而不是在任何

情况下都无效，如当事人可以补充协议，从而使仲裁协议有效。

选项D错误。《仲裁法解释》第十三条第二款规定，仲裁机构对仲裁协议的效力作出决定后，当事人向人民法院申请确认仲裁协议效力或者申请撤销仲裁机构的决定的，人民法院不予受理。

卷　四

简答、案例分析、论述题：

案情：甲市A县的刘某与乙市B区的何某签订了房屋买卖合同，购买何某位于丙市C区的一套房屋。合同约定，因合同履行发生的一切纠纷，应提交设立于甲市的M仲裁委员会进行仲裁。之后，刘某与何某又达成了一个补充协议，约定合同发生纠纷后也可以向乙市B区法院起诉。

刘某按约定先行支付了部分房款，何某却迟迟不按约定办理房屋交付手续，双方发生纠纷。刘某向M仲裁委员会申请仲裁，请求何某履行交房义务，M仲裁委员会受理了此案。在仲裁庭人员组成期间，刘某、何某各选择一名仲裁员，仲裁委员会主任直接指定了一名仲裁员任首席仲裁员组成合议庭。第一次仲裁开庭审理过程中，刘某对何某选择的仲裁员提出了回避申请。刘某申请理由成立，仲裁委员会主任直接另行指定一名仲裁员参加审理。第二次开庭审理，刘某请求仲裁程序重新进行，何某则对仲裁协议的效力提出异议，主张仲裁协议无效，请求驳回刘某的仲裁申请。

经审查，仲裁庭认为刘某申请仲裁程序重新进行、何某主张仲裁协议无效理由均不成立。仲裁庭继续进行审理并作出裁决：何某在30日内履行房屋交付义务。因何某在义务履行期间内拒不履行房屋交付义务，刘某向法院申请强制执行，何某则向法院申请撤销仲裁裁决。

问题：

1. 刘某、何某发生纠纷后依法应当通过什么方式解决纠纷？理由是什么？

2. 刘某提出的回避申请和重新进行仲裁程序的申请，何某提出的仲裁协议效力的异议，分别应由谁审查并作出决定或裁定？

3. 如何评价仲裁庭（委）在本案审理中的做法？理由是什么？

4. 刘某可以向哪个法院申请强制执行？何某可以向哪个法院申请撤销仲裁裁

决？对于刘某、何某的申请，法院在程序上如何操作？理由是什么？

5. 如法院认为本案可以重新仲裁，应当如何处理？理由是什么？

6. 如法院撤销仲裁裁决，刘某、何某可以通过什么方式解决他们的纠纷？理由是什么？

【答案】

1. 根据本案情况，当事人应当通过诉讼解决纠纷，因为双方的仲裁协议无效。但刘某向 M 仲裁委员会申请仲裁，何某未在仲裁庭首次开庭前提出异议的，仲裁协议有效，当事人可通过仲裁解决纠纷。

2. 仲裁员的回避应当由仲裁委员会主任决定；重新进行仲裁程序由仲裁庭决定；仲裁协议的效力由仲裁委员会决定。

3.（1）仲裁委员会直接指定首席仲裁员是错误的。因为只有双方当事人共同委托仲裁委员会主任或者在规定期间内没有共同选定首席仲裁员的情况下，仲裁委员会才能指定仲裁员。（2）仲裁员回避后，仲裁委员会主任直接另行指定一名仲裁员是错误的。因为仲裁员回避后，仍应当由何某选任仲裁员，只有在何某委托仲裁委员会主任指定或者在规定期间内没有选定仲裁员的情况下，仲裁委员会主任才能直接指定。（3）仲裁庭继续进行仲裁的做法是正确的。理由有二：一是即使仲裁协议无效，当事人也只能在第一次开庭前提出，在此之后提出不影响仲裁庭的审理；二是仲裁员回避后的程序进行问题由仲裁庭决定。

4.（1）刘某应当向乙市中级法院或丙市中级法院申请强制执行。因为根据司法解释规定，对仲裁裁决的申请执行，由被执行人住所地或者财产所在地的中级法院管辖。（2）何某应当向甲市中级法院申请撤销仲裁裁决。因为根据法律规定，仲裁裁决的撤销由仲裁委员会所在地的中级法院管辖。（3）受理执行的法院应当裁定中止执行。甲市中级法院裁定撤销仲裁裁决的，受理执行的法院裁定终结执行。甲市中级法院裁定驳回何某撤销仲裁申请的，受理执行的法院裁定恢复执行。

5. 如法院通知仲裁庭重新仲裁，且仲裁庭重新仲裁的，法院应裁定中止撤销程序；仲裁庭拒绝重新仲裁的或仲裁庭未在指定的期间内开始重新仲裁的，法院应当裁定恢复撤销程序。

6. 仲裁裁决被撤销后，当事人可以向法院起诉解决，也可以重新达成仲裁协议申请仲裁。仲裁裁决被撤销后，原仲裁协议即已失效，只能重新达成协议方能申请仲裁。如果不能重新达成仲裁协议，当事人可以向法院起诉。

2010 年

卷　一

单项选择题：

39. 中国和甲国均为《承认与执行外国仲裁裁决公约》缔约国。现甲国某申请人向中国法院申请承认和执行在甲国作出的一项仲裁裁决。对此，下列哪一选项是正确的？

A. 我国应对该裁决的承认与执行适用公约，因为该申请人具有公约缔约国国籍

B. 有关中国投资者与甲国政府间投资争端的仲裁裁决不适用公约

C. 中国有义务承认公约缔约国所有仲裁裁决的效力

D. 被执行人为中国法人的，应由该法人营业所所在地法院管辖

【答案】B

【考点】仲裁裁决的执行

【详解】根据最高人民法院关于执行我国加入的《承认及执行外国仲裁裁决公约》的通知，根据我国加入该公约时所作的互惠保留声明，我国对在另一缔约国领土内作出的仲裁裁决的承认和执行适用该公约。该公约与我国《民事诉讼法》（试行）有不同规定的，按该公约的规定办理。对于在非缔约国领土内作出的仲裁裁决，需要我国法院承认和执行的，应按《民事诉讼法》（试行）第二百零四条的规定办理。所以 A 项错误。根据我国加入该公约时所作的商事保留声明，我国仅对按照我国法律属于契约性和非契约性商事法律关系所引起的争议适用该公约。所谓“契约性和非契约性商事法律关系”，具体的是指由于合同、侵权或者根据有关法律规定而产生的经济上的权利义务关系，例如货物买卖、财产租赁、工程承包、加工承揽、技术转让、合资经营、合作经营、勘探开发自然资源、保险、信贷、劳务、代理、咨询服务和海上、民用航空、铁路、公路的客货运输以及产品责任、环境污染、海上事故和所有权争议等，但不包括外国投资者与东道国政府之间的争端。所以 B 项正确。受裁决援用之一方向申请承认及执行地之主管机关提具证据证明有下列情形之一时，得依该方之请求，拒予承认及执行：（甲）第二条所称协定之当事人依对其适用之法律有某种无行为能力情形者，或该项协定依当事人作为协定准据之法律系属无效，或未指明以何法律为准时，依裁决地所在国法律系属无效者；（乙）受裁决援用之一方未接获关于指派仲裁员或仲裁程序

之适当通知，或因他故，致未能申辩者；（丙）裁决所处理之争议非为交付仲裁之标的或不在其条款之列，或裁决载有关于交付仲裁范围以外事项之决定者，但交付仲裁事项之决定可与未交付仲裁之事项划分时，裁决中关于交付仲裁事项决定部分得予承认及执行；（丁）仲裁机关之组成或仲裁程序与各方间之协议不符，或无协议而与仲裁地所在国法律不符者；（戊）裁决对各方尚无拘束力，或业经裁决地所在国或裁决所依据法律之国家之主管机关撤销或停止执行者。倘申请承认及执行地所在国之主管机关认定有下列情形之一，亦得拒不承认及执行仲裁裁决：（甲）依该国法律，争议事项系不能以仲裁解决者；（乙）承认或执行裁决有违该国公共政策者。所以C选项错误。根据1958年《纽约公约》第四条的规定，申请我国法院承认和执行在另一缔约国领土内作出的仲裁裁决，是由仲裁的一方当事人提出的，对于当事人的申请应由我国下列地点的中级人民法院管辖：（1）被执行人为自然人的，为其户籍所在地或者居住地；（2）被执行人为法人的，为其主要办事机构所在地；（3）被执行人在我国无住所、居所或者主要办事机构，但有财产在我国境内的，为其财产所在地。所以D项错误。

40. 甲公司（卖方）与乙公司于2007年10月签订了两份同一种农产品的国际贸易合同，约定交货期分别为2008年1月底和3月中旬，采用付款交单方式。甲公司依约将第一份合同项下的货物发运后，乙公司以资金周转困难为由，要求变更付款方式为货到后30天付款。甲公司无奈同意该变更。乙公司未依约付款，并以资金紧张为由再次要求延期付款。甲公司未再发运第二个合同项下的货物并提起仲裁。根据《联合国国际货物销售合同公约》，下列哪一选项是正确的？

A. 乙公司应以付款交单的方式支付货款

B. 甲公司不发运第二份合同项下货物的行为构成违约

C. 甲公司可以停止发运第二份合同项下的货物，但应及时通知乙公司

D. 如乙公司提供了付款的充分保证，甲公司仍可拒绝发货

【答案】C

【考点】《联合国国际货物销售合同公约》；违反合同的补救办法

【详解】根据《联合国国际货物销售合同公约》第十九条的规定：（1）对发价表示接受但载有添加、限制或其他更改的答复，即为拒绝该项发价并构成还价。（2）但是，对发价表示接受但载有添加或不同条件的答复，如所载的添加或不同条件在实质上并不变更该项发价的条件，除发价人在不过分迟延的期间内以口头或书面通知反对其间的差异外，仍构成接受。如果发价人不做出这种反对，合同的条件就以该项发价的条件以及接受通知内所载的更改为准。（3）有关货物价格、

付款、货物质量和数量、交货地点和时间、一方当事人对另一方当事人的赔偿责任范围或解决争端等等的添加或不同条件，均视为在实质上变更发价的条件。所以乙公司变更付款方式为货到后30天付款，为实质性的变更合同，甲公司同意了该变更。这样A选项错误。第七十一条规定：（1）如果订立合同后，另一方当事人由于下列原因显然将不履行其大部分义务，一方当事人可以中止履行义务：（a）他履行义务的能力或他的信用有严重缺陷；或（b）他在准备履行合同或履行合同中的行为。（2）如果卖方在上一款所述的理由明显化以前已将货物发运，他可以阻止将货物交付给买方，即使买方持有其有权获得货物的单据。本款规定只与买方和卖方间对货物的权利有关。（3）中止履行义务的一方当事人不论是在货物发运前还是发运后，都必须立即通知另一方当事人，如经另一方当事人对履行义务提供充分保证，则他必须继续履行义务。第七十三条规定：（1）对于分批交付货物的合同，如果一方当事人不履行对任何一批货物的义务，便对该批货物构成根本违反合同，则另一方当事人可以宣告合同对该批货物无效。（2）如果一方当事人不履行对任何一批货物的义务，使另一方当事人有充分理由断定对今后各批货物将会发生根本违反合同，该另一方当事人可以在一段合理时间内宣告合同今后无效。（3）买方宣告合同对任何一批货物的交付为无效时，可以同时宣告合同对已交付的或今后交付的各批货物均为无效，如果各批货物是互相依存的，不能单独用于双方当事人在订立合同时所设想的目的。所以B、D项错误。C项正确。

卷　三

单项选择题：

43. 甲、乙因遗产继承发生纠纷，双方书面约定由某仲裁委员会仲裁。后甲反悔，向遗产所在地法院起诉。法院受理后，乙向法院声明双方签订了仲裁协议。关于法院的做法，下列哪一选项是正确的？

A. 裁定驳回起诉

B. 裁定驳回诉讼请求

C. 裁定将案件移送某仲裁委员会审理

D. 法院裁定仲裁协议无效，对案件继续审理

【答案】D

【考点】仲裁的适用范围

【详解】《仲裁法》第三条规定，下列纠纷不能仲裁：（一）婚姻、收养、监护、扶养、继承纠纷；（二）依法应当由行政机关处理的行政争议。第十七条规定，有下列情形之一的，仲裁协议无效：（一）约定的仲裁事项越出法律规定的仲裁范围的……；第二十六条规定，当事人达成仲裁协议，一方向人民法院起诉未声明有仲裁协议，人民法院受理后，另一方在首次开庭前提交仲裁协议的，人民法院应当驳回起诉，但仲裁协议无效的除外；另一方在首次开庭前未对人民法院受理该案提出异议的，视为放弃仲裁协议，人民法院应当继续审理。本题中，遗产继承纠纷不属于仲裁的范围，故甲乙所签订的仲裁协议无效，法院可以对案件继续审理。本题正确答案为D，A、B、C三项错误。

44. 关于法院对仲裁的司法监督的说法，下列哪一选项是错误的？

A. 仲裁当事人申请财产保全，应当向仲裁机构申请，由仲裁机构将该申请移交给相关法院

B. 仲裁当事人申请撤销仲裁裁决被法院驳回，此后以相同理由申请不予执行，法院不予支持

C. 仲裁当事人在仲裁程序中没有提出对仲裁协议效力的异议，此后以仲裁协议无效为由申请撤销或不予执行，法院不予支持

D. 申请撤销仲裁裁决或申请不予执行仲裁裁决程序中，法院可通知仲裁机构在一定期限内重新仲裁

【答案】D

【考点】法院与仲裁机关的关系

【详解】《仲裁法》第二十八条第二款规定，当事人申请财产保全的，仲裁委员会应当将当事人的申请依照《民事诉讼法》的有关规定提交人民法院。《仲裁法解释》第二十六条规定，当事人向人民法院申请撤销仲裁裁决被驳回后，又在执行程序中以相同理由提出不予执行抗辩的，人民法院不予支持。《仲裁法解释》第二十七条第一款规定，当事人在仲裁程序中未对仲裁协议的效力提出异议，在仲裁裁决作出后以仲裁协议无效为由主张撤销仲裁裁决或者提出不予执行抗辩的，人民法院不予支持。《仲裁法》第六十一条规定，人民法院受理撤销裁决的申请后，认为可以由仲裁庭重新仲裁的，通知仲裁庭在一定期限内重新仲裁，并裁定中止撤销程序。仲裁庭拒绝重新仲裁的，人民法院应当裁定恢复撤销程序。2012年《民事诉讼法》第二百七十五条规定，仲裁裁决被人民法院裁定不予执行的，当事人可以根据双方达成的书面仲裁协议重新申请仲裁，也可以向人民法院起诉。

D 选项中，只有在申请撤销仲裁裁决的程序中，法院才可以通知仲裁机构在一定期限内重新仲裁；而在申请不予执行仲裁裁决程序中，法院无权通知仲裁机构在一定期限内重新仲裁，仲裁裁决若被人民法院裁定不予执行，当事人可以根据双方达成的书面仲裁协议重新申请仲裁，也可以向人民法院起诉。故 D 选项说法是错误的，应选。A、B、C 三项说法都是正确的，不应选。

多项选择题：

81. 关于仲裁调解，下列哪些表述是正确的？

A. 仲裁调解达成协议的，仲裁庭应当根据协议制作调解书或根据协议结果制作裁决书

B. 对于事实清楚的案件，仲裁庭可依职权进行调解

C. 仲裁调解达成协议的，经当事人、仲裁员在协议上签字后即发生效力

D. 仲裁庭在作出裁决前可先行调解

【答案】AD

【考点】仲裁调解

【详解】《仲裁法》第五十一条规定，仲裁庭在作出裁决前，可以先行调解。当事人自愿调解的，仲裁庭应当调解。调解不成的，应当及时作出裁决。调解达成协议的，仲裁庭应当制作调解书或者根据协议的结果制作裁决书。调解书与裁决书具有同等法律效力。A 选项正确，应选。仲裁庭可以对事实清楚的案件进行调解，但前提是需要获得当事人的同意，仲裁庭不得依职权进行调解，故 B 选项错误，不应选。仲裁庭在作出裁决前可以先行调解，D 选项正确，应选。《仲裁法》第五十二条第一款、第二款规定，调解书应当写明仲裁请求和当事人协议的结果。调解书由仲裁员签名，加盖仲裁委员会印章，送达双方当事人。调解书经双方当事人签收后，即发生法律效力。因此，仲裁调解达成协议的，仲裁庭应当制作调解书或者根据协议的结果制作裁决书。调解书由仲裁员签名，加盖仲裁委员会印章，并经当事人签收后，即发生法律效力；而裁决书自作出之日起即发生法律效力。因此，C 选项表述错误，不应选。本题正确答案为 AD。

84. 甲公司与乙公司签订了一份钢材购销合同，约定因该合同发生纠纷双方可向 A 仲裁委员会申请仲裁，也可向合同履行地 B 法院起诉。关于本案，下列哪些选项是正确的？

A. 双方达成的仲裁协议无效

B. 双方达成的管辖协议有效

C. 如甲公司向 A 仲裁委员会申请仲裁，乙公司在仲裁庭首次开庭前未提出异议，A 仲裁委员会可对该案进行仲裁

D. 如甲公司向 B 法院起诉，乙公司在法院首次开庭时对法院管辖提出异议，法院应当驳回甲公司的起诉

【答案】ABC

【考点】仲裁协议的效力；仲裁与诉讼的关系

【详解】《仲裁法解释》第七条规定，当事人约定争议可以向仲裁机构申请仲裁也可以向人民法院起诉的，仲裁协议无效。但一方向仲裁机构申请仲裁，另一方未在《仲裁法》第二十条第二款规定期间内提出异议的除外。《仲裁法》第二十条第二款规定，当事人对仲裁协议的效力有异议，应当在仲裁庭首次开庭前提出。2012 年《民事诉讼法》第三十四条规定，合同或者其他财产权益纠纷的双方当事人可以在书面合同中协议选择被告住所地、合同履行地、合同签订地、原告住所地、标的物所在地等与争议有实际联系的地点的人民法院管辖，但不得违反本法对级别管辖和专属管辖的规定。本题中，甲公司与乙公司约定争议既可以向仲裁机构申请仲裁，也可以向人民法院起诉，该仲裁协议是无效的，因此，该争议可以直接向法院起诉，法院享有管辖权。故 A 选项正确，应选，D 选项错误，不应选。如甲公司向 A 仲裁委员会申请仲裁，乙公司在仲裁庭首次开庭前未提出异议，则根据《仲裁法解释》第七条的规定，A 仲裁委员会可以对该案进行仲裁，故 C 选项正确，应选。根据 2012 年《民事诉讼法》第三十四条的规定，合同诉讼中双方当事人可以协议选择合同履行地法院管辖。因此，B 选项正确，应选。本题正确答案为 ABC。

86. 甲公司因与乙公司合同纠纷申请仲裁，要求解除合同。某仲裁委员会经审理裁决解除双方合同，还裁决乙公司赔偿甲公司损失六万元。关于本案的仲裁裁决，下列哪些表述是正确的？

A. 因仲裁裁决超出了当事人请求范围，乙公司可申请撤销超出甲公司请求部分的裁决

B. 因仲裁裁决超出了当事人请求范围，乙公司可向法院提起诉讼

C. 因仲裁裁决超出了当事人请求范围，乙公司可向法院申请再审

D. 乙公司可申请不予执行超出甲公司请求部分的仲裁裁决

【答案】AD

【考点】仲裁裁决

【详解】《仲裁法解释》第十九条规定，当事人以仲裁裁决事项超出仲裁协议

范围为由申请撤销仲裁裁决，经审查属实的，人民法院应当撤销仲裁裁决中的超裁部分。但超裁部分与其他裁决事项不可分的，人民法院应当撤销仲裁裁决。本题中，仲裁委员会的仲裁裁决超出了当事人的请求范围，乙公司可申请撤销超出甲公司请求部分的裁决，A 选项正确，应选。根据 2012 年《民事诉讼法》第二百三十七条第二款规定，乙公司还可以向法院申请不予执行超出甲公司请求部分的仲裁裁决，D 选项正确，应选。但在超出当事人请求范围的裁决未被撤销或不予执行之前，乙公司不可以就该超出事项向法院提起诉讼，更不能申请再审，故 B、C 选项不正确，不应选。本题正确答案为 AD。

2011 年

卷　三

单项选择题：

36. 关于民事仲裁与民事诉讼的区别，下列哪一选项是正确的？

A. 具有给付内容的生效判决书都具有执行力，具有给付内容的生效裁决书没有执行力

B. 诉讼中当事人可以申请财产保全，在仲裁中不可以申请财产保全

C. 仲裁不需对案件进行开庭审理，诉讼原则上要对案件进行开庭审理

D. 仲裁机构是民间组织，法院是国家机关

【答案】D

【考点】民事诉讼与仲裁的区别与联系

【详解】2012 年《民事诉讼法》第二百三十七条规定，对依法设立的仲裁机构作出的裁决，一方当事人不履行的，对方当事人可以向有管辖权的人民法院申请执行。受申请的人民法院应当执行。因此，具有给付内容的生效仲裁裁决具有执行力，A 选项说法错误。《仲裁法》第二十八条第一款规定，一方当事人因另一方当事人的行为或者其他原因，可能使裁决不能执行或者难以执行的，可以申请财产保全。因此，B 选项说法错误。《仲裁法》第三十九条规定，仲裁应当开庭进行，当事人协议不开庭的，仲裁庭可以根据仲裁申请书、答辩书以及其他材料作出裁决。因此，C 选项说法错误。仲裁委员会是民间组织，不是官方机构，D 选项说法

正确。本题正确答案应为D。

49. 甲不履行仲裁裁决，乙向法院申请执行。甲拟提出不予执行的申请并提出下列证据证明仲裁裁决应不予执行。针对下列哪一选项，法院可裁定驳回甲的申请？

A. 甲、乙没有订立仲裁条款或达成仲裁协议

B. 仲裁庭组成违反法定程序

C. 裁决事项超出仲裁机构权限范围

D. 仲裁裁决没有根据经当事人质证的证据认定事实

【答案】D

【考点】仲裁裁决的不予执行

【详解】2012年《民事诉讼法》第二百三十七条第二款规定，被申请人提出证据证明仲裁裁决有下列情形之一的，经人民法院组成合议庭审查核实，裁定不予执行：（1）当事人在合同中没有订有仲裁条款或者事后没有达成书面仲裁协议的；（2）裁决的事项不属于仲裁协议的范围或者仲裁机构无权仲裁的；（3）仲裁庭的组成或者仲裁的程序违反法定程序的；（4）裁决所根据的证据是伪造的；（5）对方当事人向仲裁机构隐瞒了足以影响公正裁决的证据的；（6）仲裁员在仲裁该案时有贪污受贿，徇私舞弊，枉法裁决行为的。人民法院认定执行该裁决违背社会公共利益的，裁定不予执行。A、B、C都属于法定的不予执行情形。D不属于法定的不予执行情形，甲以此申请不予执行，法院应驳回。根据这一规定，本题应选D。

50. 根据《仲裁法》，仲裁庭作出的裁决书生效后，在下列哪一情形下仲裁庭不可进行补正？

A. 裁决书认定的事实错误

B. 裁决书中的文字错误

C. 裁决书中的计算错误

D. 裁决书遗漏了仲裁评议中记录的仲裁庭已经裁决的事项

【答案】A

【考点】仲裁裁决书的补正

【详解】我国《仲裁法》第五十六条规定：对裁决书中的文字、计算错误或者仲裁庭已经裁决但在裁决书中遗漏的事项，仲裁庭应当补正；当事人自收到裁决书之日起30日内，可以请求仲裁庭补正。据此，仲裁庭对仲裁裁决书的补正，限于三项：一是仲裁裁决书中的文字错误；二是仲裁裁决书中的计算错误；三是已经裁决但在仲裁裁决书中被遗漏的事项。因此，B、C、D三选项中的情形都可以补正，A选项中的情形不可补正，故本题应选A。

2012 年

卷　一

多项选择题：

78. 中国A公司与甲国B公司签订货物买卖合同，约定合同争议提交中国C仲裁委员会仲裁，仲裁地在中国，但对仲裁条款应适用的法律未作约定。后因货物质量问题双方发生纠纷，中国A公司依仲裁条款向C仲裁委提起仲裁，但B公司主张仲裁条款无效。根据我国相关法律规定，关于本案仲裁条款的效力审查问题，下列哪些判断是正确的？

A. 对本案仲裁条款的效力，C仲裁委无权认定，只有中国法院有权审查

B. 对本案仲裁条款的效力，如，A公司请求C仲裁委作出决定，B公司请求中国法院作出裁定的，由中国法院裁定

C. 对本案仲裁条款效力的审查，应适用中国法

D. 对本案仲裁条款效力的审查，应适用甲国法

【答案】BC

【考点】仲裁协议的有效性及其认定

【详解】根据我国《仲裁法》第二十条规定，当事人对仲裁协议的效力有异议的，可以请求仲裁委员会作出决定或者请求人民法院作出裁定。一方请求仲裁委员会作出决定，另一方请求人民法院作出裁定的，由人民法院裁定。故选项A错误，B正确。根据《涉外民事关系法律适用法》第十八条规定，当事人可以协议选择仲裁协议适用的法律。当事人没有选择的，适用仲裁机构所在地法律或者仲裁地法律。本题中仲裁机构、仲裁地均为中国，故对本案仲裁条款效力的审查，应适用中国法。故选项C正确，D错误。

卷　三

单项选择题：

48. 武当公司与洪湖公司签订了一份钢材购销合同，同时约定，因合同效力或

合同的履行发生纠纷提交A仲裁委员会或B仲裁委员会仲裁解决。合同签订后，洪湖公司以本公司具体承办人超越权限签订合同为由，主张合同无效。关于本案，下列哪一说法是正确的？

A. 因当事人约定了2个仲裁委员会，仲裁协议当然无效

B. 因洪湖公司承办人员超越权限签订合同导致合同无效，仲裁协议当然无效

C. 洪湖公司如向法院起诉，法院应当受理

D. 洪湖公司如向法院起诉，法院应当裁定不予受理

【答案】C

【考点】仲裁协议

【详解】选项A错误。《仲裁法》第十八条规定，仲裁协议对仲裁事项或者仲裁委员会没有约定或者约定不明确的，当事人可以补充协议；达不成补充协议的，仲裁协议无效。本题中，武当公司与洪湖公司约定，因合同效力或合同的履行发生纠纷提交A仲裁委员会或B仲裁委员会仲裁解决，属于仲裁委员会约定不明确，双方可以达成补充协议，当达不成补充协议时，仲裁协议无效。

选项B错误。《仲裁法》第十九条规定，仲裁协议独立存在，合同的变更、解除、终止或者无效，不影响仲裁协议的效力。仲裁庭有权确认合同的效力。洪湖公司承办人员超越权限签订合同导致合同无效，不影响仲裁协议的效力。

选项C正确，选项D错误。《仲裁法》第二十六条规定，当事人达成仲裁协议，一方向人民法院起诉未声明有仲裁协议，人民法院受理后，另一方在首次开庭前提交仲裁协议的，人民法院应当驳回起诉，但仲裁协议无效的除外；另一方在首次开庭前未对人民法院受理该案提出异议的，视为放弃仲裁协议，人民法院应当继续审理。此案当事人约定了2个仲裁机构，又未达成补充协议，故仲裁协议无效。据此可知，洪湖公司如向法院起诉，法院应当受理。

49. 某仲裁委员会在开庭审理甲公司与乙公司合同纠纷一案时，乙公司对仲裁庭中的一名仲裁员提出了回避申请。经审查后，该仲裁员依法应予回避，仲裁委员会重新确定了仲裁员。关于仲裁程序如何进行，下列哪一选项是正确的？

A. 已进行的仲裁程序应当重新进行

B. 已进行的仲裁程序有效，仲裁程序应当继续进行

C. 当事人请求已进行的仲裁程序重新进行的，仲裁程序应当重新进行

D. 已进行的仲裁程序是否重新进行，仲裁庭有权决定

【答案】D

【考点】仲裁回避

【详解】《仲裁法》第三十七条第二款规定，因回避而重新选定或者指定仲裁员后，当事人可以请求已进行的仲裁程序重新进行，是否准许，由仲裁庭决定；仲裁庭也可以自行决定已进行的仲裁程序是否重新进行。因此，已进行的仲裁程序，当事人可以申请重新进行，法院也可自行决定重新进行。至于是否准许，由仲裁庭决定。故选项 A、B、C 错误，选项 D 正确。

50. 甲公司因与乙公司的合同纠纷向某仲裁委员会申请仲裁，甲公司的仲裁请求得到仲裁庭的支持。裁决作出后，乙公司向法院申请撤销仲裁裁决。法院在审查过程中，甲公司向法院申请强制执行仲裁裁决。关于本案，下列哪一说法是正确的？

A. 法院对撤销仲裁裁决申请的审查，不影响法院对该裁决的强制执行

B. 法院不应当受理甲公司的执行申请

C. 法院应当受理甲公司的执行申请，同时应当告知乙公司向法院申请裁定不予执行仲裁裁决

D. 法院应当受理甲公司的执行申请，受理后应当裁定中止执行

【答案】D

【考点】仲裁裁决的撤销和执行

【详解】《仲裁法》第六十四条规定，一方当事人申请执行裁决，另一方当事人申请撤销裁决的，人民法院应当裁定中止执行。人民法院裁定撤销裁决的，应当裁定终结执行。撤销裁决的申请被裁定驳回的，人民法院应当裁定恢复执行。本题中，裁决作出后，乙公司向法院申请撤销仲裁裁决。法院在审查过程中，甲公司向法院申请强制执行仲裁裁决。因此，法院应当受理甲公司的执行申请，且裁定中止对该裁决的执行。故选项 A、B、C 错误，选项 D 正确。

多项选择题：

85. 关于法院与仲裁庭在审理案件中有关权限的比较，下列哪些选项是正确的？

A. 在一定情况下，法院可以依职权收集证据，仲裁庭也可以自行收集证据

B. 对专门性问题需要鉴定的，法院可以指定鉴定部门鉴定，仲裁庭也可以指定鉴定部门鉴定

C. 当事人在诉讼中或仲裁中达成和解协议的，法院可以根据当事人的申请制作判决书，仲裁庭也可以根据当事人的申请制作裁决书

D. 当事人协议不愿写明争议事实和判（裁）决理由的，法院可以在判决书中不予写明，仲裁庭也可以在裁决书中不予写明

【答案】AB

【考点】法院和仲裁庭审理案件的权限比较

【详解】选项A正确。《民事诉讼法》第六十四条第二款规定，当事人及其诉讼代理人因客观原因不能自行收集的证据，或者人民法院认为审理案件需要的证据，人民法院应当调查收集。《仲裁法》第四十三条第二款规定，仲裁庭认为有必要收集的证据，可以自行收集。据此可知，在一定情况下，法院和仲裁庭均可自行收集证据。

选项B正确。《民事诉讼法》第七十六条规定，当事人可以就查明事实的专门性问题向人民法院申请鉴定。当事人申请鉴定的，由双方当事人协商确定具备资格的鉴定人；协商不成的，由人民法院指定。当事人未申请鉴定，人民法院对专门性问题认为需要鉴定的，应当委托具备资格的鉴定人进行鉴定。因此，对专门性问题需要鉴定的，法院可以指定鉴定部门鉴定。《仲裁法》第四十四条第一款规定，仲裁庭对专门性问题认为需要鉴定的，可以交由当事人约定的鉴定部门鉴定，也可以由仲裁庭指定的鉴定部门鉴定。

选项C错误。《关于人民法院民事调解工作若干问题的规定》第十八条规定，当事人自行和解或者经调解达成协议后，请求人民法院按照和解协议或者调解协议的内容制作判决书的，人民法院不予支持。《仲裁法》第五十一条第二款规定，调解达成协议的，仲裁庭应当制作调解书或者根据协议的结果制作裁决书。调解书与裁决书具有同等法律效力。

选项D错误。对仲裁裁决书，当事人协议不愿写明争议事实和裁决理由的，可以不写；但在判决书中不可省略（小额诉讼除外）。《民事诉讼法》第一百五十二条第一款规定，判决书应当写明：（一）案由、诉讼请求、争议的事实和理由；（二）判决认定的事实、理由和适用的法律依据；（三）判决结果和诉讼费用的负担；（四）上诉期间和上诉的法院。

2013年

卷　一

单项选择题：

38. 法国某公司依1958年联合国《承认及执行外国仲裁裁决公约》，请求中国法院承认与执行一项国际商会国际仲裁院的裁决。依据该公约及中国相关司法解释，下列哪一表述是正确的？

A. 法院应依职权主动审查该仲裁过程中是否存在仲裁程序与仲裁协议不符的情况

B. 该公约第五条规定的拒绝承认与执行外国仲裁裁决的理由是穷尽性的

C. 如该裁决内含有对仲裁协议范围以外事项的决定，法院应拒绝承认执行该裁决

D. 如该裁决所解决的争议属于侵权性质，法院应拒绝承认执行该裁决

【答案】B

【考点】不予承认和执行外国仲裁裁决的理由

【详解】《承认及执行外国仲裁裁决公约》第五条规定："一、裁决唯有于受裁决援用之一方向申请承认及执行地之主管机关提具证据证明有下列情形之一时，始得依该方之请求，拒予承认及执行：（甲）第二条所称协定之当事人依对其适用之法律有某种无行为能力情形者，或该项协定依当事人作为协定准据之法律系属无效，或未指明以何法律为准时，依裁决地所在国法律系属无效者；（乙）受裁决援用之一方未接获关于指派仲裁员或仲裁程序之适当通知，或因他故，致未能申辩者；（丙）裁决所处理之争议非为交付仲裁之标的或不在其条款之列，或裁决载有关于交付仲裁范围以外事项之决定者，但交付仲裁事项之决定可与未交付仲裁之事项划分时，裁决中关于交付仲裁事项之决定部分得予承认及执行；（丁）仲裁机关之组成或仲裁程序与各方间之协议不符，或无协议而与仲裁地所在国法律不符者；（戊）裁决对各方尚无拘束力，或业经裁决地所在国或裁决所依据法律之国家之主管机关撤销或停止执行者。二、倘申请承认及执行地所在国之主管机关认定有下列情形之一，亦得拒不承认及执行仲裁裁决：（甲）依该国法律，争议事项系不能以仲裁解决者；（乙）承认或执行裁决有违该国公共政策者。"第六条规定："倘裁决业经向第五条第一项（戊）款所称之主管机关申请撤销或停止执行，受理援引裁决案件之机关得于其认为适当时延缓关于执行裁决之决定，并得依请求执行一方之申请，命他方提供妥适之担保。"所以，法院是依照当事人的要求审查该仲裁过程中是否存在仲裁程序与仲裁协议不符的情况，A 选项错误。公约第 5 条规定的拒绝承认与执行外国仲裁裁决的理由是穷尽性的。所以 B 选项正确。如该裁决涉及仲裁协议所没有提到的，或者不包括仲裁协议规定之内的争执；或者裁决内含有对仲裁协议范围以外事项的决定；但是，对于仲裁协议范围以内的事项的决定，如果可以和对于仲裁协议范围以外的事项的决定分开，那么，这一部分

的决定仍然可予以承认和执行，所以不是所有裁决内含有对仲裁协议范围以外事项的都要拒绝承认执行该裁决，C 选项错误。依照《仲裁法》第三条规定，下列纠纷不能仲裁：（一）婚姻、收养、监护、扶养、继承纠纷；（二）依法应当由行政机关处理的行政争议。侵权性质的争议，依照我国法律规定，也可以以仲裁方式解决，所以我国法院不能拒绝承认执行该裁决。所以 D 项错误。

卷　三

多项选择题：

兴源公司与郭某签订钢材买卖合同，并书面约定本合同一切争议由中国国际经济贸易仲裁委员会仲裁。兴源公司支付 100 万元预付款后，因郭某未履约依法解除了合同。郭某一直未将预付款返还，兴源公司遂提出返还货款的仲裁请求，仲裁庭适用简易程序审理，并作出裁决，支持该请求。

由于郭某拒不履行裁决，兴源公司申请执行。郭某无力归还 100 万元现金，但以收藏的多幅字画提供执行担保。担保期满后郭某仍无力还款，法院在准备执行该批字画时，朱某向法院提出异议，主张自己才是这些字画的所有权人，郭某只是代为保管。

请回答第 95 ～ 100 题。

95. 关于仲裁协议的表述，下列选项正确的是：

A. 买卖合同虽已解除，但仲裁条款具有独立性，兴源公司可以据此申请仲裁

B. 兴源公司返还货款的请求是基于不当得利请求权，与买卖合同无关，不应据此申请仲裁

C. 仲裁协议未约定适用简易程序，仲裁庭不应适用简易程序审理

D. 双方选择的中国国际经济贸易仲裁委员会是涉外仲裁机构，本案不具有涉外因素，应当重新选择

【答案】A

【考点】仲裁协议的效力

【详解】《仲裁法》第十九条规定："仲裁协议独立存在，合同的变更、解除、终止或者无效，不影响仲裁协议的效力。"所以，A 选项是正确的，B 选项是错误的。《中国国际经济贸易仲裁委员会仲裁规则（2012 版）》第五十四条（简易程序的适

用）规定："（一）除非当事人另有约定，凡争议金额不超过人民币 200 万元，或争议金额超过人民币 200 万元，但经一方当事人书面申请并征得另一方当事人书面同意的，适用简易程序。（二）没有争议金额或争议金额不明确的，由仲裁委员会根据案件的复杂程度、涉及利益的大小以及其他有关因素综合考虑决定是否适用简易程序。"可见，简易程序的适用原则上并不取决于当事人的约定，C 选项是错误的。《中国国际经济贸易仲裁委员会仲裁规则（2012 版）》第三条（受案范围）规定："（一）仲裁委员会根据当事人的约定受理契约性或非契约性的经济贸易等争议案件。（二）前款所述案件包括：1. 国际或涉外争议案件；2. 涉及香港特别行政区、澳门特别行政区及台湾地区的争议案件；3. 国内争议案件。"所以，D 选项是错误的。

96. 本案适用简易程序审理后，关于仲裁委员会和仲裁庭可以自行决定的事项，下列选项正确的是：

A. 指定某法院的王法官担任本案仲裁员

B. 由一名仲裁员组成仲裁庭独任审理

C. 依据当事人的材料和证据书面审理

D. 简化裁决书，未写明争议事实

【答案】BC

【考点】简易仲裁程序

【详解】《中国国际经济贸易仲裁委员会仲裁规则（2012 版）》第二十六条（独任仲裁庭的组成）规定："仲裁庭由一名仲裁员组成的，按照本规则第二十五条第（二）、（三）、（四）款规定的程序，选定或指定该独任仲裁员。"根据第二十五条的基本理念，选定优先于指定，当事人不能选定时才由仲裁委员会主任指定。所以 A 选项是错误的。《中国国际经济贸易仲裁委员会仲裁规则（2012 版）》第五十六条（仲裁庭的组成）规定："除非当事人另有约定，适用简易程序的案件，依照本规则第二十六条的规定成立独任仲裁庭审理案件。"可见，在原则上，仲裁简易程序应当适用独任制，中国国际经济贸易仲裁委员会对此可以直接适用，B 选项是正确的。《中国国际经济贸易仲裁委员会仲裁规则（2012 版）》第五十八条（审理方式）规定："仲裁庭可以按照其认为适当的方式审理案件；可以决定只依据当事人提交的书面材料和证据进行书面审理，也可以决定开庭审理。"所以，C 选项是正确的。《中国国际经济贸易仲裁委员会仲裁规则（2012 版）》第四十七条（裁决的作出）第（三）项规定："仲裁庭在其作出的裁决书中，应写明仲裁请求、争议事实、裁决理由、裁决结果、仲裁费用的承担、裁决的日期和地点。当事人协议不写明争议事实和裁决理由的，以及按照双方当事人和解协议的内容作出裁决书的，可以不写明争议事实和裁决理由。仲裁庭有权在裁决书中确定当事人履行裁决的具体期限及逾期履行所应承担的责任。”可见，D选项是错误的。

97. 假设在执行过程中，郭某向法院提出异议，认为本案并非合同纠纷，不属于仲裁协议约定的纠纷范围。法院对该异议正确的处理方式是：

A. 裁定执行中止

B. 经过审理，裁定不予执行仲裁裁决的，同时裁定终结执行

C. 经过审理，可以通知仲裁委员会重新仲裁

D. 不予支持该异议

【答案】D

【考点】对仲裁协议效力的异议

【详解】在本题中，兴源公司支付100万元预付款后，因郭某未履约依法解除了合同；解除合同后，兴源公司提出返还货款的请求，其理由系基于不当得利的返还，并非合同纠纷。而《仲裁法》第十九条规定：“仲裁协议独立存在，合同的变更、解除、终止或者无效，不影响仲裁协议的效力。”所以，本案中的买卖合同虽已解除，但仲裁协议仍然有效。可见，本案仍受仲裁协议的约束。郭某的异议不能成立，执行法院应当不予支持该异议。因此，A、B、C选项皆是错误的，D选项是正确的。

98. 针对本案中郭某拒不履行债务的行为，法院采取的正确的执行措施是：

A. 依职权决定限制郭某乘坐飞机

B. 要求郭某报告当前的财产情况

C. 强制郭某加倍支付迟延履行期间的债务利息

D. 根据郭某的申请，对拖欠郭某货款的金康公司发出履行通知

【答案】ABCD

【考点】执行措施

【详解】最高人民法院《关于限制被执行人高消费的若干规定》第一条规定：“被执行人未按执行通知书指定的期间履行生效法律文书确定的给付义务的，人民法院可以限制其高消费。”第三条规定：“被执行人为自然人的，被限制高消费后，不得有以下以其财产支付费用的行为：（一）乘坐交通工具时，选择飞机、列车软卧、轮船二等以上舱位；……”第四条规定：“限制高消费一般由申请执行人提出书面申请，经人民法院审查决定；必要时人民法院可以依职权决定。”综上，A选项是正确的。《民事诉讼法》第二百四十一条规定：“被执行人未按执行通知履行

法律文书确定的义务，应当报告当前以及收到执行通知之日前一年的财产情况。被执行人拒绝报告或者虚假报告的，人民法院可以根据情节轻重对被执行人或者其法定代理人、有关单位的主要负责人或者直接责任人员予以罚款、拘留。”所以B选项是正确的。《民事诉讼法》第二百五十三条规定：“被执行人未按判决、裁定和其他法律文书指定的期间履行给付金钱义务的，应当加倍支付迟延履行期间的债务利息。被执行人未按判决、裁定和其他法律文书指定的期间履行其他义务的，应当支付迟延履行金。”可见，C选项是正确的。最高人民法院《民诉意见》第三百条规定：“被执行人不能清偿债务，但对第三人享有到期债权的，人民法院可依申请执行人的申请，通知该第三人向申请执行人履行债务。该第三人对债务没有异议但又在通知指定的期限内不履行的，人民法院可以强制执行。”所以，D选项是正确的。

99. 如果法院批准了郭某的执行担保申请，驳回了朱某的异议，关于执行担保的效力和救济，下列选项正确的是：

A. 批准执行担保后，应当裁定终结执行

B. 担保期满后郭某仍无力偿债，法院根据兴源公司申请方可恢复执行

C. 恢复执行后，可以执行作为担保财产的字画

D. 恢复执行后，既可以执行字画，也可以执行郭某的其他财产

【答案】CD

【考点】执行担保

【详解】《民事诉讼法》第二百三十一条规定：“在执行中，被执行人向人民法院提供担保，并经申请执行人同意的，人民法院可以决定暂缓执行及暂缓执行的期限。被执行人逾期仍不履行的，人民法院有权执行被执行人的担保财产或者担保人的财产。”可见，采取执行担保之后会导致暂缓执行，而不能裁定执行终结，A选项是错误的；而且，C选项是正确的。恢复执行后，除去执行担保财产之外，被执行人的其他财产当然也属于可执行的对象，故D选项也是正确的。最高人民法院《民诉意见》二百七十条规定：“被执行人在人民法院决定暂缓执行的期限届满后仍不履行义务的，人民法院可以直接执行担保财产，或者裁定执行担保人的财产，但执行担保人的财产以担保人应当履行义务部分的财产为限。”因此，法院的恢复执行不需要当事人申请，B选项是错误的。

100. 关于朱某的异议和处理，下列选项正确的是：

A. 朱某应当以书面方式提出异议

B. 法院在审查异议期间，不停止执行活动，可以对字画采取保全措施和处分

措施

C. 如果朱某对驳回异议的裁定不服，可以提出执行标的异议之诉

D. 如果朱某对驳回异议的裁定不服，可以申请再审

【答案】AC

【考点】执行异议

【详解】《民事诉讼法》第二百二十七条规定："执行过程中，案外人对执行标的提出书面异议的，人民法院应当自收到书面异议之日起15日内审查，理由成立的，裁定中止对该标的的执行；理由不成立的，裁定驳回。案外人、当事人对裁定不服，认为原判决、裁定错误的，依照审判监督程序办理；与原判决、裁定无关的，可以自裁定送达之日起15日内向人民法院提起诉讼。"可见，A选项是正确的。本题中，朱某对字画提出异议，主张自己对字画的所有权，而原判案件属于兴源公司与郭某的钢材买卖合同纠纷，因此案外人异议与原判无关，朱某可以提出异议之诉，而不能申请再审。C选项是正确的，D选项错误。最高人民法院《关于适用〈中华人民共和国民事诉讼法〉执行程序若干问题的解释》第十六条第一款规定："案外人异议审查期间，人民法院不得对执行标的进行处分。"本题中，法院在审查异议期间，不停止执行活动，可以对字画采取保全措施，但不得处分。所以，B选项是错误的。

2014年

卷　一

多项选择题：

79. 中国甲公司与外国乙公司在合同中约定，合同争议提交中国国际经济贸易仲裁委员会仲裁，仲裁地在北京。双方未约定仲裁规则及仲裁协议适用的法律。对此，下列哪些选项是正确的？

A. 如当事人对仲裁协议效力有争议，提请所选仲裁机构解决的，应在首次开庭前书面提出

B. 如当事人将仲裁协议效力的争议诉至中国法院，应适用中国法

C. 如仲裁协议有效，应适用中国国际经济贸易仲裁委员会的仲裁规则仲裁

D. 如仲裁协议有效，仲裁中申请人可申请更改仲裁请求，仲裁庭不能拒绝

【答案】ABC

【考点】仲裁协议

【详解】根据《仲裁法》第二十条第一款规定：当事人对仲裁协议的效力有异议的，可以请求仲裁委员会作出决定或者请求人民法院作出裁定。一方请求仲裁委员会作出决定，另一方请求人民法院作出裁定的，由人民法院裁定。当事人对仲裁协议的效力有异议，应当在仲裁庭首次开庭前提出。所以，A 选项正确。

根据《最高人民法院关于适用〈中华人民共和国仲裁法〉若干问题的解释》第十六条规定：对涉外仲裁协议的效力审查，适用当事人约定的法律；当事人没有约定适用的法律但约定了仲裁地的，适用仲裁地法律；没有约定适用的法律也没有约定仲裁地或者仲裁地约定不明的，适用法院地法律。甲、乙公司未约定仲裁协议效力的法律，但约定了仲裁地，所以适用仲裁地法，即中国法。B 选项正确。

根据《中国国际经济贸易仲裁委员会仲裁规则（2015 版）》第四条规定：规则的适用（1）本规则统一适用于仲裁委员会及其分会 / 中心。（2）当事人约定将争议提交仲裁委员会仲裁的，视为同意按照本规则进行仲裁。（3）当事人约定将争议提交仲裁委员会仲裁但对本规则有关内容进行变更或约定适用其他仲裁规则的，从其约定，但其约定无法实施或与仲裁程序适用法强制性规定相抵触者除外。当事人约定适用其他仲裁规则的，由仲裁委员会履行相应的管理职责。（4）当事人约定按照本规则进行仲裁但未约定仲裁机构的，视为同意将争议提交仲裁委员会仲裁。（5）当事人约定适用仲裁委员会制定的专业仲裁规则的，从其约定，但其争议不属于该专业仲裁规则适用范围的，适用本规则。所以，C 选项正确。

根据《中国国际经济贸易仲裁委员会仲裁规则（2015 版）》第十七条规定：申请人可以申请对其仲裁请求进行变更，被申请人也可以申请对其反请求进行变更；但是仲裁庭认为其提出变更的时间过迟而影响仲裁程序正常进行的，可以拒绝其变更请求。所以，D 选项错误。

卷 三

多项选择题：

77. 甲县的佳华公司与乙县的亿龙公司订立的烟叶买卖合同中约定，如果因

为合同履行发生争议，应提交A仲裁委员会仲裁。佳华公司交货后，亿龙公司认为烟叶质量与约定不符，且正在霉变，遂准备提起仲裁，并对烟叶进行证据保全。关于本案的证据保全，下列哪些表述是正确的？

A. 在仲裁程序启动前，亿龙公司可直接向甲县法院申请证据保全

B. 在仲裁程序启动后，亿龙公司既可直接向甲县法院申请证据保全，也可向A仲裁委员会申请证据保全

C. 在仲裁中法院根据亿龙公司申请采取证据保全措施时，可要求其提供担保

D. A仲裁委员会收到保全申请后，应提交给烟叶所在地的中级法院

【答案】AC

【考点】仲裁证据保全

【详解】选项A正确。《民事诉讼法》第八十一条第二款规定，因情况紧急，在证据可能灭失或者以后难以取得的情况下，利害关系人可以在提起诉讼或者申请仲裁前向证据所在地、被申请人住所地或者对案件有管辖权的人民法院申请保全证据。据此可知，在仲裁程序启动前，亿龙公司可以直接向甲县（被申请人佳华公司的住所地）法院申请证据保全。

选项B错误。《仲裁法》第四十六条规定，在证据可能灭失或者以后难以取得的情况下，当事人可以申请证据保全。当事人申请证据保全的，仲裁委员会应当将当事人的申请提交证据所在地的基层人民法院。据此可知，在仲裁程序启动后，亿龙公司欲申请证据保全的，应向受理仲裁案件的仲裁委员会提出申请，而不能直接向人民法院提出申请。

选项C正确。《民事诉讼法》第八十一条第三款规定，证据保全的其他程序，参照适用本法第九章保全的有关规定。该法第一百条第二款规定，人民法院采取保全措施，可以责令申请人提供担保，申请人不提供担保的，裁定驳回申请。据此可知，亿龙公司在仲裁程序启动后提出保证申请的，法院可以责令其提供担保。

选项D错误。《仲裁法》第六十八条规定，涉外仲裁的当事人申请证据保全的，涉外仲裁委员会应当将当事人的申请提交证据所在地的中级人民法院。本案不属于涉外仲裁案件，因此，仲裁委员会收到保全申请后，应提交证据所在地的基层人民法院，而非中级人民法院。

【提示】本题中选项C设置存在瑕疵，如果亿龙公司是在仲裁程序启动前申请的证据保全，法院应当责令其提供担保，而非可以要求其提供担保。

多项选择题：

B 市的京发公司与 T 市的蓟门公司签订了一份海鲜买卖合同，约定交货地在 T 市，并同时约定“涉及本合同的争议，提交S仲裁委员会仲裁。”京发公司收货后，认为海鲜等级未达到合同约定，遂向 S 仲裁委员会提起解除合同的仲裁申请，仲裁委员会受理了该案。在仲裁规则确定的期限内，京发公司选定仲裁员李某作为本案仲裁庭的仲裁员，蓟门公司未选定仲裁员，双方当事人也未共同选定第三名仲裁员，S 仲裁委主任指定张某为本案仲裁庭仲裁员、刘某为本案首席仲裁员，李某、张某、刘某共同组成本案的仲裁庭，仲裁委向双方当事人送达了开庭通知。

开庭当日，蓟门公司未到庭，也未向仲裁庭说明未到庭的理由。仲裁庭对案件进行了审理并作出缺席裁决。在评议裁决结果时，李某和张某均认为蓟门公司存在严重违约行为，合同应解除，而刘某认为合同不应解除，拒绝在裁决书上签名。最终，裁决书上只有李某和张某的签名。

S 仲裁委员会将裁决书向双方当事人进行送达时，蓟门公司拒绝签收，后蓟门公司向法院提出撤销仲裁裁决的申请。

请回答第 98 ～ 100 题。

98. 关于本案中仲裁庭组成，下列说法正确的是：

A. 京发公司有权选定李某为本案仲裁员

B. 仲裁委主任有权指定张某为本案仲裁员

C. 仲裁委主任有权指定刘某为首席仲裁员

D. 本案仲裁庭的组成合法

【答案】ABCD

【考点】仲裁庭的组成

【详解】《仲裁法》第三十一条第一款规定，当事人约定由三名仲裁员组成仲裁庭的，应当各自选定或者各自委托仲裁委员会主任指定一名仲裁员，第三名仲裁员由当事人共同选定或者共同委托仲裁委员会主任指定。第三名仲裁员是首席仲裁员。该法第三十二条规定，当事人没有在仲裁规则规定的期限内约定仲裁庭的组成方式或者选定仲裁员的，由仲裁委员会主任指定。据此可知，本案仲裁庭的组成是合法的。

99. 关于本案的裁决书，下列表述正确的是：

A. 裁决书应根据仲裁庭中的多数意见，支持京发公司的请求

B. 裁决书应根据首席仲裁员的意见，驳回京发公司的请求

C. 裁决书可支持京发公司的请求，但必须有首席仲裁员的签名

D. 无论蓟门公司是否签收，裁决书自作出之日起生效

【答案】AD

【考点】仲裁裁决的作出及效力

【详解】选项 A 正确，选项 B 错误。《仲裁法》第五十三条规定，裁决应当按照多数仲裁员的意见作出，少数仲裁员的不同意见可以记入笔录。仲裁庭不能形成多数意见时，裁决应当按照首席仲裁员的意见作出。本案中，三名仲裁员中有两名仲裁员认为合同应解除，因此，应按照多数仲裁员的意见，支持京发公司的请求。

选项 C 错误。《仲裁法》第五十四条规定，裁决书应当写明仲裁请求、争议事实、裁决理由、裁决结果、仲裁费用的负担和裁决日期。当事人协议不愿写明争议事实和裁决理由的，可以不写。裁决书由仲裁员签名，加盖仲裁委员会印章。对裁决持不同意见的仲裁员，可以签名，也可以不签名。据此可知，首席仲裁员持不同意见时，可以签名，也可以不签名。

选项 D 正确。《仲裁法》第五十七条规定，裁决书自作出之日起发生法律效力。

100. 关于蓟门公司撤销仲裁裁决的申请，下列表述正确的是：

A. 蓟门公司应向 S 仲裁委所在地中院提出申请

B. 法院应适用普通程序审理该撤销申请

C. 法院可以适用法律错误为由撤销 S 仲裁委的裁决

D. 法院应以缺席裁决违反法定程序为由撤销 S 仲裁委的裁决

【答案】A

【考点】仲裁裁决的撤销

【详解】选项 A 正确。根据《仲裁法》第五十八条的规定，当事人申请撤销仲裁裁决的，可以向仲裁委员会所在地的中级人民法院提出申请。

选项 B 错误。《仲裁法解释》第二十四条规定，当事人申请撤销仲裁裁决的案件，人民法院应当组成合议庭审理，并询问当事人。根据《民事诉讼法》第一百五十七条第二款的规定，当事人可以合意将应当适用普通程序审理的案件约定适用简易程序审理。据此可知，当事人可以约定此案适用简易程序审理。

选项 C 错误。《仲裁法》第五十八条第一、二款规定，当事人提出证据证明裁决有下列情形之一的，可以向仲裁委员会所在地的中级人民法院申请撤销裁决：（一）没有仲裁协议的；（二）裁决的事项不属于仲裁协议的范围或者仲裁委员会无权仲裁的；（三）仲裁庭的组成或者仲裁的程序违反法定程序的；（四）裁决所根据的证据是伪造的；（五）对方当事人隐瞒了足以影响公正裁决的证据的；（六）

仲裁员在仲裁该案时有索贿受贿，徇私舞弊，枉法裁决行为的。人民法院经组成合议庭审查核实裁决有前款规定情形之一的，应当裁定撤销。据此可知，“适用法律错误”不是撤销仲裁裁决的法定事由，法院不能以此为由撤销S仲裁委的裁决。

选项D错误。《仲裁法》第四十二条第二款规定，被申请人经书面通知，无正当理由不到庭或者未经仲裁庭许可中途退庭的，可以缺席裁决。本案中，仲裁委向双方当事人送达了开庭通知，蓟门公司无正当理由不到庭，仲裁委可以缺席裁决。因此，法院不能以缺席裁决违反法定程序为由撤销S仲裁委的裁决。

2015年

卷　一

单项选择题：

38. 2015年3月，甲国公民杰夫欲向中国法院申请承认并执行一项在甲国境内作出的仲裁裁决。中国与甲国均为《承认与执行外国仲裁裁决公约》成员国。关于该裁决的承认和执行，下列哪一选项是正确的？

A. 杰夫应通过甲国法院向被执行人住所地或其财产所在地的中级人民法院申请

B. 如该裁决系临时仲裁庭作出的裁决，人民法院不应承认与执行

C. 如承认和执行申请被裁定驳回，杰夫可向人民法院起诉

D. 如杰夫仅申请承认而未同时申请执行该裁决，人民法院可以对是否执行一并作出裁定

【答案】C

【考点】仲裁裁决的承认和执行

【详解】我国《民事诉讼法》第二百八十三条规定：“国外仲裁机构的裁决，需要中华人民共和国人民法院承认和执行的，应当由当事人直接向被执行人住所地或者其财产所在地的中级人民法院申请，人民法院应当依照中华人民共和国缔结或者参加的国际条约，或者按照互惠原则办理。”因此杰夫应直接向被执行人住所地或者其财产所在地的中级人民法院提出申请，不用通过甲国法院申请，A项说法错误。《民事诉讼法解释》第五百四十五条规定，对临时仲裁庭在中华人民共和国领域外作出的仲裁裁决，一方当事人向人民法院申请承认和执行的，人民法

院应当依照《民事诉讼法》第二百八十三条规定处理。由此可知 B 项说法错误。根据《民事诉讼法解释》第五百四十四条的规定，当事人向中华人民共和国有管辖权的中级人民法院申请承认和执行外国法院作出的发生法律效力的判决、裁定的，承认和执行申请被裁定驳回的，当事人可以向人民法院起诉。故 C 项说法正确。《民事诉讼法解释》第五百四十六条规定，对外国法院作出的发生法律效力的判决、裁定或者外国仲裁裁决，需要中华人民共和国法院执行的，当事人应当先向人民法院申请承认。人民法院经审查，裁定承认后，再根据《民事诉讼法》第三编的规定予以执行。当事人仅申请承认而未同时申请执行的，人民法院仅对应否承认进行审查并作出裁定。故 D 项说法错误。

卷　三

单项选择题：

49. 甲乙双方合同纠纷，经仲裁裁决，乙须偿付甲货款 100 万元，利息 5 万元，分 5 期偿还。乙未履行该裁决。甲据此向法院申请执行，在执行过程中，双方达成和解协议，约定乙一次性支付货款 100 万元，甲放弃利息 5 万元并撤回执行申请。和解协议生效后，乙反悔，未履行和解协议。关于本案，下列哪一说法是正确的？

A. 对甲撤回执行的申请，法院裁定中止执行

B. 甲可向法院申请执行和解协议

C. 甲可以乙违反和解协议为由提起诉讼

D. 甲可向法院申请执行原仲裁裁决，法院恢复执行

【答案】D

【考点】执行终结、执行和解协议的效力

【详解】根据《民事诉讼法》第二百五十七条的规定，申请人撤销申请的，人民法院裁定终结执行。因此，选项 A 是不正确的。根据《民事诉讼法》第二百三十条第二款的规定，当事人不履行和解协议的，人民法院可以根据当事人的申请，恢复对原生效法律文书的执行。因此，选项 B 与 C 是不正确的，而选项 D 是正确的。

50. 大成公司与华泰公司签订投资合同，约定了仲裁条款：如因合同效力和合

同履行发生争议，由A仲裁委员会仲裁。合作中双方发生争议，大成公司遂向A仲裁委员会提出仲裁申请，要求确认投资合同无效。A仲裁委员会受理。华泰公司提交答辩书称，如合同无效，仲裁条款当然无效，故A仲裁委员会无权受理本案。随即，华泰公司向法院申请确认仲裁协议无效，大成公司见状，向A仲裁委员会提出请求确认仲裁协议有效。关于本案，下列哪一说法是正确的？

A. A仲裁委员会无权确认投资合同是否有效

B. 投资合同无效，仲裁条款即无效

C. 仲裁条款是否有效，应由法院作出裁定

D. 仲裁条款是否有效，应由A仲裁委员会作出决定

【答案】C

【考点】仲裁协议效力的确认；仲裁协议独立性

【详解】根据《仲裁法》第二十条的规定，当事人对仲裁协议的效力有异议的，可以请求仲裁委员会作出决定或者请求人民法院作出裁定。一方请求仲裁委员会作出决定，另一方请求人民法院作出裁定的，由人民法院裁定。因此，选项A与D是不正确的，而选项C是正确的。根据《仲裁法》第十九条的规定，仲裁协议独立存在，合同的变更、解除、终止或者无效，不影响仲裁协议的效力。因此，选项B是不正确的。

2016年

卷　三

单项选择题：

50. 甲公司与乙公司因合同纠纷向某仲裁委员会申请仲裁，第一次开庭后，甲公司的代理律师发现合议庭首席仲裁员苏某与乙公司的老总汪某在一起吃饭，遂向仲裁庭提出回避申请。关于本案仲裁程序，下列哪一选项是正确的？

A. 苏某的回避应由仲裁委员会集体决定

B. 苏某回避后，合议庭应重新组成

C. 已经进行的仲裁程序应继续进行

D. 当事人可请求已进行的仲裁程序重新进行

【答案】D

【考点】仲裁员回避

【详解】选项A错误。《仲裁法》第三十六条规定，仲裁员是否回避，由仲裁委员会主任决定；仲裁委员会主任担任仲裁员时，由仲裁委员会集体决定。该法第三十一条第一款规定，当事人约定由三名仲裁员组成仲裁庭的，应当各自选定或者各自委托仲裁委员会主任指定一名仲裁员，第三名仲裁员由当事人共同选定或者共同委托仲裁委员会主任指定。第三名仲裁员是首席仲裁员。题干中并未明示“首席仲裁员苏某为仲裁委员会主任”，故其回避不一定由仲裁委员会集体决定。

选项B错误。《仲裁法》第三十七条第一款规定，仲裁员因回避或者其他原因不能履行职责的，应当依照本法规定重新选定或者指定仲裁员。据此可知，苏某回避后，重新选定或指定1名仲裁员即可，无须重新组成合议庭。

选项C错误，选项D正确。《仲裁法》第三十七条第二款规定，因回避而重新选定或者指定仲裁员后，当事人可以请求已进行的仲裁程序重新进行，是否准许，由仲裁庭决定；仲裁庭也可以自行决定已进行的仲裁程序是否重新进行。

多项选择题：

（四）

住所地在H省K市L区的甲公司与住所地在F省E市D区的乙公司签订了一份钢材买卖合同，价款数额为90万元。合同在B市C区签订，双方约定合同履行地为W省Z市Y区，同时约定如因合同履行发生争议，由B市仲裁委员会仲裁。合同履行过程中，因钢材质量问题，甲公司与乙公司发生争议，甲公司欲申请仲裁解决。因B市有两个仲裁机构，分别为丙仲裁委员会和丁仲裁委员会（两个仲裁委员会所在地都在B市C区），乙公司认为合同中的仲裁条款无效，欲向有关机构申请确认仲裁条款无效。

请回答第95～97题。

95. 依据法律和司法解释的规定，乙公司可以向有关机构申请确认仲裁条款无效。关于确认的机构，下列选项正确的是：

A. 丙仲裁委员会

B. 丁仲裁委员会

C. B市中级法院

D. B市C区法院

【答案】ABC

【考点】仲裁条款效力的确认机构

【详解】选项 A、B 正确。《仲裁法》第二十条第一款规定，当事人对仲裁协议的效力有异议的，可以请求仲裁委员会作出决定或者请求人民法院作出裁定。一方请求仲裁委员会作出决定，另一方请求人民法院作出裁定的，由人民法院裁定。据此可知，在我国仲裁委员会和法院都有权确定仲裁协议的法律效力。

选项 C 正确，选项 D 错误。《仲裁法解释》第十二条规定，当事人向人民法院申请确认仲裁协议效力的案件，由仲裁协议约定的仲裁机构所在地的中级人民法院管辖；仲裁协议约定的仲裁机构不明确的，由仲裁协议签订地或者被申请人住所地的中级人民法院管辖。而本案仲裁协议约定的仲裁机构所在地、仲裁协议签订地中级法院都是 B 市中级法院，题中未交代出被申请人住所地的中级人民法院。

96. 如相关机构确认仲裁条款无效，甲公司欲与乙公司达成协议，确定案件的管辖法院。关于双方可以协议选择的管辖法院，下列选项正确的是：

A. H 省 K 市 L 区法院

B. F 省 E 市 D 区法院

C. B 市 C 区法院

D. W 省 Z 市 Y 区法院

【答案】ABCD

【考点】合同或者其他财产权益纠纷的当事人协议管辖

【详解】《民事诉讼法》第三十四条规定，合同或者其他财产权益纠纷的当事人可以书面协议选择被告住所地、合同履行地、合同签订地、原告住所地、标的物所在地等与争议有实际联系的地点的人民法院管辖，但不得违反本法对级别管辖和专属管辖的规定。

97. 如仲裁条款被确认无效，甲公司与乙公司又无法达成新的协议，甲公司欲向法院起诉乙公司。关于对本案享有管辖权的法院，下列选项正确的是：

A. H 省 K 市 L 区法院

B. F 省 E 市 D 区法院

C. W 省 Z 市 Y 区法院

D. B 市 C 区法院

【答案】BC

【考点】合同纠纷的管辖

【详解】《民事诉讼法》第二十三条规定，因合同纠纷提起的诉讼，由被告住所地或者合同履行地人民法院管辖。据此可知，被告住所地 F 省 E 市 D 区法院与合同履行地 W 省 Z 市 Y 区法院对本案享有管辖权。

（五）

甲市 L 区居民叶某购买了住所在乙市 M 区的大亿公司开发的位于丙市 N 区的商品房一套，合同中约定双方因履行合同发生争议可以向位于丙市的仲裁委员会（丙市仅有一家仲裁机构）申请仲裁。因大亿公司迟迟未按合同约定交付房屋，叶某向仲裁委员会申请仲裁。大亿公司以仲裁机构约定不明，向仲裁委员会申请确认仲裁协议无效。经审查，仲裁委员会作出了仲裁协议有效的决定。在第一次仲裁开庭时，大亿公司声称其又向丙市中级法院请求确认仲裁协议无效，申请仲裁庭中止案件审理。在仲裁过程中仲裁庭组织调解，双方达成了调解协议，仲裁庭根据协议内容制作了裁决书。后因大亿公司不按调解协议履行义务，叶某向法院申请强制执行，而大亿公司则以调解协议内容超出仲裁请求为由，向法院申请不予执行仲裁裁决。

请回答第 98 ～ 100 题。

98. 大亿公司向丙市中级法院请求确认仲裁协议无效，对此，正确的做法是：

A. 丙市中级法院应予受理并进行审查

B. 丙市中级法院不予受理

C. 仲裁庭在法院就仲裁协议效力作出裁定之前，应当中止仲裁程序

D. 仲裁庭应继续开庭审理

【答案】BD

【考点】仲裁协议效力的确认

【详解】《最高人民法院关于确认仲裁协议效力几个问题的批复》第三条规定，当事人对仲裁协议的效力有异议，一方当事人申请仲裁机构确认仲裁协议效力，另一方当事人请求人民法院确认仲裁协议无效，如果仲裁机构先于人民法院接受申请并已作出决定，人民法院不予受理；如果仲裁机构接受申请后尚未作出决定，人民法院应予受理，同时通知仲裁机构终止仲裁。

99. 双方当事人在仲裁过程中达成调解协议，仲裁庭正确的结案方式是：

A. 根据调解协议制作调解书

B. 应当依据调解协议制作裁决书

C. 将调解协议内容记入笔录，由双方当事人签字后即发生法律效力

D. 根据调解协议的结果制作裁决书

【答案】AD

【考点】仲裁庭调解结案的正确方式

【详解】《仲裁法》第五十一条第二款规定，调解达成协议的，仲裁庭应当制作调解书或者根据协议的结果制作裁决书。调解书与裁决书具有同等法律效力。

100. 大亿公司以调解协议超出仲裁请求范围请求法院不予执行仲裁裁决，法院正确的做法是：

A. 不支持，继续执行

B. 应支持，并裁定不予执行

C. 应告知当事人申请撤销仲裁裁决，并裁定中止执行

D. 应支持，必要时可通知仲裁庭重新仲裁

【答案】A

【考点】仲裁调解书或者根据当事人之间的和解协议作出的仲裁裁决书的执行

【详解】《仲裁法解释》第二十八条规定，当事人请求不予执行仲裁调解书或者根据当事人之间的和解协议作出的仲裁裁决书的，人民法院不予支持。

2017 年

卷　一

单项选择题：

38. 中国甲公司与日本乙公司的商事纠纷在日本境内通过仲裁解决。因甲公司未履行裁决，乙公司向某人民法院申请承认与执行该裁决。中日均为《纽约公约》缔约国，关于该裁决在中国的承认与执行，下列哪一选项是正确的？

A. 该人民法院应组成合议庭审查

B. 如该裁决是由临时仲裁庭作出的，该人民法院应拒绝承认与执行

C. 如该人民法院认为该裁决不符合《纽约公约》的规定，即可直接裁定拒绝承认和执行

D. 乙公司申请执行该裁决的期间应适用日本法的规定

【答案】A

【考点】外国仲裁裁决的承认与执行

【详解】《民诉法解释》第五百四十八条第一款规定：“承认和执行外国法院作出的发生法律效力的判决、裁定或者外国仲裁裁决的案件，人民法院应当组成合

议庭进行审查。”本案属于执行外国仲裁裁决，故A选项正确。

《民诉法解释》第五百四十五条规定：“对临时仲裁庭在中华人民共和国领域外作出的仲裁裁决，一方当事人向人民法院申请承认和执行的，人民法院应当依照《民事诉讼法》第二百八十三条规定处理。”而《民事诉讼法》第二百八十三条规定：“国外仲裁机构的裁决，需要中华人民共和国人民法院承认和执行的，应当由当事人直接向被执行人住所地或者其财产所在地的中级人民法院申请，人民法院应当依照中华人民共和国缔结或者参加的国际条约，或者按照互惠原则办理。”据此可以看出，虽然我国法院对国内的临时仲裁裁决不予承认与执行，但对《纽约公约》缔约国作出的仲裁裁决是予以承认与执行的。因此，对于《纽约公约》缔约国日本作出的临时仲裁裁决，我国应予执行，故B选项错误。

《民诉法解释》第五百四十八条规定：“承认和执行外国法院作出的发生法律效力的判决、裁定或者外国仲裁裁决的案件，人民法院应当组成合议庭进行审查。人民法院应当将申请书送达被申请人。被申请人可以陈述意见。人民法院经审查作出的裁定，一经送达即发生法律效力。”可见人民法院应当对裁决组成合议庭进行审查，并应允许被申请人陈述意见，不能直接裁定拒绝承认和执行，故C选项错误。

《民诉法解释》第五百四十七条规定：“当事人申请承认和执行外国法院作出的发生法律效力的判决、裁定或者外国仲裁裁决的期间，适用《民事诉讼法》第二百三十九条的规定。当事人仅申请承认而未同时申请执行的，申请执行的期间自人民法院对承认申请作出的裁定生效之日起重新计算。”而《民事诉讼法》第二百三十九条规定：“申请执行的期间为二年。申请执行时效的中止、中断，适用法律有关诉讼时效中止、中断的规定。前款规定的期间，从法律文书规定履行期间的最后一日起计算；法律文书规定分期履行的，从规定的每次履行期间的最后一日起计算；法律文书未规定履行期间的，从法律文书生效之日起计算。”因此，乙公司申请执行该裁决的期间应适用中国法的规定。故D选项错误。

综上所述，本题正确答案是A选项。

卷　三

单项选择题：

35. 住所在M省甲县的旭日公司与住所在N省乙县的世新公司签订了一份建

筑工程施工合同，工程地为M省丙县，并约定如合同履行发生争议，在北京适用《中国国际经济贸易仲裁委员会仲裁规则》进行仲裁。履行过程中，因工程款支付问题发生争议，世新公司拟通过仲裁或诉讼解决纠纷，但就在哪个仲裁机构进行仲裁，双方产生分歧。对此，下列哪一部门对该案享有管辖权？

A. 北京仲裁委员会

B. 中国国际经济贸易仲裁委员会

C. M省甲县法院

D. M省丙县法院

【答案】D

【考点】仲裁协议的效力

【详解】本题存在较大争议。

根据《仲裁解释》第四条：仲裁协议仅约定纠纷适用的仲裁规则的，视为未约定仲裁机构，但当事人达成补充协议或者按照约定的仲裁规则能够确定仲裁机构的除外。选择B的观点为双方约定在北京适用《中国国际经济贸易仲裁委员会仲裁规则》进行仲裁，根据该规则可以确定选择的是北京市西城区的中国国际经济贸易仲裁委员会，且专属管辖并不会排斥仲裁。

司法部答案倾向于认定本案属于专属管辖，符合《民诉解释》第二十八条的规定：《民事诉讼法》第三十三条第一项规定的不动产纠纷是指因不动产的权利确认、分割、相邻关系等引起的物权纠纷。

农村土地承包经营合同纠纷、房屋租赁合同纠纷、建设工程施工合同纠纷、政策性房屋买卖合同纠纷，按照不动产纠纷确定管辖。

不动产已登记的，以不动产登记簿记载的所在地为不动产所在地；不动产未登记的，以不动产实际所在地为不动产所在地。

因而司法部观点，本题属于建设工程施工合同纠纷，由不动产所在地M省丙县法院专属管辖。

50. 住所在A市B区的两江公司与住所在M市N区的百向公司，在两江公司的分公司所在地H市J县签订了一份产品购销合同，并约定如发生合同纠纷可向设在W市的仲裁委员会申请仲裁（W市有两个仲裁委员会）因履行合同发生争议，两江公司向W市的一个仲裁委员会申请仲裁。仲裁委员会受理后，百向公司拟向法院申请认定仲裁协议无效。百向公司应向下列哪一法院提出申请？

A. 可向W市中级法院申请

B. 只能向M市中级法院申请

C. 只能向 A 市中级法院申请

D. 可向 H 市中级法院申请

【答案】D

【考点】确认仲裁协议的效力

【详解】《仲裁法解释》第十二条第一款规定："当事人向人民法院申请确认仲裁协议效力的案件，由仲裁协议约定的仲裁机构所在地的中级人民法院管辖；仲裁协议约定的仲裁机构不明确的，由仲裁协议签订地或者被申请人住所地的中级人民法院管辖。"本案中，当事人约定了 W 市的仲裁委员会，但此地有两个仲裁机构，所以属于约定不明确。故应当向仲裁协议签订地（H 市 J 县）或者被申请人住所地（A 市 B 区）的中级法院申请，也就是 H 市中级法院或 A 市中级法院，故 D 项用词"可以"是正确的，C 项的"只能"错误。

多项选择题：

85. 住所在北京市 C 区的甲公司与住所在北京市 H 区的乙公司在天津市 J 区签订了一份买卖合同，约定合同履行发生争议，由北京仲裁委员会仲裁或者向 H 区法院提起诉讼。合同履行过程中，双方发生争议，甲公司到北京仲裁委员会申请仲裁，仲裁委员会受理并向乙公司送达了甲公司的申请书副本。在仲裁庭主持首次开庭的答辩阶段，乙公司对仲裁协议的效力提出异议。仲裁庭对此作出了相关的意思表示。此后，乙公司又向法院提出对仲裁协议的效力予以认定的申请。下列哪些选项是正确的？

A. 双方当事人约定的仲裁协议原则有效

B. 仲裁庭对案件管辖权作出决定应有仲裁委员会的授权

C. 仲裁庭对乙公司的申请应予以驳回，继续审理案件

D. 乙公司应向天津市中级法院申请认定仲裁协议的效力

【答案】BC

【考点】仲裁协议效力的认定

【详解】本案当事人对纠纷的解决约定了仲裁和起诉两种方式，违反了或裁或诉原则，所以仲裁协议无效，故 A 项错误。

《北京仲裁委员会仲裁规则》第六条第（四）项规定："本会或者本会授权的仲裁庭有权就仲裁案件的管辖权作出决定。"故要么仲裁委自己作出决定，要么仲裁庭得到仲裁委授权后作出决定，B 项表述正确。

当事人对仲裁协议的效力有异议，应当在仲裁庭首次开庭前提出，乙公司到

了首次开庭时才提出异议，故仲裁庭应当驳回申请，C 项正确。

《仲裁法解释》第十二条第一款规定：“当事人向人民法院申请确认仲裁协议效力的案件，由仲裁协议约定的仲裁机构所在地的中级人民法院管辖；仲裁协议约定的仲裁机构不明确的，由仲裁协议签订地或者被申请人住所地的中级人民法院管辖。”本案中，约定的仲裁机构是北京仲裁委员会，故是向北京市中级法院提出，而不是天津市中级法院，D 项错误。

综上所述，本题正确答案是 BC 项。

后　　记

近些年来，法学界对仲裁法学的研究水平不断提高，涌现出很多研究成果，新出台的关于仲裁的法律、司法解释也逐渐增多，特别是随着2012年8月31日《中华人民共和国民事诉讼法》的第二次修正，2015年2月4日《最高人民法院关于适用〈中华人民共和国民事诉讼法〉的解释》的施行，中国国际经济贸易仲裁委员会和中国海事仲裁委员会2015年仲裁规则的实施，2017年《中华人民共和国民法总则》的颁布和施行，2017年6月27日《中华人民共和国民事诉讼法》的第三次修正，现行教材由于还没来得及吸收新近的研究成果、法律及司法解释、仲裁规则，均已赶不上教学需要，有些落后了。为了响应国家及学校教学改革的要求，满足仲裁法案例教学的需要，作者根据多年的教学经验，结合法学界最新的研究成果和新的法律、司法解释、仲裁规则，参考了多部仲裁法教材、专著和多篇学术论文编写了本书，希望对仲裁法的教学有所裨益。

本书编写的过程中，燕山大学文法学院2016级法学的本科生郭新、王嘉迪、于宏然、刘娅和2017级法学的本科生王一凡、张子越、刘睿炎、董欣、邢丽娜、李美瑶参与了资料的收集整理和书稿的编辑校对工作，在此表示感谢！